外国货币史译丛 石俊志 主编

THE COINAGE OF ABDERA（540—345 B.C.）

J. M. F. May

阿布德拉货币史

公元前540～345年

[英] 约翰 · M. F. 梅 | 著
康以同 | 译

法律出版社
LAW PRESS · CHINA
—— 北京 ——

总　序

货币史是经济史的重要组成部分。

古代货币研究可以分为两种形式：一是关于古代货币本身的研究，在中国有《钱谱》《古泉谱》等民间著作，西方国家亦有各种钱币目录流传于世，这种研究被称为“钱币学”；二是关于古代货币发展历程的研究，在中国有历朝的《食货志》以及近代学者撰写的货币史论著，西方国家亦有各种关于古代货币发展历程的专著。

近代社会史学蓬勃发展，促进了货币史学的崛起，各种货币史著作纷纷涌现，使我们能够在此基础上展开进一步的研究。

研究货币史可以使我们同时获得两个方面的学术成果：一是货币学的学术成果；二是历史学的学术成果。研究外国货币史更可以使我们深刻了解世界各国的社会结构、历史演变和文化根源。

货币史学借助货币学与历史学学科交叉的方式，通过对古代各王朝货币状况的分析，深入探讨货币起源、货币本质、货币演变规律等货币理论,使货币理论从历史实践上获得更加坚实的基础。

此外,货币史学更重要的意义在于揭示历史真实,辨真伪,明是非,以史为鉴,面对未来。

古代各民族、各王朝的盛衰兴替,都有政治、经济、军事、文化等诸方面的原因。然而,传统的政治精英史对古代各民族、各王朝的败亡,多归咎于军事失败或政治失败,很少分析经济原因。

马克思主义主张:经济基础决定上层建筑。采取马克思主义的科学研究方法,分析古代各民族、各王朝的经济变化,才是找出其败亡原因的最佳途径。

从经济角度研究古代社会是一个比较可靠的视角。记述历史的人,大多难以摆脱其政治立场。因此,史书典籍中记载的帝王将相、社会精英们的政治、军事活动及其言论主张,多有虚假伪造。经过后世历代王朝基于各种不同政治立场的人们的反复篡改,历史变得更加扑朔迷离。然而,无论是伪造历史,还是篡改历史,都围绕着政治立场展开,很少在社会经济状况方面蓄意作伪。于是,从经济角度研究古代社会,我们就获得了一个比较可靠的研究视角。

无论是在中国古代,还是在外国古代,货币都是社会经济的纽带。货币发展对社会变化发挥着重要的影响。所以,研究外国货币史是拨开世界古代各国、各王朝盛衰兴替迷雾的钥匙。

然而,迄今为止,我国对世界各国货币史知之甚少,有关资料、书籍十分匮乏。为此,国民信托博士后工作站与华南理工大学货币法制史研究中心联手合作,针对世界各国货币史展开研究。在此基础上,我们邀请了一批国内金融学、法学、史学和外国语的专家学者,经过认真广泛的调查收集,筛选了一批外国货币史著作,翻译成中文,介绍给国内读者。

我们相信,这套《外国货币史译丛》的出版,对我国货币理论的研究以及我国关于世界各国历史、政治、经济和文化的研究，均具有一定的参考价值。

石俊志

2017 年 4 月 16 日

编者序

在约翰·M. F. 梅(J. M. F. May)先生逝世(1961 年 4 月 30 日)前,他将其收藏的钱币学书稿和货币模具同时遗赠给了大英博物馆和牛津大学的阿什莫尔博物馆(Ashmolean Museum)。其中最重要的物品是其研究阿布德拉钱币和相关钱币的书稿。自 1951 年出版关于阿伊努斯(Ainos)的著作之后,他一直在研究此题目。这份书稿的重要内容都已经完成,所以编者的任务相对比较轻松,只是最后部分有一些缺失。因为发现了一枚迄今未知的金币,所以不仅需要重写这一部分,而且延长了研究的时间;即便如此,大部分重写的内容也已经完成,而且注释和草图部分毫无疑问都反映了作者的意图,编者在所有地方都保持了最低限度的改动。

皇家钱币协会过去一些年一直与梅先生协商出版其关于阿布德拉货币史研究以及关于马罗尼亚(Maroneia)和迪卡亚(Dikaia)货币史研究的事情。由于作者的身体状况越来越差,所以书稿的交付一拖再拖。在梅先生去世之后,皇家钱币协会决定将其对阿布德拉货币史的研究纳入特别出版物系列,同时另外出版他的其他篇幅较短的研究成果。本书的两位编辑分别代表接受遗赠书稿的两家机构,受邀参与了出版工作。

总之,这是一个罗列出梅先生所有其他不太多的已出版著作的恰当机会:

1.《达玛斯申钱币史》(*The Coinage of Damastion*,Oxford,1939)。

2.《马其顿和埃利亚(公元前216～167年)》[*Macedonia and Illyria(216—167 B. C.)*,JRS,1946,pp. 48－56]。

3.《阿伊努斯的历史和货币史(公元前474～341年)》[*Ainos, its History and Coinage(474—341 B. C.)*,Oxford,1950]。

4.《阿肯索斯的4德拉克马》(*Les Tetradrachmes d'Akanthos*,NC,1952,pp. 155－8)。

5.《阿伊努斯的钱币》(*A propos des coins des monnaies d'Aions*,RB,1951,p. 157),与P.纳斯特(P. Naster)合著。

6.《尼克勒斯的亚历山大钱币制作》(*The Alexander Coinage of Nikokles of Paphos*,NC,1952,pp. 1－18)。

7.《希腊钱币概述》(*A Book of Greek Coins*,NC,1952,pp. 170－171)。

8.《公元前413年前的马其顿帝国钱币制作》(*Macedonian Regal Coinage to 413 B. C.*,NC,1952,pp. 165－170)。

9.《色雷斯的迪卡亚钱币制作》(*The Coinage of Dikaia in Thrace*,NC,1965,pp. 1－25)。

10.《公元前449年以前的马罗尼亚钱币史》(*The Coinage of Maroneia to 449 B. C.*,NC,1965,pp. 27－56)。

科雷(C. M. Kraay)

詹金斯(G. K. Jenkins)

1966年4月28日

致　谢

本书的出版得到了安娜·梅(Anne May)夫人、P. M. 梅(P. M. May)女士、N. St. B. 梅(N. St. B. May)女士和 M. C. 斯克特(M. C. Scott)夫人 1000 英镑的慷慨资助。

缩写列表和主要参考文献

外文缩写	外文原文	译文
AC	Ars Classica Sale Catalogues (Geneva)	《经典艺术品拍卖目录》
Ainos	J. M. F. May, *Ainos, its History and Coinage(474—341 B. C.)* (Oxford, 1950)	约翰 · M. F. 梅,《阿伊努斯的历史和货币史(公元前 474 ~ 341 年)》
AJA	American Journal of Archaeology	美国考古学期刊
AJN	American Journal of Numismatics	美国钱币学期刊
Akanthos	J. Desneux, *Les Tetradrachmes d'Akanthos*, Revue belge de numismatique, 1949, pp. 5 ff	J. 德森纽斯,《阿肯索斯的 4 德拉克马》,载《钱币学文献概览》1949 年
ANA	American Numismatic Association	美国钱币协会
ANS	American Numismatic Society	美国钱币学会
ATL	B. D. Meritt, H. T. Wade-Gery, M. F. McGregor, *The Athenian Tribute Lists*, i – iv (Cambridge, Mass., 1937 – 53)	B. D. 梅里特、H. T. 韦德 – 格雷、M. F. 麦克格雷,《雅典部落名录》i – iv
Babelon, *Traité*	E. Babelon, *Traité des monnaines grecques et romaines* (Paris, 1901 – 1933)	E. 巴贝龙,《希腊和罗马的条约》

续表

外文缩写	外文原文	译文
BCH	Bulletin de correspondence hellénique	古希腊研究公报
Beloch, *GG*	K. J. Beloch, *Griechische Geschichte*, 2nd ed. (Berlin and Leipzig, 1912 – 27)	K. J. 贝勒赫,《希腊历史》(第 2 版)
Beschreibung	*Beschreibung der antiken Münzen* (Berlin, 1888 – 94)	《古钱币介绍》
BMC	A Catalogue of the Greek Coins in the British Museum (London, 1873 –)	《大英博物馆中的希腊钱币目录》(伦敦,1873 年以来)
Boston Catalogue	A. Baldwin Brett, Catalogue of Greek Coins, Museum of Fine Arts, Boston (Boston, 1955)	A. 伯德温・布雷特,《波士顿艺术博物馆中的希腊钱币目录》
C.	Corpus of Coins of Abdera in M. L. Strack, *Die antikes Museum Nordgriechenlands*: Ⅱ. *Thrakien* Ⅰ(1), pp. 43 ff. (Berlin, 1912)	M. L. 斯特拉科关于阿布德拉钱币的文集,《古希腊北方的钱币:第二部分,色雷斯(Ⅰ)》
CAH	*Cambridge Ancient History*	《剑桥古代史》
*CG*²	*A Guide to the Principal Coins of the Greeks*, 2nd ed. (British Museum, 1959)	《希腊主要钱币指南》(第 2 版)
Coin Types	P. Gardner, *The Types of Greek Coins* (Cambridge, 1883)	P. 加德纳,《希腊钱币类别》
Colart	P. Colart, *Philippes, ville de Macedoine* (Paris. 1937)	P. 克拉特,《马其顿的城市菲利普》

续表

外文缩写	外文原文	译文
Combe	C. Combe, *Nummorum veterum poplorum et urbium, qui in museo Guliemi Hunter asservantur descriptio* (London, 1782)	C. 科莫贝,《古希腊城邦数和人口数量研究》
CP	*Classical Philology*	《古典语言学》
Delphes	P. de la Coste-Messeliere, *Delphes* (Paris, 1943)	P. 科斯特 – 梅塞里尔,《德尔菲斯》
Die ant, Munz, N-griech	*Die antikes Museum Nordgriech-enlands*: Ⅱ. *Thrakien* Ⅰ (1) (M. L. Strack); Ⅲ (2) *Makedonia und Paionia* (H. Gaebler)	《古希腊北方的钱币:第二部分,色雷斯(Ⅰ);色雷斯(Ⅲ)马其顿和帕奥尼亚》
Ferguson	W. S. Ferguson, *The Treasurers of Athena* (Cambridge, Mass., 1932)	W. S. 弗格森,《雅典娜的司库》
FGH	F. Jacoby, *Die Fragmente der griechischen Historiker*	F. 加克比,《古希腊历史学家集锦》
Gardner	P. Gardner, *A History of Ancient Coinage (700 – 300 B. C.)* (Oxford, 1918)	P. 加德纳,《古钱币制作史:公元前 700 ~ 300 年》
GHI	M. N. Tod, *Greek Historical Inscriptions*, Ⅰ and Ⅱ (Oxford, 1946 and 1948)	M. N. 托德,《希腊历史铭文录》(Ⅰ)和(Ⅱ)
Glend.	Glendining (London) Sale Catalogues	《格兰丁宁(伦敦)拍卖目录》
Gomme, *Commentary*	A. W. Gomme, *A Historical Commentary on Thucydides*, Ⅰ – Ⅲ (Oxford, 1945 – 56)	A. W. 苟梅,《对修昔底德斯的历史评价》(Ⅰ – Ⅲ)

续表

外文缩写	外文原文	译文
Hirsch	J. Hirsch(Munich),Sale Catalogues	J. 西里奇(慕尼黑),《拍卖目录》
Hirsch,L. de	P. Naster, *La Collection Lucien de-Hirsch*(Brussels,1959)	P. 纳斯特,《卢西恩·西里奇的收藏品》
*HN*²	B. V. Head, *Historia Nunorum*, 2nd ed.(Oxford,1911)	B. V. 赫德,《古希腊钱币制作工艺》
Hunter	G. Macdonald, Catalogue of Greek Coins in the Hunterian Collection, i–iii(Glasgow,1899–1905)	G. 麦克唐纳,《亨特研究中心的希腊钱币收藏目录》
IG	*Insriptiones Graecae.*	《希腊铭文》
Jameson	*Collection R. Jameson, Monnaies grecques, i–iii*(Paris,1913–24)	《詹姆逊的收藏品:希腊钱币》
JEA	Journal of Egyptian Archaeology	埃及考古学期刊
JHS	Journal of Hellenic Studies	古希腊研究期刊
JIAN	Journal of International d'Archaeologie Numismatique(Athens)	国际钱币考古期刊
JNG	*Jahrbuch fur Numismatik und Geldgeschichte*	《钱币学和钱币学史年鉴》
Lischine	*Collection C. N. Lischine, Monnaies grecques: Thrace*(Macon,1902)	《C. N. 里斯齐纳的收藏品,希腊货币:色雷斯》
Locker Lampson	E. S. G. Robinson, *Catalogue of Ancient Greek Coins Collected by Godfrey Locker Lampson*(London,1923)	E. S. G. 罗宾逊,《古德费里·洛克·兰普森收藏的古希腊钱币目录》
Luynes	J. Babelon, Catalogue de la collection de Luynes, Monnaies grecques, i–iv(Paris,1924–36)	J. 巴贝龙,《路易内斯的收藏品目录,希腊货币》

续表

外文缩写	外文原文	译文
Marshall	F. H. Marshall, *The Second Athenian Confederacy* (Cambridge, 1903)	F. H. 马歇尔,《第二次雅典联盟》
MB	Munzhandlung Basel	巴塞尔古钱币交易机构
McClean	S. W. Grose, Catalogue of the McClean Collection of Greek Coins: Fitzwilliam Museum, i – iii (Cambridge, 1923 – 9)	S. W. 古洛斯,《麦克林收藏的希腊钱币目录:菲茨威廉博物馆》
MG	F. Imhoof-Blumer, *Monnaies grecques* (Paris and Leipzig, 1883)	F. 胡富 – 布鲁梅尔,《希腊货币》
Mionnet	T. E. Mionnet, *Description des medailles antiques 2nd ed.* (Paris, 1822 – 3)	T. E. 米奥内特,《古代勋章介绍》(第 2 版)
MMAG	Munzen und Medaillen AG (Monnaies et Medailles S. A.), Basel	钱币和勋章交易公司(巴塞尔)
MN	Museum Notes (New York)	博物馆研究期刊(纽约)
Molthein	Catalogue de la collection des medailles grecques de L. Walcher de-Molthein (Paris and Vienna, 1895)	《摩尔森收藏的希腊勋章目录》
MRC	D. Raymond, *Macedonian Regal Coinage to 413 B. C.* (NNM, no. 78)	D. 雷蒙德,《公元前 413 年前的马其顿帝国钱币制作》(钱币学研究和专著期刊 78 号)
Nanteuil	*Collection de momaies grecques: H. de Nanteuil* (Paris, 1925)	《货币收藏:H. 南特尤》
Nav.	Naville et C[is] Sale Catalogue (Geneva)	《纳维勒公司拍卖目录》

续表

外文缩写	外文原文	译文
NC	Numismatic Chronicle	钱币编年史期刊
NFA	Numismatic Fine Arts:Edward Gans	钱币艺术精品:爱德华兹·冈兹
NNM	Numismatic Notes and Monographs (New York)	钱币学研究和专著期刊
Noe	S. P. Noe, *A Bibliography of Greek Coins Hoards*, *2nd ed.* (NNM, no. 78)	S. P. 尼尔,《希腊钱币窖藏目录》(第2版)
Nom.	Nomuisma(Berlin)	博物馆期刊
NZ	Numismatische Zeitschrift(Vienna)	钱币学期刊
Olynthus	D. M. Robinson and P. A. Clment, *Excavations at Olynthus: Part IX. The Chalcidic Mint and the Excavation Coins found in* 1928 – 34(Baltimore,1938)	D. M. 罗宾逊、P. A. 克莱门特,《在奥林索斯的发现:第九部分,查尔基德克造币厂和1928~1934年发现的窖藏钱币》
Ox. Pap.	Oxyrhynchus Papyri	俄克喜林库斯文集期刊
Pouilloux	J. Pouilloux,*Recherches sur l'histooire et les cultes de Thasos*, *i* (Paris, 1954)	J. 波鲁克斯,《萨索斯的历史与宗教研究》
Regling	K. Regling, *Die antike Munze als Kunstwerk*(Berlin,1924)	K. 雷格林,《古代钱币中的艺术》
RN	Revue Numismatique	钱币学概览期刊
Sartiges	*Collection du Vicomte de Sartiges*, *series grecque et romanine*(1910)	《萨蒂格斯爵士的收藏,希腊和罗马系列》
Seltman[2]	Charles Seltman, *Greek Coins*, *2nd* ed. (London,1955)	查尔斯·赛特曼,《希腊钱币》(第2版)

续表

外文缩写	外文原文	译文
SIG^3	W. Dittenberger, *Sylloge Inscriptionun Graecorrum*, i - iv, 3nd ed. (Leipzig, 1915 - 24)	W. 迪特伯格,《钱币介绍》(第3版)
Smith	T. G. Appelgren, *Dr. Otto Smiths Munzensammlung im Kgl. Milnzkabinett, Stockholm*(Stockholm, 1931)	T. G. 阿皮尔格林,《奥托·史密斯博士的收藏品》
SNG	Sylloge Nummorun Graecorrum	瑞典钱币期刊
SNG (Cop.)	*Sylloge Nummorun Graecorrum: The Royal Collection of Coins and Medals, Danish National Museum* (Copenhagen, 1942 -)	瑞典钱币期刊:《钱币和证章的皇家收藏,丹麦国家博物馆》
Svoronos	J. N. Svoronos, *L'hellenisme primitif de la Macedoine*(Paris and Athens, 1919)	J. N. 斯福洛斯,《马其顿的原始希腊主义》
Tier-und Pflanzenbilder	F. Imhoof-Blumer and O. Keller, *Tier-und Pflanzenbilder anf Munzen und Germmen des klassischen Altertums*(Leipzig, 1898)	F. 布鲁梅尔、O. 科尔,《古典时期钱币上的动植物图案》
TINC	*Transactions of the International Numismatic Congress*, 1936 (London, 1938)	《1936年国际钱币大会的交易》
Ward	*Descriptive Catalogue of Ancient Greek Coins Belonging to John Ward, F. S. A.* (London, 1900)	《约翰·沃德收藏的古希腊钱币目录》
Warren	K. Regling, *Die griechischen Munzen der Sammlung Warren* (Berlin, 1906)	K. 雷格林,《萨马隆格·沃伦的希腊钱币》

续表

外文缩写	外文原文	译文
Weber,H.	L. Forrer,*The Weber Collection*,*i – iii*(London,1922 – 9)	L. 弗雷尔,《韦伯的收藏》(i – iii)
West,*Thrace*	A. B. West,*Fifth and Fourth Century Gold Coins from the Thracian coast* (NNM,no. 40)	A. B. 韦斯特,《来自色雷斯沿岸第四和第五世纪的金币》
Windisch-Grätz	J. Schoiz,*Collection Ernst Prinz zu Windisch-Grätz*:*V. griechischen Munzen*(Prague,1899)	J. 施奥兹,《温迪施 – 格拉兹的收藏:希腊钱币》
ZfN	Zeitschrift fur Numismatik(Berlin)	钱币学期刊

目录

第1章　导论、重量标准、造币官和标识

第1节　导　论

色雷斯地区的自然资源几乎不需要更多介绍,它有丰富的矿藏、适合种植谷物和葡萄的肥沃土壤以及巨大的劳动力潜力。所以,毫不奇怪,从很早的时期起,色雷斯地区自身的海岸和周边三个地区以及斯特瑞木河(Strymon)河口西岸[后来称为查尔基德克(Chalkidike)地区]就吸引了爱琴海彼岸希腊人的关注。

公元前544年,特雷斯人(Teians),或至少是其所在城邦的绝大多数人,决定不再继续留在城邦内被波斯人(Persian)统治,而是沿着爱琴海北岸寻求新生活,他们这样做仅仅是为了追随其他人的足迹。大量来自尤博亚(Euboea)和安得罗斯(Andros)地区的殖民者在查尔基德克地区定居;帕雷恩人(Parian)尽力在萨索斯(Thasos)地区快速发展,而且刚站住脚就开

始扩张并控制了周边地区;[①]早期在马罗尼亚(Maroneia)定居的凯伊安人(Chians),在波提达雅(Potidaea)定居的克里森人(Corinthian),以及来自科罗芬(Kolophon)地区的人们寻找特雷斯地区黄金等,[②]所有这些一定使特雷斯人坚信,他们也有机会建立一个殖民地并依靠内陆地区的物品过上幸福的生活。

他们的想法不是没有根据的。他们选择的地方是阿布德拉,这一地区位于内斯特斯河(Nestos)的东岸,也曾经是克拉祖门尼亚人(Klazomenian)放弃的地方,地理位置并不理想,不适合船舶停靠,显然比萨索斯岛(Thasos)或阿伊努斯(Ainos)地区的自然条件要差些。[③]但特雷斯人较晚来到这一地区,可以使用武力或最大限度地利用已有的条件。作为殖民最早时期的起点,他们选择这一地区足够用了,历史上这类例子很多。

定居下来后,阿布德拉就得到了快速发展。这一地区货币的快速发展反映了其距离使用银币的西色雷斯地区很近的事实,也见证了最早期定居者的想法和理念。阿布德拉早期出现的货币[包括8德拉克马(octadrachm)和4德拉克马(tetradrachm)],其重量都远远超过本地交易的需要,这表明早期定居者们想尽快利用白银的资源。[④] 在所研究的阿布德拉货币史的第一个阶段(公元前540/535~520/515年)以

---

① 关于波斯人对统治萨索斯地区由来已久的决心(可能是在公元前710~680年),城邦母国对殖民统治的持续支持,以及萨索斯人在内陆地区早期建立立足点的情况,见波鲁克斯的研究(Pouilloux,22-34)。

② Suidas的参考资料也许是指科罗芬(Kolophonian)难民制作萨索斯黄金的方法,他们被吕迪亚人(Lydian)在公元前17世纪早期赶出家乡(cf. J. G. Milne,"Kolophon and its Coinage",NNM,xcvi. 3)。修昔底德斯(Thucydides)手稿中关于托雷(Torone)南面一个港口名字的最初提法应当与此无关,有关内容见A. W. Gomme,*Commentary*,on Thuc. Loc,cit。

③ 关于萨索斯及其港口位置的优越性,见Pouilloux,9 ff.,pls. 1-3;cf. A. W. Gomme,*Commentary*,iv. 586。有关阿伊努斯及其港口的资料,见cf. *Ainos*,1 ff.,and figs. 1-3。

④ 阿布德拉钱币制作的发展非常迅速,以至于人们甚至认为在造币厂实际建立之前就存在与白银资源相关的某种形式的商业联系。

及几乎完全由 8 德拉克马主导的第二阶段(公元前 520/515 ~ 492 年)中,这两种货币的常规系列清楚地表明了阿布德拉作为一个白银贸易的转口地和一个银锭主要出口地的地位,当时的银锭是易于保管和便于进行市场交易的货币形式。①

目前我们已发现的这些证据都显示,阿布德拉的白银交易对象是东方或埃及市场,并在当时世界上最重要的商业渠道之一中发挥着突出作用。在很大程度上,爱奥尼亚(Ionia)或艾斯兰(Island)商人是携带色雷斯或色雷科—马其顿(Thraco-Macedonian)的白银从阿布德拉前往诺克雷蒂斯(Naukratis)与埃及人进行贸易的。② 白银在埃及比在希腊更值钱,白银与黄金的比价会高达 2 : 1。为了获取白银,埃及人会提供小亚细亚(Asia Minor)半岛西岸希腊各城市所需要进口的谷物。③

特雷斯人由于有控制自潘格恩(Pangaion)山脚到内斯特斯河河口漫长海岸线的便利,所以在特雷斯白银贸易中一直是先

---

① 我们不需要怀疑银锭的出口奠定了阿布德拉繁荣的基础。此后,这种繁荣可能也受益于小麦和葡萄酒贸易。作为阿布德拉钱币的一种图案,玉米穗是已知的,而葡萄串或酒杯也一定是见到过的。在萨索斯,葡萄酒贸易在早期就具有十分重要的地位(cf. Pouilloux, 41. ff.),而且马罗尼亚的葡萄酒也同样著名。阿布德拉的葡萄酒则一直不太著名,但现有考古发现可能告诉我们过多信息:已发现的双耳罐至少可以说明一些问题;cf. *Archaeology in Greece*, 1956,19(Supplement to *JHS*, lxxvii,1957)。

② 色雷科—马其顿钱币出现在下列埃及人的发现中:(1)Benha(1928),71 枚中的 25 枚(Noe,143);(2)Damietta(Noe,299);(3)Delta(1897 年之前),(Noe,361);(4)Delta(1897),24 枚中的 6 枚(Noe,362);(5)Demanhur(1901),165 枚中的 45 枚(Noe,363);(6)Fayoum(Noe,411);(7)Myt-Rahineh(1860),23 枚中的 3 枚(Noe, 722);(8)Sakha(1897),72 枚中的 7 枚,不包括 6 枚有疑问的钱币(Noe,888);(9)Zagazig(1901),84 枚中的 23 枚(Noe,1178)。这一名单已经令人印象深刻了,但几乎可以肯定是不完全的。

③ J. G. Milne,《亚历山大大帝之前的希腊与埃及的贸易》,*JEA* 1935,177 ff.,以及《托勒密王朝体制下的埃及货币》,*JEA* 1938,200 f.;C. Roebuck,《希腊与埃及之间的谷物贸易》,*CP* 1950,236 ff.。Roebuck(p. 240)可能在希俄斯岛(Chios)看到了将色雷科—马其顿白银运往埃及的主要运送者。他关于希俄斯岛与阿布德拉(以及马其顿)之间商业联系的推论很有意思,但关于阿布德拉标准与凯伊安(Chian)标准之间有关系的观点是不能被接受的。有关阿布德拉钱币制作第一个 100 年中所使用标准的讨论,见 pp. 9 ff., *infra*。

行者。[①] 这一地区发现的8个钱币窖藏中有5个是特雷斯人图案的钱币,其中色雷科—马其顿的钱币最多,而且一般认为是特雷斯地区最早的钱币。[②] 但在公元前540年之后,阿布德拉地区快速跟进,其早期的钱币样本非常多,3位埃及人的发现中都有这些钱币。这3位埃及人分别是迪马赫(Demanhur)(1901)、萨卡(Sakha)和本哈(Benha)。[③] 阿肯索斯(Akanthos)地区最早发行货币的时间可能与阿布德拉地区相差10年左右,而紧邻阿布德拉的迪卡亚(Dikaia)地区发行货币的时间也许比强大的邻国要晚一些。[④] 在公元前6世纪的最后1/4的时间里,应该有很多造币厂在运行,尽管其中的一些可能是时断时续的,或规模不大,但到目前为止也没有得到令人满意的识别或发现。

色雷科—马其顿钱币的显著特点源于在三角洲地区出土的早期希腊钱币;上述窖藏发现提供的有力证据是,大部分白银可能是在非常繁荣的贸易中由希腊商人带到埃及的。但三角洲地区并非色雷科—马其顿银币的唯一目的地。我们发现,银币和银锭在更广阔市场上有更大范围的流通,包括叙利亚、美索布达米亚(Mesopotamia)及更远的地区;由于缺少证据和涉及更远的地区,所以这一问题的重要性

---

① 有关色雷斯佩拉(Peraea)及其所在位置目前最详细的讨论,见 P. Colart, Philippes, *ville de Macedoine*(Paris. 1937),71 -101;有关将那不勒斯排除在佩拉之外的理由,见 P. Colart,112 -24;将其包括在佩拉范围内的理由,见 Pouilloux,157 -60。

② 有关色雷斯图案钱币分布范围的最新研究,见 Pouilloux,51 ff.,and 52,n.1。

③ 在三角洲地区和其他窖藏中发现的属于我们第一时期(约公元前540/535 ~520/515年)的阿布德拉钱币,其重要意义在后面讨论(pp.51 ff.)。有关 Demanhur 在1901年发现的具体出版情况,见 H. Dressel,and K. Regling,ZfN 1927,103 ff.;有关萨卡(Sakha)的发现,见 Dressel,ZfN 1900,231 ff.;有关本哈(Benha)的发现,见 E. S. G. Robinson,NC 1930,93 ff.。

④ 阿肯索斯的地理位置使其便于从斯特瑞木河下游,甚至从戴索隆(Dysoron)山区开采这一带的矿区,该矿区后来由马其顿的亚历山大一世进一步开发,可能位于杜奥兰湖(Lake Doiran)附近。虽然造币厂的建立早于阿布德拉,但阿肯索斯的钱币制作可能要比第一枚阿布德拉银币晚大约10年;J. Desneux(*Akanthos*,25)认为第一批钱币的发现是在约公元前530年。第一批迪卡亚—阿布德拉(Dikaia-Abdera)钱币的发行不可能在公元前6世纪中期之后很久。公元前6世纪早期至公元前5世纪发行的钱币,包括比阿布德拉10德拉克马还要重的钱币,远远超过本地区小额结算的需要,而且这些钱币出现在埃及则表明迪卡亚也在从事有利可图的白银贸易。作为一般规则,迪卡亚是基于一种不同于阿布德拉的重量体系制作其钱币,在这一时期这两个城邦应被视为竞争对手而不是合作者。

最近才得到认可。在三角洲地区出土的这类货币在其他地区也不断被发现，远至喀布尔和奥克斯(Oxus)河流域。① 与在三角洲内部集中分布的发现相比，这种非常广泛的分布以及由此产生的记录材料更加困难等问题，必然会模糊波斯帝国的中部和西部也是希腊银币的一个市场的事实。但有越来越多的证据表明，在这一方向上有越来越多的贸易往来。② 色雷科—马其顿货币出现在叙利亚和美索布达米亚尤其令人感兴趣，但这并不一定说明在诺克雷蒂斯(Naukratis)和三角洲地区与上述地区之间存在零售贸易通道。泰拉(Tyre)和斯登(Sidon)地区的港口以及爱奥尼亚(Ionian)和腓尼基(Phoenician)商人的船舶可以提供一个更直接的通道，这种可能性更大。③

在前面讨论的更广泛地区的发现中，阿布德拉钱币在两个非常重要和有意思的方面具有代表性：一枚 4 德拉克马银币于 1936 年在拉斯·沙穆拉(Ras Shamra)被发现；另一枚在 1934 年被发现，也是最早期发行和构成在波斯波利斯(Persepolis)的大流士一世阿帕达纳宫(Apadana of Dareios Ⅰ)时期陪葬品基础的货币。④ 阿布德拉的第三枚货币应该是 2 德拉克马，在阿勒坡(Aleppo)被发现，有证据表明这是一枚源于临近地区拉塔卡亚(Latakayia)的货币。⑤

---

① 有关最近的概述和讨论，见 D. Schlumberger, *Trésors monétaires d'Afghanistan*, *Mémoires de la Délégation archéologique francaise en Afghanistan*, 1953, 6 ff.; Robinson, *A Silversmith's Hoard from Mesopotamia*, Iraq, 1950, 49 ff.。在下列窖藏中发现了色雷科—马其顿图案的钱币：Antioch-Latakis(Noe 55); Latakis(Noe 605); Ras Shamra (1936: Noe 851, and p. 9. no. 9a, *infra*); Tigris river(Noe 1109); Malayer(Iran, 1934); Kabul(Tchaman-i Hazouri, 1933); the Oxus Treasure (1877); Persepolis foundation deposit(1934: *TING* 414, and p. 60, no. 4/1, *infra*)。

② 除了前面列举的发现之外，最近在叙利亚钱币市场上出现的亚历山大一世的钱币表明，还有未被记录的其他发现(cf. Schlumberger, op. cit. 9. n. 1; Robinson, op. cit. 51)。

③ 在泰拉有一个色雷斯人的赫拉克勒斯避难所(Herodotos, ii, 44)并非可有可无：从偶然在叙利亚和黎巴嫩发现这一时期的色雷斯钱币的角度看，更是如此(cf. Pouilloux, 62 f.)。

④ 分别是目录中的 9a 和 4/1 号钱币；更全面的信息，见 pp. 60 -61。

⑤ 这枚钱币可能属于目录中的分组 7 ~9 中特殊的 2 德拉克马系列(p. 64, nos. 18 - 19)，在 H. Seyrig 给 Schlumberger 的一封信中提到了该枚钱币[von Fritze, Nom. Iii (1909), 11; Imhoof-Bluner, *MG* 38, no. 2]。

上述简短的导论可以表明我们研究的目的,并作为阿布德拉最早期货币史的背景材料,可以提供有说服力的证据;既可以说明阿布德拉成功参与白银贸易的情况,也可以说明在相对短的时间里阿布德拉就成为希腊人在爱琴海北岸的最重要定居点之一。正是这一早期背景材料奠定了阿布德拉在此后繁荣发展的基础,不仅丰富了自身的货币史,也丰富了雅典人各个部落的货币史。

第2节 重量标准:约公元前540/535~365/360年

阿布德拉货币史中的重量单位计量问题从最早期开始到公元前4世纪(本研究不涉及此后时期)一直存在,而且像其他希腊货币一样,标准较多且十分复杂。如果宣称所有这些问题都已经解决,而且没有进一步的改进余地,则是过于乐观了;但近期关于特雷斯和马其顿货币的大量研究,加上对阿布德拉自身货币的详细分析,使我们可以得出一些结论。由于近期令人惊喜地发现了一枚早就该出现的金币,所以我们可以强化其中一些结论。这枚金币填补了阿布德拉钱币史迄今一直存在的一个空白。这一重要城市在公元前5世纪晚期或公元前4世纪早期的某一时间发行过金币似乎一直是可能的。现在的结论是,根据各方面的证据,我们发现的金币应当属于大约公元前375~370年;实际上,是我们整个研究时期的最后阶段。但是,这枚金币与当时的银币有密切关系,并对在阿布德拉流通的银币重量单位有直接影响,无论是4奥博尔(tetrobol)还是1德拉克马钱币都是如此,包括从其最早单独出现的约公元前430年,到我们研究的时期结束时。金银复本位制(Bimetallism)作为一种政策或黄金与白银之间的一种间接关系,确实可以作为一个研究思路;据此可以通过重量标准的众多变化将阿布德拉的货币史看成一个整体,尽管在某个时期曾出现过两个甚至三个不同的重量标准。

我们研究的大约180年的货币史可以分为8个时期。各个时期的划分见表1-1,包括了每个时期在阿布德拉流通的钱币的实际重量标准和面值。

表 1－1　8 个时期阿布德拉钱币的重量标准

<table>
<tr><td rowspan="5">第一时期
约公元前 540/535 ~ 520/515 年</td><td rowspan="5">银币</td><td>8 德拉克马</td><td rowspan="3">阿布德拉标准</td></tr>
<tr><td>4 德拉克马</td></tr>
<tr><td>2 德拉克马</td></tr>
<tr><td>1 德拉克马</td><td rowspan="2">色雷科—马其顿标准(第三序列)①</td></tr>
<tr><td>1 奥博尔</td></tr>
<tr><td rowspan="4">第二时期
约公元前 520/515 ~ 492 年</td><td rowspan="4">银币</td><td>8 德拉克马</td><td rowspan="2">阿布德拉标准</td></tr>
<tr><td>4 德拉克马</td></tr>
<tr><td>1 德拉克马</td><td rowspan="2">色雷科—马其顿标准(第三序列)</td></tr>
<tr><td>1 奥博尔</td></tr>
<tr><td rowspan="4">第三时期
约公元前 492 ~ 473/470 年</td><td rowspan="4">银币</td><td>4 德拉克马</td><td>阿布德拉标准</td></tr>
<tr><td>1 德拉克马</td><td rowspan="3">色雷科—马其顿标准(第二序列)</td></tr>
<tr><td>3 奥博尔</td></tr>
<tr><td>1 奥博尔</td></tr>
<tr><td rowspan="5">第四时期
约公元前 473/470 ~ 449/448 年</td><td rowspan="5">银币</td><td>4 德拉克马</td><td>阿布德拉标准</td></tr>
<tr><td>1 德拉克马</td><td rowspan="4">色雷科—马其顿标准(第二序列)</td></tr>
<tr><td>3 奥博尔</td></tr>
<tr><td>1 奥博尔</td></tr>
<tr><td>0.5 奥博尔</td></tr>
<tr><td colspan="4">由于《雅典铸币令》的实行，在约公元前 449/448 年造币厂关闭了</td></tr>
<tr><td rowspan="3">第五时期
约公元前 439/437 ~ 411/410 年</td><td rowspan="3">银币</td><td>色雷科—马其顿钱币</td><td>色雷科—马其顿标准</td></tr>
<tr><td>4 奥博尔</td><td>波斯标准</td></tr>
<tr><td>3 奥博尔</td><td>色雷科—马其顿标准(第二序列)</td></tr>
</table>

① 见 p. 8，n. 4，*infra*。

续表

第六时期 约公元前 411/410 ~ 386/385 年	银币	1 斯塔特	埃伊内提克(Aeginetic)标准
		0.5 斯塔特	
		4 奥博尔	波斯标准
		3 奥博尔	色雷科—马其顿标准(第二序列)
		2 奥博尔	波斯标准
	铜币		
第七时期 约公元前 386/385 ~ 375 年	银币	4 德拉克马	波斯标准
		1 德拉克马	
	铜币		
第八时期 约公元前 375/373 ~ 365/360 年	金币	0.5 斯塔特	波斯标准
	银币	4 德拉克马	
		1 德拉克马	
	铜币		

表 1 - 1 具有非凡的多样性,也展示了令人吃惊的钱币数量。为了寻求此现象的答案,我们必须记住在阿布德拉造币厂,重钱币是用于出口和对外贸易的,因此当地的商业活动不需要这类重钱币,而是使用相对小面额的钱币。我们会发现,这一原则在货币史研究的前 6 个时期都成立;直到公元前 4 世纪,即在第七时期和第八时期,阿布德拉才实际上同时对重、轻两种钱币使用相同标准。

如果我们能牢记货币的作用,则同时使用完全不同的重量标准就不吃惊了。在第一时期至第四时期发行重钱币是为了支持阿布德拉经济繁荣所依靠的主要贸易品——白银出口。已发现的钱币样本表明,阿布德拉的贸易主要方向是东方和东南方。① 在本研究的前 4 个时期使用的重量单位可以恰当地称为阿布德拉标准,就是基于金银复

① Cf. pp. 2 ff., *supra*.

本位制原则,4 德拉克马重约 14.90 克(230 格令),这样设计是为了使当地商人可以方便地换算成黄金的价格。①

在第五时期,需要使用 14.90 克 4 德拉克马的条件不复存在了。与黄金一致的重钱币需求还没有出现,其间 4 德拉克马使用的异常重量标准最好被称为"降低的色雷科—马其顿标准",在 14.10 ~ 13.80 克(217 ~ 212 格令)有非常大的波动空间。这种重量标准与 14.90 克的阿布德拉 4 德拉克马之间没有关系,与黄金之间也没有关系。② 相反,这种重量标准是源于邻国马其顿在公元前 5 世纪前半叶期间重量标准持续下降的一个渐进过程,也是基于如下事实,即这种现象有力地说明这些城市可以按照不精确的标准自行铸造钱币。③

在第六时期,政治上的权宜之计可能促进了选择埃伊内提克标准。在第七和第八时期,采用波斯标准是出于政治和经济环境的综合考虑,环境因素使这种标准本应该更早被引入。波斯标准许多年以来一直冲击着阿布德拉:其首次出现是在第五时期,这可能受到阿伊努斯人的影响,而此后在第六时期的广泛使用也可能是出于同样的原因。但在第六时期结束时,这种区分已不再适用,而且在第七和第八时期,我们可以看到不符合波斯标准制作的 4 德拉克马和 1 德拉克马。

在第八时期早期出现了金币重量调整到接近当时使用的银币的标准。这与本书所研究货币史早期使用的标准正好相反,当时引入 14.90 克的重量标准是为了满足方便计算黄金重量的需要。这里的重量标准是没有问题的,因为当时的银币标准已经使用很长时间了。但不久之后金币就将银币的重量拉升到最高重量的水平。这种金币的价值不仅在于其真实存在,更在于对阿布德拉钱币学的贡献。这种金币为我们提供了对如下问题的一种可能解释,即为什么 4 德拉克马和

---

① 有关 14.90 克的 4 德拉克马的进一步讨论,见 pp. 17 ff. , *infra*。

② 有关"阿布德拉实行降低的色雷科—马其顿标准"的问题,见 pp. 22 f. , *infra*。

③ 在表 1 -22 中会充分展示所采用的许多重量都存在不规则的倾向。

1德拉克马分别一直维持着11.20克和2.80克超过波斯标准真实水平的趋势。黄金与白银之间的比价关系要求4德拉克马和1德拉克马维持11.40/11.35克和2.85/2.837克的理论水平,而且这在现实中也是实际情况。在多大程度上阿布德拉人一直在试图维持这一水平是有疑问的。本地区的许多钱币不仅显著低于金币要求的水平,而且也低于官方的波斯标准。尽管如此,金币对银币的影响是显而易见的:如果没有金币,我们可能会理所当然地接受显著低于其正确水平的标准,同时也会面临一个解释难题,即为什么大部分样品超过其标准重量。

色雷科—马其顿标准的提法需要详细介绍,尤其是在此标准下涉及不止一个系列钱币的制造问题。直到最近,明显存在各种不同的计量体系和各种重量单位,其中一些是源于东方的1/3或1/6的划分,其他一些则是基于希腊货币德拉克马和奥博尔的计量方法;一个城市或部落从一种体系转变为另一种体系(或同时使用两种体系)的令人疑惑的方法;准确确定许多使用标准的日期所存在的困难;所有这些因素加在一起导致正确认识色雷科—马其顿标准的整体货币史存在严重障碍。但雷蒙德(Raymond)女士在其研究早期马其顿王室钱币史的工作中扫清了其中一些障碍。① 在这项研究中,她成功地整理了一个复杂但极为全面的重量体系,在马其顿和特雷斯的体系中似乎使用了多种钱币,包括大面值和小面值钱币。该体系被定义为“色雷科—马其顿”标准,其基础是古代希腊重量为9.82克(151.5格令)的金币,此金币是491克轻巴比伦迈纳(mina)货币的1/50。② 雷蒙德女士将该体系作为色雷科—马其顿部落货币体系创建的基础本身是否正确是有疑问的,因为有观点认为组成该体系的一些重量单位与该地

① *MRC* 18 ff.

② 当然,在萨索斯的钱币制作历史中,我们最熟悉的是9.82克的1斯塔特。根据E.S.G.罗宾逊博士提供的使用早期色雷斯图案的钱币数字,包括临时发行的那不勒斯—安提萨拉钱币,在10.20克与8.0克之间有432枚样品;其中46枚接近9.60克,54枚接近9.70克,52枚接近9.80克,58枚接近9.90克。

区早期使用的琥珀金(electrum)钱币有关。① 但她有独创性和煞费苦心地重构这三个并行的重量系列,以及其相互关系(如在公元前6世纪下半叶和50年代早期同时被希腊城邦和当地部落使用的货币),显然已经使我们在很大程度上更接近于许多色雷科—马其顿钱币计量方法的真实情况。②

---

① 对于第一点,我将在后面讨论(p. 11, n. 2);对于第二点,即在色雷斯和马其顿使用本地发行的琥珀金钱币的问题,是最困难的问题之一,而且我认为,到目前为止关于此问题还没有足够证据得出某种结论。

② 色雷科—马其顿体系无疑是非常复杂的,根据此后将发生的许多参照标准,我在下面列出了三个平行的重量标准系列,雷蒙德女士就是依据这些标准重构了色雷科—马其顿体系(cf. *MRG* 23 f.)。剔除了最重的货币单位,增加了其他一些面值的货币,这些是没有出现在雷蒙德女士的表格中,但在阿布德拉、迪卡亚—阿布德拉或马罗尼亚流通的钱币。这些用星号标记的钱币包括第四时期在阿布德拉制作的0.5奥博尔,属于第二序列;在迪卡亚和马罗尼亚制作的属于第三序列的2德拉克马和4德拉克马。第一时期在阿布德拉制作的非常稀少的2德拉克马,可能属于阿布德拉标准,而不是色雷科—马其顿标准(见pp. 10 f., *infra*)。整个体系的基础是第一系列重量为9.82克的斯塔特;第二和第三系列是基于德拉克马和奥博尔的钱币。在第二系列中,13.09克重的4德拉克马的出现是在原有9.82克重的斯塔特上增加了1特瑞特(trite)(9.82克+3.27克=13.09克)。第三系列提供了一种理论重量为14.73克的4德拉克马,其构成是在9.82克斯塔特上加上0.5斯塔特重量(9.82克+4.91克=14.73克),同时8德拉克马相应地等于第一系列中3斯塔特的重量。第一系列中的0.5斯塔特与第三系列的8奥博尔重量都是4.91克,第一系列中的赫克特(hecte)与第二时期的3奥博尔重量都是1.64克,其相互关系可以从表1-2中看出。

表1-2　各种货币重量对比

第一系列		第二系列		第三系列	
货币名称	重量	货币名称	重量	货币名称	重量
3斯塔特	29.46克	8德拉克马	26.18克	8德拉克马	29.46克
2斯塔特	19.64克	4德拉克马	13.09克	4德拉克马	14.73克
1斯塔特	9.82克	8奥博尔	4.36克	2德拉克马	7.36克
0.5斯塔特	4.91克	1德拉克马	3.27克	8奥博尔	4.91克
1特瑞特(trite)	3.27克	4奥博尔	2.18克	1德拉克马	3.68克
1赫克特(hecte)	1.64克	3奥博尔	1.64克	4奥博尔	2.45克
0.5赫克特	0.82克	2奥博尔	1.09克	3奥博尔	1.83克
		1奥博尔	0.545克	*1.5奥博尔	1.22克
		*0.5奥博尔	0.27克	1奥博尔	0.61克

雷蒙德女士的研究主要涉及色雷科—马其顿地区的西部、马其顿王国的早期钱币史,以及与马其顿王国直接相关部落的货币史。这里我们最关注的自然是更远的东部,即内斯特斯河(Nestos)与色赫恩(Serrheion)之间的沿海地区,这一地区不仅包括阿布德拉,也包括其近邻迪卡亚和马罗尼亚。后者早期的货币发展史曾对阿布德拉标准产生过重要的但不明显的影响。[①]

第一至第二时期(约公元前540/535~492年)

制作8德拉克马所涉及的重量单位非常广(见表1-3)。无论是从早期的技术手段看,还是从钱币的本质角度看,或是从银锭出口的角度看,以及从钱币本身的高重量(high weight)角度看,可能都没有理由预测铸造这种货币会有很高的精确度。但我们可以认为,8德拉克马的重量一般不低于29.50克,也许会高出很多。因此从色雷科—马其顿标准(第三序列)看,[②]1枚29.46克的8德拉克马太重了。其理论标准也许是29.80克,是第三和第四时期基于金银复本位制的14.90克4德拉克马的一倍,我用术语“阿布德拉标准”来表示后者。[③]

表1-3 第一至第二时期的钱币样品8德拉克马(约公元前540/535~492年)

有记录的样品总数	41枚
无重量记录的样品总数	3枚
有记录的最大重量	30.10克
有记录的最小重量	26.66克
超过30.00克的钱币	2枚
低于29.20克的钱币	11枚

① 本书作者有关迪卡亚—阿布德拉和马罗尼亚制作的研究论文将单独在NC(1965)上发表。——编者注

② p.8,n.4,*supra*.

③ 有关该标准的内容、采用原因及可能时间的全面讨论,见pp.17 ff.,*supra*。

续表

不同重量钱币的样品个数	
–	29.95 克
–	29.90 克
– – –	29.85 克
– –	29.80 克
– –	29.75 克
–	29.70 克
– – –	29.65 克
–	29.60 克
–	29.55 克
– – – – –	29.50 克
–	29.45 克
– –	29.40 克
	29.35 克
–	29.30 克
–	29.25 克
	29.20 克

注：表 1－3 中包括有凿痕(Chisel-cut)的钱币，重量分别是 29.95 克和 29.25 克；另有一枚保存不太好的样本重量是 29.45 克。其他低于 29.20 克的钱币重量如下：29.02 克、28.99 克(质量差)、28.85 克、28.78 克、28.70 克(质量差)、28.50 克、28.00 克(质量差)、27.72 克、27.71 克(有凿痕)、27.37 克(质量差)、26.66 克(有凿痕)。

表 1－4　第一至第二时期的钱币样品：4 德拉克马

(约公元前 540/535～492 年)

有记录的样品总数	25 枚
无重量记录的样品总数	1 枚
有记录的最大重量	15.02 克
有记录的最小重量	12.51 克

续表

超过15.05克的钱币	..
低于14.35克的钱币	6枚
不同重量钱币的样品个数	
– –	15.00克
– – –	14.95克
	14.90克
–	14.85克
– – – –	14.80克
	14.75克
	14.70克
–	14.65克
– –	14.60克
	14.55克
–	14.50克
– – –	14.45克
–	14.40克
	14.35克

注:第二时期只有一枚钱币重量是14.64克。表1-4中一枚有凿痕的钱币重量是14.62克。低于14.35克的钱币重量如下:14.20克、14.18克(质量差)、13.79克(质量差)、13.65克(质量差)、13.54克(质量差)、12.51克(质量很差)。

在上述时间内4德拉克马钱币几乎完全属于第一时期(见表1-4)。与8德拉克马钱币一样,4德拉克马钱币的重量范围非常广。现有材料表明,通常标准是14.80克以及超过14.73克的色雷科—马其顿标准。正如8德拉克马钱币的情况,阿布德拉造币厂在第三和第四时期制作的4德拉克马钱币的标准可能是±14.90克。

2德拉克马钱币仅出现在第一时期,而且限于一次发行,目前只发现了三枚钱币。[1] 现在只知道有两种重量,分别是 7.38 克和 7.36 克,所以非常倾向于将其称为色雷科—马其顿的 2 德拉克马(第三系列),但这两枚钱币中较重的一枚破损很严重,重量减少了。另外,由于现有的样品都来自同一个三角洲,所以这种面值的钱币很可能也是用于出口贸易。因此,2 德拉克马的重量很可能是 ±14.90 克 4 德拉克马重量单位的一半。[2]

1 德拉克马钱币几乎与 2 德拉克马钱币一样稀少。在第一时期,重量是不确定的,但我们没有理由由此得出标准不同于第二时期的结论。这时期的重量标准仅略低于 3.68 克的色雷科—马其顿标准(第三系列),当时一定是希望 1 德拉克马遵守该标准的(第一时期现存的重量标准是 3.40 克和 3.0 克,第二时期是 3.65 克和 3.62 克)。

奥博尔本身是面值低于 1 德拉克马的小面值钱币。毫不奇怪,这种钱币也非常稀少。现已发现的第二时期制作的钱币重量分别是 0.59克、0.57 克和 0.55 克,显然是为了符合 0.61 克的色雷科—马其顿标准(第三系列);如果从钱币数量非常少的角度看,第一时期的钱币重量只是略微有些超重,分别是 0.72 克、0.65 克和 0.59 克。

因此,在所研究的阿布德拉货币史前的两个时期,我们已经发现了如下两组货币的区别:用于出口贸易的重货币单位,如 8 德拉克马、4 德拉克马,也许还包括 2 德拉克马;用于当地交易和符合色雷科—马其顿标准的轻货币单位,如 1 德拉克马和 1 奥博尔。

重钱币出现在本系列的早期,大概在公元前 540 ~ 435 年,几乎可以肯定的是,重钱币的出现是出于阿布德拉人自身的想法,而不是受

---

① 见分组 7 ~9,p.64,*infra*。

② 鉴于 2 德拉克马在阿布德拉非常稀少,所以该面值的钱币不可能具有十分重要的意义。在迪卡亚—阿布德拉和马罗尼亚按照色雷科—马其顿重量标准制作的 2 德拉克马时间较晚,是在公元前 6 世纪之后。

本地的影响。①

第三至第四时期(约公元前492~449/448年)

这一时期会发现完全不同的情况。在第一时期,8德拉克马钱币的制作至少像4德拉克马钱币一样普遍;在第二时期,8德拉克马几乎取代了4德拉克马而处于支配地位。但在第三至第四时期的重心则完全转变了。8德拉克马被放弃了,我们发现替代它的是定期制作的和令人印象深刻的4德拉克马系列,而且数量规模有时超过了这家造币厂所有的早期钱币系列。阿布德拉地区没有制作2德拉克马钱币,尽管这种钱币当时已经同时在迪卡亚—阿布德拉和马罗尼亚地区使用。在第三时期大量制作了1德拉克马钱币,但在第四时期则很少制作了,其重量降低到了一个可能无法与本期的4德拉克马钱币相提并论的水平。在1德拉克马钱币重量减少的时候,3奥博尔钱币出现了,它是1奥博尔的恰当重量。在第四时期结束时,我们发现了一枚0.5奥博尔的钱币。

① 由于这些最早的阿布德拉8德拉克马和4德拉克马出现在其钱币制作开始时期,所以可以合理地推断,是阿布德拉自身在本地区引入了制作这种特点的重货币。必须承认的是,在整个色雷科—马其顿地区,这种重货币以某种形式被部落造币厂广泛使用,但我并不认为,当来自特雷斯(Teos)的殖民者于公元前544年在阿布德拉定居时,他们发现了一种可供使用的本地已有货币重量体系。确实,在那个早期时代,除了由萨索斯制作的钱币外,在何布罗斯河与斯特瑞木河之间的地区只有很少的本地钱币在流通。萨索斯在10年或20年里可能一直在按照9.82克重量标准制作其独特的斯塔特,而且很可能的情况是,正是从这里开始复杂和灵活的色雷科—马其顿标准逐渐兴起。雷蒙德女士(*MRG* 23)一直认为,色雷科—马其顿体系是由色雷科—马其顿的部落自身创立的。相反,我推测萨索斯是主要先行者,是与更西部的爱格艾(Aegae)造币厂,以及也许是早期马其顿钱币所采用的标准一起发展起来的,后者的公羊斯塔特(goat stater)重量是9.82克;我认为各种形式的色雷科—马其顿体系正是从这里发展起来并在公元前6世纪的最后40年里被各个部落的造币厂广泛采用(cf. NC 1953,166 f.)。就其重货币而言,阿布德拉并未采用该体系;但在这些年,许多偏远地区的部落和城邦统治者都采用了阿布德拉的做法,即以重货币的形式在市场上交易白银,而且这种做法最终也被马其顿的亚历山大一世采用;在其整个统治时期,他一直在制作这种面值的钱币(有关最早期的马其顿8德拉克马的分析,见 *MRC* 53–56;有关与亚历山大传奇相关的钱币制作,见 *MRC* 78–79,100–1,126)。

表1－5　第三至第四时期的钱币样品:4德拉克马

(约公元前492～449/448年)

有记录的样品总数	198枚
无重量记录的样品总数	16枚
有记录的最大重量	15.70克
有记录的最小重量	13.30克
超过15.20克的钱币	3枚
低于14.35克的钱币	13枚
不同重量钱币的样品个数	
–	15.20克
– – –	15.20克
– –	15.10克
– – – – – – –	15.05克
– – – – – – –	14.95克
– –	14.90克
– –	14.85克
– –	14.80克
– –	14.75克
– – – – – – – – – – – – – – – –	14.70克
– – – – – – – – – – – – –	14.65克
– – – –	14.60克
– – – –	14.55克
– – – – – – – – – – –	14.50克
– – – –	14.45克
	14.40克
–	14.35克

注:表1－5中损坏或保存不好的钱币重量有14.90克、14.60克、14.57克和14.40克。超过15.20克的钱币重量有15.70克(保存不好)、15.38克、15.33克。低于14.35克的钱币重量有14.32克、14.30克、14.25克、14.21克、14.18克、14.15克、14.12克、14.11克、13.85克、13.36克、13.36克、13.35克、13.30克(其中6枚保存不好)。

制作重钱币是用于出口贸易,而制作较小面值的货币则是为了本地商品交易,两者之间的区别非常突出。

表1－5中的4德拉克马清楚地表明其重量超过了14.73克的色雷科—马其顿标准。在表1－5中的165个样品中,近50%是在14.95～14.85克,另有12%是在14.85～14.80克。整个钱币的重量分布同样非常广泛,但如果接受±14.90克的标准,我们也不会有太大的错误。正如我们将要看到的,制作这种货币的目的是促进与黄金的交易。

表1－6 第三至第四时期的钱币样品:1德拉克马

(约公元前492～449/448年)

有记录的样品总数	82枚
无重量记录的样品总数	11枚
有记录的最大重量	3.72克
有记录的最小重量	2.11克
超过3.72克的钱币	1枚
低于2.11克的钱币	6枚
不同重量钱币的样品个数	
－－	3.70克
－	3.65克
	3.60克
－－－－	3.55克
－－	3.50克
－－	3.45克
－－－	3.40克
－－－－－－－－－－－	3.35克
－－－－－－－－－－	3.30克
－－－－－－－－	3.25克
－－－－－－－	3.20克
－－－－	3.15克

续表

- - -	3.10 克
- - - - - -	3.05 克
- -	3.00 克
- - -	2.95 克
-	2.90 克

注:第四时期只有 3 枚钱币,重量分别是 3.30 克、3.20 克和 3.01 克。

表 1 -6 中的 1 德拉克马钱币几乎完全属于第三时期。像通常情况一样,钱币的重量范围很广,但标准似乎是在 3.35 ~ 3.30/3.25 克的范围内。一些钱币的重量低于这一标准,另一些则明显更重一些。这些较重钱币可能是根据第一和第二时期旧 1 德拉克马钱币重新制作的,当时的标准是 3.68 克。这种较轻标准与 2 德拉克马的重量无关,属于色雷科—马其顿重量标准的第二系列,该系列包括了一枚 13.09 克的 4 德拉克马钱币和一枚 3.27 克的 1 德拉克马钱币。[①] 同时,这种较轻标准可能是相当于久远和常被提到的特瑞特(trite)色雷科—马其顿重量标准的第一系列,该系列是基于 9.82 克的金币;按照第一系列的标准,我们研究的 3 奥博尔也许可以称为第六系列了。但已发现的 1 奥博尔和 0.5 奥博尔钱币表明,这种少量的阿布德拉标准钱币应该属于色雷科—马其顿重量标准的第二系列。

表 1 -7　第三至第四时期的钱币样品:3 奥博尔(约公元前 492 ~ 449/448 年)

有记录的样品总数	41 枚
无重量记录的样品总数	..
有记录的最大重量	2.10 克

① p.8,n.4,*supra*. 在更西部,如马其顿和塞尔迈湾(Thermaic Gulf)的周边地区,这种 4 德拉克马非常普遍。最早的样品有佩格索斯图案(Pegasos type)。这类钱币中的许多样品的工艺非常粗糙,但我非常怀疑这些钱币是在公元前 6 世纪中期之前制作的,如雷蒙德女士所认为的(*MRC* 27)。此外,马其顿的"武士杀手"(warrior-hunter)图案的 4 德拉克马是按照这一重量标准制作的:这些钱币的时间被划分为公元前 492 ~ 480/479 年(MRC 54 -69)。

续表

有记录的最小重量	1.22克
超过1.80克的钱币	4枚
低于1.30克的钱币	1枚
不同重量钱币的样品个数	
－－	1.75克
－－－	1.70克
	1.65克
－－－－－－－－－－	1.60克
－－－－－－－－	1.55克
－－－－－－	1.50克
－－－	1.45克
－－－	1.40克
－－	1.35克

注:第三时期有29枚样品,第四时期有11枚样品。有1枚样品最大记录重量是2.10克,但因为没有明确的日期,所以无法具体确定属于哪个时期(见p. 140,n.1,*infra*)。

所有样品钱币都进行了分组,因为第三时期的第二系列3奥博尔钱币可能延伸到第四时期。如果将第二系列的3奥博尔钱币归入第三时期而不是第四时期,则我们就是明确地认为第三时期比第四时期有更高的标准,如表1－8所示。

3奥博尔钱币(见表1－7、表1－8)是以半个重量(减轻的)1德拉克马出现的。这种钱币在第三时期和第四时期都发行过,两个时期的标准都是1.60～1.50克。这略微低于色雷科—马其顿标准的1.64克水平。但如果进一步细分这些钱币,将那些可能或确定属于第三时期与第四时期的钱币分开,我们就会发现有一部分钱币明显重于1.64克(见表1－8)。这可能是本地区钱币制作的波动性特点的另一个佐证。另外,这些钱币也可能是对第一时期和第二时期的3奥博尔钱币的重新打制,前两个时期3奥博尔的标准是1.83克。如果情况是这样,则这可能是我们目前具有的在第一时期或第二时期阿布德拉制作了3奥博尔钱币的唯一证据。①

表1-8 第三和第四时期的3奥博尔样品对比

第三时期		第四时期
- - -	超过1.80克	
- -	1.75克	
- - -	1.70克	
	1.65克	
- - - - - - - -	1.60克	- - -
- - - -	1.55克	- - -
- -	1.50克	- - - -
- - -	1.45克	
- - -	1.40克	
-	1.35克	-
-	低于1.30克	

与第一时期和第二时期相比,1奥博尔的钱币数量要多很多。0.55~0.50克的水平覆盖了0.545克的理论标准,而且完全符合3奥博尔的标准。与第四时期相比,在第三时期可能存在略重一些的倾向(见表1-9)。但这一点远非确定的,可能的情况是在第三时期制作了略重一些的3奥博尔,这种倾向可能对同期其他奥博尔的制作也产生了相应影响。

表1-9 第三至第四时期的钱币样品:1奥博尔(约公元前492~449/448年)

有记录的样品总数	36枚
无重量记录的样品总数	2枚
有记录的最大重量	0.68克
有记录的最小重量	0.42克

① 在公元前492年前后可能在阿布德拉附近的迪卡亚制作过3奥博尔或这种重量的钱币,马罗尼亚在这一日期之后不久也制作过。

续表

超过0.70克的钱币	..
低于0.40克的钱币	..
不同重量钱币的样品个数	
– –	0.70克
– – – – –	0.65克
– – – – –	0.60克
– – – – – – –	0.55克
– – – – – – – –	0.50克
– – – – – –	0.45克
–	0.40克

注:第三时期有9枚钱币,第四时期有13枚钱币。另外有12枚钱币包含在表1–9中,但由于缺乏充分的日期数据,所以无法明确将其归属于第三或第四时期(见 p. 114, n. 1, *infra*)。这些钱币的重量分别是:0.68克、0.63克、0.60克(3枚)、0.55克、0.53克、0.49克(3枚)、0.46克、0.42克。

第三时期与第四时期相比,有一种标准略微更重一些的倾向。但与3奥博尔钱币的情况相比,这一结论不是非常确定。

表1–10　第三至第四时期的1奥博尔样品对比

第三时期		第四时期
–	0.70克	
– – –	0.65克	– –
–	0.60克	–
–	0.55克	– – – –
– –	0.50克	– –
–	0.45克	– – – –
	0.40克	

0.5奥博尔出现在第四时期,重量标准应当是0.27克。已发现的钱币中只有非常少的0.5奥博尔略低于这一标准,是0.21克。

在提出和简要介绍了阿布德拉在其大约第一个100年里制作和

使用的钱币之后，现在我们必须转向与色雷科—马其顿地区相关的钱币学领域最具挑战性的难题。阿布德拉造币厂基于什么理由选择±14.90 克(230 格令)的特定重量标准？这一标准不仅用于第三时期开始时(大约公元前 492 年)的 4 德拉克马主系列钱币，而且早在造币业务初始时就应用于 4 德拉克马以及相应的 8 德拉克马钱币，如表 1－3 至表 1－5 所表明的。这一重量标准明显高于 14.73 克的色雷科—马其顿标准；也与当时的小额钱币没有联系，而且在其他地方的银币制作中也没有广泛使用。关于制作这些钱币的重量标准，已有很多研究了，尽管具有独创性，但所提出的大部分观点都不成立，因为不完全理解这种 4 德拉克马及其双重单位标准的含义。① 这些重钱币出现在钱币制作的最早期，是为了促进银锭的出口。虽然第二、第三和第四时期的 4 德拉克马没有给我们提供太多有关发现时状态的证据，但第一时期的 4 德拉克马钱币广泛分布在三角洲和中东的窖藏中。早期的阿布德拉银币正是沿着这一方向流通的。所有发现钱币的地点都在波斯帝国的辖区内，所以几乎没有理由假设，在波斯当局已经在色雷斯建立统治权后，阿布德拉银币出口的基本方向会发生改变，即使运送货物方式的改变可能是无法避免的。

制作钱币的目的不仅可以解释为什么重钱币比轻钱币更流行，尤其是在早期，以及重钱币为何未能与纯粹出于当地需要目的而制作的小面值钱币衔接；而且可以更进一步提供有关这些重钱币制作标准的必要线索。

---

① 阿布德拉铸造 4 德拉克马所依据的标准一直以来被简单描述为"腓尼基标准"(Phoenician)。但这种标准[是 505 克重巴比伦迈纳(Babylionian mina)的 1/35]仅为 14.43 克。斯塔克[Strack，*Die ant. Milnz. N. -griech.* Ⅱ(Ⅰ).38]将其解释为腓尼基标准，他认为这一标准是 14.55 克，提高了 1/36，这一提高使一个单位成了 14.96 克。这种标准也被描述为"米利都标准"(Milesian standard)的升级，因为有充足的白银供给，以便与当地的"帕奥尼亚"(Paeonia)体系保持一致，相当于这一体系重量为 14.60 克的 3 德拉克马(Seltman 65 and n.4；有关帕奥尼亚体系，见 Svoronos，table of weights following p.65)；但这一重量同样是太低了，同时在所有情况下所谓的帕奥尼亚体系的理论一直以来都是被雷蒙德女士重新建立的色雷科—马其顿的 9.82 克斯塔特所替代(p.8，n.4，*supra*)。

从阿布德拉出口的色雷斯白银会在波斯帝国境内的各城邦间流动,覆盖了中东非常广泛的地区,这些地区的居民自然都是以黄金作为标准。因此,很自然地,同时从实际操作的角度讲,基于一种可以方便地用黄金征税的重量标准制作的银币就具有商业便利性。当时,也即公元前540年之后不久,在早期阿布德拉制作4德拉克马和8德拉克马钱币时,黄金与白银的兑换比率是传统的13 $\frac{1}{3}$: 1。阿布德拉的银币重量标准不是8.05克的克罗森(Croesean)斯塔特,尽管在大流士统治的最初几年里这样做明显是有根据的,但原有的±8.35克重量标准在当时波斯人统治的各个城邦国家都熟悉很长时间了,1个谢克尔(shekel)迈纳(mina)重±8.35克,大流士就是依据这一标准制作其新的大流克(daric)钱币,很可能在公元前515年之后不久。①

阿布德拉银币与克罗森的斯塔特之间没有联系,这是因为斯塔特在吕迪亚帝国失败后不久就引入了。从此以后大流士为大流克采用的标准看,选择±8.35克的重量单位可以有利于在更广泛地区的交换,这也被证明是稳妥的做法。按照13 $\frac{1}{3}$: 1的兑换率,±14.90克的阿布德拉4德拉克马与±8.35克的黄金单位非常相符,7 $\frac{1}{2}$个4德拉克马等于1个金币。②

波斯国王大流士引入大流克的目的实际上是试图将黄金兑换白

---

① cf. E. S. G. Robinson(*The Beginning of Achaemenid Coinage*, NC. 1958, 187 ff.). 感谢Robinson博士允许我在实际发表前阅读这一重要文章的有关内容。讨论大流克+8.35克重量标准(低于Hill给出的8.4克标准)和引入这一标准的可能日期对本研究的当前目的非常有用。

② 这一等式略微有利于黄金:$7\frac{1}{2} \times \pm 19.90$ 克 $= \pm 111.75 \times 13\frac{1}{3} = 111.05$。如果1个4德拉克马钱币是14.80克,则这一等式几乎是正确的——从单个银币的重量范围较大的角度看,情况恰好是如此;但无论如何,第三时期和第四时期的表格向我们表明,标准更接近于14.90克而不是14.80克。尽管存在阿布德拉制作的很大部分钱币超过理论标准的趋势,但不太可能的情况是,已发现的钱币超过50%都高于这一标准,就像14.80克是真实标准的情况一样。

银的比率降低到13:1。但这种做法似乎没有产生持久影响,市场价值可能维持在接近$13\frac{1}{3}$:1的原有比率。实际上,由于引入了±5.55克的辛格罗斯(siglos),这可能最早出现在大约公元前490年,所以$13\frac{1}{3}$:1的比率恢复了,而且一旦恢复,就从公元前5世纪一直持续并延续到公元前4世纪。①

因此±14.90克的4德拉克马及其两倍重量单位8德拉克马的出现是基于金银复本位制的原则。② 虽然这一标准严格讲是来自东方,但我仍称其为阿布德拉标准,因为阿布德拉是当时在很大规模上将这种重量标准运用到银币上最多的城邦国家。但除了如下事实外名字本身并不重要:根据这一标准打制的银币就是基于一种金银复本位原则,其直接目的是提供一种便于计算金银之间价值的便利方法。在这样早期的阶段,这种做法对一个希腊城邦来说当然是很了不起的。从白银出口的角度讲,这样做的好处是很明显的,而且在阿布德拉贸易对象的东部和东南部地区已经继续接受这种做法了。

我们还需要回答另外一个问题:如果±14.90克的4德拉克马是金银复本位制,那么为什么在有利于实行这种体制的环境已经消失很

---

① cf. NC 1958,191.

② 这不是阿布德拉第一次实行金银复本位制。Head(cf. Gardner,275 ff.)确实认为阿布德拉一直想实行一种汇兑的金银复本位制度,因此一直在持续降低其4德拉克马的重量,从15.50克降低到了10.40克,这与白银的黄金价值从15:1持续下降到10:1是一致的,直到公元前5世纪的最后10年才完成。在整个过程中,基本单位应该一直保持等于8个单位的德拉克马。遗憾的是,这一点超出了现有证据的范围。阿布德拉在我们的钱币制作的第一至第四时期和第八时期,实际上有一种黄金与白银之间关系的运行机制,在这些时期黄金实际上是用来制作金币的;黄金也对第七时期多少有直接影响,对属于第五时期和第六时期钱币的面值也有直接影响。但Head煞费苦心的理论是完全站不住脚的。正如Gardner(loc. cit)曾经指出的,无论是钱币的图案内容还是黄金兑白银等比率都不支持这一点;另外,正如频率表(frequency table)所揭示的情况,钱币本身并不需要有如此详细的分类;最后,在公元前5世纪甚至是公元前4世纪的早期,阿布德拉不会刻意制作重量为10.40克的钱币,而不遵循当时使用的任何低标准。有关进一步的讨论,见p. 22,n. 2,*infra*。

久之后它仍然被保留下来？而且在雅典标准取得支配地位后为什么又持续了多年，直到新的《雅典铸币令》于公元前 449/448 年颁布后才与许多其他做法一起结束？当赛瑟斯(Xerxes)战败和波斯人从色雷斯被赶走时，±14.90 克的 4 德拉克马有足够时间获得全面认可。实际情况是，在爱琴海地区波斯人的权力被消除了，但值得怀疑的是，这是否一定会改变阿布德拉贸易流通的渠道。需要阿布德拉白银的客户可能基本没有变化，因此也没有理由改变这一标准。实事求是地讲，如果回望公元前 5 世纪中叶，我们就可以说，按这种标准制作的钱币可能诱导了雅典人颁布《雅典铸币令》。另外在色雷斯，一些城邦可能顽强地保留并继续使用这些不寻常的标准。阿布德拉本身可以提供这种情况的另一案例：在第四时期(约公元前 473/470～449/448 年)阿布德拉长时间使用埃伊内提克重量标准的斯塔特系列。① 阿伊努斯人也是如此，直到《雅典铸币令》颁布之时，他们不仅一直保留了 16.50～16.20 克的 4 德拉克马标准(即使这一标准是从波斯人的谢克尔间接而来)，而且甚至在此后重新引入这一标准，并一直使用直到公元前 5 世纪的最后几年。②

第五时期(约公元前 439/437～411/410 年)

阿布德拉造币厂在第五时期开始时恢复造币业务，可能是公元前 440～430 年这 10 年中的早些时候，之前由于施行《雅典铸币令》，造币厂关闭了。这一时期一直持续到色雷斯海岸这一地区的政治环境发生动荡，其标志首先是在大约公元前 411 年秋天萨索斯从雅典分离出去，然后是萨索斯与那不勒斯(Neapolis)之间的对抗，再就是在公元前 408/407 年之前阿布德拉自身的叛乱。③

我们需要研究的钱币面值的范围比较小：有记录的只有 4 德拉克

---

① 有关第四时期的计量制度，见 pp. 23 ff. ，and Tables X－XIV，*infra*。

② cf. *Ainos*，265 ff.

③ 有关进一步的讨论，见 pp. 179 ff. ，*infra*。

马、4 奥博尔和 2 奥博尔。但在这些钱币中，只有 3 奥博尔没有给我们的研究带来太多困难，这种钱币的制作数量比较多，而且保留了第四时期的图案和重量标准。4 德拉克马已经有很多研究，但目前能够确定的就是“降低的色雷科—马其顿标准”。① 4 奥博尔仅限于单独一个批次的钱币，在本系列中属于相对早期：从这家造币厂以后的发展看，4 奥博尔可以被恰当地描述为源于波斯，尽管在阿布德拉引入这种钱币的直接源头几乎可以肯定是阿伊努斯人。在第六、第七和第八时期中，后两个时期波斯标准已经被应用于 4 德拉克马，4 奥博尔变成了 1 德拉克马，这种 4 奥博尔钱币的制作数量很多，而且对这家造币厂的历史具有重要意义。因此对此种钱币的讨论我们留在第六时期，因为有记录显示这种重量的钱币有过几次大量发行。②

对第五时期的 4 德拉克马的研究，最好通过对比同时来自阿布德拉和马罗尼亚的现有样品进行（见表 1 – 11）。因此当时马罗尼亚制作的钱币系列数字包括在表 1 – 11 中，同时还有阿布德拉的钱币。这种方法是有说服力的，不仅因为如下事实：这种不寻常标准（降低的色雷科—马其顿标准）是源于公元前 5 世纪前半叶马罗尼亚钱币重量的持续降低过程，而且也考虑了在第五时期这两种钱币系列有非常紧密的平行关系。

这两家造币厂的钱币重量范围都很广，因此较好的方法是确定其标准是处于 14.10 ~ 13.80 克，因为很难找到精确数值；多数钱币的重量大约是在 14.00 ~ 13.90 克，而不是其他水平。这样一种标准源于一个逐步的但重量持续降低的发展趋势，这一事实也许可以很好地解释钱币制作中的不一致性。4 德拉克马也许应当找到自己的重量标准。表 1 – 11 的数据表明，在这一段时间内，与阿布德拉造币厂相比，马罗尼亚造币厂显得更加谨慎一些。

---

① cf. pp. 21 ff. , *infra*.

② pp. 24 f. , *infra*.

表1-11 第五时期的钱币样品比较:4德拉克马

(约公元前439/437~411/410年)

阿布德拉		马罗尼亚
58枚	有记录的样品总数	57枚
1枚	无重量记录的样品总数	4枚
14.72克	有记录的最大重量	14.76克
12.85克(2)	有记录的最小重量	12.65克
5枚	超过14.25克的钱币	5枚
6枚	低于13.58克的钱币	2枚
不同重量钱币的样品个数		
--	14.25克	---
---	14.20克	
---	14.15克	-
------	14.10克	---------
-	14.05克	--
----	14.00克	----------
---------	13.95克	-------
-------	13.90克	------
---	13.85克	--------
----	13.80克	---
-	13.75克	
--	13.70克	-
--	13.65克	
--	13.60克	-
超过14.25克的钱币重量是14.72克、14.60克、14.46克、14.40克和14.36克。低于13.58克的钱币重量是13.57克、13.43克、13.40克、13.20克、12.85克(2枚)。有穿孔的钱币重量是13.93克、13.65克、13.20克。		超过14.25克的钱币重量是14.76克、14.57克、14.32克、14.30克、14.29克。低于13.58克的钱币重量是13.44克、12.64克。

与 4 德拉克马钱币一样，4 奥博尔（见表 1－12）的重量也有很大差异，但主要集中在 2.8～2.55 克。在第五时期，这种面值的钱币仅单独发行一个批次（分组 74），但在第四时期发行的批次则很多，大量已发现的材料表明其标准约是 2.70～2.65 克。在第五时期，这种情况可能也得以维持。与其他重量水平的钱币相比，最多的样品是 2.70 克。[①]

表 1－12　第五时期的钱币样品：4 奥博尔（约公元前 439/437～411/410 年）

有记录的样品总数	45 枚
无重量记录的样品总数	7 枚
有记录的最大重量	2.92 克
有记录的最小重量	2.44 克 *
超过 2.90 克的钱币	1 枚
低于 2.45 克的钱币	1 枚 *
不同重量钱币的样品个数	
–	2.90 克
– –	2.85 克
– – – – –	2.80 克
– –	2.75 克
– – – – – – – –	2.70 克
– – – – –	2.65 克
– – – –	2.60 克
– – – – – – – – –	2.55 克
	2.50 克
– –	2.45 克

注：1 枚有穿孔的钱币重量是 2.44 克，1 枚背面经过很多打磨的钱币重量是 2.47 克。

* 1 枚重量是 2.34 克的钱币可能记录有误（cf. p. 153, n. 3, *infra*）。

由于存在如下可能性，即几枚重量为 2.57 克的钱币是重复计算的，所以 2.55 克的重量水平可能扩展到略超过真实数量。

---

① pp. 27 ff., *infra*.

3奥博尔(见表1-13)继续按照最初的色雷科—马其顿标准(第二系列)制作,在整个第三时期和第四时期,这一标准都适用(见表1-7、表1-8)。[①] 与其前面的标准一样,3奥博尔钱币的实际重量会略低于1.64克的真实标准,多数钱币的重量是在1.50~1.45克的水平上下。这种钱币与同期的4德拉克马或属于第五时期的单独一批4奥博尔钱币没有关系。发行3奥博尔的目的纯粹是满足当地需要,这种钱币的使用一直持续到第六时期开始几年,因为第六时期极大地增加4奥博尔钱币的使用,这迫使3奥博尔让位于与4奥博尔相对应的2奥博尔。

这一时期的阿布德拉4德拉克马以及马罗尼亚相对应的钱币都有很多不确定性。这种钱币的重量标准被称为腓尼基标准、降低的腓尼基标准,甚至是降低的阿布德拉—腓尼基标准;所有这些称谓好像都是为了模糊其真实来源和使我们不要去解释其重量降低的事实。使问题更加复杂的是阿布德拉4德拉克马重±14.90克,或其2倍重量单位的8德拉克马的特点,该特点构成了整个大约100年时间内(公元前540/535~449/448年)钱币制作的基础。重量14.90克的4德拉克马的出现被归于一种金银复本位政策。[②] 因此我们有理由提出如下问题:其后面第五时期的标准是否有类似的关系。但现在还没有理由相信阿布德拉4德拉克马的重量被降低到目前水平是为了实现一种用黄金价值表示的新数值。相反,我们会发现,它是源于一个当地重量标准降低的过程,在《雅典铸币令》开始前的半个世纪中,我们在马罗尼亚同样可以明显地看到这种现象。[③]

---

① cf. pp. 14 f. , *supra*.

② pp. 16 ff. , *supra*.

③ Gardner(p. 275 ff.)对此进行了分析,他不赞成最初由Head提出的理论,即阿布德拉4德拉克马钱币重量逐步降低(如Head所认为的)是由于一个不断适应实行金银复本位钱币制作体系后以及相关黄金兑白银比价逐步降低的过程。但是正如Gardner所提出的,阿布德拉钱币制作的发展不会导致其自身的分类符合白银的黄金价值降低的过程(如Head所假设的)。我们所知道的这一时期白银兑黄金的比价表明,其最高比率达到过14∶1(cf. Ferguson, *Treasurers of AThena*, 20, quoting IG I, 355 for 440 and IG I, 352 for 434/3);cf. p. 18, n. 2, *supra*。

表1-13 第五时期的钱币样品:3奥博尔(约公元前439/437~411/410年)

有记录的样品总数	31枚
无重量记录的样品总数	1枚
有记录的最大重量	1.90克
有记录的最小重量	1.33克
超过1.70克的钱币	2枚
低于1.35克的钱币	1枚
不同重量钱币的样品个数	
-	1.70克
-	1.65克
--	1.60克
----	1.55克
------	1.50克
-------	1.45克
-----	1.40克
-	1.35克

注:有2枚钱币重量超过1.70克(都是1.90克),其中1枚的背面损坏严重。1枚钱币重量低于1.35克,为1.33克。1枚钱币重量为1.42克,背面损坏严重。

实际上,这种标准就是"降低的色雷科—马其顿标准"。查尔基德克联盟(Chalkidic League)、阿肯索斯和安菲波利斯(Amphipolis)也制作过类似或密切相关重量的4德拉克马。① 但他们制作的钱币都不如

① 查尔基德克的4德拉克马重量多数在14.45~14.30克(cf. *Olynthus*, ix. 207-10);这使14.50克成为标准重量(p. 208)。*MRC* 166认为该联盟的4德拉克马源于14.73克的色雷科—马其顿4德拉克马(cf. p. 8, n. 4, *supra*)。如果是这样,我们就可以得出如下结论,即马其顿的钱币制作历史有一条平行的发展道路,独立于马罗尼亚曾经走过的路线和现在阿布德拉正在经历的最后阶段。在阿肯索斯,63枚4德拉克马钱币中有46枚重量在14.35~13.95克,德森纽斯(Desneux)将这些钱币划归到开始于公元前424年的时期(cf. Akanthos, 92-108, nos. 116-63);May(NC 1950, 157)认为这一系列发行时间可能早于公元前424年。安菲波利斯的4德拉克马一定是在公元前424年之后,这些钱币的重量比较精确地在14.30~14.20克。

阿布德拉和马罗尼亚的系列钱币早,后者可以追溯到公元前440~430年这10年当中的前半段。理解这一标准和解释其"降低重量"的关键是本地因素,尤其是在马罗尼亚。

使4德拉克马重量标准降低到当时14.10~13.80克的水平,并非基于任何单个批次钱币制作的决定。这是由于在大约公元前492~449/448年的时间内,马罗尼亚钱币重量的逐步降低,这段时间相当于在阿布德拉的第三时期和第四时期。

在这一时期,马罗尼亚基于色雷科—马其顿重量体系的第三系列制作了一批同类钱币,色雷科—马其顿重量体系规定1个4德拉克马钱币的标准范围是14.10~13.80克。但目前还没有在马罗尼亚发现1枚这一重量的钱币,直到公元前449/448年的大约前10年里,在马罗尼亚都没有4德拉克马钱币记录。但属于公元前5世纪早期的1德拉克马钱币仅仅略低于3.68克的标准,因此,以后1德拉克马长期系列(公羊面朝左或朝右)表现出一个趋势,即钱币标准从早期令人满意的水平降低到后来的3.55~3.30克。相类似的情况是,第一批2德拉克马由造币官阿克姆波罗特斯(Archembrotos)制作,很可能是在公元前492年后不久,完全达到了所规定的7.36克标准。后来的2德拉克马钱币(完全属于阿布德拉第四时期的年代)则处于7.10~6.95克(低很多的水平)。

相应地,4德拉克马重量应当是14.20~13.90克,这也是我们在马罗尼亚第一批4德拉克马钱币中实际看到的,对此前面已有介绍。无论是作为符号还是作为主图案的附属物,这些钱币的正面都有一个不变的双耳酒杯(kantharos)图案,同时这些钱币表现出很多与公元前460~450年的阿布德拉4德拉克马风格和技术方面的密切联系,而且可以确定属于《雅典铸币令》之前的年代。正是这一重量水平此前在马罗尼亚被重新引入,现在又被阿布德拉采用,这时阿布德拉造币厂在因《雅典铸币令》的实施而中断造币业务一段时间后正好重新开业。在此环境下,这一标准自然是不明确的,但源于前面所介绍的过程,所以出现的这一标准就可以恰当地被描述为“降低的色雷科—马其顿标准”。

第六时期(约公元前411/410～386/385年)

在第六时期我们会看到范围更广的钱币种类。我们已经发现埃伊内提克标准应用于重钱币中;3奥博尔(虽然源于阿伊努斯,但严格意义上是波斯重量标准)的数量远多于第五时期,在第五时期仅限于单独一个批次钱币;类似于色雷科—马其顿第二系列标准的3奥博尔,这种钱币在本时期开始时仍在使用,直到由于“阿伊努斯”的4德拉克马使用得越来越多,才被后者的半个重量单位钱币替代;这一时期首次出现了铜币,而且发行了几个批次。

如果我们还记得重钱币是用于外部市场,而4奥博尔和2奥博尔是用于色雷斯沿岸的贸易,铜币纯粹是用于本地交易的话,则这种重量系列被明显不恰当地替换就变得不令人困惑了。唯一不自然的因素是色雷科—马其顿标准的4奥博尔,而且我们已经看到这种钱币在这一时期的中期也被替换了。

有关这些年里阿布德拉所使用的重量标准已经有很多研究。尤其是埃伊内提克重量标准的钱币和4奥博尔问题引起过很多讨论;在阿布德拉钱币制作的重量标准变化过程中,4奥博尔的面值具有非常重要的意义。就埃伊内提克的斯塔特而言,已经提出了三种完全不同的观点。斯特拉克(Strack)认为,其重量低于埃伊内提克标准,而造成阿布德拉钱币重量降低的原因是阿德里西亚王国(Odrysian Kingdom)的发展和由此而产生的贸易条件的恶化。[①] 但他认为这一系列开始于约公元前425年,而不可能早于公元前411年,因为这时阿德里西亚王国的实力已经严重被削弱了。韦斯特(West)认为这些钱币不是埃伊内提克的1斯塔特而是阿提克(Attic)的3德拉克马;但他也将其日

① *Die ant. Munz. N.-griech.* Ⅱ. Ⅰ(Ⅰ). 40 f.

期确定为约公元前430年。[①] 在公元前411年及随后的几年里,特雷斯沿岸的这部分地区的政治条件几乎不允许首次采用或继续使用阿提克标准。[②] 加德纳(Gardner)正确地将采用这种重量标准与政治背景联系起来,公元前411年这一地区受到伯罗奔尼萨人(Peloponnesian)的干涉并立即产生了影响,这种政治和经济因素的共同作用结果只能产生解决问题的一个方法:重量实际上是埃伊内提克标准。[③]

有关4奥博尔或1德拉克马钱币在第七时期和第八时期情况的主要内容,会在本书的后面介绍。在第五时期,4奥博尔只单独发行了一个批次,但在第六时期这种钱币非常重要,我们不能将其在第七和第八时期继续发挥的作用分开进行分析。最关键问题是它的渊源。

韦斯特认为,这种面值的钱币就是阿提克标准的4奥博尔。从当时纯粹政治形势看,他认为这种重量标准早在公元前440年就引入了,这一划分有一些理由依据。[④] 但这一观点无法解释进一步的疑问,而且显然无法解释为什么这种钱币在公元前411年之前的几年里制作的数量如此少;因为根据韦斯特的观点,当时阿布德拉和马罗尼亚都在制作阿提克标准的3德拉克马,而且在公元前411年之后很长时间里数量都很大。在这些年代我们几乎不可能预测阿提克标准在这一地区流行。我们不需要将雅典作为这种钱币的来源地。

斯塔拉克很久之前就认为4奥博尔实际上是波斯钱币,发现的证据是在公元前5世纪的后半叶,波斯标准在色雷斯沿岸的贸易中应用得越来越多,最后导致在世纪之交时阿布德拉全面采用了波斯标准。[⑤] 但是他认为早在约公元前450年这种4奥博尔就首次出现了——恰好就是《雅典铸币令》发布的时间;无论是在这一年还是在公元前439/437年造币厂重新开业的随后几年里,我们都不可能预测到波斯

---

① West, *Thrace*, 84 ff.

② cf. Also p. 30, n. 2, *infra*.

③ cf. Gardner, 297; also our Table X, p. 26 and pp. 25 ff., *infra*.

④ West, *Thrace*, 99 ff.

⑤ *Die ant. Munz. N.-griech.* Ⅱ. Ⅰ(Ⅰ). 39 ff.

标准会对阿布德拉产生这种影响，因为阿布德拉这种重量标准在整个第五时期仅使用过一次(约公元前 430 年)。[①] 相反，阿布德拉一定在属于第五时期的这批钱币中采用了这种重量标准，而且在公元前 411 年以后的几年里，阿布德拉和马罗尼亚也一定在正常制作这种钱币中采用了这种标准，因为在大约公元前 435 年，在阿伊努斯造币厂重新开业以后的 10 年里制作了大量钱币——不仅有自己的 4 奥博尔而且还有自己的 2 奥博尔。[②] 由于阿伊努斯制作其钱币时基本上采用波斯标准，所以这种观点并不否认 4 奥博尔源于波斯钱币的看法，但仅仅是强调了最可能影响阿布德拉钱币的因素。没有人否认，在公元前 5 世纪的最后几年里和公元前 4 世纪开始时波斯标准对色雷斯沿岸地区商业支付手段的影响变得越来越重要。这类证据非常明显，因为从公元前 386/385 年开始，阿布德拉的整个银币制作都采用这一标准，而马罗尼亚可能从公元前 390 年就开始采用这一标准了。[③]

1 斯塔特和 0.5 斯塔特(见表 1 - 14 和表 1 - 15)。这种标准明显是基于埃伊内提克标准，但在其他时期和阿布德拉造币厂采用其他标准时，似乎钱币制作是基于重钱币标准。埃伊内提克标准的重量被认为是 12.30 克和 12.44 克，而表 1 - 14 却表明第六时期阿布德拉的 1 斯塔特再次出现重量单位范围很大的情况，其中多数钱币的重量集中在 12.57 克与 12.43 克之间，而不是其他重量单位之间。[④] 马罗尼亚也使用同样的标准，尽管时间较短，而且根据数量相对较少的资料，与

① 阿布德拉的贸易在过去确实转向了沿岸地区，当然在公元前 5 世纪结束时和公元前 4 世纪早期又再次这样做了。毫无疑问这是阿布德拉的自然发展定位，但是在公元前 440 ~430 年这 10 年时间和伯罗奔尼萨战争(Peloponnesian War)早期的政治条件不会是阿布德拉越来越多使用这种钱币的主要原因。

② 有关在公元前 435/434 ~405/404 年阿伊努斯制作钱币的概述，见 *Ainos*, 70；从中我们可以非常清楚地知道总的发行量和占主导地位的 2 奥博尔钱币的发行量。有关在公元前 474/473 ~405/404 年所采用的重量标准，见 *Ainos*, 265 ff.。

③ 见 pp. 34 f., *infra*。

④ Hill(*CAH* v. 132)认为 12.30 克是埃伊内提克 1 斯塔特的最可能标准；加德纳(114)认为 1 德拉克马的重量标准是 6.22 克，相应的 1 斯塔特重量标准是 12.44 克。

阿布德拉的1斯塔特相比,马罗尼亚的1斯塔特可能稍微轻一些,几乎2/3的样品重量是在12.50~12.19克。[①]

表1-14 第六时期的钱币样品:1斯塔特(约公元前411/410~386/385年)

有记录的样品总数	55枚
无重量记录的样品总数	2枚
有记录的最大重量	13.24克
有记录的最小重量	11.48克
超过12.76克的钱币	5枚
低于12.19克的钱币	11枚
不同重量钱币的样品个数	
--	12.75克
-----	12.70克
--	12.65克
--	12.60克
----	12.55克
-------	12.50克
-----	12.45克
--	12.40克
--	12.35克
-	12.30克
--	12.25克
--	12.20克

注:超过12.76克的钱币重量是13.24克、12.89克、12.86克、12.85克和12.80克。低于12.19克的钱币重量是12.15克、12.07克、12.05克、12.03克、12.01克(2枚)、11.85克、11.70克、11.64克、11.48克和11.40克。

有一种观点认为这种重量不是埃伊内提克标准而是阿提克标

---

① 马罗尼亚很可能在公元前400年后不久就放弃了埃伊内提克标准,而选择了16.50~16.20克的4德拉克马(等于3个辛格罗斯),见cf. West, *Thrace*, 115-17, nos. 65-75;在韦斯特所记录的23枚埃伊内提克重量单位的钱币样品中,有4枚重量超过前面提到的12.50克水平,5枚重量低于12.19克。记录的最高重量是12.95克,最低重量是11.27克;cf. West, *Thrace*, 78-80, nos. 50-64。

准——因此 1 斯塔特是重量不足的阿提克的 3 德拉克马；这种观点与当时流行的政治条件没有任何关系。① 另外，根据阿布德拉当时制作的重钱币情况，多数钱币样品都显著低于阿提克的 3 德拉克马所规定的重量标准，这一事实明显不符合上述划分的标准。最后，0.5 斯塔特也是支持埃伊内提克标准的另一个证据。

在新时期开始和新标准采用时，这种 0.5 斯塔特明显是一批实验性钱币，同样表现出重量范围的广泛性。但 2/3 的现有钱币样品都在 6.27 ~ 5.88 克，而且多数是在 6.11 ~ 6.02 克，而非其他重量水平（见表 1 - 15）。这些样品可以很容易地被确定为埃伊内提克钱币。最重的一些钱币是 7.25 ~ 7.11 克，这些样品非常重，以至于它们最可能被划分为重新制作的旧色雷科—马其顿 2 德拉克马钱币。

表 1 - 15　第六时期的钱币样品：0.5 斯塔特（约公元前 411/410 ~ 386/385 年）

有记录的样品总数	22 枚
无重量记录的样品总数	1 枚
有记录的最大重量	7.25 克
有记录的最小重量	5.10 克
超过 6.27 克的钱币	4 枚
低于 5.88 克的钱币	2 枚
不同重量钱币的样品个数	
- - -	6.25 克
	6.20 克
-	6.15 克
- -	6.10 克
- - - - -	6.05 克
-	6.00 克
- -	5.95 克
-	5.90 克

注：超过 6.27 克的钱币重量是 7.25 克、7.119 克、6.90 克、6.33 克。低于 5.88 克的钱币重量是 5.83 克、5.10 克。一面有损坏的钱币重量是 7.25 克、7.11 克、5.95 克。1 枚整体状况很差的钱币重量是 5.10 克。

① 见 p.30，n.2，*infra*。

4 奥博尔(见表 1 - 16)是波斯钱币的重量单位。它的引入是受到当时阿伊努斯实践的影响;阿伊努斯不仅制作了 4 奥博尔,也制作了数量更多的相关联的 2 奥博尔。在阿伊努斯,这种钱币是被当作阿伊努斯 4 德拉克马体系中的 4 奥博尔,而 4 德拉克马相当于 3 个辛格罗斯。① 因此在涉及阿布德拉第五和第六时期时我将其描述为 4 奥博尔,因为当时在阿伊努斯使用,所以阿布德拉最有可能采用这种标准。在第七和第八时期,阿布德拉制作了波斯重量标准的 4 德拉克马,我们的钱币就变为相当于 1 德拉克马或 0.5 辛格罗斯。

虽然在第五时期只发行了一个批次,但这种面值的钱币在第六时期的钱币制作中发挥了非常突出的作用。据记载,一共发行了 6 个批次,其中有 4 个批次的数量很多。确实,这种重量单位的影响非常大,以至于在这一时期的发展过程中,其半个单位的钱币(2 奥博尔)替代了色雷科—马其顿标准的 3 奥博尔;而且我非常肯定,这也是导致在第七时期和第八时期采用波斯 4 德拉克马钱币的重要因素之一。

表 1 - 12、表 1 - 16 和表 1 - 20 给出的数据覆盖了使用这种重量单位的钱币(开始时是 4 奥博尔,然后是 1 德拉克马),包括了第五至第八时期合计 379 枚有记录钱币的重量。就像这家造币厂的通常情况一样,这些钱币的重量范围很广,但有 120 枚钱币的重量在 2.70 ~ 2.60 克,而且在第五和第六时期 2.70 ~ 2.65 克水平的钱币最多,而在第七和第八时期 2.65 ~ 2.60 克水平的钱币最多。因此在现实中,在阿布德拉使用这种钱币的漫长历史中,标准重量可能是大约 2.65 克。

① 有关直到公元前 5 世纪结束时阿伊努斯所使用的重量标准,见 *Ainos*,265 ff.。

表1-16　第六时期的钱币样品:4奥博尔(约公元前411/410~386/385年)

有记录的样品总数	172枚
无重量记录的样品总数	8枚
有记录的最大重量	3.01克
有记录的最小重量	2.08克
超过2.91克的钱币	4枚
低于2.33克的钱币	8枚
不同重量钱币的样品个数	
- - - - - - -	2.90克
- - - - - - - - - - - - - - - - -	2.85克
- - - - - - - - - - - - - - - - - -	2.80克
- - - - - - - - - - - - - -	2.75克
- - - - - - - - - - - - - - -	2.70克
- -	2.65克
- - - - - - - - - - - - -	2.60克
- - - - - - - - - - - - - -	2.55克
- - - - - - - - -	2.50克
- - - - -	2.45克
- - - - -	2.40克
- - - - - -	2.35克

注:超过2.91克的钱币重量是3.01克、2.98克、2.95克、2.93克。低于2.33克的钱币重量是2.32克(2枚)、2.31克、2.30克、2.03克、2.25克、2.185克、2.08克。2.45克的样品遭到毁坏;2.43克的样品有图示;2.42克的样品保存不好;2.34克的样品有穿孔。

这相当于有了一种双倍重量标准,即5.30克的重量标准等于1个辛格罗斯,而在第七和第八时期当阿布德拉开始制作波斯重量单位的4德拉克马时,10.60克的重量标准等于2个辛格罗斯。但这一标准还是低于满额重量可能达到5.60克的1个辛格罗斯;[①]而且也低于表1-19中第七和第八时期的4德拉克马重量所给出的数字。4德拉克马样品显示,很多钱币的重量是在11.20克至11.15克,这表明该造币厂是在尽量按照2个辛格罗斯的满额重量标准制作其4德拉克马。确实有一些阿布德拉的4德拉克马超过了11.20克,这些钱币与在第八时期开始时阿布德拉制作的金币有重要关系,金币重量是6.42克,按照$13\frac{1}{3}:1$的兑换比率,这一重量恰好等于当时11.40/11.35克重的4德拉克马的$7\frac{1}{2}$。[②] 在一个可能比较长的时间内,同时也没有受到阿布德拉在公元前375年所经历的干扰,马罗尼亚制作的波斯标准的4德拉克马说明了一种类似情况,即有很多钱币的重量接近11.20克的标准,也有一些超过这一标准。[③]

因为阿布德拉制作的金币需要与重于11.20克的4德拉克马保持相等关系,所以这要求全面实施波斯的重量标准,这一点不仅与阿布德拉和马罗尼亚按照这一重量标准制作的4德拉克马有非常大的关系,而且对第八时期的1德拉克马以及此前时期制作的1德拉克马和2德拉克马产生了直接影响。为了满足这一重量标准,0.5辛格罗斯钱币的重量必须是2.85克;而为了满足与黄金的等式关系,0.5辛格罗斯则必须重2.85克。表1-16中有多达32枚钱币的重量是在2.80克的水平,有28枚的重量是在2.85克的水平。这60枚钱币构

---

① Hill(*BMC Arabia*, *Mesopotamia*, *Persia*, p. cxxii., following Regling in Klio 1915, 91 ff.)认为5.60克是辛格罗斯的标准重量,他有一张钱币重量分布表格,表明大量钱币的重量是在5.60~5.26克。

② 关于阿布德拉银币样品(Group CXXI, no. 463, A. 308/P. 367, pl. XXII)的独特性,将在后面介绍第八时期的重量标准时作进一步讨论(pp. 38 ff., *infra*)。但这种独特性是有预兆的,而且从这种钱币与比较重的4德拉克马相等的角度看,特别有意义的是,有大量4奥博尔制作的重量超过了前面给出的2.70~2.60克的范围。

③ 见表1-21, p. 42, *infra*。West(*Thrace*, 138 ff.。Nos. 76-160, pls. 15)给出了13枚马罗尼亚4德拉克马钱币的详细情况:其重量分布范围类似于表1-19中阿布德拉的情况:证据表明有一种标准是10.90~10.85克(25枚),但有很多钱币显著重于此标准,最重的钱币接近11.50克。

成了总数中相当大的部分,而且事实上有总数一半的钱币是在最为集中的2.70~2.60克。

显然我们不能忽视如此高比例的超重量标准的钱币。虽然阿布德拉倾向于制作的钱币重量达到或超过满额重量标准,但这种倾向并不一定适用于小额钱币。然而我们所讨论的钱币重量确实存在超过重量标准的倾向,因为所有超过2.80克的重量实际上都高于规定的0.5辛格罗斯重量标准。出现这种情况的原因至少可能是由于与黄金价值的理论等式,在第八时期开始时我们会看到这种操作模式,该理论等式会导致1德拉克马或4奥博尔的实际重量接近于重量标准的上限,就像第八时期中4德拉克马出现的情况。至今还没有发现在第六和第七时期阿布德拉的金币,当时是否制作了金币最多是一种推测。但萨索斯和马罗尼亚都发行了金币。就萨索斯的钱币而言,两者不存在明显的关系。[①] 另外,马罗尼亚的情况则完全不同:这里有记录了2枚重量分别为3.32克和3.14克的钱币样品,平均重量约为3.20克;这两枚样品仅为阿布德拉6.42克钱币样品重量的一半;非常有意义的是,这2枚样品属于阿布德拉的第六时期时间范围,可能恰好属

---

① 在相当长的时间里萨索斯都阶段性地制作过金币。现已知有两种主要的正面图案:有胡须的酒神狄厄尼索斯,面朝左边,这是较早期的图案;年轻和没有胡须的酒神图案,这一定是更晚期的图案。West(*Thrace*,24 ff.)和Baldwin-Brett夫人(*Boston Catalogue*,116,no.859)认为第一批金币出现在公元前411年,或者是萨索斯脱离雅典的统治之后不久的产物;Robinson(*Hesperia*,Suppl. Viii. 335)则认为第一批金币可能不会早于公元前405年。West所记录的6枚有胡须图案钱币的重量分别是3.93克、3.91克、3.935克、3.94克、3.945克和3.85克(*Thrace*,33-41,nos.3,9,10,23,30,35);这些金币可能按照2.02克的半个重量单位制作。就无胡须的狄厄尼索斯图案而言,可能真正属于这一系列的开始(op. Cit. 33,no.1,pl.1.)。另一枚金币来自Ivanoff的出售(no.4),图案是年轻的酒神,面朝右边,没有说明,重量仅为2.79克。除了Ivanoff的样品和重量仅为3.85克的金币外,所记录的金币重量差异很小,我们可以假设标准是3.93克;如果确是如此,则重量为2.02克的样品只是略重于半个重量单位。较晚的无胡须图案是罕见的金币;1953年钱币市场上的一枚样品重量是3.92克,另一枚样品的重量为3.90克(Hess/Leu,March 1959,134,pl.5),还有一枚仅为3.43克(SNG iii,1231),但这一枚有二次戳记;1951年钱币市场上的其他3枚样品重量分别是3.92克、3.90克和3.65克,但似乎缺乏真实性。除了后面这三枚外,综合证据显示3.93克的最初标准仍然成立。

于这一世纪的最后 3 年。① 按照 $13\frac{1}{3}:1$ 的比率,这种金币的重量应

① 据报道,第三枚马罗尼亚金币样品的图案是有胡须的狄厄尼索斯头像和葡萄串,重量是 4.01 克;但与 West(*Thrace*,55,n.1)一样,我也无法实际看到这枚较重的金币。我们的另外两枚样品,使用相同模具制作,其中一枚在巴黎,保存完好,重量是 3.32 克,另一枚在大英博物馆,重量是 3.14 克,但有些损坏(cf. West, *Thrace*, pl. 1 A and B)。West 认为这些金币与由马罗尼亚在公元前 5 世纪最后 10 年里制作的埃伊内提克斯塔特是同一时期;他当然是正确的,尽管他也认为后者是阿提克的 3 德拉克马,因此他必然将这些钱币以及相应金币的日期确定为公元前 410 年以前(*Thrace*,111)。这种金币与 West(*Thrace*,80,no. 61,pl. 5)所说钱币之间的典型同类属性是非常突出的,而且如下事实也增强了对这一观点的支持:这种金币和银币都没有通常有的造币官名字,只有城市名字。马罗尼亚的埃伊内提克斯塔特系列中可能没有多少持续时间超过 10 年,就像在阿布德拉的情况,也许开始于公元前 411 年或此后不久。根据 West 的分类,类似这种金币的钱币(no. 61)是出现在埃伊内提克斯塔特退出流通的时候;而这种金币本身可能属于公元前 5 世纪的最后几年,是在马罗尼亚开始发行 4 德拉克马钱币之前不久,这种 4 德拉克马的重量与阿伊努斯人制作的钱币类似,实际上等于一枚 3 辛格罗斯钱币。这种系列的持续时间也可能没有超过 10 年。West (*Thrace*,115 -17,nos. 65 -67)列举了 5 个造币官的名字,我们也许还可以加上另一个造币官的名字(一枚在布鲁塞尔的钱币上面有造币官"ΜΑΡΩΝΕΓΙΚΛΕΟΓΟΛΟΣ"的名字)。从这类钱币向波斯 4 德拉克马长系列(后者替换了前者)的转变可能持续了约 390 年,整个过程非常平稳;这一点可以从最后一批阿伊努斯 4 德拉克马钱币的背面和第一批波斯 4 德拉克马钱币的背面图案上看出(West, *Thrace*,117,nos. 74 -75,and 138,nos. 76 -77),所有这些钱币都由雅典的同一位造币官制作。West(*Thrace*,114)对马罗尼亚引入阿伊努斯 4 德拉克马钱币给出了公元前 411 年和公元前 405 年两个不同日期,但现在看来公元前 400 年之后不久的某个日期可能性更大。此前我倾向于这两个日期中的前一个,部分理由是误判了 West 的钱币图案(nos. 65 -66c, pl. 12),另外部分理由是如下理论,即阿伊努斯在公元前 417/416 年之后时期的繁荣导致了马罗尼亚采用了其 4 德拉克马钱币的标准(cf. *Ainos*,94 ff. and n. 1 on p. 96),阿德里西亚王国中央权力的衰落促成了前者的繁荣。实际上现在看来更加可能的情况是,马罗尼亚试图通过制作类似于在阿伊努斯长期使用钱币的方式来开拓阿德里西亚王国的市场,后者在大约公元前 405/404 年才刚刚放弃这种钱币。马罗尼亚当时可能试图进入阿伊努斯人的势力范围;马罗尼亚并非完全不成功,因为在阿德里西亚的钱币上使用了马罗尼亚钱币的背面图案,这些钱币是在公元前 4 世纪初期制作的(cf. West, *Thrace*,127 f.),并被命名为阿曼德科斯(Amadokos)。公元前 5 世纪晚期马罗尼亚制作的金币可能是由于在这一内陆地区成功的商业活动的结果,或者甚至可能是由于阿德里西亚王国某个王子的支持。这两个原因都是推测,但从当时的环境看,这些推测似乎比黄金是必要货币的假设更有可能,就如同在阿布德拉所出现的情况(see p. 265, *infra*)。

当等于15个现有重量上限是2.85克的银币样品。①

在马罗尼亚制作了相同的4奥博尔，就像阿布德拉在同时制作了埃伊内提克斯塔特一样——正面图案是一匹马，多数情况是马头面朝左；背面图案是一串葡萄。在马罗尼亚此前重量单位的4德拉克马相当于阿伊努斯人制作的3个辛格罗斯，在马罗尼亚整个4德拉克马短系列的存在时期内，这一重量标准显然一直没有间断。向阿伊努斯标准的转变可能是在公元前400年之后不久，而且在到公元前390年之前的剩余时间里一直在进行；在公元前390年时马罗尼亚采用了波斯的4德拉克马标准，几年后（约公元前386/385年），阿布德拉也采用了这一标准。② 因此马罗尼亚的4奥博尔（相当于阿布德拉第六时期的4奥博尔）变成了1德拉克马，而正面图案中的马头一般也改为面朝右了，背面的葡萄串则处于一个圆点框架内，周围是造币官的

---

① West（*Thrace*，113，f.）在讨论马罗尼亚钱币的过程中，优先于其他人非常接近于建立这一等式。确实，如果他不是一直从Attic标准来考虑当时的银币，或如果他知道后面的阿布德拉N钱币（可能是当时马罗尼亚所使用重量单位的2倍），他就非常可能做到这一点。正因如此，他一直在努力寻找一个等式，适用于$13\frac{1}{3}$∶1比率的银币标准的$3\frac{1}{3}$克样品。这要求银币重量为12.80克，但在阿布德拉和马罗尼亚当时的斯塔特重量都达不到这样高的标准（cf. Table X，p.26，and p.27，n.1，*infra*），同时又没有制作必要的相当于银币重量1/3的小面值钱币。West不断地寻找一个适合马罗尼亚的"阿伊努斯"4德拉克马$3\frac{1}{3}$的等式（p.30 in n.i，*supra*），而且是按照与原有的4.01克马罗尼亚金币样品的相同比率（West，*Thrace*，55，n.1，and 119，f.）；但由于没有关于这种金币的具体信息，因此很难追踪他在这方面的进展。West和目前研究中所使用的$13\frac{1}{3}$∶1比率几乎可以确定是正确的。我们所研究的银币，无论是与马罗尼亚的金币的关系，还是与后来阿布德拉金币的关系，本质上都是源于小亚细亚，如第四时期的4德拉克马和波斯的1德拉克马，以及第七、第八时期的4德拉克马。因此自然使用的是$13\frac{1}{3}$∶1比率。在公元前409/408年，色雷斯金币确实仅按照10∶1比率征税（cf. *IG* I^2，301；Wade-Gery，NC 1939，16－38；Ferguson，16－37；*ATL* iii，366，n.37）。但这是与雅典经济政策一致的一项当地决定，可能要求在色雷斯沿岸地区施行。在发行马罗尼亚金币的时候，即公元前400年之前不久，雅典可能已经无法这样做了。对其自己公元前406年发行的金币，雅典似乎已经采用了12∶1的比率（cf. Robinson，*Some Problems in the Later Fifth Century Coinage of Athens*，MN ix，10）。

② 关于马罗尼亚制作的阿伊努斯标准的4德拉克马的讨论，见p.30，n.1，*supra*。

名字。①

在阿布德拉第六时期,马罗尼亚制作的4奥博尔数量少于此后时期该造币厂制作的类似钱币,尽管这部分可能是由于具备的原材料不太适用。但在有重量记录的100枚钱币中,31枚的重量超过2.70克,其中有11枚的重量在2.81~2.92克。在马罗尼亚超重量标准钱币的比例要小于阿布德拉。②

尽管这种流行是从阿伊努斯沿着色雷斯沿岸向西扩展的,但在阿伊努斯4奥博尔本身的发行数量反而不如阿布德拉和马罗尼亚的多。与阿布德拉和马罗尼亚的造币厂不同,阿伊努斯造币厂偏好定期制作4奥博尔半个重量单位的钱币(2奥博尔)系列,其中有些系列的数量非常大。4奥博尔只发行了3个批次,但在28枚有记录的样品中,超过一半的重量是在2.70~2.80克。③

2奥博尔(见表1-17)是在第六时期制作的,目的是提供一种小面值钱币,以便适应阿布德拉当时使用越来越多的4奥博尔,在某种程度上也是为了适应在阿伊努斯发行大量这种重量的钱币;阿伊努斯的2奥博尔数量非常多,以至于在整个色雷斯沿岸一定都非常熟悉这种重量的钱币。这种钱币的制作开始于这一时期的中期,在此之前小面值货币一直是色雷科—马其顿的3奥博尔。到目前为止,仅发现了两个批次的2奥博尔,但这两个批次的发行量都比较大。样品中数量最多的钱币重量是1.30克和1.35克,有相当一部分重量是1.40克;

---

① cf. p. 40, n. 1, *infra*.

② West(*Thrace*,107)给出了98枚这种面值钱币的重量,这些钱币很可能属于阿布德拉第六时期。这些钱币的重量也许不具有代表性,而且很难补充,因为West只给出了总数中27枚钱币的具体情况。至今我已经补充了另外10枚钱币的重量,这些钱币来自索菲亚(Sofia)、普罗夫迪夫(Plovdiv)、巴塞尔(Basel),还有1枚样品来自布鲁塞尔(Brussels),重量是2.92克;这些钱币与West最初收集的材料不完全相同,记录的最重钱币是2.92克(2枚)。因此,除了11枚重量在2.81~2.92克的金币外,还有20枚重量在2.71~2.80克,16枚重量在2.61~2.70克,23枚重量在2.51~2.60克,14枚重量在2.41~2.50克,剩余的14枚重量在2.21~2.40克。

③ 有关公元前5世纪最后几十年中制作的4奥博尔和2奥博尔的情况,见cf. *Ainos*, Period Ⅱ: Summary of Issues, 70;有关这些4奥博尔的重量记录,见ibid., 266。

实际上，在有记录的 59 枚钱币中，有多达 38 枚的重量超过 1.28 克。因此，这种 2 奥博尔完全达到了当时 4 奥博尔所要求的高标准。这些 2 奥博尔的重量要比阿伊努斯制作的 2 奥博尔略微重一些，后者总数中有超过 2/3 的钱币重量是在 1.35 ~ 1.25 克。[①] 在第六时期，马罗尼亚也使用这种面值的钱币：目前已经有几种不同样品，但只有 14 枚有重量记录。[②]

表 1-17　第六时期的钱币样品：2 奥博尔（约公元前 411/410 ~ 386/385 年）

有记录的样品总数	59 枚
无重量记录的样品总数	2 枚
有记录的最大重量	1.48 克
有记录的最小重量	1.03 克
超过 1.40 克的钱币	2 枚
低于 1.15 克的钱币	4 枚
不同重量钱币的样品个数	
– – – – – – – –	1.40 克
– – – – – – – – – – – – –	1.35 克
– – – – – – – – – – – – – – – – – –	1.30 克
– – – – – –	1.25 克
– – – – – –	1.20 克
– – –	1.15 克

注：超过 1.40 克的钱币重量有 1.48 克、1.45 克。低于 1.15 克钱币重量有 1.12 克、1.10 克、1.09 克、1.03 克。有穿孔的钱币重量是 1.31 克、1.28 克、1.12 克、1.10 克。损坏的钱币重量是 1.20 克和 1.15 克。

在第六时期开始时，属于色雷科—马其顿标准（第二系列）的 3 奥博尔仍在流通中。但这种钱币被 2 奥博尔替代只是时间问题，因为后者的使用越来越多，2 奥博尔与当时流通的 4 奥博尔是相适应的。这

① 见 ibid.，266。

② West, *Thrace*, 109 f.

种2奥博尔与色雷科—马其顿标准的3奥博尔实际上没有关系。

在继续制作3奥博尔的时候,其重量得到很好的保持。多数钱币的重量是1.60克而不是其他水平,这仅仅略低于1.64克的真实标准。确实,最后一批制作的这种钱币,要比第四时期和第五时期制作的早期钱币要更重一些(见表1－6、表1－18)。

表1－18　第六时期的钱币样品:3奥博尔

(约公元前411/410～386/385年)

有记录的样品总数	19枚
无重量记录的样品总数	3枚
有记录的最大重量	1.75克
有记录的最小重量	1.40克
超过1.72克的钱币	1枚
低于1.49克的钱币	1枚
不同重量钱币的样品个数	
－－	1.70克
－	1.65克
－－－－－－－	1.60克
－－－	1.55克
－－	1.50克

注:1枚钱币的重量超过1.72克,为1.75克,1枚钱币重量低于1.49克,为1.40克。

有记录显示,第六时期分别发行了8个批次铜币;除1个批次外,其余都是由已知的造币官制作的。在公元前5世纪结束时和公元前4世纪开始时,许多重要造币厂都制作了铜币,阿布德拉也不例外。阿布德拉的第一批铜币就出现在铜币系列刚刚开始的时候。

到目前为止已发现了23枚铜币,最重的铜币是4.72克,最轻的铜币是0.96克。很明显,这些铜币的重量大体分为两组。重量差异非常大,这自然与损坏程度有关。

1. 重量为4.14克、3.95克、3.90克、3.71克、3.61克、3.50克的钱币。更重的钱币与上述钱币有相同图案，重量是4.72克和4.41克。更轻的钱币也有相同图案，重量是3.26克、3.19克和3.16克。①

2. 重量为2.05克、1.92克、1.85克、1.75克、1.69克的钱币，这些钱币一定是按照第一组钱币的半个重量单位制作的。也许还可以将一枚重量为1.15克的钱币加到这一组中，这枚钱币与本组中一枚重量为1.92克的钱币有相同图案。

同一批钱币中有两枚重量分别为1.20克和0.96克的钱币也许应当属于较轻重量的一组，尽管这两枚钱币明显低于预期重量。还有两枚钱币没有记录重量，一枚重量居中的钱币为2.56克。

第七时期（约公元前386/385～375年）

在第七和第八时期制作的银币面值都是相同的，如表1－19和表1－20所示。将它们放在一起可能比较方便分析；但由于存在金币，所以单独讨论第八时期是必要的。这些金币制作于第八时期开始的时候，尽管在我们之前的讨论中对这些金币也存在很多疑问。第七时期没有发行小面值银币，而且仅发行了一个批次的铜币。②

第七时期真正有意思之处是，阿布德拉造币厂历史上首次根据同一重量标准同时制作大面值和小面值的银币。第六时期我们熟悉和广泛制作的4奥博尔源于阿伊努斯，同时在阿布德拉和马罗尼亚使用，这时可以被称为1德拉克马。

这一标准最初源于小亚细亚，但由于缺乏更好的术语，其一直被称为波斯标准。这一时期的政治条件可能为采用这一标准提供了最终的动机，但使用4德拉克马系列的最基本原因一定是便利经济和商

---

① 在单独一批铜币中，如果有与较重钱币图案相同的超重或超轻的钱币，我就假设这些钱币的制作都是出自相同面值。

② 由于不存在比1德拉克马面值更小的银币，所以我们可以预期在这些年里铜币的使用会很多。

业发展。我们已经在第六时期看到了这一发展的进程,当时这种标准的小面值钱币在越来越频繁的使用中最终替代了原有的色雷科—马其顿的3奥博尔。现在,在最终全面采用波斯标准之后,4德拉克马钱币进入最后的阶段。

确实,阿布德拉在这一发展进程中是滞后的。马罗尼亚在模仿著名却是短暂的"欧马斯拉"(ouvmaxla)钱币制作之后就开始这样做了,也许不晚于公元前390年。① 使用这种钱币的有罗得斯岛(Rhodes)、爱菲索斯(Ephesos)、萨摩斯岛(Samos)、克尼多斯(Knidos)、艾阿索斯(Iasos)、吉兹克斯(Kyzikos)、拜占庭(Byzantion),以及可能还有兰普萨克斯(Lampsakos)。

4德拉克马和1德拉克马钱币的重量分别是11.20克和2.80克,相当于2个和0.5个辛格罗斯。表1－19和表1－20显示,有相当多数量的钱币低于上述重量标准,但基本保持了满额标准,而且有很多样品的重量超过了这一标准。我们有很多样品的重量是11.20克或更重,也有同样多的样品重量是在11.15～10.85克。但1德拉克马的情况不同,实际上这类钱币的绝大多数重量是在2.65/2.62克左右;但这类钱币也有一些超过满额标准,特别是在第六时期尤其如此(见表1－16)。

---

① 有关这种联合钱币制作的最近讨论,见G. I. Cawkwell, *A note on the Herakles Coinage Alliance of 394 B. C.*, NC 1956, 69 ff.。这篇研究重新确定这些钱币的日期是公元前394年及随后几年;正如最初由Waddington提出,并给出了非常有意思的建议,即拜占庭可能在克尼多斯(Knidos)之后已经完全赶走了斯巴达驻军,并于公元前391年在斯巴达重新占领之前有足够多的时间在联合钱币制作中发挥自己的作用。除了3枚有萨美尼(Samian)图案的仿制品(分别重16.36克、12.88克、17.00克)外,这些钱币的重量是在11.55～10.67克(cf. Robinson, *Some Early Nineteenth Century Forgeries of Greek Coins*, NC 1956, 15, nos. 2, 3)。有人认为这些3德拉克马钱币是凯伊安或罗得斯(Rhodian)标准,但正如Gardner(p. 301)所指出的,这些可能是非常罕见的钱币。实际上,这些钱币的重量更符合2个辛格罗斯的重量标准。很可能这些钱币就是按照2个辛格罗斯的重量制作的;正如Cawkwell所强调的,毕竟是因为法纳巴科斯(Pharnabazos)的个人权力才使钱币联盟成为可能(pp. 73, 75);而且毫无疑问是波斯货币为这种联盟提供了必要资金。

有人认为,4 德拉克马和 1 德拉克马重量同时出现向上倾斜的现象是为了维持银币制作与黄金价值的关系。[①] 我不认为这些较重的 4 德拉克马是实行"适应"凯伊安/罗得斯岛标准政策的结果。后者的 4 德拉克马重量是 15.55 克,那么 3 德拉克马应当是 11.65 克,这明显高于阿布德拉 4 德拉克马的重量;同时,如果这是凯伊安标准,则 1 德拉克马就会是一个 4 奥博尔,其满额重量应当是 2.58 克,尽管这一标准会被第六、第七和第八时期现有至少 2/3 的样品超过;换句话说,阿布德拉可能一直在制作不可能出现的两种钱币组合:低于重量标准的凯伊安 3 德拉克马和高于重量标准的凯伊安 4 奥博尔。[②] 最后,也是最重要的是,阿布德拉和马罗尼亚采用了来自阿伊努斯的德拉克马重量标准:在第六时期(自约公元前 411 年起),它们就将 1 德拉克马当作 4 奥博尔使用,就像阿伊努斯人早在公元前 435/434 年一直同时使用 4 奥博尔和 2 奥博尔一样。阿布德拉本身最早从公元前 430 年在一次发行 4 奥博尔时首次使用这种重量标准,而这一时期要远远早于凯伊安标准可能在色雷斯沿岸地区产生重要影响的时期。

阿布德拉和马罗尼亚制作 4 德拉克马(见表 1 - 19)的目的是当作一个 2 倍辛格罗斯的等价物使用。因此其标准必须是 11.20 克。在现实中,1 个辛格罗斯一般会低于 5.60 克的真实重量标准,而且在两家色雷斯造币厂所制作的 2 倍辛格罗斯中发现类似情况也并不令

---

① 有关黄金与当时白银之间等式的详细讨论,见 pp. 38 ff., *infra*,以及在公元前 5 世纪结束时马罗尼亚制作的 0.5 斯塔特钱币(pp. 29 f., *supra*)。

② 当然,波斯与凯伊安的某些重量标准之间的差异是很小的。我们几乎不需要怀疑两者之间存在某种便利的灵活关系(modus vivendi)。从上述数字可以很容易看出,阿布德拉和马罗尼亚制作的"2 倍辛格罗斯"的 4 德拉克马在其满额重量时如何换算成 3 个凯伊安德拉克马,而这些德拉克马经过长时间流通已经损失了一些重量。另外,重量低于"0.5 个辛格罗斯"的阿布德拉或马罗尼亚 1 德拉克马应当自然地降低到低于东方 1 德拉克马的满额重量。Gardner(p. 298)也指出了 2/3 个辛格罗斯与凯伊安 1 个德拉克马之间的关系(分别重 3.74 克和 3.88 克)。

人感到奇怪。[①] 由于从第七时期保存下来的阿布德拉钱币样品的数量相对较小,而且虽然这些钱币中的一部分由于某种与本书所分析的关系不大的原因,其重量远低于标准水平,但这一标准仍然得到了很好的维持。在总数为25枚的样品中,重量范围非常广,从11.41克到8.55克都有;其中有7枚非常重要的样品占比超过1/4,其重量或者是11.20克,或者是更重一些,最重达到11.41克。4枚较重的钱币样品分别是11.41克、11.39克、11.37克和11.36克,我们再次看到了所熟悉的趋势,即钱币重量超过我们本应预期的标准,并向接近黄金所要求的更高水平靠近。

① 表1-21中显示的是马罗尼亚的波斯4德拉克马(p.42,*infra*)。与第七和第八两个时期阿布德拉的合并数据相比,表1-21的数据更加令人印象深刻。对此有三个原因:马罗尼亚的钱币系列开始时间略早一些,大约在公元前390年;马罗尼亚没有经历过阿布德拉在公元前375年所遭受的严重财富流失,这种情况反映在第八时期阿布德拉造币厂4德拉克马的相对稀缺;与阿布德拉相比,这一系列在马罗尼亚持续的时间更长,阿布德拉在大约公元前360年出现了4德拉克马和1德拉克马重量的降低。West(*Thrace*,138 ff.,nos. 76-160)收集了130枚样品,涉及多数重要的博物馆展品和一些著名的拍卖品,但他强调这些样品是不全的。此后我一直在补充这些样品目录,增加了14枚已知重量的收藏品,分别来自索菲亚、普罗夫迪夫、巴塞尔和Washburn King(Bryn Mawr)的藏品;来自温特图尔(Winterthur)的Imhoof-Blumer博士的藏品;以及来自参考资料的藏品:Ciani and Vinchon, 6.2.1956,366-7;SNC iii. 1198 and 1200;Ratto(Lugano)4.4.1927,796-7;MMAG vi, 587。即使如此,这一目录一定还是非常不完全的。这些钱币的重量范围类似于阿布德拉的情况。11.20克的满额标准得到了很好的维持,尽管钱币重量密度最大的是在11.05~10.85克,其中数量最多的钱币重量是在10.90克。低于这一水平钱币的重量另一密度大的范围是在10.60~10.55克。虽然有很多钱币的重量低于标准,但至少在阿布德拉,我们也有一部分钱币重量超过该标准:13枚钱币重量在11.40~11.25克,另有3枚钱币的重量更高,在11.50~11.47克。这一系列钱币持续了多长时间现在还不清楚。West(*Thrace*, 74 and 108)曾列出了4德拉克马和1德拉克马上面18个不同造币官的名字;在这个名单中还可以增加2个新造币官的名字,在索菲亚藏品中有1枚钱币上面有造币官Herobolos的名字,在巴黎和索菲亚的钱币藏品上有造币官Philonikos的名字。Herobolos出现在1枚埃伊内提克的1斯塔特上(West,*Thrace*,79,no.54);有Philonikos名字的钱币样品完全是新的,尽管其正面模具与造币官Euxithemis所使用的一样(cf. West,*Thrace*,143,no.136)。这使我们一共有20个造币官的名字。发行最后一批钱币的似乎是造币官Metron(West, *Thrace*,143,nos.133-5),显然是在这个世纪中叶的某个日期。

表 1－19　第七至第八时期的钱币样品比较：
4 德拉克马(约公元前 386/385～365/360 年)

第七时期		第八时期
25 枚	有记录的样品总数	40 枚
..	无重量记录的样品总数	6 枚
11.41 克	有记录的最大重量	13.20 克
8.55 克(有穿孔)	有记录的最小重量	7.01 克
1 枚	超过 11.40 克的钱币	1 枚
8 枚	低于 10.60 克的钱币	11 枚
	11.40 克	－－
－－－	11.35 克	
	11.30 克	－－－－
－	11.25 克	－－
－－	11.20 克	－－
－	11.15 克	－
	11.10 克	－
	11.05 克	－
－	11.00 克	－
	10.95 克	－
－	10.90 克	－
－－	10.85 克	－－
	10.80 克	
－	10.75 克	
－	10.70 克	－
－－	10.65 克	
－	10.60 克	

续表

1 枚钱币重量超过 11.40 克,为 11.41 克。 低于 10.60 克的钱币重量有:10.59 克、10.55 克、10.42 克、10.41 克、10.29 克、10.10 克、9.81 克、8.55 克;有穿孔钱币的重量是 11.15 克(有填堵)、10.66 克,包括在前面的 10.55 克和 8.55 克样品中;有损坏的钱币包括在前面的 10.10 克、9.81 克钱币样品中。	1 枚钱币重量超过 11.40 克,为 13.20 克。 低于 10.60 克的钱币重量有:10.57 克、10.56 克、10.51 克、10.50 克、10.40克、10.38 克、10.00 克、9.64 克、9.00 克、7.15 克、7.01 克;有穿孔钱币的重量是 10.97 克(仅有小孔),以及包括在前面的 10.57 克、10.40 克、10.38 克、7.01 克样品中;有损坏的钱币包括在前面的 10.00 克、9.64 克、7.15 克钱币样品中。

1 德拉克马(见表 1 - 20)与第五和第六时期 4 奥博尔是相同的钱币,只是有了一个新名字。在讨论第六时期影响这种重量标准的各种因素时,我们已经对 1 德拉克马作了很多介绍。[①] 在第七时期,数量最多的钱币重量低于 2.80 克的真实标准,为 2.65 克;有相当多数量的钱币重量是在略高于 2.70 克、2.75 克的水平上;也有一些钱币的重量高于标准,达到 2.85 克。因此,除了在第七时期有更多钱币更轻而不是更重之外,第六时期的一些突出特点都保持下来了。尽管如此,2.85 克的高水平(保持与黄金相应关系所需要的)还是持续维持下来了,已发现钱币中这一重量水平的钱币与其他水平的钱币一样多。

表 1 - 20 第七至第八时期的钱币样品比较:1 德拉克马

(约公元前 386/385 ~ 365/360)

第七时期		第八时期
60 枚	有记录的样品总数	102 枚
8 枚	无重量记录的样品总数	12 枚
2.95 克	有记录的最大重量	2.85 克
2.15 克	有记录的最小重量	1.80 克

① 见 pp. 27 ff. , *supra*。

续表

第七时期		第八时期
1 枚	超过 2.85 克的钱币	..
4 枚	低于 2.40 克的钱币	6 枚
	2.90 克	
－ － － － －	2.85 克	－ － － －
－ －	2.80 克	－ － － － － － －
－ － － － － －	2.75 克	－ － － － － － － － －
－ － －	2.70 克	－ － － － － － －
－ － － － － － － －	2.65 克	－ － － － － － － － － － － － － －
－ － － － －	2.60 克	－ － － － － － － － － － － － － －
－ － － － － －	2.55 克	－ － － － － － － － －
－ － － － －	2.50 克	－ － － － － －
－ － －	2.45 克	－ － － － － － － － － － －
－ － － －	2.40 克	－ － － － － － －
1 枚钱币重量超过 2.85 克，为 2.95 克。 低于 2.40 克的钱币重量有：2.34 克、2.26 克、2.25 克、2.15 克；1 枚有穿孔钱币包括在前面的 2.25 克样品中；有损坏的钱币包括在前面的 2.42 克（2 枚）和 2.41 克钱币样品中。		低于 2.40 克的钱币重量有：2.38 克、2.36 克、2.30 克（2 枚）、2.25 克、1.80 克；1 枚有损坏的钱币重量是 2.53 克；有穿孔钱币的重量是 2.65 克、2.51 克（2 枚）、2.43 克（2 枚）、2.46 克，以及包括在前面的 2.36 克钱币样品中。

到目前为止仅发现了一个批次的铜币，其中有 2 枚铜币保存较好。这两枚铜币的重量分别是 1.40 克和 1.32 克。由于损坏，这 2 枚铜币可能都损失了少许重量。由于我们发现第六时期的铜币（属于同一批次）重量差异很大，所以很难对这些铜币给出假设的可能重量标准，尽管这两枚铜币的重量差异并不大。最可能的情况是，这两枚钱币是低于重量标准的样品，属于在第六时期中划分的第二和较轻重量

的铜币分组。[①]

第八时期(约公元前375/373～365/360年)

在第八时期我们会看到使用三种不同金属制作的钱币:黄金、白银和铜,而且这是阿布德拉历史上第一次使用黄金制作钱币。

铜币非常稀少,只发现了1枚样品,是在这一时期开始时这一城邦的一位匿名造币官制作的。[②]

第八时期的银币在面值和重量标准上与第七时期的银币相同。无论是4德拉克马还是1德拉克马都使用源于波斯的相同重要标准;正如我们所看到的,在表1－19和表1－20中,第八时期的钱币与第七时期的钱币并排列出。

4德拉克马只发行了两个批次(分组22～23),其中第一个批次是由造币官何克斯亚斯(Hikesias)制作的,数量明显非常少。[③] 另外,1德拉克马的数量则非常多,所有有造币官名字的发行量都很大,但造币官何克斯亚斯例外。[④]

就银币而言,造币官何克斯亚斯制作的数量确实看上去太少了。但他制作的钱币有着最重要的意义,因为包括了阿布德拉仅有的2枚已发现金币斯塔特中的1枚,目前只有这一枚斯塔特可供研究。金币在第八时期非常早的时候就出现了,在灾难性的公元前375年事件之后不久,当时何克斯亚斯所掌握的资源一定非常紧缺,所以以货币必需品的形式发行金币并不令人意外。何克斯亚斯制作的银币不多这一点是非常突出的。

这枚阿布德拉金币不会出现在第八时期之前,但在我们讨论第六和第七时期的重量单位时,其诞生的背景已经形成。与这枚金币相关

---

① p. 33, *supra*.

② 有关对这枚在第八时期开始时的钱币分类所依据的理由,见 cf. pp. 266, f., *infra*。

③ 目前确定只发现了一枚(cf. p. 274, *infra*, no. 464)。

④ cf. Summary of Issues, Period of Ⅷ, p. 264, *infra*.

的银币标准不仅应用于第七时期的4德拉克马和1德拉克马钱币，也应用于第六时期发行数量众多的4奥博尔（当时我们仍这样称呼它）；更早一些时候，即早在约公元前430年的第五时期，也使用了相同的重量标准，尽管在这里我们不需要对此进行分析。① 另外，马罗尼亚的0.5斯塔特金币（极有可能导致阿布德拉斯塔特金币最终采用半个重量单位）属于公元前5世纪的最后几年，与相同重量的4奥博尔有关系，当时阿布德拉的银币也使用这种重量标准。②

这枚阿布德拉斯塔特金币重量为6.42克，具备一些突出特点。这枚金币的纯度非常高，而且其重量的损失即使有也非常小。正如我们已经看到的，马罗尼亚的0.5斯塔特重量是3.32克（巴黎）和3.14克（大英博物馆）；韦斯特对这一批金币给出的平均重量是3.20克，因为在巴黎的这枚金币样品保存得非常好，可能略重于这一平均值。支持这一观点的事实是，虽然在大英博物馆的那枚金币的保存状况不如在巴黎的这枚金币好，但几乎不可能损失0.18克的重量，也即如果将3.32克作为正确重量标准是可能出现的情况。

这枚阿布德拉金币与当时银币的关系很简单。假设一枚金币重量是准确的，我们就可以发现，按照黄金/白银比率为$13\frac{1}{3}$∶1计算，它恰好等于$7\frac{1}{2}$个4德拉克马：

$$6.42 \times 13.3 = 85.386\text{ 克和 }11.35 \times 7.5 = 85.125\text{ 克}$$

与上述等式相近，我们还可以发现一个更加准确的等式。如果韦斯特最初估计的马罗尼亚0.5斯塔特重3.20克是准确的，则阿布德拉斯塔特预期的重量应该是6.40克。我们就应当有一个与重量为11.35克的1个4德拉克马精确的关系式：

---

① cf. pp. 27 ff., *supra*, and Tables Ⅷ, Ⅻ, ⅩⅢ, ⅩⅤ, ⅩⅥ.

② 有关这家造币厂历史中马罗尼亚0.5斯塔特金币及其背景的全面分析，见p. 30 nn. 1 and 2, *supra*。

6.40×13.3=85.120克和11.35×7.5=85.125克

该黄金/白银比率与相关4德拉克马数量之间的关系,与最初所采用的14.90克德拉克马和波斯金币等式之间的关系是相同的,波斯金币的重量标准是阿布德拉钱币史中最早100年里制作重银币的基础。使用$13\frac{1}{3}$:1的比率是可以预测到的,因为当时的银币4德拉克马和1德拉克马实际上源于小亚细亚,而且目标是分别与2辛格罗斯和0.5辛格罗斯相等。

在马罗尼亚发行0.5斯塔特金币与阿布德拉发行斯塔特金币之间相隔大约30年的时间。在这段时间里,我们可以看到银币面值与黄金之间关系的一种趋势——比如,第六时期制作的4奥博尔,第七和第八时期制作的4德拉克马和1德拉克马——银币要略微重一些。在马罗尼亚也出现了类似情况,尽管程度与阿布德拉有所不同。[①]

因此在第六时期,4奥博尔的重量存在一种明显的趋势是,超过重量为2.80克的0.5辛格罗斯标准,达到2.85/2.837克的水平,以便与黄金价值相适应(见表1-16)。所以在第七和第八时期,有相当一部分4德拉克马和1德拉克马钱币重量超过了11.20克的2倍辛格罗斯和2.80克的0.5倍辛格罗斯的重量标准,达到了黄金等式所需要的11.40/11.35克和2.85/2.837克的水平(见表1-19、表1-20)。尽管也有相当一部分现有钱币确实低于可接受的重量标准——如大量1德拉克马的重量是在2.65~2.60克的水平——但我们无法忽视持续存在的情况是,一部分钱币超过这一标准。仅用不稳定或不精确的制作方法来解释这种情况可能过于简单了;虽然这一原因可以解释一部

① 有关这些年马罗尼亚的4奥博尔与第六时期后的情况,见cf. p.31,n.3。有关公元前390年之后马罗尼亚按照波斯重量标准制作的4德拉克马的情况,见p.35,n.3 and Table XVII(p.42)。有关与4德拉克马属于相同时期的1德拉克马的讨论,见West, *Thrace*,108 f.,nos.176-83;在这份研究中,给出了46枚钱币的重量,其最大重量是2.88克,最小重量是2.01克。这一名单不可能是全面的,而且由于现有参考资料少所以很难进行补充。

分低于重量标准的钱币，但很难解释那些很重的钱币，而且在有黄金存在的情况下这种解释也是不充分的。

这种黄金重量单位的存在，在多大程度上造成了很大一部分重银币的出现是一个有意思的问题。在阿布德拉和马罗尼亚没有发行更多金币的情况下，很难给出一个明确的答案，但下面的可能性是存在的：由于存在这种金币重量单位，或按照前面给出的可接受的以白银表示的黄金比率和重量，确实会导致多数阿布德拉和马罗尼亚制作的银币重量高于当时采用的白银标准所要求的水平；并且会逐步走向全面实行该标准。这可能意味着，在相当长的时间里，钱币制作是基于金银复本位原则，就像在第一至第四时期钱币制作中出现的情况，当时的黄金/白银比率一直在制约着大面值银币的制作，但没有影响到小面值银币；在第六至第八时期，黄金首先与小面值银币建立了联系，并在第七时期开始时（约公元前 386/385 年）又与 4 德拉克马建立了联系。这反过来表明，金币发行的目的主要是满足当地的流通需求：在马罗尼亚，可能是邻国阿德里西亚王国王子们的一种支持；在阿布德拉，是源于公元前 375 年的灾害所造成的货币短缺。

4 德拉克马表现出与第七时期相对应的钱币非常相似的特征，都有高于 11.20 克的 2 倍辛格罗斯标准的倾向，并朝着黄金所要求的水平过渡（见表 1－19）。有 1 枚 4 德拉克马钱币是造币官何克斯亚斯制作的，重量是满额的 11.40 克，该造币官还发行了金币。与第七时期相比，只有极少量钱币的重量低于 10.90/10.85 克的水平。虽然看上去 4 德拉克马钱币的数量要比第七时期更多，但实际情况并非如此：目前只发现发行了两个批次，在已知的 34 枚样品中，都保留了何克斯亚斯制作钱币特点的钱币，属于由造币官博森亚斯（Pausanias）制作的分组 123。

与第七时期相比，1 德拉克马有更多的数量，但重量分布极为相似，基本保持了 2.80 克的重量标准，尽管重量在 2.65/2.60 克及以下的钱币比例略微高一些（见表 1－20）。在这一时期 1 德拉克马的重量没有明确的趋势变化。

第八时期只有1枚铜币留存下来。这枚铜币是以阿布德拉的名义制作的,没有造币官的名字,可能正好属于第八时期的初期。重量是3.70克,明显是遵循在第六时期确定两种重量类别中较重的一种。①

第九时期(见正文附录)(约公元前365/360~350/345年)

阿波罗头像最后一个系列的4德拉克马表现出比4德拉克马的标准重量明显减少的特点,在这一时期标准重量则降低到约10.10克的明确标准。重量的分布范围很广:在有记录的138枚样品(具备代表性但绝不意味着是全面数据)中,有67枚的重量在10.25~9.90克;有43枚的重量在10.15~10.00克(见表1-22)。有一些钱币的重量显著低于上述水平,也有一些高于这一水平,达到约12.50克。不存在高于此标准的明显倾向,如同在前几个时期出现的情况。3枚留存下来的最重钱币分别为12.60克、11.30克和10.70克,毫无疑问这是第六时期或第七至第八时期钱币的重新制作。

1德拉克马的重量也相应有所降低(见表1-23)。与在第六至第八时期钱币重量一般超过2.65~2.60克标准的情况不同,现在的标准明确规定为2.50~2.45克,是在2.55~2.40克略宽一些的范围内。这样做的意图明显就是将其作为4德拉克马的1/4;尽管在这一地区普遍存在小面值钱币的流通和在第七时期开始时我们已经看到的1德拉克马对4德拉克马所产生的影响,但至少有可能的情况是,这种小面值钱币可以使大面值钱币的重量一起降低到新的标准。

2.50~2.45克的重量使1德拉克马从1个波斯标准的德拉克马或0.5个辛格罗斯的水平降低到1个凯伊安4奥博尔的水平。在公元前4世纪的早期,色雷斯的克什尼兹半岛(Chersonese)的钱币制作中,这一重量标准应用于很多系列的钱币发行;这种情况一定在某种

---

① p.33, *supra*.

程度上与第九时期阿布德拉钱币制作是一致的。拜占庭似乎也一直使用这一重量标准。阿布德拉的 1 德拉克马重量标准略高于克什尼兹半岛所采用的重量,后者似乎是在 2.40 ~ 2.30 克之间,而且更偏重上限水平。从理论上讲,凯伊安 4 奥博尔应当重 2.54 克,阿布德拉的钱币非常接近这一水平。因此,当时的 4 德拉克马应当重 10.16 克,同样这也是略高于表 1 – 22 中列出的标准,在该表中有相当多数量的钱币实际上超过了这一标准。

表 1 – 21　马罗尼亚的钱币样品:波斯标准的 4 德拉克马

(约公元前 390 ~ 350 年)

有记录的样品总数	160 枚
无重量记录的样品总数	16 枚
有记录的最大重量	14.10 克
有记录的最小重量	8.02 克
超过 11.40 克的钱币	7 枚
低于 10.45 克的钱币	14 枚
不同重量钱币的样品个数	
	11.40 克
– – –	11.35 克
– – – – – –	11.30 克
– – –	11.25 克
– – – – – – – –	11.20 克
–	11.15 克
– – – – –	11.10 克
– – – – – – –	11.05 克
– – – – – – – – – –	11.00 克
– – – – – –	10.95 克
– – – – – – – – – – – – – – –	10.90 克
– – – – – – – – – –	10.85 克

续表

--	10.80克
----	10.75克
------	10.70克
-----	10.65克
----------	10.60克
----------------	10.55克
------	10.50克
---	10.45克

注:超过11.40克的钱币重量有:14.10克、13.10克、12.00克(有损坏)、11.50克、11.47克(2枚)和11.41克。低于10.45克的钱币重量有:10.304克、10.28克、10.22克、10.20克、10.10克(2枚)、10.07克、10.05克、10.05克、10.01克、9.70克(严重损坏)、8.99克、8.60克、8.02克(严重损坏)。

表1-22 第九时期(正文附录)的钱币样品:4德拉克马

(约公元前390~350年)

有记录的样品总数	138枚
无重量记录的样品总数	22枚
有记录的最大重量	12.60克
有记录的最小重量	8.33克
超过10.50克的钱币	4枚
低于9.60克的钱币	10枚
不同重量钱币的样品个数	
--	10.50克
---	10.45克
-	10.40克
---	10.35克
--	10.30克
----------	10.25克
----	10.20克
-----------	10.15克
----------------	10.10克

续表

- - - - - - - - - -	10.05 克
- - - - - - - - -	10.00 克
- -	9.95 克
- - - - - - - - -	9.90 克
- - - - - - -	9.85 克
- - - -	9.80 克
- -	9.75 克
- - - - - - -	9.70 克
- - -	9.65 克
-	9.60 克

注：超过10.50克的钱币重量有：12.60克、11.30克、10.70克(有损坏)、10.53克。低于9.60克的钱币重量有：9.50克(2枚，其中1枚有穿孔)、9.46克(有穿孔)、9.43克(2枚)、9.40克(2枚，其中1枚有损坏)、9.39克、9.18克(有损坏)、8.38克。表1-22中包括有穿孔钱币，重量是10.37克、10.15克、9.88克(3枚)、9.84克、9.83克、9.81克(有填补)。

表1-23　第九时期(正文附录)的钱币样品：1德拉克马

(约公元前390~350年)

有记录的样品总数	199枚
无重量记录的样品总数	32枚
有记录的最大重量	2.60克
有记录的最小重量	1.94克
超过2.60克的钱币	..
低于2.15克的钱币	2枚
不同重量钱币的样品个数	
- - - - - - - - - -	2.60克
- - - - - - - - - - - - - - - - - - -	2.55克
- -	2.50克
- -	2.45克
- -	2.40克
- - - - - - - - - - - - - -	2.35克

续表

－－－－－－－－－－－－	2.30 克
－－－－－－	2.25 克
－－－	2.20 克
－－－－	2.15 克

注:低于 2.15 克的钱币重量有:2.00 克、1.94 克。表 1－23 中包括有穿孔或损坏的钱币,重量是 2.51 克、2.50 克(有填补)、2.40 克、2.37 克、2.28 克(2 枚)、2.27 克、2.23 克、2.14 克(2 枚,其中 1 枚有填补,1 枚有损坏)、2.13 克。

第 3 节　造币官和标识

没有其他城市比阿布德拉更显著地展示每位负责钱币制作的造币官(magistrates)名字的了。在超过 100 多年的时间里,从公元前 5 世纪开始时直到停止银币制作的公元前 350~345 年,负责制作钱币的造币官名字就被全文[造币官名字本身或者前面加上熟悉的“ὲπι”(以某人的名义)]刻在钱币上,通常是在背面,偶尔也在正面。在第二时期(约公元前 520/515~492 年)的 8 德拉克马钱币上,以及在第三时期(约公元前 492~473/470 年)的 4 德拉克马和 1 德拉克马钱币上,也遵循相同原则,尽管当时钱币背面或者是简单印图,或者是空白四等分长方形。造币官的名字一般在正面,并用名字的开头几个字母表示。

在很长的时间里,毋庸置疑,造币官的名字占据支配地位。除了在第四时期短时间(约公元前 465/460 年)出现过之外,在公元前 5 世纪最后几年之前,也即从钱币制作的第六时期开始时(约公元前 411/410 年),才出现阿布德拉城市名字的全称“ABΔHPITEΩN”,不久后就缩写成“ABΔH”,而且在第六时期许多批次的钱币上甚至省略这一名字。在第七时期(约公元前 386/385~375 年),城市名字是规范出现的;在第八时期(约公元前 375/373~365/360 年),同样也是如此,不同之处是在后一时期,造币官的名字都是在钱币正面,而城市名字都在背面。

单个造币官名字的出现始于第二时期,但这并非格里芬图案钱币首次增加的内容。此前增加的内容是以标识形式出现的,在第一时期有多达 11 个批次的钱币上出现过标识。在阿布德拉,标识的使用似乎是不规则的:在第一时期是比较普遍存在的,此后在第二时期就相当罕见了,这时经常出现的是造币官名字的缩写;在第三时期使用名字缩写和在第五时期使用全称的同时,一般也会有一个标识;在整个第五、第六和第七时期,标识的出现就少得不值得一提了;在第八时期没有发现一个标识。

为了方便起见,下面列出标识和造币官名字目录。第一时期的标识按照其出现的时间顺序排列;其他时期,造币官名字或缩写则是按字母顺序排列,同时列出当时出现的标识和发行的批次。[①]（见表 1 – 24 至表 1 – 32)

造币官和标识目录

表 1 – 24　第一时期的标识(约公元前 540/535 ~ 520/515 年)

标识	分组
奔跑的兔子(hare galloping)	分组 3
荷花(lotus)	分组 4
飞翔的鹰(eagle in flight)	分组 6
双耳酒杯(kantharos)	分组 7
狗(dog)	分组 9
玫瑰花饰(rosette)	分组 9a
窝中鹅(goose, seated on nest)	分组 10
A – 和 6 个小球(pellets)	分组 11[②]

① 有关造币官名字和批次可能的时间顺序,见每章开始时关于各个时期钱币发行批次的概述。

② 虽然这可能表明这一系列属于第二时期,但从图案的总体情况看更有可能属于第一时期结束时。

表 1 - 25　第二时期的造币官和标识(约公元前 520/515 ~ 492 年)

造币官名字	标识	分组
Ab -		分组 23/24①
Anti-		分组 28
Arch-		分组 27
Chra-		分组 29
D-	葡萄串(grape-cluster)	分组 18
Er-		分组 26
Hekat-		分组 25
Hera-	阴囊(scrotum)	分组 16
Hippo-		分组 15
M-		分组 17
Peri-		分组 12
Si-		分组 14
Za-	※	分组 20
不确定		分组 19
不确定	小球	分组 13
无	玫瑰	分组 21
无	葡萄串	分组 22

表 1 - 26　第三时期的造币官和标识(约公元前 492 ~ 473/470 年)

造币官名字	标识	分组
Anti-	扇贝(scallop)	分组 32
Arte	无标识	分组 31
Asga-	无标识	分组 30
Dam-	无标识	分组 35
Des-	公鸡、小球	分组 42

① 见 p. 78, n. 2. eds.。

续表

造币官名字	标识	分组
Hege-	男性头像、小球	分组 36
Herak	蝉(cicada)	分组 47
Hero-	扇贝、小球	分组 33
Herodotos(Ⅰ)	无标识	分组 49
Herok-	黑人头像(negro'head)	分组 43
Hikes-	扇贝、小球	分组 34
Ia-	酒杯	分组 38
Mega-	无标识	分组 45
Meidi-	无标识	分组 46
Pag-	乌龟(tortoise)	分组 44
Phittalos	无标识	分组 50
Pro-	牛头(calf's head)	分组 40
Smor-	萨梯(satyr)	分组 48
Sym-	无标识	分组 37
Tele-	矮棕榈(palmette)	分组 41
Ten-	无标识	分组 39

表1-27 第四时期的造币官和标识(约公元前473/470~449/448年)

造币官名字	标识	分组	城市名字
Artemon	常春藤叶(ivy-leaf)(背面)	分组 69	
Blosys	月桂树	分组 67	
Deonys	猫头鹰(owl)	分组 64	
Deonysas	无标识	分组 68	
Hegisippos	平底酒杯(tumbler)、月桂树	分组 63	

续表

造币官名字	标识	分组	城市名字
Hermokratides	酒罐(amphora)、月桂树	分组62	
Herodotos(Ⅱ)	公鸡	分组52	
Hippon	年轻男子头像	分组59	
Kalesikrates	无标识	分组65	
Kallidamas(正面)	金枪鱼(tunny)	分组56	ΑΒΔΗΡΙΤΕΩΝ(背面)
Mandronax	星星	分组66	
Melanippos	双耳酒杯	分组61	
Molpas	蝎子(scorpion)	分组60	
Nestis	阴囊	分组58	
Nymphodoros	无标识	分组55	ΑΒΔΗΡΙΤΕΩΝ(正面)
Phittalos	圣甲虫(scarab)	分组50/51	
Pythes	无标识	分组51	
Pythinnes(Ⅰ)	大力士(muscle)	分组54	
Pythinnes(Ⅱ)	蜜蜂(bee)	分组57	ΑΒΔΗΡΙΤΕΩΝ(正面)
Smordotormos/Kal①	双耳酒杯	分组53	

表1-28　第五时期的造币官和标识(约公元前439/437~411/410年)

造币官名字	标识	分组
Aleximachos	无标识	分组72
Anaxenor	无标识	分组73
Anaxidikos(Ⅰ)	常春藤叶(正面)	分组74
Anaxidikos(Ⅱ)	无标识	分组78
Anaxipolis(Ⅰ)	无标识	分组70

① J. Bingen(BCH 1963, 485 ff.)曾经指出,这个铭文应当被理解为色雷斯"Smordos",后面是一个父名。

续表

造币官名字	标识	分组
Anaxipolis(Ⅱ)	无标识	分组 80
Archagores	无标识	分组 81
Athenaios	无标识	分组 76
Demokritos	无标识	分组 87
Hegesagores	无标识	分组 85
Hekataios	无标识	分组 88、88a
Heragores	无标识	分组 71
Melanippos	无标识	分组 77
Nikostratos	无标识	分组 79
Phanaos	蝉(正面),常春藤叶(背面)	分组 75
Polyaretos	无标识	分组 86
Polykrates	无标识	分组 82
Pythagores	无标识	分组 83
Thrasys	无标识	分组 84

表1-29　第六时期的造币官和标识(约公元前411/410~386/385年)

造币官名字	标识	分组
Anaxipolis	无标识	分组 96
Apollas	无标识	分组 106
Aristagoras	无标识	分组 111
Dionysas	无标识	分组 97
Echekrates	无标识	分组 101
Euagon	无标识	分组 98
Heragoras	无标识	分组 92
Herogeiton	无标识	分组 107
Herophanes	玉米穗(ear of corn)	分组 94
Ithyatratos	无标识	分组 90

续表

造币官名字	标识	分组
Kleantides	无标识	分组 99
Mandron	无标识	分组 95
Molpagores	无标识	分组 100
Myrsos	月桂枝(laurel spray)	分组 91
Nymphagores	无标识	分组 109
Orchamos	无标识	分组 89
Parmenon	无标识	分组 104
Philas	蝉	分组 110
Promethides	无标识	分组 103
Protes(Ⅰ)	无标识	分组 93
Protes(Ⅱ)	玉米、常春藤叶	分组 102
Protes(Ⅲ)	无标识	分组 108
Python	无标识	分组 105

表1-30　第七时期的造币官和标识(约公元前386/385~375年)

造币官名字	标识	分组
Athenes	无标识	分组 119
Hiromnemon	无标识	分组 116
Kallianax	无标识	分组 118
Molpagores	无标识	分组 113
Peithesiles	无标识	分组 114
Philaios	黄芪(astragalos)	分组 115
Polykrates	无标识	分组 120
Telemachos	扇贝、海豚(dolphin)	分组 112
Zenon	双耳酒杯	分组 117

表 1－31　第八时期的造币官和标识（约公元前 375/373～365/360 年）

造币官名字	标识	分组
Archelaos	无标识	分组 127
Charmon	无标识	分组 126
Hikesias	无标识	分组 122
Pausanias	无标识	分组 123
Phanes	无标识	分组 125
Uncertain	无标识	分组 124

表 1－32　第九时期的造币官和标识（约公元前 365/360～350/345 年）

造币官名字	标识	分组
Aigaleus	无标识	分组 128
Anaxipolis	无标识	分组 129
Demetrios	无标识	分组 130
Dionysas	无标识	分组 131
Diophantos	无标识	分组 132
Euresippos	无标识	分组 133
Hekatonymos	无标识	分组 134
Hipponax	无标识	分组 135
Homeros	无标识	分组 136
Polyhantos	无标识	分组 137
Pythes	无标识	分组 138
Pythodoros	无标识	分组 139
Pythokles	无标识	分组 140

第 2 章　第一时期：公元前 540/535 ~ 520/515 年

阿布德拉发行的第一批钱币不太可能在特雷斯殖民者重新在此定居之后很久。特雷斯人来自小亚细亚(Asia Minor)的西海岸，这里很早就有了某种形式的铸币，包括琥珀币(金银合金币)、银币和金币。他们在富饶的色雷斯沿海平原地区定居，该地区位于内斯特斯河的东面，这里有可以种植小麦和葡萄的丰富资源；他们离色雷斯西部的著名金属矿区也不远，该矿区在希腊古典时代(Hellenic world)初期已经非常闻名。当时他们应当已经准备好开发和利用自然资源仅是今天的一种预测。新建立的城市迅速发展起来，很快就感受到了使用本城市钱币的需求。我们假设的间隔时间不会超过几年，即特雷斯人的到来与第一批阿布德拉钱币出现之间的时间。阿布德拉最早的钱币可能出现在略晚于公元前 540 年的时间。阿布德拉采用的钱币类型是城邦特雷斯类型：唯一的区别是阿布德拉钱币上的“格里芬”(griffin)永远是面朝左，而在特雷斯钱币上则是面朝右。

阿布德拉使用的钱币图案从未遭到怀疑。但遗憾的是,对其早期钱币仍有很多疑问。在这些钱币上从未看到阿布德拉的名字,或者是没有印刻铭文,或者是仅有负责发行钱币官员名字的缩写字母:有时我们会看到一个符号,而不是造币官名字的字母;有时既没有符号也没有任何字母。缺少明确的铭文是令人遗憾的,因为在最早期格里芬的风格和图案中有很大差异:由于差异非常大以至于造成某些专家将阿布德拉的钱币与实际上是其早期的钱币区别开来。

冯·弗里兹(von Fritze)对阿布德拉钱币系列进行了仔细的分析,他认为有理由排除相当多的各种类型的钱币,包括 8 德拉克马、4 德拉克马、2 德拉克马、1 德拉克马和小面值的钱币,这些钱币不符合阿布德拉钱币的典型分类,他将这些钱币归属于其他城市的造币厂,具体名字不详,但使用与阿布德拉相同的面值、图案和标准。[①]

斯特拉克(Strack)赞同冯·弗里兹的观点,因为他没有将这些钱币列入《柏林资料集》(Berlin Corpus)的分类中,而是单独分类,尽管他这样做是有所保留的,也有明显的疑问。[②] 到目前为止还没有证据表明这些钱币是其他造币厂制作的,尽管有观点认为应把其中一些钱币归属于特雷斯或波卡依亚(Phokaia)。

斯瓦罗恩斯(Svoronos)试图将这些钱币归属于迪安人(Dians),这是居住在罗多普(Rhodope)地区的一个色雷斯人部落,距离阿布德拉并不远;[③]但以我们对这个好战的山地人部落较少的了解,几乎无法让我们相信他们会在任何时候需要如此全面的钱币系列,其中的大部分实际上最早被冯·弗里兹先生接受为第一批阿布德拉标准的钱币。我们并不认为这些钱币是迪安人的,而不是在阿布德拉的特雷斯殖民者制作的,后者在色雷斯最先制作了格里芬图案的钱币。

---

① Nom. lii,10 ff. 这些钱币,再加上其他一些钱币,被归类于第一时期的钱币,而且如后文所示,构成了阿布德拉钱币的分组 1 ~11。

② *Die ant. Milnz. N. -griech.* II. I(Ⅰ). 120 –5; but cf. also p. 6, n. I and introduction at head of p. 121.

③ *JIAN* xix. 60 ff.

冯·弗里兹先生建议将这类钱币从阿布德拉钱币中分离出来,但没有得到很多人的支持。然而这一建议在他讨论阿布德拉钱币和在《柏林资料集》采取的分类安排中引起了极大关注。因此,必须用一些分析来反驳他的观点,我们并非声明其不可能性。他不赞成将这些钱币归属于阿布德拉钱币的主要依据是,这些钱币的图案不同于他所认可和无可置疑的阿布德拉的钱币图案。但这一点是过度强调了形式因素,也没有充分考虑由于使用不同工匠可能会造成的自然差异,因为阿布德拉的格里芬图案当时仍然处于这一系列的初期,带有实验目的。

实际情况是,这些早期钱币在某些方面与以后制作的钱币确有不同,其所包含的一些特点从以后制作的钱币上也看不到。但两个系列也有一些共同特点:最明显的是翅膀是空白的,表面没有羽毛;颈部两边有螺旋状卷毛;而且格里芬的形象是位于一个基座之上。另外,我们还可以发现,即使当阿布德拉系列遵循一种基本图案时,也一直存在一些影响格里芬姿势的细微差异;同时某些细节是后来增加的,或后来修饰或省略的。对最早期的格里芬图案与主流系列存在差异这种情况,我们也无须感到意外。

在阿布德拉的定居者是来自爱奥尼亚(Ionia)地区的特雷斯人;就像比较厚和有凸起结构的第一批钱币使人想起小亚细亚钱币一样,这些钱币也不同于后来流传更广的钱币;第一批阿布德拉钱币中的格里芬看上去更像是爱奥尼亚的标准原型,或稍微苗条一些。这种近乎纤弱的构图会立刻让我们回想起爱奥尼亚的钱币,这些钱币与在色雷斯沿岸的古希腊各个造币厂钱币的主流图案和充满活力的风格特点完全不同。然而,当移民们一旦适应了新环境并成为阿布德拉地区的主宰者之后,爱奥尼亚钱币的特点很快就在第二时期出现了。

在解释了这些最早期钱币图案和风格的差异之后,将其归属于其他造币厂的理由就不存在了。这些钱币与公认的阿布德拉钱币一样都具有格里芬面朝左的图案；对 8 德拉克马和 4 德拉克马来说，两者都有阿布德拉的钱币所特有的标准，而对小面值钱币来说，都具有色雷科—马其顿地区的标准特征，而且都是按相同面值铸造的。[①] 所有这些因素都说明这些钱币就是阿布德拉最早期的钱币，把它们归属于其他分类的观点是没有依据的。

我们的钱币系列有 11 个定义比较宽泛的分组，包括 8 德拉克马、4 德拉克马、单独一个批次明显具有实验性质的 2 德拉克马以及小面值钱币，小面值钱币具体包括一个批次的 1 德拉克马和两个批次的奥博尔。这些钱币的分组似乎是按一种自然的时间先后顺序，尽管由于缺少模具证据，这种分组从某种程度上讲一定不是最终的。空白翅膀的图案要早于有羽毛翅膀的图案；一旦引入设计，后者在第二时期开始前一直是标准图案，而在第二时期就没有看到这种图案了。

在整个第二时期都一直使用空白翅膀的图案，但在第一时期最早期的翅膀图案与第二时期的空白翅膀图案之间有如下差异：在前者的钱币上，空白翅膀是一个平滑或最多是略有凸起的表面；而在后者的钱币上，空白翅膀则是有明显的凸起表面，而且与近处翅膀相比，远处翅膀仅是轮廓。从空白翅膀向有羽毛翅膀的转变发生在第一时期（A. 9 – 11；nos. 9 – 12；pl. Ⅰ），而且转变过程非常平稳，甚至可能不需要在造币厂引入新的艺术家。[②]

作为一个整体，这一系列存在的时间并不长，我们所界定的阿布德拉钱币第一时期也许最多不超过 20 ~ 25 年。尽管目前还没有发现阿布德拉造币厂准确的开始或结束日期，但很清楚第一批钱币的发行

---

① 有关标准的讨论，见本书第 1 章。

② 空白翅膀为什么只在这一系列的初期流行了很短一段时间，这一点现在还不清楚。阿布德拉的第一批模具雕刻师没有理由担心因有羽毛翅膀而要对模具作进一步的修改。毕竟他们应该都熟悉爱奥尼亚有羽毛翅膀的标准图案（p. 55，*infra*）。

一定是在造币厂建立之后不久。[①] 鉴于这种情况,依据我们的独立证据,将本系列排列在可能性最大的范围内是很有意义的。幸运的是,窖藏品和从这些钱币中得出的推论有一些价值。属于我们第一时期的12枚钱币都来自公开的窖藏品,这些钱币的具体情况如下。

1. 第2号(分组1;A.2;pl. Ⅰ):迪马赫(Demanhur)发现(1901)

就这枚钱币而言,公布这件窖藏品的德赛尔(Dressel)和雷格林(Regling)二人认为其日期大约是公元前6世纪中叶,这一日期正好符合一种爱奥尼亚钱币图案的日期,该图案可能影响第一批钱币中的平行样品(no.1)。[②] 因此这一批钱币发行的时间几乎不会晚于公元前540年。这枚窖藏品的日期被认为是在公元前6世纪最后10年当中,就这枚钱币的特定日期而言不具有重要意义。[③]

2. 第4/1号(分组2;A.4):在波斯波利斯(Persepolis)发现(1934)

几乎可以肯定的是,其使用与同一批次的编号4钱币相同的模具,而且是最早期图案中最精美之一;这枚钱币一定是在公元前517～514年之前打制的,在这一时期它作为大流士一世的阿帕达纳宫(Apadana of Dareios Ⅰ)的部分陪葬品被掩埋了。[④]

3. 第9a号(分组4;A.9;pl. Ⅰ):在拉斯沙穆拉发现(1936)

也许是第一批有羽毛翅膀的图案,这枚钱币在被丢弃前显然保存良好。似乎没有理由认为这枚钱币不是在阿布德拉打制的,它明显早于被窖藏的时间,后者可能不会晚于公元前525/520年。[⑤]

---

① 将第一批钱币的日期追溯到公元前540年以前可能是轻率的,因为造币厂以及造币厂所依赖的银锭贸易一定需要一些时间才能建立,尽管建立这种机制显然不需要太长时间。

② ZfN 1927,91,no.152;有关这第一批钱币的进一步讨论,见 pp.53 f.,*infra*。

③ 这里我赞成 C. M. Kraay 建议的日期,NC 1956,48。

④ 有关全面介绍,见 p.60,no.4/I,*infra*。

⑤ 有关全面介绍,见 p.61,no.9a,*infra*;有关日期,见 cf. Kraay,loc,cit. In n.2,*infra*。

4. 第 10a 号（分组 6；A. 9）

第 15a 号、第 15b 号；第 16a 号、第 16b 号（分组 7/9；A. 14；pl. Ⅱ）：迪马赫发现（1901）。

第 23 号（分组 10；A. 20；pl. Ⅱ）：迪马赫发现（1901）。

除了这枚第 2 号钱币外，这批窖藏中还有其他 6 枚样品，对这批窖藏的日期确定具有重要意义。如果是在公元前 510 ~ 515 年被放置的，则假如我们确认属于第一时期中的这 6 枚钱币的日期更早就没有多少意义，同时建议这一时期的结束日期为公元前 520/515 年又太晚了。①

5. 第 18 号、第 19 号（分组 7/9；A. 16；pl. Ⅱ）②：萨卡发现（1897）

这是唯一有记录的 2 德拉克马钱币。遗憾的是窖藏的具体内容不太清楚。由于这两枚钱币在不同地方被发现，或者掺和了不属于这一时期的其他钱币，所以无法提出有价值的日期。③

6. 第 14 号（分组 9；A. 13；pl. Ⅰ）：本哈（Benha）发现（1928）④

这枚钱币损坏严重。大英博物馆里面有另一枚这批窖藏钱币的一部分。⑤ 这批窖藏品的可能日期是公元前 485 年，对我们目前的观点而言太晚了。⑥

根据所有这些窖藏品提供的证据，我们可以得出一些比较准确的推断。很明显，在公元前 520 ~ 510 年的某个日期可能是第一时期的结束，而且根据迪马赫窖藏品的埋藏日期可能是大约公元前 510 ~ 500

---

① 有关全面介绍，见 p. 61，no. 10；p. 63，nos. 15，16；p. 65，no. 23。No. 23 也许是 Dermandur 所发现藏品中最晚的样品，初看上去似乎是保存最不好的；但其糟糕的状况并非由于在被埋藏之前就有很大磨损。Nos. 2 和 10a，其中后者与拉斯沙穆拉窖藏品 No. 9a 属于同时代，似乎是损坏最严重的。

② 从 Sakha 发现的第三枚钱币看，明显与我们的编号 18 和编号 19 钱币是同一批次钱币，有关编号 18 和编号 19 钱币的全面介绍，见 p. 62，n. I and p. 64，nos. 18，19，*infra*。

③ cf. Kraay，NC. 1956，49，n. I.

④ 有关详细介绍，见 p. 61，no. 14，*infra*。

⑤ NC. 1956，49.

⑥ Kraay，NC. 1956，49.

年的情况看,第一时期结束的日期应该不会晚于公元前515年。钱币上的内容表明,第一时期已经有了大量业务。我们的11枚有记录的钱币可能覆盖的时间大约是25年,这让我们回到了公元前540年,就第一批钱币而言,这一日期具有可能性。

特别有意义的是来自拉斯沙穆拉分组6中的编号9a的钱币。这枚钱币大约出现在第一时期的中间。在被放弃前这枚钱币还相当新。我们可以预测这枚钱币的制作时间不会早于公元前530年,这一日期符合这批窖藏品可能的时间是公元前525/530年。分组2的编号4/1钱币的制作时间也许不会晚于公元前535年,所以这枚钱币有足够的时间在被作为阿帕达纳宫的陪葬品处置前到达波斯波利斯。来自迪马赫此后的6枚样品(p.52,no.4,*supra*)可以较充分地说明第一时期结束的日期。(见表2-1)

第一时期的格里芬是非常有意思的,且有相对多样化的图案。在钱币制作的早期,出现这种图案或姿势多样化的现象并不令人感到意外。更为突出的是图案中高标准的艺术水平和技术能力,几乎从开始时就是如此,而且非常普遍。殖民者来自小亚细亚,在整个这一时期我们都可以看到,当时所有在此地区内运行的造币厂的工作都非常出色。在最早期的模具中可以发现一些最好的作品(如分组2中的A.3,4;p1. Ⅰ);这些模具是否特雷斯人在阿布德拉定居时带来的非同寻常的模具切割设备,还是由于阿布德拉地区早期吸引了有技能的工匠,对此我们无法给出答案。但无论是哪种情况,阿布德拉钱币的图案从一开始就不是粗糙的,而是有一个高起点。

表 2 –1　第一时期钱币发行分类

		8 德拉克马				4 德拉克马				2 德拉克马				1 德拉克马			
分组	造币官或标识	有记录的样品	组合模具	垫压模具	冲压模具	有记录的样品	组合模具	垫压模具	冲压模具	有记录的样品	组合模具	垫压模具	冲压模具	有记录的样品	组合模具	垫压模具	冲压模具
1	–	..	..	..	..	4	2	2	1	..	..	..	..	..	..	..	..
2	–	1	1	1	1	3	1	1	1	..	..	..	..	..	..	..	..
3	兔子	..	..	..	..	2	1	1	1	..	..	..	..	..	..	..	..
4	荷花	1	1	1	1	1	1	1	1	..	..	..	..	..	..	..	..
5	–	..	..	..	..	1	1	1	1	..	..	..	..	..	..	..	..
6	飞翔的鹰	..	..	..	..	4	2	1	1		..	..	..	..	..	..	..
7	双耳酒杯	2	2	2	2												
8	–	1	1	1	1	6	3	2	3	3	1	1	1	2	1	1	1
9	狗	1	1	1	1												
9a	玫瑰花饰	1	1	1	1	..	..	..	..	..	..	..	..	..	..	..	..
10	窝中鹅	1	1	1	1	2	2	2	2	..	..	..	..	..	..	..	..
11	A – ,6 个小球	3	2	1	2	..	..	..	..	..	..	..	..	..	..	..	..
				奥博尔													
		3	3	3	3	..	..	..	..	..	..	..	..	..	..	..	..

无论从第一批阿布德拉钱币图案的哪个方面考虑,我们都应预测到母城特雷斯的格里芬图案会产生一些影响。遗憾的是,来自特雷斯的格里芬图案中只有非常少的几个可以被认定早于公元前544年,而且那些被认为具有这种联系的图案在时间上几乎没有那么早。①

因此,我们必须从其他地方寻找可能影响第一批钱币图案的设计,也即分组1中行走的格里芬图案(A.1,2,nos.1,2;p1. Ⅰ),或支持作为阿布德拉系列中第一批钱币的差异性的设计。从狮子的构图讲,A.1中的格里芬非常匀称,是在一个精美"基座"上向左行走。② 这个图案的中心是较大和无羽毛的翅膀,其表面完全是平的。右前腿是抬起的,后面的尾巴高高翘并呈卷曲状。这种图案是有韵律和令人愉悦

① 例如,Gardner(p.165)认为巴比伦图案(*Traite*,2. i,no. 499)一定早于公元前544年;但此格里芬图案似乎非常粗糙,而且是基于一个以后日期的图案,其钱币的背面几乎不可能像Gardner所认为的那么早。巴比伦图案(*Traite*, no. 496)和菲利普森(Philipsen 2220)的日期比较早,但不一定早于公元前544年。巴比伦图案(*Traite*, no. 495)据说早于公元前545年,但我认为似乎明显要晚一些。实际上很难得出任何特雷斯标准可能对第一批阿布德拉的格里芬图案产生了影响的结论;但结果是这个殖民地的钱币制作的发展程度已经超过了其母城的水平。

② 这个"基座"(base)似乎有很大好处,因此在以后的很多系列中细节都更加清晰:在A.9(no.9,10;p1. Ⅰ)中,细节再次不够清晰,尤其是在分组21中华丽的A.35(no.41;p1. Ⅲ)上面更是如此。这里的装饰线条与圆形相连(egg-and-tongue)的设计,使人们不禁会想到我们这个所谓的基座,并非一个圆柱体,就像在爱菲索斯(Ephesos)的圣庙里(公元前560~546年)的一根爱奥尼亚式(Ionic)立柱(cf. W. B. Dinamoor, *The Architecture of Ancient Greece*, 100, fig. 36; D. S. Robertson, *A handbook of Greek and Roman Architecture*,92, fig. 40);同样,更原始的装饰是在A.1和A.9上,但都不像德尔菲(Delphi)立柱顶部不太精美的装饰,该立柱有属于比爱菲索斯立柱更早时期的纳森·斯费克斯(Naxian Sphinx)设计(cf. *Delphes*, fig. 2)。因此在这些模具上,格里芬可能代表一种象征,很可能是为了辟邪的目的,站在一根立柱之上。这种象征出现的时间很可能比较晚,因为在某些公元前5世纪晚期/4世纪早期的4奥博尔和1德拉克马钱币上(cf. 第六和第七时期;分组94,A. 207-9,nos. 276-80; pl. ⅩⅤ; 分组115-116,A. 293-300,nos. 423-46; pl. ⅩⅩ),格里芬就是从一根爱奥尼亚式立柱顶部跳起的。另一种变化出现在属于公元前5世纪中期的分组67(A. 148-149,nos. 184-5; pl. Ⅻ)中,这时格里芬可能代表一种墙面顶饰(akcroterion),而且是从一个基座上跳起。此外,还出现了许多其他变化:背板通常是平的,或者仅有简单或圆点连接的基线;A. 35上面的圆顶图案很流行,但在分组10中的A. 29(no. 34; pl. Ⅲ)上,我们看到的是平而矮的基座。通常情况是艺术家的想象力决定具体图案。

的，让人感到意外的是，总体上讲这种图案几乎没有在阿布德拉使用过。在所雇佣的工匠们手中，图案都是独一无二的。但它实质上属于爱奥尼亚风格，其基本图案可能受到了爱奥尼亚黄金饰物或圆盘制作技术的影响，这些饰物或圆盘属于公元前 6 世纪中期或此前约 25 年。① 如果在约公元前 540 年有一名熟悉这种技术的工匠在阿布德拉制作了我们的 A. 1，则不会令人感到意外，而且为了确认制作日期我们可能需要回忆其同期制作的样品，即粗糙的 A. 2 一直被单独划分到大约公元前 6 世纪中叶。②

行走的格里芬图案不久就让位给了固定的图案，即右前腿抬起，颈部略微呈弓状，尾部翘起并卷曲。这种设计后来成为阿布德拉钱币最主要的风格和图案，不仅是在第一时期的大部分时间，而且也贯穿了整个第二时期以及频繁应用于第三和第四时期中的长系列钱币上。这种图案是力量与优雅的一种完美组合，从分组 2 中非常成功和精美的 A. 4（nos. 4，4/ Ⅰ；pl. Ⅰ）钱币上，以及同一分组中的 A. 3（no. 3；pl. Ⅰ）的较高和苗条的格里芬图案上，我们立刻可以看到这一点；后者是

---

① 例如，1939 年在德尔菲（Delphi）的斯卡瑞德大道（Sacred Way）地下发现的一枚金质圆盘上精美的格里芬图案（cf. Delphes，313 f. and fig. 43）；在同一地点还发现了两套重新制作的 8 枚金质圆盘，上面有另外两种格里芬图案（其中一种是格里芬没有抬起前腿），这曾经是一个黄金和象牙塑像的一部分（p. 55，fig. 446）。正是在单个圆盘上的格里芬图案与第一个阿布德拉格里芬之间的联系使我们最感兴趣。在圆盘的格里芬的弯曲和有羽毛翅膀的细微之处存在明显的差异，而且有鼻骨和从脑后长出的漂亮螺旋卷毛；而在 A. 1 上，翅膀是空白的，鼻骨和螺旋卷毛还没有出现（有关后者的特点，见 cf. pp. 56 f.，*infra*）。但从基本图案、步态、比例以及前腿和尾巴抬高的程度看，还是有很多相似之处。这些来自爱奥尼亚的黄金饰物上精美图案的技术，属于阿布德拉造币厂建立之前不久的时期，可能很大程度上影响了该城市的第一批模具的制作。当然在这中间，格里芬非常恰当地成为金匠们艺术的主题：如在 Leigh Ashton 先生的收藏品中的一条项链上的小金质圆盘的图案（cf. C. Seltman，Approach to Greek Art，p. 125 and pl. 22），日期约是公元前 550 年。就钱币图案而言，与行走的格里芬具有可比性的钱币，我们知道波士顿的 Kyzilkos 先生有一枚琥珀金斯塔特（Nom. Vii，pl. iii. 19；*Boston Catalogue*，pl. 72. 1455）。

② 关于这枚钱币，Dressel 和 Regling（ZfN 1972，91）指出“根据钱币的风格和图案，这枚钱币应当属于公元前 6 世纪中叶”。

第一个8德拉克马模具图案。①

分组3的钱币是一种临时有变化的图案：格里芬向左跃起，两只前腿都抬起(A.5,no.5;pl. Ⅰ)。此后在第三和第四时期，这一图案成为一种更流行的主题，而且在公元前5世纪的下半叶，这一主题是标准图案；在第一时期，这种图案仅出现在小面值钱币上。从尺寸和比例上看，这种图案与A.1有一些相同之处，也许制作时间要早于分组2的钱币。在奔跑的兔子向上抬起的两只前腿下面，我们可以看到首次出现的一个附加标识(auxiliary symbol)。②

在8德拉克马的A.6样品(分组4;no.6,pl. Ⅰ)上，兔子的标识被忘忧树替代。图案恢复到了A.3和A.4的设计，但工艺不够精美，尤其是A.3图案中腹部肋骨的模仿明显不成功。尽管没有标识，但可能也属于这一批的钱币是第8号4德拉克马，图案中的格里芬是固定的，两条前腿直立在地上。这是我们已经看到的第四种图案变化。在第一时期后期这种图案再次出现，并以一种更加成熟的方式出现在这一阶段的A.14和A.15钱币上，分别属于分组7~9(nos. 15-17;pl. Ⅱ)。

---

① 关于在以后系列中这种图案和姿势的钱币制作，Chios给出了一个比较的自然基础。阿布德拉的钱币制作问题有两项权威的独立研究：J. Mavrogordato, *A Chronological Arrangement of the Coins of Chios*, NC 1915, 1-52, 361-432; Agnes Baldwin-Brett, *The Electrum and Silver Coins of Chios*, issued during the VIth, Vth and IVth centuries B.C., AJN 1914, 1-60。遗憾的是这两篇文章在时间序列上有很大差异。因此，在与阿布德拉系列钱币可能有价值的图案进行比较时——Mavrogordato的钱币(29, no. 7)与Baldwin-Brett的钱币(13, nos. 4a-d)，以及Mavrogordato的钱币(32, no. 13)与Baldwin-Brett的钱币(20, no. 26)——我们发现Mavrogordato(pp. 26 f.)接受如下原则，即对爱奥尼亚钱币实行波斯标准意味着结束自主发行琥珀金币的原则，他认为这些钱币属于公元前575~545年；而Baldwin-Brett夫人不同意这种假说，她认为斯塔特钱币属于公元前6世纪的后半叶(p. 37)，2德拉克马明显是属于公元前5世纪的第一个10年(p. 41 f.)。Mavrogordato将这些图案的日期确定的更早，我认为非常不可能。Baldwin-Brett夫人提出的时间范围显然太晚了；更可能的情况是同一位权威人士近期的观点，即这种图案(双耳罐)的钱币属于公元前510~500年这10年(Boston Catalogue, 246, no. 1945)。

② 有关这些标识的意义及其与随后出现的造币官名字(缩写或全称)之间关系的讨论，见p. 86, n. Ⅰ, *infra*。

分组 5 中的 A. 8(no. 8;pl. Ⅰ)样品上,与 A. 4 相比有一个更强壮和生动的格里芬图案,由此开始了从空白翅膀向有羽毛翅膀的过渡。这种情况出现在分组 6 中的 A. 9(nos. 9 – 10;pl. Ⅰ)图案上。这时的格里芬是行走的,与 A. 1 相同;但风格更成熟,而且整体上更有活力。细节也更加精致,而且这是我们首次在阿布德拉钱币看到传统的有羽毛翅膀,其主羽向上卷曲,几乎与一排次羽一起从根部长出。颈部底部的皱纹非常类似于 A. 8 图案,但不同的是更突出了肋骨和臀部的肌肉组织。① 另外,还有不同或至少是首次明确出现的图案是,有横贯鼻孔的粗大角状凸起物,在早期格里芬图案这一特点非常突出,无论是平面还是立体设计。② A. 9 图案中另一个值得注意的特点是倾向于用一些小斑点来突出角度和关节。③ 我们已经介绍了将这种图案归属于约公元前 530 年的理由。实际上,这种图案确实中断了本系列的连续性,但是我们并不会因此而感到意外,因为在一些最早期的系列中我们已经看到过图案的多种变化。鉴于其存在于拉斯沙穆拉窖藏中,因此我们很难将这种钱币归属于更晚的时期。钱币上的标识一定是一只鹰。

分组 7 – 9 的钱币所覆盖的阶段表明,阿布德拉钱币制作的规模更大了。除 8 德拉克马和 4 德拉克马外,非常稀少的 2 德拉克马

---

① C. F. A. Shamra 在其著作《拉斯沙穆拉》中,给出了横贯格里芬胸部的一条装饰斜线。在一枚熔铸币上很难确认这种痕迹,在作者本人的收藏品中没有这条斜线,尽管这枚钱币保存得非常完好。

② 在第一时期鼻骨突起物或角状物非常罕见。需要承认的是,在一些样品中几乎完全没有出现,但我们得出的一般推论是,这种图案出现的情况不多。在 A. 9 中引入这种设计,A. 10 也跟随这样做了,但此后除 A. 14(nos. 15 – 16;pl. II)外,在这一时期结束时我们在 A. 18 – 21 之前都没有看到这种图案。这一点令人感到意外,因为它此后固定出现,而且更重要的是,它已经成为许多图案中格里芬的特征:比如,它频繁出现在格里芬的长系列钱币上,时间跨度从公元前 700 年一直到公元前 6 世纪的上半叶,如 U. Jantzen 指出的(*Griechische Greifenkessel*, Deutsches Archaologisches Institut, Berlin, 1955, pls, 4 – 58)。

③ 这种形式的风格是许多特雷科—马其顿造币厂的特点。也许用阿肯索斯的情况可以充分说明这一点,如其早期 4 德拉克马钱币图案的变化就可以充分证明(Akanthos, 69, fig. 9 and pls. 21 and 25)。在阿布德拉,这种图案从未达到在阿肯索斯的使用程度。

(nos. 18,19)也许属于这一阶段,而且现在看来1德拉克马也是在此时第一次出现。

据记载4德拉克马使用了4种模具:其中2个用康塔罗斯酒杯(双耳酒杯)作为标识,即分组7当中的A. 10,11(nos. 11,12;pl. Ⅰ);另有一个没有标识,即分组8当中的A. 12(no. 13;pl. Ⅰ);还有一个是前腿抬起站立着的狗,即分组9当中的A. 13(no. 14;pl. Ⅰ)。图案回到了常规风格,让我们从分组2当中的A. 8回到更早的A. 3和A. 4;但图案和整体设计看上去更像是前进而不是倒退,从A. 10的制作中就能充分体现这一点。翅膀上再次有了羽毛,处理得也非常大胆,而且与行走的格里芬图案相比,站立的格里芬的翅膀占据了更大的空间。另一个与格里芬相关,但此前从未在阿布德拉钱币系列中出现过的特点,这时第一次出现了。这就是长卷毛,沿颈部向下直到颈部底部,以旋转卷曲方式落在褶皱的颈部之前。① 在未来这将是一种常规设计,尽管这并不意味着图案的修饰是多年不变的,这种设计的出现与否似乎取决于当时艺术家个人的一时兴致。

第15～17号4德拉克马(A. 14,15;pl. Ⅱ)图案上的格里芬是静态的,两条腿立在基线之上,符合透视规则。② 翅膀的羽毛卷曲得非常自然,这一图案是同一类型中最好的作品,格里芬的形象自信且坚定。

2德拉克马和1德拉克马(A. 16,17,nos. 18－19,pl. Ⅱ)的设计又回到了前腿抬起的图案。1德拉克马的图案似乎更加精细,尽管比技

---

① 卷毛的尾部呈螺旋状卷曲,位于颈部两边,这一主题明显源于东方,而且要追溯到很久以前。这种设计现在已经出现在许多格里芬图案中(cf. Jantzen, op. Cit., pls. 10－32)。这一主题会以不同形式出现,如卷毛从头上的皇冠中垂下来;有时像在黄金圆盘中的格里芬,如Delphi提到的(p. 55, n. 1, *supra*);更多的是钱币图案中的狮身人面像,如来自希俄斯岛(Chios)和萨莫斯拉斯岛(Samothrace)的样品(cf. Mavrogordato, op. cit., 4 f., Mrs. Baldwin-Brette, op. cit., 35, and W. Schwabacher, *Ein Fund archaischer Munzen von Samothrake*, TING, 1936, 118)。

② cf. The starters of Chios, Mavrogordato, op. cit., pl. 2, 1 and 3－8; Mrs. Baldwin-Brette, op. cit., pls. Ⅰ. 24－25 and 2. 1－7. 前者将这种钱币的日期确定为公元前545～500年;有关后者对这种钱币日期的最新分析,见Boston Catalogue, 246, no. 1945。

术和细节都极为突出的 A. 16 的 2 德拉克马稍逊一点,2 德拉克马图案直接把我们带到了分组 10 中 A. 18 – 20(nos. 21 – 23;pl. Ⅱ)上的格里芬图案。

这些图案也许是这一时期最精美的作品了,格里芬胸部的展示非常清晰,而且用最熟练的技术表现羽毛细节。① 在编号 21 的 8 德拉克马的钱币上,与通常情况相比,A. 18 的艺术家偏好使用更平的平面图案,因此他的作品与 A. 19 的 4 德拉克马(no. 22)正面图案相比,其满意度更低一些。后者的格里芬站立在常规基线上,鼻骨的比例适当;前者的格里芬是在一个大基座之上,我们已经在编号 1 ~ 2 和编号 9 ~ 10 的钱币上提到过,其鼻骨是比较突出的,像角状物。

虽然在同时期的爱奥尼亚或希腊东部的钱币上很容易看到编号 21 ~ 22 钱币上的某些细节特征,但在这一时期结束时,我们也看到这些特征对阿布德拉钱币制作的影响是巨大的。的确,在分组 11 中的 A. 21(nos. 24,25;pl. Ⅱ)图案上,我们可以看到某些非常不一样的迹象。在这一图案中,充满活力的风格和真正凶猛的外表已经预示了第二时期的雄伟格里芬形象。这时出现的情况是,A. 21 已经在很大程度上保持了色雷斯的背景。在背板中首次加入小球也是色雷斯造币厂的一个特点,尽管总体上讲阿布德拉并没有遵循这一做法。前腿下面的字母 A 是第一次出现在这家造币厂钱币上的铭文。根据以后的做法,很可能这是表示由造币官负责钱币发行而不是城市本身。② 在 A. 21 上我们还看到较大圆点围绕着整个图案,在第二至第四时期我们会对这种设计变得非常熟悉。

---

① 希俄斯岛钱币的这种典型特点类似于这一阶段的阿布德拉钱币,我们可以对比琥珀金 1 斯塔特与 A. 3,4(p. 55,n. 3,*supra*)之间的联系;有忘忧树标识的 1 斯塔特(Mavrogordato,op. cit. ,31,no. 11,pl. Ⅰ,12;Mrs. Baldwin-Brette,op. cit. 16,pls. Ⅰ. no. 9,fig. 2),以及一枚来自塔兰托(Taranto)窖藏的钱币,从出处看这枚钱币,其不太可能是在公元前 510 年之后制作的(Mavrogordato,op. cit. ,40,no. 20,pl. 2,8;Mrs. Baldwin-Brette,op. cit. 19,no. 20,pls. 2. 25)。

② cf. p. 44,*supra*.

在这一较早时期留存下来的小面值钱币中,我们有3枚1奥博尔样品。这3枚钱币都有不同的正面图案,应当是这一时期后半期的钱币。A. 22(no. 26;pl. Ⅱ)的图案是模仿有特色的A. 9,后者引入了有羽毛的翅膀。A. 23(no. 27;pl. Ⅱ)的图案看上去回到了第一个有羽毛翅膀的设计,格里芬昂首和前腿抬起(A. 10 – 13)。A. 24(no. 28;pl. Ⅱ)的图案是格里芬的站立姿势,两条前腿踩在地面上,就像A. 14的样子,但翅膀没有羽毛且稍有差异,而且工艺似乎也比较粗糙。除这些具体之处外,这些小面值钱币的图案都是非常好的作品。

分组1①

4德拉克马:

有记录的样品	4	垫压模具	2	PL. Ⅰ
模具组合	2	冲压模具	1	

1. A. 1. 强健的和有狮身比例的格里芬,在基线或基座上向左行走,基座上有短而垂直的装饰线条;右前腿抬起,尾巴翘起且尾尖卷曲;下颚张开,耳朵很长且尖,指向后方;既没有羽冠也没有鬃毛;在下颚下面有少许颈毛;颈部底部的皮肤有褶皱;翅膀是空白表面,且在底部一排短而直的翅根上方向前卷曲。

P. 1. 四等分长方形,每个部分大体相等,但表面非常不平。

a. 14. 20克,大英博物馆。

8. 韦伯(Weber),2366;索斯贝(Sotheby)9. 5,1904;C. p. 122,e/3。

b. 14. 86克。

Nav. i. 2499(属于波卡依亚).

c. 12. 51克。

曾经属于大英博物馆,后出售;BMC *Ionia*,214,no. 79A

---

① 模具的制作没有记录,因为在所有系列中这些钱币不是常规发行的。

（属于波卡依亚）；C. p. 122，e/2；保存不好，BCM，loc. cit，至少损失了 20 格令（grs.）的重量。

2. A. 2. 类似；图案略大一些，翅膀尺寸的增加不成比例；工艺比较粗糙。

P. 1. 相同模具。

a. 14. 96 克，柏林。

ZfN1927，91，no. 152；Nom. iii，pl. iii. 19；C. p. 122，e/1；p. 120，fig. 6；迪马赫发现（1901）。

分组 2

8 德拉克马：

有记录的样品	1	垫压模具	1	PL. Ⅰ
模具组合	1	冲压模具	1	

4 德拉克马：

有记录的样品	3	垫压模具	1	PL. Ⅰ
模具组合	1	冲压模具	1	

8 德拉克马：

3. A. 3. 格里芬面朝左卧坐，右前腿抬起；下颚下面的颈毛较多，非常艺术化，有浓密、直立和密集排列的鬃毛；眼睛下面、鼻孔下面和颈部根部有褶皱，腹部下面有肋骨，工艺熟练；翅膀尺寸成比例增大；苗条和优雅的比例结构。

P. 2. 类似。

a. 29. 65 克，巴黎。

Babelon，*Traite*，2. i，no. 1752；斯瓦罗恩斯，62. 1a，pl. 15. 3；Nom. Iii，pl. Iii. 20；C. p. 121，a；p. 120，fig. 2。

4德拉克马:

4. A. 4. 类似但略显粗重;舌头伸出;既没有鬃毛也没有羽冠;工艺细致熟练。

P. 3. 类似。

a. 14. 62克,剑桥。

SNG iv. 1636;索斯贝15. 6. 1896,562;有凿痕。

b. 14. 50克,柏林。

Imhoof-Blumer;*MG* 38. 2;Nom. iii. 26(正面);C. p. 121, c/1;p. 120, fig. 7.

4/1 A. 4. 可能与第4号模具相同。

P. 3. 类似。

a. 德黑兰:是在波斯波利斯东北部大流士一世的阿帕达纳宫的部分陪葬品(公元前517/514年);Herzfeld, *TING* 414, fig. 13;Schmidt, *Persepolis*, ii。

113, no. 36, pl. 84.

分组3

4德拉克马:　　　　标识:向左奔跑的兔子

有记录的样品	2	垫压模具	1	PL. Ⅰ
模具组合	1	冲压模具	1	

5. A. 5. 格里芬向左跳跃,两条前腿都抬起,下面是一只向左奔跑的兔子;格里芬的体格壮硕,有粗腿和利爪;尾巴向后卷曲对着翅膀。

P. 4. 类似。

a. 14. 60克,柏林。

Beschreiburg, i. 98, no. 3;NZ 1872, 186, no. 2;Nom. Iii, pl. Iii. 24;C. p. 122, d/1;p. 120, fig. 8;provenance:*Ainos*.

b. 14. 18克,纽约。

Gillespie；AC xiii. 608.（正面有损坏）

分组 4

8 德拉克马：　　　　标识：忘忧树

有记录的样品	1	垫压模具	1	PL. Ⅰ
模具组合	1	冲压模具	1	

4 德拉克马：　　　　标识：—

有记录的样品	1	垫压模具	1	PL. Ⅰ
模具组合	1	冲压模具	1	

8 德拉克马：

6. A. 6. 格里芬面朝左，位于圆点组成的基线之上，右前腿抬起，下面是忘忧树花图案；风格和图案类似模具 A. 3，但工艺不够好，缺乏细节处理。

P. 5. 类似；非常粗糙。

a. 29. 29 克，巴黎。

Babelon，*Traite*，2. i，no. 1754；Nom. iii，pl. iii. 21（正面）；C. p. 121，b；p. 120，fig. 3.

正面：可能是重新制作的模具。

4 德拉克马：

7. A. 7. 格里芬面朝左，卧坐在空白基线之上；两条前腿都着地；类似比例；工艺相对较好，但缺乏细节处理；没有标识。

P. 6. 类似，但工艺较好。

a. 13. 79 克，纽约（ANS）。

（正面有损坏）。

分组5

4德拉克马:

有记录的样品	1	垫压模具	1	PL. Ⅰ
模具组合	1	冲压模具	1	

8. A. 8. 格里芬面朝左卧坐,右前腿抬起;类似 A. 4 的风格,但图案比较重;颈部底部的褶皱非常清晰。

P. 7. 类似。

a. 14. 96 克。

AC xiv. 374(很可能属于特雷斯造币厂);索斯贝 9. 5. 1904,190;

3. p. 121,e/2(给出的重量是 14. 19 克)。

分组6

4德拉克马: 标识:向左飞翔的鹰

有记录的样品	4	垫压模具	1	PL. Ⅰ
模具组合	2	冲压模具	2	

9. A. 9. 格里芬在基座上向左行走,基座底部下面有一排装饰线;像 A. 1 一样,格里芬右前腿抬起,但翅膀上有少量从翅根长出的短羽毛,羽毛向上、向前卷曲;有矫健和强有力的肌肉组织,颈部底部的褶皱、腹部的肋骨和臀部的肌肉都非常突出;眼角和关节处是典型的模糊处理;鼻骨(nostril)上面有一个凸起物(knob);横贯胸前有一条斜装饰线痕迹;在前方下面是一只向右飞翔的鹰。

P. 8. 类似。

a. 14. 95 克。

Melanges syriens offerts a M. R. Dussaud(1939),481,no. 11;Illustrated London News, 20 Feb. 1937, 297 (text illustration)；在拉斯沙穆拉发现(1936)。

b. 14.81 克，牛津(梅先生的遗产)。

Baldwin(3/59).

10. A.9. 相同模具。

P.9. 类似。

a. 14.82 克，柏林。

ZfN1927, 93, no. 153; Nom. iii, pl. iii. 29; C. p. 125, r/1; p. 120, fig. 11；迪马赫发现(1901)。

b. 21 毫米，14.47 克。

Hirsch, xxv. 2200(属于波卡依亚).

分组 7 - 9a

分组 7

8 德拉克马：　　　　标识：双耳酒杯

有记录的样品	2	垫压模具	2	PL. Ⅰ
模具组合	2	冲压模具	2	

分组 8

8 德拉克马：　　　　标识：—

有记录的样品	1	垫压模具	1	PL. Ⅰ
模具组合	1	冲压模具	1	

分组 9

8 德拉克马：　　　　标识：狗

有记录的样品	1	垫压模具	1	PL. Ⅰ
模具组合	1	冲压模具	1	

分组 9a

8 德拉克马：　　标识：玫瑰花饰物

有记录的样品	1	垫压模具	1	PL. Ⅰ
模具组合	1	冲压模具	1	

4 德拉克马：　　标识：—

有记录的样品	6	垫压模具	2	PL. Ⅱ
模具组合	3	冲压模具	3	

2 德拉克马：

有记录的样品	3①	垫压模具	1	PL. Ⅱ
模具组合	1	冲压模具	1	

1 德拉克马：

有记录的样品	2②	垫压模具	1	
模具组合	1	冲压模具	1	

分组 7(8 德拉克马)：

11. A. 10. 格里芬面朝左卧坐在基线之上，右前腿抬起，下面有一只双耳酒杯；风格和比例与模具 A. 3 相同，但充满活力的画面也使人想起模具 A. 9；翅膀张开得更大，但肋骨表现不明显；颈部两边有下垂长毛，尾部呈螺旋卷曲；鼻骨上面有一个凸起物。

P. 10. 类似；表面非常不平。

a. 29. 69 克。　　PL. Ⅰ

Nav. vi. 830；H. West，2365；Nom，iii，pl. iii. 23；C. p. 123，g；p. 120，fig. 4.

① 包括 1 枚 Sakha 所发现的钱币：C. p. 123，k/3；ZfN 1900，238，no. 29。关于这枚钱币的更具体信息目前还没有，但模具很可能是第 18 号和第 19 号钱币。

② 包括 1 枚 3.0 克的样品，Lischine，7，pl. Ⅰ。

12. A. 11. 类似。

P. 11. 类似；表面有粗糙的点刻。

a. MMAG(3/52). PL. Ⅰ

背面：模具中心明显有断裂。

分组 8(8 德拉克马)：

13. A. 12. 类似；明显没有标识；没有凸起物。

P. 12. 类似。

a. 29.45 克，大英博物馆。 PL. I

NC 1890, 315, no. 7；索斯贝 21. 4. 1879, 164；Nom, iii, pl. iii. 27(正面)；C. p. 123, h；p. 120, fig. 5(两面都有磨损)。

分组 9(8 德拉克马)：

14. A. 13. 类似；前腿下方有一只狗。

P. 13. 类似；比较大。

a. 29.25 克，大英博物馆。 PL. Ⅰ

NC 1930, 94, no. 1；本哈发现(有刻痕和损坏)。

分组 9a(8 德拉克马)：

14/1. A. 13/1. 类似；前腿下方是一个玫瑰花饰物；左右两边各有一个小球。

P. 13/1. 类似。

a. 29.66 克。私人收藏。 PL. Ⅰ

分组 7 - 9(4 德拉克马)：

15. A. 14. 格里芬面朝左，卧坐在圆点组成的基线之上，两条前腿都着地，右前腿略微在前；颈部底部没有褶皱，颈部两边无卷毛；下颚闭着；翅膀像 A. 10 - 13；有小凸起物；是比例恰当的作品。

P. 14. 类似。

a. 14.40 克，柏林。 PL. Ⅱ

Lobbecke,ZfN 1927,95/6,no. 157;斯瓦罗恩斯,63,no. 9a,pl. 15. 10;Nom,iii,pl. iii. 30;C. p. 125,s/3;p. 120, fig. 17;迪马赫发现(1901)。

b. 21 毫米,14. 99 克,柏林。

ZfN 1927,95,no. 155;斯瓦罗恩斯,63,no. 9b;C. p. 125, s/1;迪马赫发现(1901)。正面:尾部有明显的水平方向划痕。

16. A. 14. 相同模具。

P. 15. 类似。

a. 15. 02 克,巴黎。

ZfN 1927,95/6,no. 158;Babelon,*Traite*,2. i,no. 1762;RN 1905,462,no. 2;斯瓦罗恩斯,63,no. 9d;C. p. 125,s/4;迪马赫发现(1901)。

b. 14. 78 克,柏林。

ZfN 1927,95,no. 156;斯瓦罗恩斯,63,no. 9c;C. p. 125, s/2;迪马赫发现(1901)。

c. 14. 43 克,牛津(梅先生的遗产)。 PL. Ⅱ

Hess(Lucerne)1956,250;Jameson,i. 1027;Durufle.

正面:像第 15 号一样有划痕,一直延展到钱币边缘。

17. A. 15. 类似;但位置更靠右且翅膀张开更大;没有凸起物;平滑基线。

P. 16. 类似。

a. 13. 65 克。牛津(梅先生的遗产)。 PL. Ⅱ

MMAG,list,148,no. 4(被氧化).

分组 7~9(2 德拉克马):

18. A. 16. 格里芬面朝左,卧坐在类似基线之上,右前腿抬起;下颚张开且舌头露出;颈部底部有褶皱;是工艺水平很高的作品。

P. 17. 类似，工艺完成得更好。

a. 7. 36 克，柏林。　PL. Ⅱ

ZfN 1900, 237, no. 27（属于波卡依亚或特雷斯）；Nom. iii, pl. ii. 25；Babelon, Traite, 2. i, no. 497（属于特雷斯）；斯瓦罗恩斯, 63, no. 8, pl. 15. 9；C. p. 123, k/2；p. 120, fig. 10；萨卡发现。

19. A. 16. 同样模具。[①]

P. 18. 类似。

a. 7. 38 克，柏林。　PL. Ⅱ

ZfN 1900, 237, no. 28；C. 123, k/1；萨卡发现（有严重损坏）。

分组 7 ~ 9（1 德拉克马）：

20. A. 17. 格里芬面朝左，卧坐在基线之上；右前腿抬起；构图比较沉重，但缺乏细节处理。

P. 19. 类似。

a. 3. 40 克，索菲亚。

C. p. 123, 1/2；p. 120, fig. 16.

分组 10

8 德拉克马：　标识：窝中鹅[②]

有记录的样品	1	垫压模具	1	PL. Ⅱ
模具组合	1	冲压模具	1	

① 几乎可以肯定与 A. 16（no. 18）是相同模具，尽管这枚钱币因受到损坏可能引发一点疑问。

② 这只鸟很可能与艾恩（Eion）的小面值银币相同，同属于公元前 5 世纪的前 25 年。对于位于斯特瑞木河河口的一家造币厂来说，沼泽地鸟是很自然的一种图案；也许我们还记得内斯特斯河的出口距离阿布德拉非常近。

4德拉克马：　　标识：—

有记录的样品	2	垫压模具	2	PL. Ⅱ
模具组合	2	冲压模具	2	

8德拉克马：

21. A. 18. 格里芬面朝左，卧坐在有装饰线的基座之上；①右前腿抬起，腿下面是一只鹅(如前)；鼻骨上的凸起物像角状物；长长的卷毛从颈部两边下垂，尾部呈螺旋状；胸部的处理比较艺术，突出了羽毛；浮雕非常平；整个图案有小圆点边界。

P. 20. 类似；工艺比较简单，表面的点刻很粗糙。

a. AC. xiii. 607；Nav. i. 1064.　　PL. Ⅱ

4德拉克马：

22. A. 19. 类似，但是在无装饰基座之上，也没有标识；鼻子上的凸起物不太明显，颈部两边没有卷毛；可能没有边界；浮雕较高；下颚紧闭。

P. 21. 类似。

a. 14. 80克，巴黎。　　PL. Ⅱ

Luynes，1742；Babelong，*Traite*，2. i，no. 1763；Nom. iii，pl. iii. 28；斯瓦罗恩斯，63，no. 7，pl. 15. 8；C. p. 123，i；p. 120，fig. 9。

23. A. 20. 类似。

P. 22. 类似。

a. 13. 54克。　　PL. Ⅱ

Nav. i. 1066；ZfN 1927，94，no. 154；迪马赫发现(1901)(正面有损坏)。

① 这一基座似乎结合了双重基线或编号1(no. 1)和有更多装饰的编号9(no. 9)基座的特点。

分组11

8 德拉克马：　　　　标识：6个小球

有记录的样品	3	垫压模具	1	字母：A PL. Ⅱ
模具组合	2	冲压模具	2	

24. A. 21. 字母A在格里芬前腿的下面，背板中有6个小球环绕格里芬；姿势类似，但不够竖直；比例较大；颈部呈弓形，下颚张开；凸起物比较明显；尾部的卷曲非常高；羽毛较长且不太发散；肋骨比较突出，部分被翅膀遮盖。

P. 23. 类似；工艺不够均衡。

a. 29.95克，柏林。　PL. Ⅱ

MG. 38, no. 1; Babelong, *Traite*, 2. i, no. 1761; Nom. iii, pl. iii. 22; C. p. 122, f; p. 120, fig. 1（正面有凿刻）.

b. 27.71克。

Lockett; SNG, iii. 4; Nav. i. 1065（保存不好；正面有凿刻）.

25. A. 21. 相同模具。

P. 24. 类似。

a. 28.00克。　PL. Ⅱ

Dorin(1939)（正面保存不好）.

小面值钱币

1 奥博尔：

有记录的样品	3	垫压模具	3	PL. Ⅱ
模具组合	3	冲压模具	3	

26. A. 22. 格里芬向左跳跃，两条前腿都抬起；翅膀有羽毛，尾巴翘起且卷曲。

P. 25. 类似；四等分很均匀。

a. 0. 65 克,索菲亚。

27. A. 23. 格里芬面朝左卧坐,右前腿抬起;有长羽毛;下颚张开,舌头外露;有凸起物,颈部两边有螺旋状卷毛;细节处理得非常好。

P. 26. 类似,制作比较粗糙。

a. 0. 72 克。 PL. Ⅱ

MMAG(1952).

28. A. 24. 格里芬面朝左卧坐;两条前腿都没有抬起,但右前腿比左前腿略微靠前;有长羽毛;没有螺旋状卷毛。

P. 27. 类似;四等分非常不均匀,表面制作粗糙。

a. 0. 59 克。 PL. Ⅱ

MMAG(2/57).

第3章　第二时期：约公元前520/515~492年

在第一时期中，8德拉克马与4德拉克马钱币的制作数量几乎是相等的。但在第二时期中，8德拉克马的数量远远超过了4德拉克马的数量，前者有记录的是发行了15个批次，后者只发行了1个批次。与第一时期一样，小面额钱币以及小批量的发行仍比较稀少。

已发现的钱币数量及其典型内容都表明，第二时期不太可能覆盖超过20年，即不会进入下一个世纪，也许最晚到公元前500~490年。在公元前490年之后，就不再继续发行8德拉克马的钱币系列了。

这一时期的钱币是被普遍认可的阿布德拉第一批钱币，尽管我们认为，到目前为止还没有令人信服的证据将第一时期的钱币从阿布德拉的钱币中分离出来，并将其归属于某些其他和目前尚未确定的造币厂。标准一直是相同的，图案基本上也没有变化。至于钱币正面格里芬图像存在的明显差异，是由于所雇用艺术家头脑中对这一动物的理解不同。同样，随着时间的流逝,最佳背板设计上出现明显的技术进步是可以预测到的,而且与其他造币厂的技术是相匹配的。本城邦的名字仍然没有出现,但从第一时期起就已经很熟悉的附加标识会伴随造币官名字的前几个字母而出现。在一些情况下只有造币官的名字而没有标识,而在另一些情况下则只有标识。这时阿布德拉造币厂还没有形成一种在第三时期引入的固定做法,在第三时期总会有造币官名字的缩写单独出现或与一个标识同时出现。

仅从其本身情况考虑,与其他时期的更多类型的钱币系列相比,第二时期的 8 德拉克马钱币给我们带来的研究难题并不少。它们的时代背景更模糊。我们已经将第一时期的结束日期确定在公元前 520 ~ 510 年这 10 年,也许最晚是公元前 515 年。相应地,在早期三角洲窖藏(Delta hoards)或在拉斯 · 沙穆拉地下发掘出的藏品中都未发现第二时期的 8 德拉克马钱币,并不支持将后期系列中第一批钱币划分为更早时期。更令人疑惑不解的是,这种钱币在以后的发现中非常罕见,尤其是在三角洲地区。情况似乎是,通过爱奥尼亚中间商人向埃及三角洲定期输出白银的渠道不再像第一时期那样平稳和方便了。但市场对白银的需求仍然存在,而钱币制作几乎全部是 8 德拉克马且依然按照相同标准制作,所以钱币设计显然仍像以前输出银锭一样。但很明显,这对阿布德拉来说贸易条件已经改变了。①

在第二时期后期,解释此问题的答案并不难找。爱奥尼亚起义

---

① 一方面,我们必须对已发现的证据在某种程度上视为具有随机性,未来在三角洲地区对第二时期 8 德拉克马钱币的发现可能会显示,最初从阿布德拉向这一方向的白银输出一直在持续。另一方面,两枚最近发现的第二时期 8 德拉克马钱币(nos. 41a and 44)显示其原产地可能或肯定来自小亚细亚大陆。很可能的情况是,这时阿布德拉白银的出口是通过一种不同的方式,尽管仍然是向着东南方向,而且土耳其大陆或叙利亚也许已经成为第二时期最重要的市场。这枚编号 44 的钱币是最近在土耳其南部发现的。我感谢罗宾逊(E. S. G Robinson)博士允许我介绍这枚钱币,这次发现的材料还没有公开发表;感谢科雷博士给我展示阿什莫尔博物馆收藏的该窖藏发现的钱币。此处窖藏可能是约公元前 480 年放置的,时间略晚于 1928 年本哈(Benha)发现的窖藏(约公元前 485 年),也是包含了一枚第一时期钱币的最晚窖藏(见 p. 52, *supra*)(关于这次窖藏的发现,目前已经发表在 NC 1961, 107 ff.)。

(Ionian Revolt)的爆发和公元前 494 年在拉德(Lade)被镇压后产生的敌对状态也达到了顶点，再加上北部水域中哈斯提亚斯(Histiaios)海盗的活动，一定使阿布德拉无法继续利用其主要出口货物过去一直依赖的运输方式。萨索斯在这方面的依赖程度比阿布德拉要小，我们不应当预测前者会租借商船队来帮助竞争对手开展贸易。在更早一些年份里，可能的情况是，波斯人在公元前 512 年第一次通过色雷斯向西拓展，随后的结果是将阿布德拉置于自己的统治之下。考虑到自身的金融利益，就像萨索斯一样，阿布德拉也许做好了充分准备，采取一点都不抵抗的策略，并通过这种做法向到达本地的客户出售其白银。爱奥尼亚起义及其后果一定造成了极大困难，使通过上述做法的白银贸易不复存在了。我们有证据表明，此后波斯人将阿布德拉作为一个权力宝座来使用。[①] 在早期这些年份里，波斯人在多长时间里和在多大程度上能够维持其在阿布德拉的地位，这是一个很难回答的问题。就钱币制作而言，可能不完全准确的说法是，阿布德拉第二时期的开始时间不会距离首批波斯人入侵色雷斯的日期太久，而其结束时间就是第二时期结束后不久。

与第一批钱币的图案相比，新系列的格里芬现在变得更加雄伟且更令人望而生畏。在模具 A. 3 和 A. 4 上，有时甚至是优雅的图案永远消失了。替代原有图案的是一头硕大且有些笨重的野兽，令人心生畏惧。力量、隐藏、克制但依然随时准备着的格里芬，是这些图案中的最美之处，其中最好的作品也是整个系列中最杰出的。的确，对于在一个很小背板(如在一枚钱币)上的纹章设计来说，这种图案实属非常优秀。

对这一令人印象深刻钱币的时期划分必然在某种程度上涉及一种判断。模具连接(die-links)非常罕见，尤其是冲压模具(punch-dies)。就第一时期的各种图案而言，没有一种风格足以称得上有重要

① Her. vi. 46 -47.

影响;尽管其中的一些图案出现在这一系列稍晚的部分钱币上,而且也确实预示了第三时期将出现的一些变化,但我们现在还不能确定第三时期的格里芬图案,尽管似乎反映了第二时期的一些特点,是否真的属于第三时期最早期。①

但我们仍然可以得出某些一般性结论。最大和最突出的图案,一般也是最有活力和浮雕最高的作品,基本出现在这一时期的后半期(A. 35 – 44;nos. 41 – 53;pl. Ⅲ – Ⅳ)。除了那些背面是简单的四等分长方形有粗糙和不平的表面外,这些钱币都使用了相对平的冲压模具,在四等分方形内可能会有一些颗粒,有时会略微凸起。背面的这种图案一直持续到第三时期,而这时的工艺技术水平更高了。在以后的双耳酒杯 4 德拉克马长系列钱币中,继续使用了具有这种新特点的冲压模具,时间大概覆盖了公元前 6 世纪的最后 15 年和公元前 5 世纪的最初几十年。②

在第二时期开始时,我们有两个属于分组 7(P. 28,29;nos. 29,30;pl. Ⅱ)的冲压模具,背面是一个流畅的"卍"字饰图案(swastika-type),这种技术过去一直被用来制作最早期的双耳酒杯 4 德拉克马,时间大约是公元前 530 年之后的 10 ~ 15 年。③ 这些很可能是在我们第二时期最早使用的冲压模具,这一观点得到了所设计的格里芬图案的证实。这种图案(A. 25,26)有造币官名字缩写"ΓΕΡΙ",而且浮雕较低,与属于这一时期后半期的较大图案几乎没有共同之处。同时,与第二时期的其他图案相比,这些钱币的图案更接近于 A. 18 模具(no. 21),后者是第一时期最后的格里芬图案。

总体来讲,A. 25 和 A. 26 模具的倾向性做法是将对细节的处理作为一个系列而不是一个图案的局部。与在第二时期里的常规做法一样,翅

---

① 有关第三时期图案划分的全面讨论,见 pp. 89 ff., *infra*。

② *Akanthos*, nos. 24 – 93, R. 22 – 82. 德森纽斯(Desneux)将这一系列延长至公元前 480 年(p. 83);有关这一系列(日期大约是公元前 6 世纪的最后 10 年)中单个样品的进一步讨论,见 *Akanthos*, 65, 71。

③ *Akanthos*, nos. 1 – 11, R. 1 – 9;有关德森纽斯提出的本系列开始时间的观点,见 op. Cit. 24 f.。

膀是光滑和没有羽毛的,其表面略微下凹。在这里展示的是单个翅膀形象,而且在第二时期早期发行的钱币中,格里芬一般都以这种方式出现。此后,由于图案变得较大,所以两个翅膀都可以看见,在近处翅膀上方可以看到远处翅膀的轮廓。[①] 鼻骨上方凸起物在第一时期相对不常见,而这时在A.25和A.26模具上则很明显,并且也出现在以后的多数图案中。

与分组12的风格和构图接近,但制作上更加粗糙的是分组13中的A.27模具(nos.31,32;pl. Ⅱ)。这里不同寻常的是,在翅膀的根部可以看到一排独特的羽毛,在其下面的背板上有一个小球。分组14中的A.28模具(no.33;pl. Ⅱ)应当也属于这一类,因为其冲压模具P.31似乎与第32号钱币的图案相同。在这两批钱币中,背面放弃了"卍"字饰而采用了较大的四个方形,这四部分不规则且表面几乎是平的,并略有些颗粒状。在A.27和A.28模具上都可以看到造币官名字的痕迹;前一个已经辨别不清,后一个可能是"ΣI"。

分组15和分组16由造币官何波(IΓΓO)和何拉(HPA)制作,标志着第二时期早期阶段的结束。这些钱币上的格里芬图案,即A.29和A.30模具(nos.34,35;pl. Ⅲ)是不同寻常的。与此前的图案相比,它们更加平滑、不太生硬,而且一般来说也更优雅,但缺少力量和活力,而这些是这一时期的典型特征,而且在以后的图案中也特别值得关注。A.29模具上明显的不足之处是,抬起的右前爪不协调的弯曲状,A.46模具(no.55;pl. Ⅳ)上的1德拉克马图案也具有这一特点。A.29模具下面的基座较矮和较大,这在阿布德拉造币厂很少使用,但可以用来对比在阿肯索斯使用的类似图案,后者的正面设计非常简洁,使用了该造币厂一些最早期的四等分长方形的背面设计。[②]

分组17~27的其余格里芬图案均比较大,是高浮雕,而且明显更有活力。格里芬的姿势没有变,但其威猛的姿态看上去更真实。格里

① 这并非一成不变的规则,例如,cf. A.43(no.51;pl. Ⅳ)。
② 这并非一成不变的规则,例如,A.43(no.51;pl. Ⅳ)。

芬这种姿态的意图是恐吓,其中最优图案的表现完全超过了预想目标。两个主要图案都可以称得上非常出色,而且都被那些此前没有技术作出这种原型模具的工匠们所模仿。在我们将会同时看到的作品中,制作既有精美的也有粗糙的,比例既有非常匀称的也有失调的,细节既有非常具体的也有出人意料是空白的。

这里提到的两种主要图案可以在分组17中的A.31模具(no.36;pl. Ⅲ)、分组21和分组22中的A.35和A.36模具(nos.41-43;pl. Ⅲ)上看到。A.31可能是最早使用这种图案的模具,但并非意味着A.31模具的图案一定早于A.35和A.36模具,或者甚至是所有格里芬图案似乎都受到这些图案的启发。确实,就像在随后的第三时期出现的,很可能的情况是在同一时期我们有两个平行使用的图案。

A.31模具图案与之前的系列有明显的不同,而且是比较缺乏本时期开始时特点的图案。这时的格里芬没有弱点。强健且非常有力量,格里芬的头向后倾,下颚张开,好像在吼叫着抵抗外敌。这一图案的细节则比较薄弱:没有羽冠(comb),也明显不注重肋骨的表现。但第一次出现的情况是,两只翅膀展开且显示了第二只翅膀的轮廓。在A.31模具之后的格里芬图案中,与其最为接近的是A.32模具,图案中的格里芬也非常有力量,但顶部较重(分组18中的第37,38号;pl. Ⅲ)。分组19中的A.33模具(no.39;pl. Ⅲ)和分组20中的A.34模具(no.40;pl. Ⅲ)有了一些其他变化:图案更大,也更有活力,但过于笨重;前者有不确定的铭文,后者有"ZA"和"※"。这一系列的背面设计是粗糙和有特点的图案:粗线条的四等分是表面粗糙的方形印图(P.34-38)。

在很大程度上,我们的第二种图案的风格可以通过分组21和分组22中非凡的A.35和A.36模具(nos.41-43;pl. Ⅲ)来展示。这些图案一定出自某个有很高艺术造诣的艺术家之手。[1] 这位艺术家手下

---

① 分组21和分组22属于这一时期的依据是基于其独特风格:它们与冲压模具有关(cf. pp.77 f.,41,43;pl. Ⅲ)。

的格里芬更高，也更直，非常均衡地站在一个精致的基座上，或至少看上去像一根立柱的圆顶(abacus)。[①] 格里芬的躯体更加轻盈，而且强健的肌肉会立刻给人以充满活力和蕴藏力量的印象。正如在这两个模具上看到的，图案的装饰非常多，但细节的运用又是克制的，如对肋骨上高技艺的重视和在视角、关节和爪子等局部的杰出展示，这种有克制的适度表现都极大地增加了整体图案的成功。实际上，这两个模具都非常杰出。令人感到比较惊奇的是，它们或多或少提升了此后不久一些专家们的视野；它们的影响在第三时期和许多年之后(接近于公元前4世纪开始时)仍然可以感觉到；它们可能激发了一种古代艺术的重生。[②]

第二时期剩余时期的钱币正面图案都追随了A.35和A.36模具的设计。这些格里芬的图案通常是高浮雕，而且姿势倾向于更高和更直一些，如果不是比分组17~20中的图案更轻灵一些的话。制作水平差异很大，一些图案不匀称和过大，而另外一些的工艺水平则非常高，尽管有时缺乏一些使其作品变得完美的技巧和比例。

在分组23~28这一系列中，其制作的顺序一定从某种程度上讲仍然是一种猜测，但我们对分组24~28可以排出一个可能的顺序。分组23中A.37模具(no.44)所使用的精美格里芬图案也许最接近A.35和A.36模具，正因如此，所以A.37模具排在这两者之后。从技术成就上讲，它要优于何卡特(EKAT)所使用的既高又大的图案，即分组25中的A.38模具(no.45;pl.Ⅳ)。后者与分组26中的A.39和A.41模具(no.46,48;pl.Ⅳ)以及分组27中的A.42模具(no.50;pl.Ⅳ)有很多相同之处。

分组26~28很可能就是按照这一顺序分别由造币官艾尔(EP)、阿奇(APX)和安泰(ANTI)制作的：至少非常可能的情况是，最初由艾

---

① cf. p.54, n.2, *supra.*

② 第四时期的分组97~101，分别由尤甘(Euagon)、克里提达斯(Kleantides)、莫帕格罗斯(Molpagores)、艾科拉特斯(Echekrates)造币厂制作；前三个造币厂制作的钱币是斯塔特，最后一个造币厂制作的是4奥博尔，这些钱币都回归到一种看上去很像本设计的图案。

尔制作的模具随后阿奇也使用了,在后者的钱币(cf. A. 42;no. 50;pl. Ⅳ)上仍然可以看到最初的铭文;同时,分组27中的第50号和第51号钱币使用冲压模具P. 46以后又被安泰加上了自己的格里芬A. 44(分组28中的第53号钱币)。

在第二时期的最后阶段,4德拉克马的冲压模具图案的变化比较大,以至于除了在分组27和分组28都使用P. 46这一种模具外,对我们的分析可能预测到的帮助非常有限。这可能是由于如下事实,即技术不熟练的工匠可能信任这些模具,这些人除了制作粗糙的四等分方形印图外也没有其他兴趣。(见表3-1)

表3-1　第二时期钱币发行分类

			8德拉克马				4德拉克马			
分组	造币官名字	标识	有记录的样品	模具组合	垫压模具	冲压模具	有记录的样品	组合模具	垫压模具	冲压模具
12	Peri-	..	2	2	2	2	..	..	..	..
13	?	小球	2	2	1	2	..	..	..	..
14	Si-?	..	1	1	1	1	..	..	..	..
15	Hippo-	..	1	1	1	1	..	..	..	..
16	Hera-	阴囊	1	1	1	1	..	..	..	..
17	M-	..	1	1	1	1	..	..	..	..
18	D-	葡萄串	3	2	1	2	..	..	..	..
19	?	..	1	1	1	1	..	..	..	..
20	Za-	※	1	1	1	1	..	..	..	..
21	..	玫瑰花	2	1	1	1	..	..	..	..
22	..	葡萄串	3	2	1	2	..	..	..	..
23/24	Ab-	..	2	2	2	2	..	..	..	..
25	Hekat-	..	1	1	1	1	..	..	..	..
26	Er-	..	4	4	3	3	..	..	..	..
27	Arch-	..	3	2	2	1	..	..	..	..
28	Anti-	..	2	2	1	2	..	..	..	..
29	Chra-	..	..	..	..	..	1	1	1	1
小面额钱币			1德拉克马				1奥博尔			
			3	2	2	2	4	3	3	3

P.41-41/1(nos.44-44/1)和P.43-44(nos.46-48)模具上的一些工艺是非常粗糙的(pl. Ⅲ-Ⅳ)。另一方面,这一时期的最好作品,即结合了A.35优点的P.39模具则是非常精美的,有略微的凸面,轻微点刻的四等分是第三时期许多冲压模具的特点(no.41;pl. Ⅲ)。另外,用于A.36的P.40模具(no.42;pl. Ⅲ),虽有些粗俗但确有精心制作的颗粒状表面,P.42模具和在本系列结束时的P.46模具(nos.45,50-53;pl. Ⅳ)基本上都采用了这种风格;而且在第三时期开始时仍然能看到这种风格。

第二时期独特的4德拉克马(分组29中的第54号)这里被划分为8德拉克马系列的最后部分,目的是避免任意中断后者的排序。这枚钱币由造币官卡拉(XPA)制作,应当属于这一时期的后半期。A.45的正面是一个较小但非常强有力的图案,由A.35和A.36最先使用。

属于本时期的两枚1德拉克马的正面图案中,A.46(no.55;pl. Ⅳ)也许要早于另一枚A.47(no.56;pl. Ⅳ),前者的格里芬前爪呈钩状,头向后倾,仅显示单个翅膀,模仿了8德拉克马A.29模具(分组15,第34号)的较弱风格。后者并非简单等比例地模仿分组25中较大的A.38图案,而是以不同于一般的方式显示在近处翅膀下面远处翅膀的线条上。P.49模具(no.56)的背面有过度的粗线条四等分,而且表面下凹,但仍然要好于表面更加不平的P.50模具(no.56)。

1奥博尔有三种有记载的变体模具(nos.57-59;pl. Ⅳ)。

分组12

8德拉克马:　　造币官:ΓΕΡΙ

标识:—

有记录的样品	2	垫压模具	2	PL. Ⅱ
模具组合	2	冲压模具	2	

29. A. 25. 格里芬位于画面右侧卧坐,其抬起的右腿下面有造币官"ΓΕΡΙ"的名字;颈部略微向后倾,下颚张开,舌头伸出;鼻骨上有明显的凸起物,两耳之间有一根粗羽冠并延伸到颈部后面;颈部前面有典型的长卷毛,且旋转的卷发下垂在两边;耳朵是尖的,可以看到远处一只耳朵的轮廓;翅膀是空白的,表面略微凸起,既无主羽羽毛,也没有次羽羽毛;尾巴翘起,且在后面卷曲;爪子是经典的;有基座或基线;有较大圆点组成的边界。

P. 28. "卍"字饰的方形印图。

a. 29.73 克,布鲁塞尔。 PL. Ⅱ

12. De. Hirsch, 876; Hoffmann 16. 1. 1882, 562; Hoffmann 24.

13. 4. 1867, 176; C. 8/1.

30. A. 26. 与造币官名字缩写"ΓΕΡΙ"的位置类似,在基座上方;风格更粗犷,姿势更僵硬;肋骨非常突出。

16. 29. 类似。

a. 28.85 克,巴黎。 PL. Ⅱ

Babelon, *Traite*, 2. i, no. 1758; RN 1905. 462, no. 1; C. 8/2.

正面:可能是一个二次雕刻的模具,因为下腹的线条很粗糙,几乎是脱节的羽冠轮廓,也看不到肋骨;可能由于同样的过程,远处耳朵的轮廓区分得不太成功。

分组 13

8 德拉克马: 造币官:不确定

标识:小球

有记录的样品	2	垫压模具	1	PL. Ⅱ
模具组合	2	冲压模具	2	

31. A. 27. 与造币官名字缩写的位置类似;前腿下面有不确定的铭

文痕迹,在尾巴与翅膀之间有一个小球;工艺总体上比较粗糙;翅膀过大,在其根部有一排典型的羽毛。

P. 30. 四等分长方形;四部分不太规则,表面基本是平的,且有明显的粗糙颗粒状。

a. 30. 10 克,巴黎。　PL. Ⅱ

Luynes, 1744; Babelon, *Traite*, z. i, 1753; Svoronos, 62, no. 4, pl. 15. 7; C. 12/2, pl. 1. 4(正面).

32. A. 27. 相同模具。

P. 31. 类似。

a. 29. 52 克,柏林。

Lobbecke; Sotheby 15. 6. 1896, 560; Nom. iii, pl. I. 4; C. 12/1.

分组 14

8 德拉克马:　造币官:ΣI(?)

标识:—

有记录的样品	1	垫压模具	1	PL. Ⅱ
模具组合	1	冲压模具	1①	

33. A. 28. 造币官名字缩写"ΣI"(?)在前腿下面;类似;翅膀根部可能没有典型羽毛;周围没有凸边。

P. 31. 可能是第32号模具。

a. 26. 66 克,大英博物馆。　PL. Ⅱ

BMC Thrace, 65, no. 1; Sotheby 4. 6. 1862, 150; C. 9(正面有很重的凿刻痕迹,且两面都被摩擦过).

① 冲压模具P. 31可能与分组13中的第32号模具相同。

分组15～16

分组15

8德拉克马：　　造币官:ΙΓΓΟ

标识:—

有记录的样品	1	垫压模具	1	PL. Ⅲ
模具组合	1	冲压模具	1	

分组16

8德拉克马：　　造币官:HPA

标识:—

有记录的样品	1	垫压模具	1	PL. Ⅲ
模具组合	1	冲压模具	1	

分组15

34. A. 29. 造币官名字缩写"ΙΓΓΟ"在前腿下面;类似;图案较小但风格整体偏弱;头和脖子向后倾;羽冠非常细,鼻骨上的凸起物和旋转的卷曲毛发都被省略了;抬起的前腿不协调且爪子是弯曲的;浮雕较低;基座短厚;有圆点边界。

P. 32. 类似;工艺更简洁;四等分的表面非常平。

a. 29.60克。　　PL. Ⅲ

Vejvoda(1936).

分组16

35. A. 30. 造币官名字缩写"HPA"和阴囊在前腿下面;类似,但图案较大且更直;羽冠不太细,但工艺水平很差;抬起的前腿没有弯曲,爪子的表现缺乏艺术感;浮雕同样较低;基座(如有)没有凸起。

P. 33. 类似,但更小。

a. 29.63克,剑桥。　　PL. Ⅲ

McClean,3989.

分组 17

8 德拉克马：　　　　造币官：M

标识：—

有记录的样品	1	垫压模具	1	PL. Ⅲ
模具组合	1	冲压模具	1	

36. A. 31. 造币官名字缩写"M"在靠右边坐卧的格里芬前腿下面；巨大和健壮的比例，显示有活力，整体工艺非常好；浮雕较高；头仍然向后倾，但下颚张开，舌头外露；鼻骨上方有凸起物，但没有羽冠；下颚下面有颈毛，颈部两边有螺旋状卷发，表现手法突出；翅膀略微展开，显示出远处翅膀的轮廓；可能有圆点组成的基线；周围没有凸边。

P. 34. 四等分方形较大，粗方框线之间的表面部分不平。

a. 28. 48 克。　　　　PL. Ⅲ

Jameson, i. 1026; Hirsch, xiii. 509; C. 7.

分组 18 ~ 20

分组 18

8 德拉克马：　　　　造币官：Δ

标识：葡萄串

有记录的样品	3	垫压模具	1	PL. Ⅲ
模具组合	2	冲压模具	2	

分组 19

8 德拉克马：　　　　造币官：不确定

标识：—

有记录的样品	1	垫压模具	1	PL. Ⅲ
模具组合	1	冲压模具	1	

分组 20

8 德拉克马：　　　　　　　　　　　　　　造币官：ZA

标识：※

有记录的样品	1	垫压模具	1	PL. Ⅲ
模具组合	1	冲压模具	1	

分组 18

37. A. 32. 葡萄串在茎秆上，并与造币官名字缩写“Δ”一起都在前腿下面；图案非常强健，技术处理有活力；头与抬起的前爪不成比例；基座有装饰；有圆点边界。

P. 35. 类似；方框线较细。

a. 29. 66 克，柏林。　　　　　　　　PL. Ⅲ

Beschreibung, i. 98, no. 1; Regling, 106 (正面); Nom. iii, pl. 1. 2; C. 13/1.

38. A. 32. 相同模具。

P. 35. 类似，非常粗糙。

a. 29. 84 克。

Sartiges, 159; Sotheby, 3. 2. 1909, 446; Hirsch, xiii. 508; C. 13/2.

b. 27. 37 克，海牙。　　　　　　　　PL. Ⅲ

6 枚(损坏严重)。

分组 19

39. A. 33. 在抬起的前腿下面有初始断裂痕迹；类似；图案非常大，高浮雕；处理得比较笨重；只有一边有螺旋卷毛；羽冠很粗；可能有基座；周围没有凸边。

P. 37. 类似；粗方框线。

a. 28. 78 克。

ANA Convention 1952, no. 454; Rancov (索菲亚).

分组 20

40. A. 34. 造币官名字缩写“ZA”和“※”在前腿下面；类似；图案同样非常大，高浮雕；大部分细节处理得很精致；两边有螺旋卷毛，但没有羽冠；可能没有基座；圆点边界。

P. 38. 类似，表面非常不平。

a. 29. 54 克，波士顿。

Boston Catalogue, no. 744; Warren, 433; NC 1880, 3; Nom. iii, pl. 1. 3; C. 6, pl. 1. 2.

分组 21 ~ 22

分组 21

8 德拉克马：　　　　　　　　　　　造币官：—

标识：玫瑰花

有记录的样品	2	垫压模具	1	PL. Ⅲ
模具组合	1	冲压模具	1	

分组 22

8 德拉克马：　　　　　　　　　　　造币官：—

标识：葡萄串

有记录的样品	3①	垫压模具	1	PL. Ⅲ
模具组合	2	冲压模具	2②	

分组 21

41. A. 35. 格里芬位于画面右侧卧坐，玫瑰花在抬起的前腿下面，在有装饰的基座或立柱的圆顶上（cf. p. 54, n. 2, *supra*），姿势非常匀称，图案比例完美，高浮雕；嘴张开，舌头外露；没有羽冠，但有两束旋

① 包含 C. 14/1, 29. 63 克；此前属于雅典 Soutzo 先生的收藏品。

② 一个冲压模具，即 P. 39（no. 43）此前可以已经使用了（no. 41）。

转卷毛和明显的凸起物;近处耳边有毛发,下颚下面有长卷毛垂落在颈部前面,雕刻得非常出色;翅膀下凹,且不如第39号和第40号的图案大,远处翅膀只有轮廓;躯干和四肢轻盈且强健,眼睛和关节雕刻得非常出色,肋骨的处理很真实;工艺整体上非常优秀;有圆点边界。

P. 39. 四等分长方形,常规方框线,表面略微凸起。

a. 29. 80 克,私人收藏。 PL. Ⅲ

Spink;Tsimidopoulos(*Chios*,7/54).

b. 29. 80 克。

Dorin(1936).

正面:在a、b两枚钱币上,格里芬的背部和翅膀尖部各有一个裂缝;在a上,也可能在b上,在格里芬前面的基座左边缘呈向上的曲线,与玫瑰花根部的卷毛相连接;这样做也许是为了掩盖模具上的一个裂纹。背面:在图案边缘有一些小瑕疵。

分组22

42. A. 36. 格里芬前腿下面有带根茎的葡萄串;类似风格和图案;基座装饰较少;长羽冠从鼻骨上凸起物后面升起并一直延展到颈部底部;翅膀表面下凹较多,可以清楚地看到远处翅膀;工艺很好。

P. 40. 类似,四等分方形表面有较大颗粒,也没有凸起。

a. 29. 49 克。 PL. Ⅲ

Lockett;SNG iii. 1110;*AG* xvi. 1063;Hess(卢塞恩),207, no. 242.

43. A. 36. 相同模具。

P. 39. 可能是第41号模具。

a. 29. 52 克。 PL. Ⅲ

Hess(卢塞恩), 1956, no. 249; Hirsch, xxi. 837; Saint-Marceaux;C. 14/2.

背面:可能就是第41号模具,沿图案边缘向一些地方有轻微重新雕刻的痕迹;否则第41号模具上已经很明显的瑕疵会进一步扩展。

分组23/24

8德拉克马：　　　　　　造币官：AB

标识：—

有记录的样品	2	垫压模具	2	PL. Ⅲ
模具组合	2	冲压模具	2	

44. A. 37. 造币官名字缩写“AB”在格里芬前腿下面；类似，但羽冠更简单且肋骨不明显；比例合理且工艺完美；周围没有凸边。

P. 41. 四等分长方形印图；方形框线较粗，表面不规则。

a. 30. 07克，牛津。　　　　　　PL. Ⅲ

在土耳其南部发现（c. 1958）；[①]有穿孔；NC 1961，108，no. 3。

44/1、[②]A. 37/1. 造币官名字缩写“AB”在抬起的前腿下面；类似；较大羽冠。

P. 41/1. 很粗的四等分长方形，表面不平（cf. no. 44）。

a. 28. 99克，牛津（梅先生的遗产）。　　　　　　PL. Ⅲ

Baldwin（3/57），钱币正面的下边损坏严重。

分组25

8德拉克马：　　　　　　造币官：EKAT

标识：—

有记录的样品	1	垫压模具	1	PL. Ⅳ
模具组合	1	冲压模具	1	

---

① cf. p. 68，n. 1，*supra.*

② 第44号钱币的发现证实了“AB”也是损坏严重的第44/1号模具上面的铭文，并非梅先生（May）所认为的是“ΔO”。这引发了将两个分组合并为分组23/24，并需要将一些划分重新编号。

45. A. 38. 造币官名字缩写“EKAT”在抬起的格里芬前腿下面;图案和风格类似,但比例略大,工艺不是很精细;没有羽冠;翅膀较长,且只能看到远处翅膀的翅尖;基座装饰少,但应该是立柱的圆顶。

P. 42. 类似;四等分的表面较平,有颗粒状。

a. 29. 92 克,比利时。 PL. Ⅳ

Beschreibung, i. 98, no. 2; NZ 1872, 186, no. 1; RN, 1860, 266; C. 4.

正面:在颈部和上颚部位有损坏痕迹;较远翅膀也有翅尖;耳朵看不清,可能是没有冲压。背面:在方形边缘有断裂。

分组 26

8 德拉克马: 造币官:EP①

标识:—

有记录的样品	4	垫压模具	3	PL. Ⅳ
模具组合	4	冲压模具	3	

46. A. 39. 造币官名字缩写“EP”在格里芬前腿的下面;类似但比例略小;没有羽冠。

P. 43. 类似,非常粗糙。

a. 29. 02 克,大英博物馆。 PL. Ⅳ

BMC *Thrace*, 229, no. 1β; Bank Colln. ; NC 1840/1, 103, no. 1; C. 5/1(因冲压过度而出现错误).

背面:模具也许严重损坏。

47. A. 40. 与造币官名字缩写“EP”的位置类似;图案较高但不够强健。

P. 44. 类似。

a. 28. 70 克。 PL. Ⅳ

① 见 no. 48。

Nav. Vi. 829; Egger, xlvi, 150; Sotheby 3. 2. 1909, 447; Hirsch, xii. 144; C. 5/2(正面有擦痕,且经过两次轻微冲压).

48. A. 41. 与造币官名字缩写“EP”的位置类似;①图案比较呆板,且是高浮雕,但细节比较深入,工艺较好;再次出现了羽冠;周围没有凸边。

P. 43. 第 46 号模具。

a. 29. 73 克。　PL. Ⅳ

Lochett; SNG, iii. 1109; SNG i. (Spencer-Chrchill) 96; AC xvi. 1065; Nav. I. 1063; cf. C. 11 (in trade, 1905), 可能是相同的(见 n. 2, *infra*)。

49. A. 41. 相同模具。

P. 45. 类似,非常粗糙。

a. 28. 50 克。

Schlessinger, 4. 2. 1935, 435; Hermitage(正面有凹陷).

分组 27 ~ 28

分组 27

8 德拉克马:　造币官:APX

标识:—

有记录的样品	3②	垫压模具	2	PL. Ⅳ
模具组合	2	冲压模具	1	

① 初次研究时,铭文似乎是“XP”(cf. C. 11),字母“E”的上下水平线只有仔细查看才能分辨出来。

② 可能包括 Hermitage 收藏中的样品(C. 3, 29. 40 克)。

分组 28

8 德拉克马：　　　　　　　　　　　　　　　　造币官：ANTI

标识：—

有记录的样品	2	垫压模具	1	PL. Ⅳ
模具组合	2	冲压模具	2①	

分组 27

50. A. 42. 造币官名字缩写"APX"在格里芬前腿的下面；类似；图案略大，且浮雕很高；有类似基座；圆点边界。

P. 46. 类似；四等分方形不规则，但表面较平且有颗粒状。

a. 29. 50 克，大英博物馆。　　　　　　　　　　　　PL. Ⅳ

BMC *Thrace*, 228, no. 1a; Bank Colln.; NC 1840/1, p. 103, no. 2; C. 10.

正面：可能是一个旧模具，最初由分组 25 中的造币官艾尔(EP)制作，铭文中字母"P"的弯曲部分出现的位置正好覆盖了字母"X"，因此产生了错误的字样"PX"(cf. C. loc. cit)，在凸边上可以看到在字母"APX"左边字母"E"上面的横线的模糊痕迹。背面：在图案边缘有一些小的损坏痕迹。

51. A. 43. 与造币官名字缩写"APX"的位置类似；图案较大且不太匀称；颈部后倾，羽冠较小；抬起的前腿略微弯曲；只能看到一只翅膀；有基座，没有凸边。

P. 46. 相同模具。

a. DEWING.　　　　　　　　　　　　　　　　　　PL. Ⅳ

分组 28

52. A. 44. 与造币官名字缩写"ANTI"的位置类似，但前腿没有弯成钩状；工艺的细节很好，且处理规范；只能在近处翅膀上方看到远处翅膀的轮廓；尾巴卷曲得很高，尾尖上的毛很突出，后爪刻画得非常

① 冲压模具 P. 46 最先用于分组 27(nos. 50，51)，以后又用于分组 28(no. 53)。

好;有圆点边界。

P. 47. 类似;表面有颗粒状。

a. 29. 83 克,波士顿。 PL. Ⅳ

Boston Catalogue, no. 745; Warren, 434; Nom, iii, pl. 1. 3; C. 2, pl. 1. 3.

53. A. 44. 相同模具。

P. 46. 第 50 号和第 51 号模具。

a. 29. 40 克。

Hess(卢塞恩), April 1954, 80.

背面:图案边缘有瑕疵,且比第 50 号、第 51 号模具更严重。

分组 29

4 德拉克马: 造币官:XPA

标识:—

有记录的样品	1	垫压模具	1	
模具组合	1	冲压模具	1	

54. A. 45. 与造币官名字缩写"XPA"的位置类似;风格像 A. 35, 36;可以看清远处翅膀的轮廓;整体显得强健且完美;近处耳朵向后;基座有装饰且尾部过短;没有边界。

P. 48. 四等分长方形,表面不太平。

a. 14. 64 克。

Jameson, i. 1028; Mathey.

小面额钱币

1 德拉克马:①

55. A. 46. 格里芬面朝左卧坐在矮厚基座上;前腿抬起,爪子呈弯

① 可能是第三枚样品,C. 124, M/3(Rollin and Feuardent, 1912)。

钩状;头和颈部向后倾;只雕刻了一只翅膀,其表面略微下凹;没有羽冠或螺旋卷毛;边界(如有)没有凸边;风格如A.29。

P.49. 常规四等分方形,有粗方格线;四等分表面下凹,表面比较平且有明显颗粒状。

a.3.65克,克拉根福(KLAGENFURT)。 PL. Ⅳ

C. p. 124,m/2;p. 120,fig. 12.

56. A.47. 与造币官名字缩写的位置类似;抬起的前腿没有呈弯钩状;在近处翅膀下面完整展现了远处翅膀;颈部前面是经典的毛发;工艺很好;有圆点边界。

P.50. 图案类似,但方框线较细,且表面比较粗糙。

a.3.62克,柏林。 PL. Ⅳ

Beschreiburg,i. 100,no. 2;C. p. 124,m/1.

1 奥博尔:①

57. A.48. 格里芬面朝左侧卧坐,前腿抬起得非常高;躯干比较长;两只翅膀一样,表面略微下凹;左前爪刻画得非常突出。

P.51. 图案类似;但方框线很粗且表面比较平。

a.0.57克,大英博物馆。

BMC *Thrace*,66, no. 18;Burgon(1841);C. p. 124,n/2, fig. 14.

b.0.55克,索菲亚。 PL. Ⅳ

58. A.49. 图案类似。

P.52. 图案类似。

a.0.59克,大英博物馆。 PL. Ⅳ

BMC *Thrace*,66,no. 17;Borrell;C. p. 124,n/1.

① C. p. 124,n/3:Lischine,2,0.60克,翅膀可能有羽毛,可能属于第三时期;loc. Cit. n/4,Hirsch,xiii. 0.52克,可能属于第二时期,但我们没有这一图案的准确信息。

59. A. 50. 图案类似。

P. 52/1. 图案类似。

a.

Grabow（罗斯托克），July 1930，232.

第4章　第三至第四时期

第1节　第三至第四时期(约公元前492～449/448年)

在第三时期我们将开始研究可能被认为是阿布德拉钱币制作史中的主系列部分，显然这一系列中间没有出现中断，持续时间从公元前492年马多尼奥斯(Mardonios)将军在色雷斯地区重建波斯统治开始，一直到公元前449/448年因实行《雅典铸币令》而使造币厂临时关闭为止。这一时期在钱币制作的特点方面有非常大的变化，使第三、第四时期与第二时期有很大的不同。在第二时期构成阿布德拉造币厂主要产品的8德拉克马彻底消失了。其位置被重量约为14.90克的4德拉克马替代，后者制作的数量非常大，且重量的准确性也更高。确实，钱币发行的定期化和技术上的明显进步都表明，这家造币厂是在更高效的基础上进行了重组。[①]

重量约为14.90克的“阿布德拉”4德拉克马不属于色雷科—马其顿重量体系。我们已经看到，有充分理由相信这种重量标准已经应用于第一时期的4德拉克马，而且也是第一和第二时期8德拉克马钱币的基础；事实是，从一开始钱币制作就一直采取实质上的金银复本位制。[②] 通过这种方式，一种简便的计算方法就能够保证阿布德拉主要出口产品白银可以用波斯黄金标价，$7\frac{1}{2}$和15克这种重量单位的阿布德拉4德拉克马就与1和2个大流克（daric）按照$13\frac{1}{3}$：1的比率紧密联系起来。[③] 在整个第三和第四时期阿布德拉造币厂都按照更精确的重量标准制作钱币并更严格地遵守这一标准；这一事实表明，阿布德拉仍然在实行金银复本位的相同政策，但是以更高效的做法。[④] 但在接受这一原则应用于4德拉克马制作的时候，我们必须清楚地记住，这一原则并不适用于为了当地需要而制作的小面额钱币。[⑤]

从第三时期向第四时期的过渡似乎就是在公元前480～470年这10年的结束时。这两个时期钱币的主要差异是背面图案：第三时期的钱币背面，四等分长方形是空白的，这是直接从第二时期延续过来的；在第四时期，在四等分方形周边我们见到了造币官的名字，方形面积也相应缩小，且略微高于周边铭文的水平。

这两个时期发行钱币的可能分类在后面的表格中列出。该分类不仅展示所有的4德拉克马系列，而且也可以对每个时期阿布德拉发

① 至今我们确实还没有证明第三时期开始时间就是在公元前492年马多尼奥斯重建波斯统治之后不久。但钱币制作情况表明，这一时间点大体是正确的，因为这时发行的钱币有了明显变化，这清楚地表明了阿布德拉造币厂历史上一个新阶段的开始。这一新阶段应当造成了色雷斯地区以后许多年里最重要事件的产生，将这一时间点作为正确的时间，并非没有原因。

② 有关第一、第二时期4德拉克马和8德拉克马重量的讨论，见pp. 9 f.，16 ff.；Tables Ⅰ，Ⅱ，pp. 9，10，*supra*。

③ 见p. 17，*supra*。

④ cf. p. 13 and Tables Ⅲ，p. 12，*supra*.

⑤ 见pp. 12 f.，and Tables Ⅳ－Ⅵ，pp. 13－16，*supra*。

行的钱币与其他造币厂发行的钱币之间进行一般性比较。我们没有尝试给出每个系列准确的发行时间,因为几乎完全没有模具连接信息和存在格里芬图案并行变化的趋势(尤其是在第三时期),所以使这项工作极为困难。属于第三时期中期的格里芬系列非常复杂,必须小心对待将这一阶段发行的钱币系列分类为纯粹连续的系列,如表4－1中列出的。[①] 尽管如此,只要我们记住这一点,那么根据每一枚钱币的风格和图案,同时借助于少量现有第三时期2德拉克马系列的模具,我们仍然可以给出比较准确的整个系列的发行时间顺序。

小面额钱币不具备像区分第三和第四时期4德拉克马所具有的钱币背面图案的清晰差异。我们也无法像较大单位钱币那样从造币官名字和标识中得到帮助。相应地,对3奥博尔和1奥博尔与4德拉克马之间的关系进行分类也很困难。非常可能的情况是,在第三时期开始时发行的一批3奥博尔或1奥博尔可能在第四时期仍在使用,因此对这两时期发行的小面额钱币进行分类在很大程度上有主观因素。表4－1和表4－2给出了第三时期21位造币官(或批次)和第四时期20位造币官的名字。除了分组39外,所有这些分类都体现在4德拉克马系列中,对钱币制作中4德拉克马所发挥的支配性作用我们不需要更多地强调。造币官的总数是40,从第三时期向第四时期的过渡可能非常平稳,因为这期间的造币官一直是费塔罗斯(Phittalos)(分组50～50/1)。

这40个批次的钱币覆盖时期最长是44年,假设《雅典铸币令》开始在阿布德拉实施的时间不晚于公元前448年。因此现有批次的钱币覆盖了这一时期5年之外的所有时间,这一事实不仅说明现有研究资料具有很高程度的代表性,而且也充分说明钱币上印刻造币官的名字是一种年度授权机制。(见表4－1、表4－2)

---

① 正如下面所解释的,这一系列的分类是根据格里芬图案。A、B、C三种格里芬图案的差异是在翅膀的处理上:图案A有直立的主羽(分组30～38),显然是最早的,但最后批次的发行可以与图案B的第一批发行时间有重叠,后者的主羽是卷曲的(分组50～60),这种图案延续到了第四时期。另外,我们会发现,尤其是在2德拉克马上和在一批4德拉克马(分组51:与图案B一起出现)上有空白翅膀,这正是图案C的最早期系列和第二时期8德拉克马的特点。

表4-1 第三时期钱币发行分类：约公元前492~473/470年

			4德拉克马				1德拉克马			
分组	造币官名字	标识①	有记录的样品	模具组合	垫压模具	冲压模具	有记录的样品	模具组合	垫压模具	冲压模具
30	Asga-	—	1	1	1	1	..	..	..	..
31	Arte-	—	3	2	2	1	..	..	..	..
32	Anti-	扇贝	2	1	1	2	6	2	2	2
33	Hero-	扇贝 小球	4	2	1	2	8	2	1	1
34	Hikes-	扇贝 小球	1	1	1	1	..	..	..	..
35	Dam-	—	1	1	1	1	..	..	..	..
36	Hege-	男性头像 小球	2	2	2	2	13	3	2	3
37	Sym-	—	3	3	2	2	..	..	..	..
38	Ia-	酒杯	9	1	1	1	..	..	..	..
39	Ten	—	..	..	..	..	4	1	1	1
40	Pro-	牛头 向右	3	1	1	1	..	..	..	..
41	Tele-	棕榈叶	3	3	3	1	10	1	1	2
42	Deo-	公鸡 小球	7	6	6	4	39	5	5	2
43	Herok-	黑人头像	2	1	1	1	..	..	..	..
44	Pag-	乌龟	1	1	1	1	..	..	..	..
45	Mega-	—	2	2	2	2	..	..	..	..
46	Meidi-	—	2	2	2	2	..	..	..	..
47	Herak-	蝉	7	4	4	3	..	..	..	..
48	Smor-	萨梯(Satyr)	13	4	3	3	..	..	..	..
49	Herodotos(Ⅰ)	—	1	1	1	1	..	..	..	..
50	Phittalos②	—	1	1	1	1	..	..	..	..
小面额钱币			3奥博尔(第一系列)				3奥博尔(第二系列)			
			12	1	1	1	17	4	2	4
			1奥博尔(第一系列)				1奥博尔(第二系列)			
			5	4	1	4	4	3	3	2

① 正如将在下面的分类中看到的，在每一特定批次垫压模具上所使用的标识并非固定不变。当分类中有两个标识时，例如，在出现小球的情况下，也并不一定都出现在同一模具上。

② 从第三时期向第四时期的过渡可能恰好就发生在这位造币官任职时期。在任何一个年份里，似乎没有理由不出现钱币背面图案变化的情况。

表4-2 第四时期钱币发行分类:约公元前473/470~449/448年

			4德拉克马				1德拉克马			
分组	造币官名字	标识	有记录的样品	模具组合	垫压模具	冲压模具	有记录的样品	模具组合	垫压模具	冲压模具
50/1	Phittalos	圣甲虫	4	4	3	2	..	..	..	..
51	Pythes	—	2	2	2	2	..	..	..	..
52	Herodotos(Ⅱ)	公鸡	13	2	2	2	..	..	..	..
53	Smordotor-mos/Kal	双耳酒杯	16	5	2	4	..	..	..	..
54①	Pythinnes(Ⅰ)	贻贝	1	1	1	1	..	..	..	..
55	Nympho-doros	—	2	2	2	2	..	..	..	..
56	Kallidamas	金枪鱼	41	9	4	6	..	..	..	..
57	Pythinnes(Ⅱ)	蜜蜂	1	1	1	1	..	..	..	..
58	Nestis	阴囊	8	4	1	4	..	..	..	..
59	Hippon	年轻男子头像	4	3	2	3	..	..	..	..
60	Molpas	蝎子	2	2	1	2	..	..	..	..
61	Melanippos	双耳酒杯	7	3	3	3	..	..	..	..
62	Hermokra-tides	酒罐 月桂枝	9	7	6	5	..	..	..	..
63	Hegesippos	平底酒杯 月桂枝	6	3	3	3	3	1	1	1
64	Deonys	猫头鹰	3	2	2	2	..	..	..	..
65	Kalesikrates	—	5	5	4	5	..	..	..	..
66	Mandronax	星星	2	2	2	2	..	..	..	..
67	Blosys	月桂枝	2	2	2	2	..	..	..	..
68②	Deonysas	—	1	1	1	1	..	..	..	..
69	Artemon	常春藤叶	1	1	1	1	..	..	..	..
小面额钱币			3奥博尔(第三系列)				1奥博尔			
			12	2	2	1	16	8	7	6
			0.5奥博尔							
			2	2	2	2				

① 在由造币官Pythinnes(Ⅰ)和Nymphodoros制作的分组54、分组55的钱币上,本城邦名字"ΑΒΔΗΡΙΤΕΩΜ"(阿布德拉)出现在格里芬图案的周围。在由造币官Kallidamas制作的分组56的钱币上,在背面的长方形周围有本城邦名字,而这一位置通常出现的是造币官的名字。

② 第四时期最后两批钱币,即分组68和分组69,其造币官的名字分别是Deonysas和Artemon,在四等分方形的位置上有一个内容丰富的图案。在分组69中,标识出现在背面。

所有造币官的名字都雕刻在钱币背面的长方形周围，但分组56例外，其造币官卡里达马斯的名字出现在钱币正面格里芬图案的周围。

造币官的名字通常会伴有一个标识，而且几乎在所有情况下标识都出现在钱币正面。认为标识像名字一样都标志着年度授权的观点是值得推敲的，至少在某些情况下标识更可能是指一名下级官员。①

因为第四时期的开始时间不会早于约公元前473/470年，所以尽管在此类图案中阿布德拉的钱币是大家最为熟悉的案例，但它不可能是背面图案中间是四等分长方形且被铭文所环绕的最初使用者，铭文突出地展示了钱币制作的责任人（无论是国王、城市还是官员）。具有这一荣誉的一定是亚历山大一世，或也可能是阿肯索斯。② 阿布德拉在钱币的背面采用这种图案自然是追随第三时期最后几批钱币（分组49～50）的做法，即在正面引入造币官员名字的全称，这几批钱币分别由造币官贺罗多斯[Herodotos（Ⅰ）]和费塔罗斯制作。非常想将出现本城市全称的做法与该城市从波斯统治下被解放联系起来，这可能发

---

① 针对标识是年度授权的观点，可以引述如下反驳意见：(1)在第三时期有多达连续3个批次的钱币用扇贝作为标识，分别是造币官Anti-（分组32）、Hero-（分组33）和Hikes-（分组34）；(2)第四时期中有连续2个批次的钱币用月桂枝作为标识，造币官分别是Hermokratides（分组62）和Hegesippos（分组63），尽管后者可能表示某种城市间的差异，因为这一批钱币又用一个平底酒杯来进行区分；(3)如果标识确实是指年度授权，则应该出现在一个批次钱币的所有模具上，但实际情况并非如此。然而第三时期和第四时期的做法并不一定与第五和第六时期的做法相同；在由造币官Myrsos制作的一批钱币（分组91）上，除了月桂树外还有掷铁饼者，这可能是一种个人偏好（见p. 192，n. 1，*supra*）。也许最早在第四时期结束时标识就可能成为主图案的附加部分，例如，常春藤叶"标识"与双耳酒杯并列出现在由造币官Artemon制作钱币（分组69）背面的图案中，有关分析见后文。

② 阿布德拉引入这种风格的背面图案要略晚于阿肯索斯，Desneux认为后者引入这一图案是在约公元前480年，从阿肯索斯造币厂钱币制作的总体情况考虑，这一日期有些过早（cf. Akanthos，83；May，NC 1950，157）。但是，这还是要晚于马其顿的10德拉克马的图案，即亚历山大一世的铭文刻在长方形的周围：这些钱币的时间被确定为公元前480/479～477/476年（*MRC* 78-79，nos. 1-6；85 ff.），其工艺非常粗糙，很难相信这些钱币是出自一家独立的希腊造币厂。更有可能的情况是，这是第一批马其顿的10德拉克马，其风格也确实被阿肯索斯和阿布德拉造币厂采用：这些钱币最有可能的时间是公元前476/475年（*MRC* 100 f.）。

生在公元前476年吉蒙(Kimon)占领艾恩(Eion)之后不久。① 这时候阿布德拉人应该不会犹豫地将其城市名字的全称刻在钱币上,首先是在正面,以后则作为新采用的背面图案的主要特征。

一旦引入,背面图案中的这种新风格就被接受了。除了马其顿、阿布德拉和阿肯索斯,这种风格很快又被爱多尼亚(Edonian)王朝的君主格塔斯(Getas)、毕萨泰人(Bisaltai)人和另一个内陆王朝莫塞斯(Mosses)采用;②另外,在此后一个较晚时期,也被伯格(Berge)、艾尼亚(Aineia)和马罗尼亚(Maroneia)等城邦所采用。③

如果比较第三时期与第四时期的钱币,我们会发现第三时期的21个批次钱币中有68枚4德拉克马的样品,共有40种不同的模具组合,其中有37种垫压模具和33种冲压模具;第四时期的20个批次钱币中有130枚4德拉克马的样品,共有61种模具组合,其中有45种垫

---

① 斯特瑞木河以东沿岸色雷斯城市加入迪连联盟(Delian League)的准确日期目前仍是一个不确定的问题。Gomme(Commentary,i. 290 f.)并不排除这些城市早期加入联盟是由于驻守在艾恩(Eion)和多里斯克斯(Doriskes)军队的持续压力。对艾恩的围攻和占领情况的分析,见ATL iii. 156 f.,他同时认为阿布德拉加入联盟的时间不可能早于对艾恩的占领,而后者的日期被确定为公元前476年的夏天(ATL iii. 160,216 f.);这时阿格罗斯河(Argilos)成为了大陆上原始色雷斯人的东部边界(ATL iii. 223)。阿布德拉自身的情况是被单独考虑的,可能一直是波斯人想控制的地方(ATL iii. 216)。从其商业利益和决定其钱币形式的政策考虑,阿布德拉可能并不反对波斯人的存在。对阿布德拉来说,以往的情况是大流士命令色雷斯人将其船只运送到阿布德拉,可能是在公元前491年,因为有报告说色雷人在计划起义(cf. Herodotos,vi. 46 and 47;also Pouilloux,57)。这类报告由阿布德拉人自己散发的观点并非不可能:这种策略从其自身角度讲可能在白银贸易中针对其主要竞争对手是一个合乎逻辑的政策,因为如果竞争对手控制了强大的舰队,则会对阿布德拉自己的商业地位造成大的损害。最后,正是在阿布德拉,赛瑟斯(Xerxes)感觉到他从欧洲逃离后可以进行休整(Herodotos,viii. 120)。在占领艾恩之前阿布德拉就希望赶走波斯人的想法似乎不可能存在。

② 由格塔斯(Getas)君主制作的10德拉克马[Die ant. Munz. N. -griech. Ⅲ(2),p. 144,no. 1,and Svoronos,pl. 4. 2-3]一定要晚于至今所认可的时间(cf. Also *MRC* 118);最好将这些钱币与公元前480/479年之后制作的亚历山大一世粗糙的10德拉克马(p. 86,n. 2,*supra*)进行对比;有关莫塞斯,具有这种背面设计的10奥博尔的情况,见*Die ant. Munz. N. -griech.* Ⅲ(2),p. 145。

③ 有关伯格(Berge)的情况,见BRC *Thrace*,205,no. 1 and Svoronos,pl. 10,32;有关艾尼亚的情况,见*Die ant. Munz. N. -griech.* Ⅲ(2),p. 21,no. 5,and SNB iii. 1298。

压模具和 52 种冲压模具。因此第四时期的现有数据几乎是第三时期的两倍,但由于如下事实这一数字要被大幅度缩减:第四时期至少 1/3 的 4 德拉克马属于分组 56,而且在所有第三时期有记录的钱币发行批次中数字 13 是最高的(分组 58)。更有意义的是,与第三时期相比,在时间完全相同的年份期内几乎发行了完全相同的批次,但第四时期有多于 21 种模具组合,其中有多于 8 种的垫压模具和多于 19 种的冲压模具。因此对阿布德拉来说,第四时期似乎更加繁荣。我们还有其他证据可以说明在这些年该城市兴旺发展的情景——其多种风格的钱币图案一直保持非常高的标准,这说明具有社会经济富裕的背景:高水平的年度税收[15 塔兰特(talent)],我们发现在雅典税收排名表上阿布德拉位居第一(公元前 454/453 年),非常突出。[①] 确实,第四时期可能是阿布德拉的全盛时期。如果寻找这一时期阿布德拉高度繁荣的原因,我们可能会发现其竞争对手萨索斯当时处于混乱之中。受到雅典人对斯特瑞木河的河东岸盛产金属地区意图的威胁,后者在此地区有特殊利益,因此可能是在公元前 465/464 年起义反抗雅典频繁的入侵。但萨索斯在公元前 463/462 年战败投降并受到严厉处罚,丧失了其舰队,失去了佩拉(the Peraea)地区,还被没收了收入。[②] 有色雷斯图案的独特钱币似乎不再制作了。[③] 在公元前 454/453 年,我们发现萨索斯仅支付了 3 塔兰特的税赋,与当时阿布德拉支付的 15 塔兰特相比,或与萨索斯自身在公元前 446/445 年支付的 30 塔兰特相比,简直微不足道。很难相信为什么阿布德拉未能利用萨索斯的不幸。显然没有其他城市比阿布德拉具有这样做的更有利的地理位置了。

如果我们再次从整体上分析第三和第四时期 4 德拉克马系列,则尽可能精确地对比阿布德拉与其他造币厂之间的产出数量是非常有意思的。这里使用阿肯索斯和阿伊努斯的数据是有帮助的。在公元

---

① ATL i. 216.

② cf. Gomme, *Commentary*, i. 295 ff.; Pouilloux, 60 –62, 106.

③ Robinson, *Hesperia*, Suppl. Viii (1949), 333.

前492～473/470年这段时间里,阿肯索斯可以提供一个平行案例,尽管只是在一段很长钱币制作历史中的较晚年份。但是,在从公元前510/500年直到公元前480年或可能再晚的10年之后,在总数57枚样品中,阿肯索斯造币厂使用了47种模具组合,其中垫压模具和冲压模具分别是46种和41种。① 根据这些数据进行真正严格的比较是不可能的,但很可能的情况是从公元前492年以后,阿布德拉造币厂至少像阿肯索斯造币厂一样活跃。在公元前470年之后,阿肯索斯造币厂的4德拉克马系列减少了很多,而阿伊努斯则提供了一个可以对比第四时期阿布德拉钱币制作的平行案例。② 在阿伊努斯,在公元前474/473～449/448年这样一个稍微长一些的时期内,我们有17批次钱币,而阿布德拉是20批次,有几乎完全相同的样品数(130,130),组合模具数(58,61)和冲压模具数(50,52),但与阿布德拉的45种垫压模具相比,前者只有34种。这两家造币厂的相关数字非常接近,然而从总体情况看,阿布德拉的4德拉克马系列略多于阿伊努斯。③ 但这正是我们从对比这两座城市支付给雅典的税赋中可能预测到的结果:从公元前454/453年的第一次税赋到我们关注的时间点,即公元前449/448年《雅典铸币令》的实行,阿布德拉支付了15塔兰特的税赋,而阿伊努斯则支付了12塔兰特。征收的税赋水平是很高的,但无论是从钱币的实际产出数量,还是从艺术水准或技术能力来看,这两座城市杰出的钱币制作特点都表明它们完全有能力支付。

---

① *Akanthos*,68－83,nos.45－92.正如我已经提出的(p.86,n.2, *supra*),这一系列的结束日期,如德森纽斯(Desneux)所建议的约公元前480年,可以再延长整整10年。

② *Akanthos*,83－91,nos.93－115.德森纽斯仅将23种模具组合(其中有19种垫压模具和21种冲压模具)划归56年的一段时期(公元前480～424年)。但这一时期可以被缩短(cf. n.2,*supra*),不仅是开始时间,而且可以根据公元前449/448年之后几年内在阿肯索斯施行了《雅典铸币令》。

③ *Ainos*,8(Summary of Issues)and 29－60.阿布德拉使用的垫压模具是45种,多于阿伊努斯的34种,可能是由于如下事实,即阿伊努斯的模具上没有出现标识,就像阿布德拉的情况;相应地,在阿伊努斯,某一个垫压模具可能用于几个批次,而在阿布德拉的每一连续年份中,新批次的发行会使用一个新标识,旧模具会被弃用。

用于本地交易的1德拉克马系列，仍然与色雷科—马其顿体系保持一致，尽管这时处于3.25～3.35克的较低水平，在第三时期中期之前一直得到很好的维持；此后1德拉克马遭受了一场巨大灾难，只记录了一个批次，而且是在第四时期的最后几年（分组63）。这种钱币的消失一定是由于（至少部分是由于）引入了3奥博尔，而这种货币单位在第一和第二时期不存在，也由于增加了1奥博尔的发行数量。

第2节　第三时期（约公元前492～473/470年）

正如已经指出的，对第三时期的4德拉克马系列进行分组有不同寻常的困难，而且各个发行批次的排列顺序在某种程度上仍然具有主观成分。尽管如此，对现有材料进行仔细分析后，我们可以用一种方法对这一系列进行排序，这种方法尽管有些复杂，但可能具有合理的准确性。

背面图案即四等分长方形，保持不变且没有造币官名字，几乎完全没有与冲压模具相关的明确批次信息。我们在正面发现格里芬图案中有平行线设计，有时表现的是一只有向上的主羽翅膀（图案A），之前我们没有见过；有时表现的是缺乏现实主义而有更多装饰的翅膀，有向前卷曲的羽毛，就如第一时期时几个模具所表现的（图案B）；在一个批次的4德拉克马和几个批次的1德拉克马上，空白翅膀具有略微凸起的表面，这是第二时期和第一时期最早期8德拉克马的特征（图案C）。不太可能的情况是，这单独一个批次空白翅膀的4德拉克马（分组41；nos.84，85）应当被划分在第三时期开始时，以表现出图案从第二时期向第三时期的平稳过渡。实际上，我们应当看到翅膀直立向上的图案A当然是第三时期的第一种格里芬图案。但这一图案并非完全早于有卷曲翅膀的格里芬图案B；确实，在第三时期的某个阶段，显然这些图案有重叠，因此所使用的格里芬图案并不能提供有关发行批次准确顺序的合乎逻辑的判断，因为图案选择取决于有关艺术家和造币官的偏好。

格里芬图案突然发生变化的证据可以从我们刚才谈到这个批次(分组41)的钱币中看到:造币官特雷(Tele-)将两个图案C的格里芬(A. 70,71;nos. 84,85;pl. Ⅳ)与一个图案B的格里芬(A. 69;no. 83;pl. Ⅳ)组合在一起,所有这些都通过一个普通的垫压模具(P. 72)连接起来;他还在1德拉克马上使用了图案C的格里芬(A. 72;no. 86;pl. Ⅵ)。另外,造币官黑格(Hege-)(分组36)将图案A用在了4德拉克马钱币上(A. 60,61;nos. 72,73;pl. Ⅴ),将图案C用在了1德拉克马钱币上(A. 62,63;nos. 74-76;pl. Ⅴ);造币官德奥(Deo-)(分组42)在4德拉克马钱币上使用了图案B(A. 73-78;nos. 87-92;pl. Ⅵ),在1德拉克马钱币上使用了图案C(A. 79-83;nos. 93-97;pl. Ⅵ);造币官安泰(Anti-,或Ant-)和赫罗(Hero-)(分组32,33)两人都在4德拉克马上使用了图案A(A. 54,57;nos. 63,642;pl. Ⅳ-Ⅴ),在1德拉克马钱币上使用了图案B(A. 55,55a;nos. 65,69;pl. Ⅳ);同时还有一期由造币官安泰制作的1德拉克马钱币使用了图案C(A. 56;no. 66;pl. Ⅳ)。

背面的四等分长方形图案展示了某些可以识别的变化。这些变化具有重要意义,但我们应当谨慎,不要过于强调个体变化。例如,造币官黑格在一个批次的1德拉克马钱币上使用了常规背面图案的三种变体(分组36;P. 64-66;nos. 74-76;pl. Ⅴ)。

尽管存在这些困难,但仍有一些因素可以帮助我们解决图案A、B、C之间格里芬的关系,借助这些关系,我们排列出了各个批次之间可能的先后顺序。

分组32和分组33中由造币官安泰和赫罗制作的1德拉克马都使用了一种垫压模具,在该模具上铭文"Hero-"(A. 55a;no. 69;pl. Ⅴ)实际上是刻在了铭文"Anti-"之上(A. 55;no. 65;pl. Ⅳ);另外,这两个批次的1德拉克马不仅都使用了相同垫压模具(P. 57),而且在4德拉克马系列中,首先是造币官安泰,随后是造币官赫罗也都使用了模具

P. 56。因此，几乎可以肯定这两个批次的钱币在时间上是相连接的，而且造币官安泰先于赫罗。非常有意义的是，这两位造币官使用了相同的标识，即扇贝。造币官赫罗在扇贝之外又加上了一个小球，这种组合也出现在造币官何克斯（Hikes-）制作的 4 德拉克马上（分组 34；A. 58；no. 70；pl. Ⅴ），因此造币官何克斯被排列在赫罗之后，仅根据图案风格本身就可以确定这一位置。

造币官安泰和何克斯制作的 1 德拉克马钱币上的格里芬图案（A. 55，55a）非常像造币官普罗（Pro-）制作的 4 德拉克马钱币上的动物（分组 40；A. 68；no. 82；pl. Ⅵ），后者可能是我们的图案 B 系列中第一批次有卷曲翅膀的格里芬图案。这一点再加上造币官安泰在制作其他批次 1 德拉克马时使用的图案 C 格里芬（A. 56；no. 66；pl. Ⅳ）显然属于早期设计以及使人想起第二时期 1 德拉克马钱币上的格里芬图案（A. 46；no. 55；pl. Ⅳ），这些事实都表明不仅造币官安泰、赫罗和何克斯，而且造币官普罗都处于第三时期的开始阶段。

造币官黑格和特雷制作的 1 德拉克马（分组 36；nos. 75，86；pl. Ⅴ－Ⅵ）都使用了模具 P. 65，而且造币官黑格可能使用得更早。这里我们同样可以感觉到，这两个批次从一般顺序来看不会相隔太远；一个很有价值之处是，在 4 德拉克马上的图案 A（A. 60，61；nos. 72，73；pl. Ⅴ）使用过程中，造币官黑格似乎出现在中间偏后时期，而造币官特雷显然更接近于图案 B 系列开始时期。

在造币官普罗和特雷使用图案 B 格里芬之后不久，由造币官德奥制作了数量很大的批次（分组 42；A. 73－78，4 德拉克马；A. 79－83，1 德拉克马；nos. 87－97；pl. Ⅵ）。我们知道造币官德奥的任职要早于公元前 471/470 年，当时他在一期 4 德拉克马（也就是我们的第 92 号样品）钱币上使用了阿伊努斯的一个早期图案，我们可以确定该图案的日期大约就是这一时期。①

① *Ainos*，Group Ⅲ，96（pl. i）；c. 471/70－469/8；see also p. 106，*infra*，no. 92，pl. Ⅵ.

最后,造币官特雷在 4 德拉克马钱币上使用的图案 C 格里芬(分组 41;A. 71;no,85;pl. Ⅵ)显示,在头部和下颚的非常规处理方面与造币官伊阿(Ia-)使用的图案 A(分组 38;A. 66;no,80;pl. Ⅴ)明显有紧密联系。从一般概念上讲,后者属于这一时期图案 A 中更成熟的格里芬。①

这一段时间开始出现的情况是,有卷曲翅膀的图案 B 系列的引入可能不会晚于图案 A 系列使用的中途,图案 A 系列有竖直向上的翅膀,而且 B 系列与 A 系列现有保存下来的样品之间有重叠,至少这几个批次中有半数是如此,像由造币官斯梅(Sym-)和伊阿制作的样品(分组 37 和分组 38)。既然如此,那么如果第三时期的第一批钱币,也就是最早期的图案 A,开始于公元前 492 年,则造币官德奥制作的钱币,可能还要早于(或至少是)公元前 480 年,我们认为接近于图案 B 系列的开始;这样才可以使这一批次的样品有足够时间通过贸易过程到达阿伊努斯,并且在这 10 年在此地被重新制作。② 在造币官德奥之后,我们还有另外 8 个图案 B 系列的批次,分别由造币官赫洛克(Herok-)、帕格(Pag-)、梅格(Mega-)、梅迪(Meidi-)、赫拉克(Herak-)、斯摩(Smor-)、贺罗多斯、费塔罗斯制作(分组 43 ~ 50)。③ 如果考虑到向最后批次图案 A 的回归问题,则我们就能顺利地进入公元前 480 ~ 470 年这 10 年的下半时期了。

这一大体时间的排列得到了纯粹风格方面的有力证实,即第一个图案 A 格里芬出现在第三时期开始时,而图案 B 系列出现在第三时期结束时。虽然竖直翅膀的格里芬图案标志着对传统的突破,但其最

---

① 我们可以比较本图案对翅膀的处理与第四时期某些竖直向上翅膀的格里芬图案。

② Loc. Cit. ,no. 96,in. n. 1,*supra*.

③ “Smor-”的名字可能是色雷斯语,很可能与我们分组 53(p. 125)中表示“Smordotormos”的希腊语“ΕΓΙΣΜΟΡΔΟΡΜΟΚΑΛ”相同。一个类似名字(Smordo-)被发现两次,并出现在萨索斯公元前 5 世纪上下半叶埋藏的碑文上(Pouilloux,16)(see now p. 47,n. 1,*supra*,eds.)。虽然现在最多还是一个推测,但很可能与 Mega-制作的分组 45 样品是相同的,都具有著名的阿布德拉巨人克瑞翁(Megakreon),如 Herodotos 所提到的(iii. 120)。

早期的范例包含的一些特征非常容易让人想起第二时期的 8 德拉克马。造币官阿斯格(Asga-)使用的格里芬图案(分组 30;A. 51;no. 60;pl. Ⅳ),其巨大的头部,大幅张开的双颚和看上去非常凶狠的模样当然是追溯过往。造币官阿特(Arte-)所使用的格里芬图案显得笨拙却有力量(分组 31;A. 52;nos. 61,62;pl. Ⅳ),颈部旁边有螺旋卷毛,这种处理方法完全等同于较早期的图案:第三时期没有其他图案 A 的模具具备这种特征,尽管出现在这一时期某些图案 B 格里芬上,但它的处理明显不够突出。造币官达姆(Dam-)所使用的颈部前面有装饰毛发的格里芬(分组 35;A. 59;nos. 71;pl. Ⅴ),自然让人想起第二时期中许多 8 德拉克马钱币上的类似图案。造币官黑格用作标识的男性头像(分组 36;A. 61;no. 73;pl. Ⅴ),由于出现了轻微的二次冲压而遗憾地让人有些迷惑不解,但这一图案似乎应当属于公元前 490 ~ 480 年这 10 年而不是公元前 480 ~ 470 年。

在另一端,在经过早期的变化之后,即造币官普罗、特雷、德奥和赫洛克所使用的图案(分组 40 ~ 43),图案 B 系列稳步和自然地转向第四时期的最早期图案。除了造币官梅格所使用的格里芬图案(分组 45;A. 86,87;nos. 100,101;pl. Ⅶ)有几处粗糙的特征外,所有第三时期其余图案 B 系列很可能都出于同一工匠之手,而且此人可能也负责第四时期某些最早批次图案的设计,即造币官费塔罗斯、贺罗多斯和皮斯内斯(Pythinnes)所使用的图案(分组 51,52,54;A. 106 - 108,111 - 112,115;nos. 126 - 129,132 - 133;pls. Ⅷ - Ⅸ)。确实,如果仅考虑格里芬图案本身,则可能很难区分第三时期的最后一批图案与第四时期的第一批图案。

从第三时期顺利过渡到第四时期的其他证据是三位造币官职业生涯的记录,即造币官斯摩多托莫斯(Smordotormos)、贺罗多斯和费塔罗斯,他们当中的第一位很可能,而后两位确定在两个时期都工作过,可以合理地将他们作为第三时期最后三个批次钱币的制作者。我们已经看到,斯摩多托莫斯可能以"ΕΓΙΣΜΟΡΔΟΡΜΟΚΑΛ"的名字再次出现在分组53的铭文中;贺罗多斯第二次出现在更早期的分组52中,同时我们也曾提出费塔罗斯在任职期间实际上见证了新背面图案的引入,而这种图案是第四时期的标志(分组50,51)。① 当然,从简单划分的角度讲,如下事情几乎不可能同时发生,即在第三时期结束时贺罗多斯和费塔罗斯都最先将其名字的全称雕刻在钱币正面,同时也采取了将造币官名字的全称雕刻在第四时期钱币背面中间的长方形周围的做法。②

到目前为止,我们仅考虑了格里芬图案的变化,还必须考虑钱币背面的状况。正如可以从造币官黑格制作的1德拉克马钱币(分组36)上看到的,各时期的钱币背面都有非常明显的变体。③ 一般来讲,在第三时期结束时我们可以看到最平滑和工艺完成最好的图案,有的图案表面有少量点刻,有的图案则在冲压的长方形内略微下凹。类似情况是,那些表面不太平的钱币,如有粗糙颗粒状表面和较粗、不太精确分割线的图案一般时间更早一些(分组32~36;P.55-64;nos.63-74;pl.Ⅳ-Ⅴ)。但一旦达到某一阶段,这种图案就属于变化很小的一类,而且我们会毫不意外地发现在第三时期开始和结束都有一种类似技术。在早期发行的钱币中,我们可能会注意到一种趋势,即长方形的框线是凸起的,或略呈角锥状。在最好的样品(如分组31,33;P.54,59;nos.61-62,67;pls.Ⅳ-Ⅴ)中,这种特征的处理是有相对较高技术水平的,而且我们可以在阿肯索斯看到像类似的工艺,这些钱币属于公元前6世纪结束和公元前5世纪的第一个10年。实际上,在覆盖公元前5世纪的前1/4的时间里,阿肯索斯钱币的背面图案系列非常接近于阿布德拉钱币中第三时期的图案。

1德拉克马上的格里芬图案一般是图案C,有空白翅膀。但最早

---

① p.84,n.2, *supra*.

② 关于在这一时期阿布德拉出于政治原因而将造币官名字全称雕刻在钱币上的分析,见p.90 f.,*supra*。

③ pp.90 f.,*supra*.

的两个批次的钱币,也即造币官安泰和赫罗(Hero-)制作的钱币(分组32,33)使用了图案B(A. 55,55a;nos. 66,69;pl. Ⅳ – Ⅴ)。实际上,这些也许是第三时期最早期的图案B格里芬,尽管我们已经看到它们一定略微早于普罗制作4德拉克马时使用的图案。目前没有发现具有竖直翅膀的图案A格里芬用在了当时1德拉克马或任何小面额钱币上。1德拉克马系列的工艺很不错,但还达不到在4德拉克马上的技术水准和效果。

在造币官黑格和德奥发行钱币(分组36,42)的时期,例外情况也许是在阿布德拉仅制作了数量不太多的1德拉克马。确实,现在还没有发现可以归属于第三时期后期的1德拉克马,而且我们已经指出过,这种情况也许部分是由于引入了3奥博尔。

第一系列的奥博尔的背面图案是一个朝左面的公牛头像,切割位置是整齐的点虚线,颈部和肩部的皮肤褶皱,以及头上短小的卷毛刻画得都非常经典(P. 93;no. 114;pl. Ⅷ)。这一系列显然存续时间不长,替代它的是类似钱币,但背面图案是一头狮子头像,常规处理,鬃毛表现得像一簇僵硬和火焰状丛生植物,从皇冠和头的两边向外发散(P. 94 –97;no. 115 –118;pl. Ⅷ)。在这两个系列中,都不像当时在阿布德拉、马罗尼亚和马其顿的设计,没有将图案放在一个直线或点虚线的边界内。

第一系列的3奥博尔(no. 114;A. 99;pl. Ⅴ)钱币上的格里芬具有图案C的翅膀,而且设计大胆,制作完好,使我们想起造币官黑格制作1德拉克马时使用的图案(A. 62,63;nos. 74 –76;pl. Ⅴ)。在第二系列的3奥博尔钱币上的格里芬也属于图案C,但使人回想起造币官普罗在4德拉克马B系列开始时使用的精美图案(nos. 115 –118;A. 100,101;with no. 82;A. 68;pls. Ⅷ and Ⅵ)。因此,仅依靠格里芬图案我们很难判断这一时期3奥博尔系列的时间顺序,这时钱币的背面图案则更加重要。在阿布德拉造币厂,牛头图案是常规3奥博尔的背面设计,而且在第四时期、第五时期和第六时期都反复出现,直到这一世纪结束时。因此,如果我们把第三时期的第一系列3奥博尔与第四时期类似牛头图案分离开而替换成第二系列的狮子头像,似乎是缺乏逻辑性的。但在第一系列牛头图案与第三系列牛头图案的风格和处理方面两者有很大差异,后者一定属于第四时期。前者看上去很明显在时间上要更早,头像是朝左,而后者头像是朝右。因此,似乎最好的方法是用狮子头像(第二系列)将两者区别开来。狮子头像图案本身不仅看上去要晚于第一系列的牛头图案,而且表现出了某种程度的变化,至少可能性非常大的情况是,在整个第三时期后期和第四时期前半期一直在小规模地制作第二系列的3奥博尔。①

第一系列3奥博尔是具有完整背面图案的第一批来自阿布德拉造币厂的钱币。在第四时期最后几批钱币(分组48,49)发行之前,完整背面图案没有出现在4德拉克马钱币上,也没有出现在这一时期唯一有记载的一批1德拉克马(分组43)钱币上。在被应用于较大面额钱币之前,将一种背面图案先在一种小面额钱币上使用,这种做法有些令人感到意外。但在北面爱琴海(Aegean)附近的几家造币厂,也出现了相同情况。虽然有不同程度的精细化,但阿肯索斯保留了四等分长方形作为其4德拉克马钱币的背面图案,这种设计甚至可以追溯到公元前4世纪的最初几年;在马其顿的亚历山大一世的整个统治时期,其8德拉克马的背面图案都是用其铭文环绕四等分长方形,尽管早在公元前480/479～477/476年这种背面图案就出现在不止一个批次的4奥博尔钱币上,同时期也出现在4德拉克马钱币上;②在马罗尼亚制作了两个系列的1德拉克马,分别有星星和公羊头像的背面图案,而制作的2德拉克马——在公元前5世纪中期之前该造币厂制作的最重的钱币——仍然满足于一种空白等分方形或在周围雕刻当地

① 有关3奥博尔钱币背面图案的讨论,见下文。

② 有关在约公元前460～451年亚历山大一世发行最后一批8德拉克马的情况,见*MRC* 126,nos. 108－111;有关第一批4奥博尔的情况,见*MRC* 82－85,nos. 23－44;有关最后一批4德拉克马的情况,见*MRC* 79－82,nos. 8－22。

城市名字;在紧邻阿布德拉的迪卡亚(Dikaia-by-Abdera)城邦,有公鸡背面图案的3奥博尔几乎可以肯定是在那里制作的第一批有完整背面图案的钱币,而且可能已经进入流通,同时有空白背面的2斯塔特(double-staters)仍在发行。

阿布德拉制作的第一批3奥博尔可能是在公元前480年之前不久。第一和第二系列的背面图案选择都非常有意思。第一系列的公牛头像和第二系列的狮子头像都是“萨摩安”(Samian)图案,后者经常出现在萨摩安4德拉克马钱币的正面和1德拉克马及0.5德拉克马钱币的背面,前者则出现在4德拉克马钱币的背面。① 确实,在镇压了爱奥尼亚人的起义之后的若干年里,这些阿布德拉的钱币图案与萨摩安钱币设计之间存在风格上的基本相似性,尽管单项技术方面的差异也是明显存在的。这种相同图案也许可以说明,在阿布德拉与萨摩斯岛之间在这些年里存在商业联系;与多数其他爱奥尼亚人的国家相比,当时萨默斯岛可能处于更优位置来恢复与色雷斯沿岸国家之间的贸易关系。② 在一枚由阿布德拉邻国迪卡亚制作的第二系列2德拉克马钱币上,也发现了非常类似的公牛头像图案,引入这一图案的一定是与阿布德拉制作第一系列的3奥博尔大体同时发生的事情。萨摩

---

① 属于公元前494~439年的萨摩安4德拉克马钱币,背面图案是一个公牛头像的前部,见BMC *Ionia*, 331,nos. 19-22,and 353 f.,nos. 28-41。这些图案的风格显然有很大变化。公牛头像图案一般是面朝右,但有一个可能属于这一系列中最早的图案,公牛头像是面朝左的(no. 22)。第一批萨摩安图案似乎明显早于阿布德拉第一系列的3奥博尔。公牛头像朝左的图案已经介绍过,属于头像图案中的精品(BMC,no. 19);这一图案出现在一枚1/3奥博尔钱币上,似乎是最有可能影响阿布德拉造币厂的图案。所有这些图案一定早于公元前5世纪第二个10年的结束时。在阿布德拉,第二个系列3奥博尔的狮子头像图案与同一时期中萨摩安钱币中的1德拉克马和0.5德拉克马(*MRC*,nos. 42-53,and nos. 54-63)有明显的基本相似处,尽管对鬃毛的呆板和类似光线的处理(尤其是P. 94;no. 115;pl. Ⅷ)是典型的色雷斯风格,使我们想起了一种应用在阿肯索斯的狮子图案上的类似技术,这种技术也应用在阿布德拉附近的迪卡亚公元前5世纪早期钱币图案中大力士赫拉克勒斯(Herakles)所穿的狮皮外套上。

② Herodotos(vi. 25)在这方面也许有重要参考意义。同样值得指出的是,格里芬实际上出现在两类萨摩安1奥博尔钱币的背面图案中(*MRC*,nos. 73-78),尽管这些钱币不太可能早于公元前5世纪的中间时段。

安钱币的原型可能激发了这一图案,尽管我们明显也不能排除如下可能性,即迪卡亚在选择这一图案时受到了其较大邻国更直接的影响。

阿布德拉尝试使用完整背面图案的做法是在一个更小的规模上——仅针对1奥博尔。属于第三时期的第一批3奥博尔保留了四等分方形印图,这是第二时期发行量很少的这种钱币所使用的。这些钱币的背面一般都非常粗糙,尽管样品显示图案B格里芬的正面更加完好(nos. 119 - 122;A. 102;P. 98 - 101;pl. Ⅷ)。在下一批次(nos. 123 - 125;A. 103 - 105;P. 102 - 103;pl. Ⅷ)中,方形印图被放弃,取而代之的是鹰的头像。对鹰眼和羽毛的正规处理似乎可以确定是属于第三时期,这一印象得到图案C格里芬(A. 103,104)和虚横切线处理上的进一步证实,在P. 103模具上可以看到这种设计。另一枚钱币(A. 105)正面显示的是有活力和行走的格里芬,有图案B的翅膀,这也表明是属于第三时期而不是第四时期。

这些小面额钱币背面的鹰头像图案是一个大胆的创新。在如此小规模产量中制作模具可能会遇到很多技术难题,因为所有三枚来自模具P. 102的现有样品都显示模具有严重断裂。在第四时期,造币厂又回到了1奥博尔背面的常规方形印图设计。

分组30

4德拉克马: 造币官:ΑΣΓΑ

标识:—

有记录的样品	1	垫压模具	1	PL. Ⅳ
模具组合	1	冲压模具	1	

60. A. 51. 造币官名字缩写“ΑΣΓΑ”位于向左跳跃的格里芬上方,格里芬的两条前腿都抬起;双颌张开,舌头外露;有球形状鼻孔,上方有凸起物;耳朵竖起,一束短粗鬃毛沿后颈部而下;没有颈羽和螺旋卷毛,但颈部前面的毛发具有典型样式;图案A的翅膀,有较长主羽,直

立越过底部的两排小翅膀，后者紧挨着躯干；大比例，但躯干轻盈且处理得有活力；风格比较生硬，尤其是左前腿与躯干的连接处，但细节整体上非常清晰；尾巴上翘并卷曲；没有底座或基线；有粗圆点边界。

P. 53. 四等分长方形印图；四部分相等，其表面有精美的点刻且仅比方形外面的背板平面略高。

a. 15. 12 克，格拉斯哥。 PL. Ⅳ

Hunter, i. 383, no. 2; Combe, 319, no. 1; C. 17.

分组 31

4 德拉克马： 造币官：APTE

标识：—

有记录的样品	3	垫压模具	2	PL. Ⅳ
模具组合	2	冲压模具	1	

61. A. 52. 与造币官名字缩写“APTE”的位置类似，但格里芬的后腿在基线上；头的上半部不成比例，耳朵较小；一根纤细的羽冠从鼻子上的凸起物处一直延伸至颈部后面；下颌下面有颈羽，颈部两边有螺旋卷毛；翅膀主羽处理得更加清晰，远处翅膀比近处翅膀更高；两排短翅膀横贯躯干，其中第二排的处理不清晰。

P. 54. 类似；方形分割线明显上凸。

a. 14. 92 克，大英博物馆。 PL. Ⅳ

BMC *Thrace*, 229, no. i γ; Bank Colln.; C. 16/2.

b. 14. 4 克，柏林。

Beschreibung, i. 100, no. 23; Fox; Sotheby 22. 2. 1855, 240; C. 16/1(有穿孔).

正面：在模具铸造过程中羽冠与翅膀轮廓之间可能有断裂。

62. A. 53. 与造币官名字缩写“AP[——”的位置类似，同样可以看到远处翅膀的尖部，但程度略低。

P. 54. 相同模具。

a. 14.60 克。

Jameson, i. 1029; Hoftmann 16. 1. 1882, 565; C. 22 * (铭文被误认为是“H[POΔ”, 这枚钱币属于分组33中的“HPO”, 或者是分组43中的“HOPK”; 但前两个字母“AP”足够清晰, 而且根据风格和冲压图案的识别都可以确认属于这一组).

分组32~33

分组32

4 德拉克马: 造币官: ANTI, ANT

标识: 扇贝

有记录的样品	2	垫压模具	1	PL. Ⅳ
模具组合	1	冲压模具	2	

1 德拉克马: 标识: —

有记录的样品	6①	垫压模具	2	PL. Ⅳ
模具组合	2	冲压模具	2	

分组33

4 德拉克马: 造币官: HPO

标识: 扇贝, 小球

有记录的样品	4②	垫压模具	1③	PL. Ⅳ
模具组合	2	冲压模具	2	

---

① 包括 C. 33/4; Sotheby 9. 5. 1904, 208 (没有重量记录)。

② 包括 C. 22/4; Sotheby 5. 12. 1859, 42, 14. 55 克 (标识不确定, 而且没有提到小球)。

③ 包括 C. 38/4; Sotheby 20. 2. 1878, 20; 以前是 Bank 的藏品; Borrell, NC 1840/1, 104, no. 6; C. 38/5: Hirsch, xxv. 65, 2. 81 克。

1 德拉克马：　　　　　　　　　　　　　　　　　　　　标识：—

有记录的样品	8	垫压模具	1	PL. Ⅳ
模具组合	2	冲压模具	1	

分组 33 中第 69 号的 1 德拉克马垫压模具 A. 55/a 与分组 32 中第 65 号的模具 A. 55 相同，最初的铭文后来被认定为“HPO”。

分组 32 中第 64 号的 4 德拉克马冲压模具 P. 56 和第 65 号 1 德拉克马的冲压模具 P. 57 在分组 33 中被再次使用，分别是第 68 号和第 69 号钱币。

分组 32（4 德拉克马）：

63. A. 54. 造币官名字缩写“ANTI”位于向左跳跃且离开基线的格里芬之上，两条前腿都抬起；类似风格和图案；在尾巴与翅膀之间的背板上有一个贝壳；近处翅膀展开，有一排直立主羽，远处翅膀没有显示；翅膀底部没有短翅膀；有圆点边界。

P. 55. 类似；四等分方形较大且表面有粗糙的颗粒。

a. 14. 82 克，柏林。　　　　　　　　　　　　　　　　PL. Ⅳ

C. 15/1.

正面：模具上有断裂，从翅膀边缘一直到颈部。

64. A. 54. 相同模具。

P. 56. 类似；方形较小且表面不太平。

a. 14. 40 克，图宾根。　　　　　　　　　　　　　　　PL. Ⅳ

C. 15/2（损坏）.

正面：与第 65 号模具一样有断裂，可能要大些。背面：沿方形边沿有断裂。

1 德拉克马：

65. A. 55. 造币官名字缩写“ANT”位于左前腿抬起的格里芬下面，格里芬坐卧在圆点基线之上；双颌张开，鼻孔上面有凸起物；无羽冠、鬃毛，或螺旋卷毛；下颌下有颈毛；图案 B 翅膀，从一排短翅膀上方展开且在最长主羽的尖部向前卷曲;尾巴上翘且卷曲;有圆点边界。

P. 57. 四等分长方形印图,四等分不规则且表面粗糙。

a. 3. 46 克,大英博物馆。 PL. Ⅳ(正面)

BMC *Thrace*,66,no. 9;C. 35/2.

b. 3. 36 克,巴黎。

Nom. Iii,pl. 1. 8(正面);C. 35/3,pl. 1. 9(正面).

c. 维也纳。

d. 2. 96 克,柏林。

Beschreibung,i. 98,no. 4;C. 35/1.

背面:模具的长方形边缘有断裂。

66. A. 56. 造币官名字缩写"ANT"位于格里芬左边,格里芬面朝左卧坐在基座上,右前腿抬起;图案较大;图案 C 翅膀,表面空白,略微下凹,没有羽毛且从一排短翅膀上向上开展;颈部背面有一个粗糙的羽冠;耳朵向后。

P. 58. 类似,但四等分方形的表面有颗粒且略微上凸。

a. 3. 65 克,牛津(梅先生的遗产)。 PL. Ⅳ

MMAG(8/60);Helbing 31. 1. 1930,214;*AG* xiii. 610.

分组 33(4 德拉克马):

67. A. 57. 造币官名字缩写"HPO"位于向左跳跃的格里芬上方,格里芬离开了圆点基线,两条腿都抬起;在腹部下面的背板上有一个贝壳,在翅膀根部与铭文之间有一个小球;鼻孔上方的凸起物非常明显,但无鬃毛或羽冠;颌下的毛发是典型的;图案 A 翅膀以一组竖直主羽方式展开,根部无第二排羽毛;轻盈且有力量;后腿的爪子有非凡的一束效果;有圆点边界。

P. 59. 四等分长方形印图;方形表面略微上凸且有轻微点刻。

a. 14. 66 克,格拉斯哥。 PL. Ⅴ

Hunter,i. 383,no. 3;Combe,319,no. 2(Teos);C. 22/2.

68. A. 57. 相同模具。

P. 56. 分组 32 中第 64 号模具。

a. 14. 70 克，剑桥。 PL. V

SNG iv. 1637; Sotheby 15. 6. 1896, 562; Sotheby 10. 7. 1884, 256; C. 22/1.

b. 13. 36 克，剑桥。

McClean, 3991; Hirsch, xxi. 838; C. 22/3.

背面：与第 64 号钱币相同，模具上沿长方形的边缘有断裂，但现在显示出很大改进。

1 德拉克马：

69. A. 55/a. 分组 32 中第 65 号模具；字母“HPO”覆盖了“ANT”，痕迹仍然可见。

16. 57. 分组 32 中第 65 号模具。

a. 3. 41 克，大英博物馆。 PL. V

BMC *Thrace*, 66, no. 10; C. 38/3.

b. 3. 28 克，波士顿。

Boston Catalogue 746; Warren, 437; Sotheby 10. 7. 1884, 255; C. 38/2.

c. 3. 10 克，柏林。

C. 38/1（正面与 a 是相同模具；背面可能与其他有记录的样品相同）.

d. 2. 95 克。

Hess（法兰克福）12. 3. 1906, 52；以前是 *Beschreibung*, i. 100, no. 19（给出的重量 2. 66 克是错误的，字母是“Φ] H”）；Prokesch-Osten；C. 38/1a。（正面可能与 a、c 相同；无背面的具体情况，可能与其他有记录的样品相同）

e. 2. 65 克，牛津（梅先生的遗产）。

Glend. 18. 4. 1955, 320（Ⅰ）；de Laval.

f.3.29 克。

Kricheldorf 15.10.1955,206.

正面:与前面和分组32中第65号钱币相同。背面:像第65号钱币,在长方形边缘模具有断裂。

分组34

4 德拉克马:　造币官:IKEΣ

标识:扇贝,小球

有记录的样品	1	垫压模具	1	PL. V
模具组合	1	冲压模具	1	

70. A.58. 造币官名字缩写"IKEΣ"位于格里芬下面,格里芬向左跳跃,两条前腿抬起;可能没有基线;在翅膀后面和尾巴上方的背板上有一个扇贝,在翅膀与尾巴之间有一个小球;一束纤细羽冠从鼻孔上方的凸起物延伸到颈部背后;双颌张开非常大,主羽竖直且有两根主羽最高,并在顶尖处向前卷曲;在翅膀根部无次羽;躯干比例非常恰当;风格非常有活力;有大圆点边界。

P.60. 四等分长方形印图,其表面有颗粒且可能略微凸起。

a.14.57 克,牛津(梅先生的遗产)。

Baldwin(9/57).(对这枚钱币的真实性一直有疑问)

正面:从格里芬背部到小球之间有一条垂直小裂缝,在小球上边有裂痕。

分组35

4 德拉克马:　造币官:ΔAM

标识:—

有记录的样品	1	垫压模具	1	PL. V
模具组合	1	冲压模具	1	

71. A. 60. 造币官名字缩写“ΔAM”位于向左跳跃的格里芬上方，格里芬离开了基线或基座；两条腿都抬起；比例很大；再次只有单只翅膀，主羽在顶尖处没有卷曲，根部有一排短翅膀；沿颈部后面有一束直立短鬃毛；有圆点边界。

P. 61. 类似，但方形表面凸起幅度稍大。

a. 14. 57 克，大英博物馆。　PL. V

BMC *Thrace*, 229, no. 18; Bank Colln; Borrell, NC 1840/1, no. 4.（正面经过二次轻微冲压）

分组 36

4 德拉克马：　造币官：HΓH

标识：小球（no. 71），男性头像（no. 72）

有记录的样品	2	垫压模具	2	PL. V
模具组合	2	冲压模具	2	

1 德拉克马：　标识：—

有记录的样品	13①	垫压模具	2	PL. V
模具组合	3	冲压模具	3②	

72. A. 60. 造币官名字缩写“HΓH”位于向左跳跃的格里芬下面，两条前腿都抬起；无基线；在翅膀与尾巴之间的背板上有一个小球；一束纤细羽冠从鼻子上方的凸起物下落到脖子根部；颌下有短颈毛；翅膀按照一组竖直主羽展开，其中上面的主羽在顶尖处略微卷曲，根部无次羽；躯干、腿和腰臀部处理得有活力；有大圆点边界。

P. 62. 图案类似；四等方形框线较粗。

a. 14. 51 克。　PL. V

① 包括 C. 37/1：雅典，3. 19 克；C. 37/6：Rollin and Feuardent，巴黎（1912），3. 04 克。

② 分组 41 中的第 86 号钱币可能也使用了第 75 号钱币的冲压模具 P. 65。

Lockett;SNG iii. 1116.

73. A. 61. 造币官名字缩写“HΓH”的位置类似;在背板上方有面朝右的年轻男性头像;无小球;羽冠的处理更突出,而且鼻子上面的凸起物更明显;主羽比较僵硬,但在尖部有卷曲。

P. 63. 图案类似,工艺更好;四等分方形表面凸起更多。

a. 14. 63 克,大英博物馆。 PL. V

Lockett; SNG iii. 1117; AC xiv. 220; Sotheby 9. 5. 1904,193.

1 德拉克马:

74. A. 62. 造币官名字缩写“HΓH”在面朝左卧坐的格里芬下面,有造型基座,右前腿抬起;颌下有一束颈毛,颈部两边有两束螺旋卷毛;无羽冠或鬃毛;翅膀是空白的,有略微下凹的表面,肋骨上的短翅膀无羽毛迹象;无边界。

P. 64. 粗糙的四等分长方形印图,表面不规则,处理得也不平。

a. 3. 15 克,巴黎。 PL. V

Luynes,1745;C. 37/5.

b. 3. 05 克,柏林。

Beschreibung,i. 100,no. 18;C. 37/2.

c. 斯特拉斯堡大学(Strasbourg University)。

d. 3. 72 克。

Nav. i. 1070;Egger,xxxix. 123.

正面:a 和 d 的模具上沿双颌有斜裂纹,b 上看不到;腿之间的背板不平,在所有样品的颈部与翅膀之间,以及左前爪的背板上也有小裂纹。

75. A. 62. 相同模具。

P. 65. 四等分长方形印图;处理得很清晰,表面略微上凸。

a. 3. 24 克,大英博物馆。

BMC *Thrace*,66,no. 13;C. 37/4.

b. 3.57 克,柏林。

C. 37/3.

c. 维也纳。

d. 3.51 克。

Lockett;SNG iii. 1121;AC xiii. 612.

e. 3.30 克。

Schlessinger,4. 2. 1935,439;Hermitage.

f. 3.04 克。

Glend,13. 11. 1957,66.

正面:与第74号钱币类似;穿过双颌的裂纹在b、c和d上不明显,也许模具经过改造,以提高翅膀的浮雕和使舌头加长。背面:沿方形边缘有损坏的初始痕迹。

76. A. 63. 与造币官名字缩写"HΓH"的位置类似;抬起的右前腿偏大和显得笨拙;颈部有第三束螺旋卷毛。

P. 66. 图案类似,但表面处理得不太平,四等分方形明显凸起。

a. 3.53 克。 PL. V

MMAG(8/51).

分组 37

4 德拉克马: 造币官:ΣVM

标识:—

有记录的样品	3	垫压模具	2	PL. V
模具组合	3	冲压模具	2	

77. 造币官名字缩写"ΣVM"位于向左跳跃的格里芬下面,两条前腿都抬起;无基线;颈部后面有一个很短的羽冠;无螺旋卷发,但颌下有颈毛;翅膀按照一列竖直主羽方式展开,根部有一排短翅膀;比例恰当,整体处理得有活力;有圆点边界。

P.67.图案类似;四部分均等,其表面略高于周围背板,且有点刻。

a.14.85克,波士顿。 PL.V

Boston Catalogue,102,no.748;Warren,435;C. 30/2.

正面:模具在格里芬的腰臀部下面有明显裂纹。

78.A.64.相同模具。

P.68.图案类似。

a.14.72克,柏林。 PL.V

Beschreibung,i.100,no.24;NZ 1872,186,no.6;Nom. iii. Pl.1,17;C.39/1.

正面:有与第77号钱币相同的裂纹。

79.A.65.与造币官名字缩写"ΣVM"的位置类似。

P.68.第78号钱币模具。

a.14.97克,大英博物馆。 PL.V

BMC *Thrace*,66,no.7;Sotheby 12.7.1852,3;阿布德拉窖藏(1850);C.30/1。

分组38

4德拉克马: 造币官:EΓI IA

标识:酒杯

有记录的样品	9①	垫压模具	1	PL.V
模具组合	1	冲压模具	1	

80.A.66.造币官名字缩写"EΓI IA"位于向左跳跃的格里芬下面,两条前腿都抬起;在腹部下面背板上有一个酒杯;突出了上颌和头部,不重视下颌;羽冠设计得非常短;工艺非常好;主羽展开更大,且尖部向前卷曲;躯干与腰臀部之间的工艺比较粗糙。

① 包括C.24/5,Hoffmann 11.11.1876,1017;也可能与本组中的一个样品相同。

P. 69. 图案类似。

a. 15. 03 克，大英博物馆。 PL. V

Sotheby 23. 3. 1896, 273; Sotheby 23. 5. 1894, 130; C. 24/4.

b. 14. 75 克。

Lockett; SNG iii. 1115; AC xv. 552.

c. 14. 92 克，柏林。

Beschreibung, i. 101, no. 25; C. 24/1.（正面与 a 是相同模具；背面可能使用的是本批次其他样品的相同模具）

d. 14. 60 克。

Egger, xlvi. 152; Hess（法兰克福）12. 3. 1906, 50; NZ 1872, 87, no. 9; C. 24/2.（有损坏）

e. 14. 81 克。

Hess（卢塞恩）1956, 251; Jameson, iv. 2456.

f. 14. 90 克，DE BRIAILLES。

Egger, xv. 1308; C. 24/6.（因损坏头部很模糊）

g. 14. 81 克，DEWING。

Nav, i. 1068.

h. 14. 94 克，DE NANTEUIL。

Nanteuil, 701; Nav. V. 527; BMC *Thrace*, 66, no. 8; Sotheby 12. 7. 1852, P. 2; 阿布德拉窖藏（1850）; C. 24/3。

正面：在左前爪的上方和左边的背板有小裂纹或不平。背面：在方形边缘有初始损坏的痕迹。

分组39

1德拉克马：　　　　　　　　　　　　　　造币官：THN

标识：—

有记录的样品	4	垫压模具	1	PL. V
模具组合	1	冲压模具	1	

81. A. 67. 造币官名字缩写"THN"在面朝左卧坐的格里芬抬起的右前腿下面，有短羽冠；翅膀是空白，表面下凹(图案C)；处理得有活力；合适和粗壮的比例；明显没有基线；无凸起的边界。

P. 70. 图案类似；但表面上凸且有粗糙点刻。

a. 3. 35克，柏林。　　　　　　　　　　　　　　PL. V

C. 40/1.

b. 布鲁塞尔。

c. 3. 30克，剑桥。

McClean, 3993.

d. 3. 42克，纽约(ANS)。

e. 3. 39克，牛津(梅先生的遗产)。

分组40

4德拉克马：　　　　　　　　　　　　　　造币官：ΓΡΩ

标识：牛头，向右

有记录的样品	3	垫压模具	1	PL. Ⅵ
模具组合	1	冲压模具	1	

82. A. 68. 造币官名字缩写"ΓΡΩ"在格里芬的左边，格里芬面朝左卧坐在圆点基线上；右前腿抬起，下面有一个面朝右的牛头像；上颌不如A. 66突出，但凸起物很明显；有一个短羽冠沿颈部后背而下，边上有两束细微的螺旋卷毛；图案B翅膀，根部有一排短翅展开，主羽在

顶部呈圆形并向前卷曲；尾尖处明显有一簇毛；图案整体上显得较小，但比例恰当且处理得有活力；有圆点边界。

P. 71. 图案类似；表面略微上凸且有粗糙的颗粒。

a. 14. 25 克，大英博物馆。 PL. Ⅵ

Subhi Pacha；C. 28/1.

b. 14. 68 克，牛津。

阿什莫尔博物馆，*Report of the Visitors*（1935），pl. 6. 3；Hamburger，12. 6. 1930，76；Hirsch，xxx. 64；Hirsch，xiii. 512；C. 28/2。

c. 15. 14 克。

Nav. vi. 831；Egger，xlvi. 153.

正面：在靠近左前腿的背板上有小裂纹。

分组 41

4 德拉克马、1 德拉克马： 造币官：ΤΕΛΕ

标识：棕榈叶

4 德拉克马：

有记录的样品	3	垫压模具	3	PL. Ⅵ
模具组合	3	冲压模具	1	

1 德拉克马：

有记录的样品	10①	垫压模具	1	PL. Ⅵ
模具组合	1	冲压模具	2②	

4 德拉克马：

83. A. 69. 造币官名字缩写“ΤΕΛΕ”位于格里芬抬起的右前腿下

① 包括 C. 39/1：雅典，3. 30 克；C. 39/6：Lischine 15，3. 15 克。

② 第 86 号的冲压模具 P. 68 可能也应用于更早期的分组 35 中的第 75 号钱币。

面,格里芬面朝左卧坐在圆点基座上;腹部下面有棕榈叶;上下颌张开,舌头外露,但鼻子上面的凸起物不太明显;图案 B 翅膀,主羽按照一排卷曲羽毛展开;比例较小。

P. 72. 类似,但表面上凸较小,显得更平。

a. 14. 68 克,柏林。 PL. Ⅵ

Nom. iii, pl. 1. 6; *Kosloff Catalogue*, 364; C. 32.

84. A. 70. 与造币官名字缩写"TEΛE"的位置类似;没有标识;图案 C 翅膀,呈圆形,空表面白和略微下凹;基座有装饰;有大圆点边界。

P. 72. 相同模具。

a. 15. 05 克,柏林。 PL. Ⅵ

Beschreibung, i. 100, no. 16; Fox; Sotheby 24. 2. 1862, 65; Nom. iii, pl. 1. 5; C. 31/1, pl. 1. 5.

85. A. 71. 与造币官名字缩写"TEΛE"的位置类似,但上颌更突出而下颌不突出(A. 66),而且头的位置更高;羽冠的处理较轻。

P. 72. 相同模具。

a. 15. 38 克,海牙。 PL. Ⅵ

C. 31/2.

1 德拉克马:

86. A. 72. 与造币官名字缩写"TEΛE"的位置类似;鼻子上面的凸起物非常明显,耳朵尖而僵硬,且仅能看到近处耳朵;图案 C 翅膀;爪子非常夸张;有装饰的基座;无边界;整体工艺非常好。

P. 65. 模具是分组 36 中的第 75 号钱币。

a. 3. 45 克,格拉斯哥。 PL. Ⅵ

Hunter, i. 383, no. 4; Combe, 319, no. 4; C. 39/4.

b. 3. 05 克,哥本哈根。

SNG(Cop.)*Thrace*, 311.

c. 3. 34 克,海牙。

d. 3. 04 克,纽约(ANS)。

e. 3. 22 克，柏林。

Beschreibung, i. 100, no. 17; C. 39/2.

f. 3. 00 克，柏林。

C. 39/3.

g. 3. 12 克，慕尼黑。

h. 3. 36 克。

8. Weber, 2368; C. 39/5.

正面：在上述所有样品中 a 的模具是保存最好的，但在方形边缘也显示出比第 75 号钱币有更多一些的损坏。

分组 42

4 德拉克马、1 德拉克马：　　　　造币官：ΔEO

标识：公鸡(nos. 87 – 90, 92)，
公鸡和小球(no. 91)

有记录的样品	7①	垫压模具	6	PL. VI
模具组合	6	冲压模具	4②	

4 德拉克马：

有记录的样品	39③	垫压模具	5	PL. VI
模具组合	5	冲压模具	2	

87. A. 73. 造币官名字缩写“ΔEO”位于格里芬的后面，格里芬面

① 包括 C. 19/5：Hirsch, xiii. 511, 14. 80 克。

② 冲压模具二次打制的第 92 号钱币的身份不确定。

③ 包括 C. 36/4：柏林，3. 54 克；C. 36/2，以前在柏林，*Beschreibung*, 99, no. 7, 3. 29 克；以后是 Hess（法兰克福），12. 3. 1906, 51；Hambourger 17. 6, 1908, 401；Rollin and Feuardent (1912)；C. 36/17：Sotheby 9. 5. 1. 1904, 208, 3. 05 克；C. 36/18：Hoffmann 16. 1. 1882. 564, 3. 20 克；C. 36/19, 20：Borrell, NC 1840/1, 104, nos. 7, 8, 3. 16 克、3. 41 克；C. 36/21：Hoffmann 11. 11. 1867, 1018；C. 36/23：Sotheby 15. 3. 1897, 156；C. 36/24：*NZ* 1878, 187, no. 10（有穿孔）；C. 36/25：Hirsch, xxix. 137, 3. 26 克；C. 36/26：Merzbacher 15. 11. 1910, 288, 3. 25 克。

朝左卧坐在基座上,右前腿抬起,下面有一只向右的公鸡;在近处耳朵下面可以看到远处耳朵;羽冠从鼻子上面的凸起物一直到脖子根部;有一束短颈毛,但脖子两边无螺旋卷毛;翅膀按照一排紧密卷曲的羽毛展开(图案B);后腿的位置不当;有圆点边界。

P.73. 图案类似;四等分方形不规则,表面有粗糙的颗粒。

a. 14.32 克,剑桥。 PL. Ⅵ

McClean,3990;Seltman[2],pl. 6. 12.

88. A.74. 与造币官名字缩写"ΔEO"的位置类似;圆点基线;羽冠处是稀疏的鬃毛;粗糙的边界。

P.74. 类似;四等分方形更规范。

a. 14.84 克,布鲁塞尔。 PL. Ⅵ

12. de. Hirsch,877,pl. 46;Bompois,563;Dupre,177;Nom. iii,1909,pl. 1.9(正面);C. 19/2.

89. A.75. 造币官名字缩写"ΔEO"位于格里芬的左边,上面是公鸡;类似。

P.74. 相同模具。

a. 14.99 克,柏林。 PL. Ⅵ

Beschreibung, i. 99, no. 5; Fox, Loscombe Catalogue (1855),239;C. 19/1.

90. A.76. 造币官名字缩写"ΔEO"位于格里芬的后面(如第87号、第88号钱币);类似,但公鸡向左;粗羽冠。

P.75. 图案类似;方形框线较细;表面有轻微点刻。

a. 15.18 克,格拉斯哥。 PL. Ⅵ

Hunter,i. 382,no. 1,pl. 26. 1;Comber,319,no. 3;C. 19/3.

正面:公鸡头像上方的模具背板可能有裂纹,另一处裂纹在躯干与卷曲的尾巴之间。

91. A.77. 与造币官名字缩写"ΔEO"的位置类似,但公鸡头像面朝右,在腹部下面有小球;羽冠较稀疏。

P. 76. 类似。

a. 14. 92 克，纽约（ANS）。 PL. Ⅵ

Bourgey, May 1910, 51, pl. 1; White-King, 124, pl. 2; Hirsch, xiii. 510, pl. 7; C. 19/4.

正面：沿腹部下面模具有严重裂纹，一直到背板中小球的位置。

92. A. 78. 与造币官名字缩写“ΔEO”的位置类似；公鸡头像面朝左。

P. — —

a. 14. 88 克，大英博物馆。 PL. Ⅵ

Ainos, 27, no. 96; NC 1923, no. 8; Milne, *Greek and Roman Coins*(1939), pl. 4. 4; 出处：保加利亚。用阿伊努斯造币厂的图案二次打制（loc. cit. Group Ⅲ, c. 471/0 – 469/8, no. 9, A. 6/P. 5）。

1 德拉克马：

93. A. 79. 造币官名字缩写“ΔEO”位于格里芬上方，格里芬面朝左卧坐，右前腿抬起；无标识、小球或基座；下颌下面有一束粗颈羽，但脖子背后无羽冠；耳朵向上尖，但只显示了一只；图案 C 翅膀，表面空白和下凹。

P. 77. 图案类似；常规四等分方形印图，表面有轻微点刻。

a. 3. 33 克，巴黎。 PL. Ⅵ

Luynes, 1744; C. 36/14.

b. 3. 16 克，哥本哈根。

SNC(Cop.) *Thrace*, 310; C. 36/7.

c. 3. 41 克，大英博物馆。

BMC *Thrace*, 66, no. 11; C. 36/8.

正面：在 a、b、c 的翅膀与圆点边界之间的部分模具上有明显断裂，已经覆盖了铭文中的字母“O”；模具看上去整体有损坏。

94. A. 80. 与造币官名字缩写“ΔEO”的位置类似；有短鬃毛；可看

见远处耳朵,舌头外露;有基座。

P.77. 相同模具。

a. 3.27 克,柏林。 PL. Ⅵ

C. 36/5.

b. 3.34 克,布鲁塞尔。

C. 36/6.

c. 2.38 克,巴黎。

C. 36/11.

d. 3.25 克,索菲亚。

C. 36/14.

e. 3.49 克,纽约(ANS)。

Hirsch, xiii. 513; C. 36/22.

f. 3.70 克,普罗夫迪夫(Plovdiv)。

g. 3.17 克,PROSCHOWSKY。

h. 3.35 克,DE NANTEUIL。

Nanteuil, 702; Hirsch, xxi. 839; C. 36/22b.

i. 2.11 克。

Lockett; SNG iii. 1120; Nav. Vi. 833. (边界非常窄)

j. 3.36 克。

MMAG(8/51).

k. 3.30 克。

Egger, xivi. 154.

l. 3.33 克。

Hirsch, xviii. 2306; Nom. iii, 1909, pl. 1.7; C. 36/22a.

m. 2.91 克,牛津(梅先生的遗产)。

Baldwin(9/59)(有损坏).

正面:所有样品都有一个裂纹,在靠近后腿上方,从腰臀部直到圆点边界。

95. A. 81. 与造币官名字缩写“ΔEO”的位置类似(如第 93 号);无鬃毛或基座。

P. 77. 相同模具。

a. 3. 25 克,柏林。 PL. Ⅵ

Beschreibung, i. 99, no. 6; C. 36/1.

b. 3. 23 克,剑桥。

McClean, 3992.

c. 3. 17 克,DE BRIAILLES。

Nav. i. 1069.

d. 3. 34 克。

Lockett; SNG iii. 1119.

e. 3. 29 克。

AC xiii. 611.

96. A. 82. 造币官名字缩写“ΔEO”位于格里芬的下面;图案类似,但稍大;远处耳朵向后;有短鬃毛。

P. 77. 相同模具。

a. 3. 53 克,柏林。 PL. Ⅵ

Beschreibung, i. 99, no. 8; C. 36/3.

b. 3. 18 克,大英博物馆。

BMC *Thrace*, 66, no. 12; C. 36/9.

c. 维也纳。

d. 3. 10 克。

Lockett; SNG iii. 1118; Nav. vi. 832; H. Weber, 2367; C. 36/16.

97. A. 83. 造币官名字缩写“ΔEO”在格里芬的上面;类似,但更大;耳朵重叠成一只;有装饰基座。

P. 78. 类似,但更大。

a. 2. 75 克,慕尼黑。 PL. Ⅵ

C. 36/10.

b. 3. 20 克,杜宾根。

C. 36/15.

分组 43

4 德拉克马:　　造币官:HPOK

标识:黑人头像

有记录的样品	2	垫压模具	1	PL. Ⅶ
模具组合	1	冲压模具	1	

98. A. 84. 造币官名字缩写“HPOK”位于格里芬上方,靠近尾部,格里芬卧坐在圆点基座上;右前腿抬起,下面有面朝左的黑人头像;耳朵是尖的,只呈现一只;突出的羽冠从鼻子上的凸起物一直延伸到颈部后面;一束稀疏颈羽,颈部边上有单一螺旋卷毛;翅膀按照一排密集卷曲的羽毛展开(图案 B);整体处理比较精细;有圆点边界。

P. 79. 图案类似;表面有轻微点刻,工艺熟练。

a. 1 4. 80 克,巴黎。　　PL. Ⅶ

Luynes,1743;Babelon, *Traite*,2. iv,pl. 332. 3;Nom. iii, pl. 1. 10(正面);C. 23/2.

b. 14. 56 克,柏林。

Beschreibung,i. 99,no. 9(黑人头像,好像戴头盔);NZ 1872,186,no. 4(铭文看似“HPO”,头像也似戴头盔);一枚可能是在米奥内特(Mionnet)制作的熔铸币,目前在大英博物馆。

分组44

4德拉克马：　　造币官：ΓΑΤ

标识：乌龟

有记录的样品	1	垫压模具	1	PL. Ⅶ
模具组合	1	冲压模具	1	

99. A. 85. 造币官名字缩写"ΓΑΤ"在格里芬上方，格里芬面朝左卧坐在圆点基座上；右前腿抬起，下面有一只乌龟；类似风格和比例；可看见远处的耳朵；羽冠较小，但颈羽较粗；颈部前面的毛发很形象，边上有单一螺旋卷毛；图案B的翅膀，且在一排短翅膀上展开；有圆点边界。

P. 80. 图案类似。

a. 14. 65克，柏林。　PL. Ⅶ

C. 27.

正面：模具在格里芬的胸部与抬起的前爪之间有裂纹。

分组45

4德拉克马：　　造币官：ΜΕΓΑ

标识：—

有记录的样品	2	垫压模具	2	PL. Ⅶ
模具组合	2	冲压模具	2	

100. A. 86. 造币官名字缩写"ΜΕΓΑ"在格里芬抬起的右腿下面，格里芬卧坐在有装饰的基座上；整体上处理得粗糙、笨重；颈部前面的毛发很典型，但边上没有螺旋卷毛，颈部后面只有一束稀疏的鬃毛；圆点边界非常明显。

P. 81. 图案类似；四等分方形的表面略微凸起。

a. 14. 74克。

Lockett;SNG iii. 1112. PL. Ⅶ

101. A. 87. 与造币官名字缩写“MEΓA”的位置类似;细节的处理非常熟练,但后背和臀部比例偏大;没有螺旋卷毛,可能像第 100 号钱币一样颈部前面无典型毛发;直立的羽冠非常短;边界不明显。

P. 82. 图案类似;四等分方形的表面较平。

a. 14. 67 克,柏林。 PL. Ⅶ

Beschreibung, i. 99, no. 3;NZ 1872, 187, no. 8;C. 25.

正面:在右前腿与前胸之间有裂纹,且沿着颈部一直到下颌处。

分组 46

4 德拉克马: 造币官:MEIΔI

标识:—

有记录的样品	2	垫压模具	2	PL. Ⅶ
模具组合	2	冲压模具	2	

102. A. 88. 与造币官名字缩写“MEIΔI”的位置类似;图案不太呆板;无基座;颈部边上有两束螺旋卷毛,下颌下面有少量颈羽;羽冠是常规比例,颈部前面无典型毛发。

P. 83. 类似,四等分方形不太规则。

a. 14. 80 克,大英博物馆。 PL. Ⅶ

BMC *Thrace*, 65, no. 3;Sotheby 12. 7. 1852, 5;阿布德拉窖藏(c. 1850);C. 26/2。

背面:模具的方形边缘有裂纹。

103. A. 89. 与造币官名字缩写“MEIΔI”的位置类似。

P. 84. 图案类似;四等分方形更规范。

a. 14. 15 克,哥本哈根。 PL. Ⅶ

SNG(Cop.) *Thrace*, 308;C. 26/1.

分组 47

4 德拉克马：　　　　造币官：HPAK

标识：蝉

有记录的样品	7①	垫压模具	4	PL. Ⅶ
模具组合	4	冲压模具	3	

104. A. 90. 造币官名字缩写“HPAK”位于格里芬上方，格里芬面朝左卧坐；在抬起的右腿下面有一只蝉；图案略微小一些，翅膀张开得不大；远处耳朵向前尖，在近处耳朵的后面；羽冠被一簇短鬃毛取代，沿鼻子上面的凸起物直到脖子根部；脖子前面的毛发很典型；无螺旋卷毛。

P. 85. 图案类似。

a. 14.68 克，波士顿。　　　　PL. Ⅶ

Boston Catalogue, no. 747; Warren, 436; C. 21/5.

105. A. 91. 与造币官名字缩写“HPAK”的位置类似；但格里芬是在短基座或基线上；有蝉的标识；无凸起物；翅膀根部无次羽；工艺细致。

a. 14.98 克，柏林。　　　　PL. Ⅶ

Beschreibung, i. 99, no. 10; C. 21, pl. 1. 6.

b. 14.75 克。

Jameson, iii. 1997（可能是这种背面）.

106. A. 92. 与造币官名字缩写“HPAK”的位置类似；无基线或基座；有蝉的标识。

P. 86. 图案类似。

a. 14.93 克，柏林。　　　　PL. Ⅶ

Beschreibung, i. 99, no. 11; C. 21/3.

---

① 包括 C. 21/1：雅典，14.94 克。

b. 14.21 克。

Egger, xlvi. 151; Hess (法兰克福) 12. 3. 1906, 49; *Beschreibung*, i. 99, no. 12; NZ 1872, 187, no. 7; C. 21/4.

107. A. 93. 与造币官名字缩写"HPAK"的位置类似;脖子前面的毛发显然不够典型;有蝉的标识。

P. 87. 图案类似。

a. 14.51 克,大英博物馆。 PL. Ⅶ

BMC *Thrace*, 65, no. 2; Borrell; C. 21/6.

正面:字母"K"的周围和尾巴曲线上有小裂纹。

分组 48

4 德拉克马: 造币官:ΣMOP

标识:萨梯

有记录的样品	13①	垫压模具	3	PL. Ⅶ
模具组合	4	冲压模具	3	

108. A. 94. 造币官名字缩写"ΣMOP"位于格里芬上方,格里芬面朝左卧坐,右前腿抬起,下面是有胡须、圆肚子(pot-bellied)跳舞的萨梯,头朝右;类似,但图案更加细致,特别是翅膀。

P. 88. 图案类似。

a. 14.56 克。

Lockett; SNG iii. 1113; Nav. i. 1067; Egger, xlvi. 457; C. 29/9.

b. 14.80 克,大英博物馆。

BMC *Thrace*, 66, no. 5; C. 29/5.

---

① 包括 C. 29/2:柏林, *Beschreibung*, i. 100, no. 15, 正面模具是 A. 95; 15. 17 克; 还有 C. 29/10: Sotheby 20. 2. 1878, 13。

c. 14. 93 克，巴黎。

Babenlon, *Traite*, 2. iv, pl. 332. 5; C. 29/6.

正面：造币官名字中的字母"Σ"是雕刻在此前的字母"H"之上，可能是此前一期钱币上"HPAK"的初始字母；在 b 和 c 的模具上有损坏的痕迹。

109. A. 95. 与造币官名字缩写"ΣMOP"的位置类似，但鼻骨上面的凸起物再次出现，翅膀根部的一排次羽被空白表面替代。

P. 88. 相同模具。

a. 14. 79 克，柏林。　PL. Ⅶ

Beschreibung, i. 100, no. 14; NZ 1872, pl. 8. 4; Sotheby 12. 7. 1852, 7; 阿布德拉窖藏(c. 1850); C. 29/1。

b. 14. 85 克，哥本哈根。

SNG(*Cop.*) *Thrace*, 309; C. 29/3.

c. 14. 96 克。

AC xii. 1224.

d. 14. 81 克。

AC xii. 609; Hirsch, xxvi. 123; Lobbecke; C. 29/22.

正面：模具在脖子根部与抬起的右腿关节之间有裂纹。

110. A. 95. 相同模具。

P. 89. 图案类似。

a. 14. 93 克，大英博物馆。　PL. Ⅶ

BMC *Thrace*, 65, no. 4; CG^2, pl. 10. 1; *Coins of the Ancients*, pl. 12. 1; *Coin Types*, pl. 1. 12; Regling, no. 228; Nom *iii*, pl. 1. 11; C. 29/4.

b. 14. 70 克。

AG xii. 1225; Locker-Lampson, 128; H. Weber, 2371; C. 29/7.

c. 14. 83 克。

Jameson, i. 1030; Sotheby 9. 5. 1904, 192; Sotheby 15. 6. 1896, 561; C. 29/8.

正面:像第109号钱币一样模具上有裂纹。背面:模具沿方形边缘有断裂。

111. A. 96. 与造币官名字缩写"ΣMOP"的位置类似。

P. 90. 图案类似。

a. 14. 88克。

AG xii. 1066; SNG i. (Spencer-Churchill) 97.

正面:在字母"MO"之间的背板上有初始裂纹。

分组49

4德拉克马: 造币官:HPOΔOTO

标识:—

有记录的样品	1	垫压模具	1	PL. Ⅷ
模具组合	1	冲压模具	1	

112. A. 97. 造币官名字"HPOΔOTO"环绕格里芬,格里芬面朝左卧坐,右前腿抬起;有基线;类似,但抬起的右前腿幅度较低;比例大,但细节清晰,工艺非常精致。

P. 91. 图案类似。

a. 14. 83克。 PL. Ⅷ

Lockett; SNG iii. 1114.

分组50

4德拉克马: 造币官:ΦITTAΛO

标识:—

有记录的样品	1	垫压模具	1	PL. Ⅷ
模具组合	1	冲压模具	1	

113. A. 98. 造币官名字“ΦΙΤΤΑΛΟ”在格里芬前面，格里芬面朝左卧坐，右前腿抬起；图案类似，工艺不够精细；比例略小；无基座或基线；翅膀根部无次羽。

P. 92. 图案类似。

a. 14. 87 克，大英博物馆。　PL. Ⅷ

BMC *Thrace*，66，no. 6；Sotheby 12. 7. 1852；阿布德拉窖藏（c. 1850）；C. 33（有轻微的二次打制痕迹）。

小面额钱币制作

3 奥博尔（第三时期）：

第一系列：背面图案，面朝左的牛头像。①

114. A. 99. 格里芬卧坐在有装饰的基座上，右前腿抬起；图案 C 的翅膀，表面空白，且略微下凹；躯干的造型优美，比较重视肋骨；颈部两边有螺旋卷发；精美作品。

P. 93. 牛头部和肩部位于方形印图的左边；横截线是一排小圆点；脖子和肩部的皮肤有明显褶皱，简单但充分；眼睛比较粗糙且上边的毛发近似卷曲；牛角与耳朵之间的关系处理得不成功。

a. 1. 55 克，索菲亚。　PL. Ⅷ

b. 2. 01 克，剑桥。

McClean，3998.

c. 1. 42 克，哥本哈根。

SNG（Cop.）*Thrace*，318；Osman Noury Bey（1905）；C. 43/3.

d. 1. 85 克，柏林。

Beschreibung，i. 103，no. 42；C. 43/2.

---

① 下列钱币也有记录：C. 43/3a：Odessa，1. 58 克；C. 43/4：Hoffmann，16. 1. 1882，1. 74 克；C. 43/4a：Hirsch，xxv. 69，2. 00 克；C. 43/5：Lischine，9. 10，1. 53 克、1. 36 克。

e. 1.70 克,柏林。

C. 43/1.

f. 1.43 克。

MMAG(3/48).

g. 1.62 克。

Lockett;SNG iii. 1142;AG xiii. 613.

h. 1.70 克。

Egger,xxxix. 320(属于特雷斯).

背面:所有样品在尾巴根部与图案边缘之间有裂纹;在 b 至 f 样品上,在耳尖与图案边缘之间有断裂;在 c 样品上,在图案边缘与牛头之间的背板处有一个很大裂纹。

第二系列:背面图案,狮子头像正面。①

115. A. 100. 格里芬面朝左卧坐在基座上,右前腿抬起;图案 C 的翅膀;上下颌张开,耳朵尖向前;工艺很好(如分组 40 中的 A. 68)。

P. 94. 狮子头像位于方形印图中;鬃毛从头顶僵硬发散;眉头有沟痕,面部细节非常精致。

a. 1.61 克,索菲亚。 PL. Ⅷ

C. 41/8.

b. 1.54 克,大英博物馆。

NG 1900,279,no. 8;Lambros;C. 41/4.

c. 1.59 克,剑桥。

McClean,3996.

d. 1.58 克,哥本哈根。

SNG(Cop.)*Thrace*,315;van Lennep(1902).

e. 1.50 克,温特图尔(Winterthur)。

① 下列钱币也有记录:C. 41/2:柏林,1.46 克;C. 41/9:Hirsch,xvii. 628,1.43 克;C. 41/10:Hirsch,xxv. 70,1.60 克;C. 41/11:Lischine,8。

Imhoof-Blumer;C. 41/3.

f. 1.73 克,牛津。

Miline;Baldwin(6/33).

g. 1.51 克,Baldwin(9/59)。

背面:从钱币右下边缘横跨整个图案背板有裂纹。

116. A. 100. 相同模具。

P. 95. 图案类似。

a. 1.60 克,海牙。 PL. Ⅷ

Six;C. 41/7.

117. A. 101. 类似;图案较大,比例不合适。

P. 96. 图案类似。

a. 1.22 克,大英博物馆。 PL. Ⅷ

BMG *Ionia*, 355, no. 64, pl. 34. 20(属于萨摩斯岛);Payne Knight.

118. A. 101. 相同模具。

P. 97. 图案类似。

a. 1.53 克,巴黎。 PL. Ⅷ

Luynes,1746;C. 41/6.

b. 1.68 克,柏林。

Nom *iii*, pl. 1. 12;Lobbecke;C. 41/1.

c. 1.41 克,大英博物馆。

Lambros(1894);C. 41/5.

d. 1.40 克。

Hess(法兰克福)Cat. 202,2381.

背面:在鬃毛的顶部与钱币边缘之间的背板上有小裂纹。

1 奥博尔(第三时期):

第一系列:背面图案:四等分方形印图。①

119. A. 102. 格里芬卧坐在有装饰的基座上,右前腿抬起;耳朵向后尖;图案B的翅膀。

P. 98. 方形印图,但表面不平。

a. 0. 58 克,大英博物馆。 PL. Ⅷ

Lawrence(1899);C. p. 124,0/7(给出的重量是0. 49克).

b. 0. 56 克,维也纳。

C. p. 124,0/10.

正面:在b上面翅膀后面背板上有初始断裂痕迹。背面:模具损害严重。

120. A. 102. 相同模具。

P. 99. 图案类似。

a. 0. 68 克,大英博物馆。 PL. Ⅷ

BMC Thrace,66,no. 14;Burgon(1841);C. p. 124,0/5.

121. A. 102. 相同模具。

P. 100. 图案类似。

a. 0. 52 克,剑桥。 PL. Ⅷ

McClean,3994.

正面:像第119号有裂纹,现已修复。背面:模具有断裂。

122. A. 102. 相同模具。

P. 101. 四等分方形印图;方框线和方形表面比较平。

---

① 下列钱币也有记录:但没有足够详细情况使我们能够将其区分为第三或第四时期(cf. p. 83,*supra*):C. p. 124,0/2,Hess(法兰克福)12. 3. 1906,53;*Beschreibung*,i. 100,no. 32;Fox;0. 46 克:C. 0/3,布加勒斯特;0. 49 克;C. 0/11 -14,Lischine,3 -6;0. 49 克、0. 60 克、0. 68 克、0. 52 克;*Philipsen*,66;0. 53 克:C. 0/15,Rotto,1909,1487;0. 48 克:C. 0/16,Walcher de Molthein 805;0. 60 克:C. 0/17,18,*Furst Ch.* 236;可能还有已经提到的C. n/3,Lischine,2,p. 81,n. 2,*supra*。

a. 0. 64 克,牛津(梅先生的遗产)。 PL. Ⅷ

Baldwin(9/59).

正面:模具损坏,而且裂纹比第121号钱币更明显。

第二系列:背面图案:方形印图中的鹰头像。

123. A. 103. 格里芬面朝左卧坐在有装饰的基座上,右前腿抬起;上下颌大张,舌头外露;耳朵向后尖;图案C的翅膀。

P. 102. 鹰头像面朝右;眼睛处理较常规,羽毛很典型;长方形印图。

a. 0. 67 克。 PL. Ⅷ

Lockett;SNG iii. 1145;AG xiii. 615.

b. 0. 47 克,柏林。

Beschreibung, i. 104, no. 56; Prokesch-Osten; C. p. 124 p and p. 120. fig. 15.

正面:a的模具严重损坏。背面:两枚样品在图案边缘都有很大裂纹。

124. A. 104. 图案类似,但无基座;边界很模糊。

P. 102. 相同模具。

a. 0. 52 克,牛津。 PL. Ⅷ

Milne;Sotheby 22. 7. 1907, 149(被氧化).

背面:像第123钱币号一样有裂纹。

125. A. 105. 格里芬向右行走,右前腿抬起;图案B的翅膀,羽毛紧密叠在一起;头部和颈部的处理比较轻;无基座;有圆点边界。

P. 103. 鹰头像面朝左;羽毛刻画得很典型,有圆点边界;方形印图。

a. 0. 63 克,大英博物馆。 PL. Ⅷ

Robinson(1938).

第3节　第四时期(约公元前473/470～449/448年)

第四时期发行了20个批次的4德拉克马,覆盖时间长达25年,开始时间大约是公元前474～470年,直到约公元前449/448年《雅典铸币令》的实施,当时4德拉克马系列可能出现了中断,尽管时间不太长。4德拉克马再次成为钱币制作的主要部分;1德拉克马非常稀少,有记录的只有一个批次,而且与第三时期相比,小面额钱币的制作也比较少。

与第三时期的明显特征相比,第四时期4德拉克马的突出特征是有新的背面图案。在简单的四等分方形(其表面基本是平的)位置,在图案中加入了一个平面带(flat band),上面刻有年度钱币制作者的名字。关于在吉蒙(Kimon)成功占领艾恩(Eion)之后不久造币官名字的全称就出现在钱币上可能具有的政治意义,以及钱币背面图案的风格与马其顿亚历山大一世和阿肯索斯钱币上类似图案之间的关系等,其他文献已经进行过分析。①

在整个第四时期,钱币的背面图案形成了一个不变系列,目前只保存有三个批次,即分别由造币官莫尔帕斯(Molpas)、迪恩萨斯(Deonysas)和阿特蒙(Artemon)制作的钱币(分组60,68,69)。在这三个批次中,四等分方形让位于由每年造币官选择的单个图案,但他们的名字仍然刻在图案周围的框图上。在表现的方法上,这些背面图案几乎与第五时期的图案相同,在铸币令实施和造币业务经过短暂的中断后,第五时期的图案恢复了以前时期的设计。因此它们可以被视为是第四时期图案中时间最晚的,或最晚之一的代表。确实,分组68、分组69也被划分为这一时期的最后两个批次钱币;分组60(造币官莫尔帕斯)处于分类中更早时期,原因是无法从其正面图案的特征作出

---

① 见p.86, *supra*。

判断。①

由于存在一个完整背面图案而将这三个批次排除在第四时期之外，将其归属第五时期的任何想法都显然会受到质疑。构成造币官莫尔帕斯所使用背面图案的男子头像风格（P. 131，231；nos. 159，160；pl. X）几乎不允许我们这样做；虽然存在一些相似之处，如可以在造币官迪恩萨斯和阿特蒙制作的钱币正面以及第五时期早期钱币正面看到的，也出现在第四时期后期其他许多格里芬图案上，但这些不是将这些钱币划分到第四时期的唯一理由。更重要的是这些图案的比例，以及这些钱币的尺寸和结构，这些都非常不同于第五时期钱币的较小图案和缩小的坯料。为了对应4德拉克马重量的降低，第五时期钱币的尺寸缩小了；分组60、分组68、分组69中的钱币与此前钱币有相同的较宽结构，尽管分组68中一枚独特样品的质量降低到了第五时期重量减轻后的水平，但分组60、分组69中的钱币都明显超过这一水平。② 最后，在阿布德拉一家造币厂标准中在4德拉克马引入完整背面图案已经过时了。它出现的时间恰好是在因《雅典铸币令》造成的中断前不久，这仅仅是一种巧合；阿布德拉造币厂在几年前就预见到《雅典铸币令》的发布和实施，应该不是臆想之事。

与其他任何时间的钱币制作相比，第四时期的格里芬图案都具有更高水平的精致和多样性。这一时期最好的工艺可以确定是约公元前460年以后的时间，表现出了充满想象力和技术表现力的非凡融合。同样，属于公元前470～460年这10年中后期的一些图案，其装饰性和纹章艺术方面的质量，是其他地方难以相比的。在这一时期初

---

① 就像在第三时期的情况，并行存在格里芬图案的变化，且这些变化属于第四时期后半期的图案。为了避免在批次分类时完全主观的排序，单个系列一直被尽可能多地放在一起。因此分组60不应当因为其在分组中的位置就一定被视为早于分组61～67。有关第三时期图案A和图案B之间基本类似的情况，可以参见 pp. 118 f.，*infra* and of pp. 89 f.，*supra*。

② 分组8中的第16号钱币仅重14.12克。但分组69中的第187号和分组60中的第159号钱币分别重14.59克和14.56克，而分组60中的第160号钱币重量达到了14.98克。第五时期重量减轻的4德拉克马一般都在14.10～13.80克的范围内（见 Table Ⅶ on p. 20，*supra*）。

期的几个批次钱币之后,持续出现了影响基本图案中格里芬姿势和翅膀处理上的变化,以及一系列细节上的重大变化。因此在时间排序上遇到了一些困难,如果我们匆忙得出如下结论则有些草率:在分类中单个批次的顺序不仅表明这一系列可能是如何演变的,还有其他含义。一种按模具间连接(die-link)的宽泛系列排序可能使这项工作容易很多,但不含那些没有模具间联系的批次。另外,在第四时期的后半期,在格里芬图案上也有平行的变化路径,其中之一是恢复了第三时期早期旧图案 A 的格里芬,因此有一种复古主义倾向。

但对第四时期所有格里芬图案的变化来说,确实可以划分为几个显著的类别,而且对那些属于最早时期和那些属于最晚时期的图案来说几乎没有疑问。从第三时期向第四时期的过渡图案很容易识别,也很自然,而且巧合的是第三时期最后的造币官名字贺罗多斯和费塔罗斯也是第四时期最早,或至少是最早的名字之一。熟悉的图案 B 的格里芬,即具有卷曲的装饰翅膀、粗壮的身躯、凶狠模样和细节精美或艺术感强等,这些特点几乎没有改变。这种图案 B 持续的时间较长,覆盖了一个不能人为分开的系列,共有 7 个批次(分组 50~56),分别由造币官费塔罗斯、皮索斯(Pythes)、贺罗多斯、斯摩多托莫斯/卡里(Smordotormos/Kal-)、[①]皮斯内斯、尼姆赫多罗斯(Nymphodoros)和卡里达马斯制作。在这一阶段的发展中,格里芬似乎逐步变得更粗壮,身材不太匀称,像以前一样更加清楚其自身令人敬畏的外表,但缺少了此前曾具有的抑制力。艺术家们好像是摆脱了过去成功的但基本上是简单的图案,而变得更加追求效果,非常关注每一个小的细节,如脖子上的毛发样式、颈后背的鬃毛、注重肋骨的表现和鹰嘴的夸张设计等。尽管如此,这些图案终究还是属于比较经典的作品:在造币官尼姆赫多罗斯和卡里达马斯制作的钱币上,格里芬的姿势看上去非常骄傲,不可一世,它的翅膀张开,而且羽毛以一种可能是非现实主义

---

① 关于这一名字的组成问题,见 p. 47, n. 1, *supra*. eds.。

的，但不可否认是壮观的方式舒展开来（分组55，56；nos. 140 – 150；A. 116 – 21；pl. Ⅸ）。

在分组56中，图案B在达到顶峰后发生了什么事情是一个难题。第四时期后半期的典型图案可能是在梅兰尼珀斯（Melanippos）任造币官（分组61）期间就已经引入了，他制作了令人印象深刻的A. 127 – 9模具（nos. 161 – 163；pl. Ⅹ）。从图案、风格和理念上讲，这一图案完全不同于图案B的格里芬；尽管引入了一位新的、高技能和本质上是激进的艺术家可以解释大部分原因，但仍然很难让人相信造币官梅兰尼珀斯制作的钱币会直接模仿造币官卡里达马斯的钱币。本人倾向于认为，这中间的空缺至少被一些小系列钱币所填补，如由造币官皮斯内斯、何庞（Hippon）、内斯提斯（Nestis）和莫尔帕斯（Molpas）制作的钱币（分组57～60），这些钱币回归了第一时期图案A中直立翅膀的格里芬。在梅兰尼珀斯制作分组61的钱币之后，在多数批次的钱币中都使用常规的格里芬图案的同时，也有平行的图案变化，关于这种情况已经有文献进行了论述。这种小的图案A系列钱币被划分在一起，并相应进行介绍；因此，有完整背面图案的分组60（造币官莫尔帕斯）似乎出现在分组61引入的系列之前，尽管我们已经看到，几乎可以肯定这是这一时期的最后图案之一。[①]

造币官皮斯内斯、内斯提斯，也许还有何庞都遵循了图案B系列的最后版本。皮斯内斯设计的格里芬（A. 122；no. 151；pl. Ⅸ）可能已经开始进入该系列了，它是紧随很多年前造币官黑格制作的A. 60（分组36；no. 72；pl. Ⅴ）和第三时期早期造币官斯梅制作的A. 64（分组37；nos. 77 – 78；pl. Ⅴ）模具。内斯提斯设计的格里芬（A. 123；nos. 152 – 155；Pl. Ⅹ）是更轻巧和不完全成功的图案，看上去不像是第三时期的，但对翅膀的光照处理（light treatment）自然让人回想起造币官伊阿（Ia-）制作的A. 66（分组38；no. 80；pl. Ⅴ）模具，后者可能是第三

---

① 见pp. 115 f.，*supra*。

时期最后的图案A格里芬。在造币官何庞使用的图案中,A. 124和A. 125(nos. 156 – 158;pl. X)中的前者非常像皮斯内斯的A. 122模具,所以人们很自然地将这两批次钱币视为前后相连的。但何庞使用的年轻男子的头像标识,具有更现代的面容,因此其在本系列中的位置可能更靠后。[①] 莫尔帕斯制作的钱币A. 126(分组60;nos. 159,160;pl. X)是一个精细的模仿图案,是对过去经典的特点方面的完美综合:对称翅膀的处理、常规的肋骨图案、非常艺术化的爪子,以及夸张的鹰嘴。这一图案与分组52~59中的图案没有紧密的联系,也不会妨碍分类,因为这一时期最后系列的划分是依据背面的图案。

莫尔帕斯制作的一期钱币一直以来尤其引人关注,因为他使用了一种孤立的背面图案,而且是在四等分长方形最终被取代之前相当长的时间内都是如此。这种孤立的图案更多是表面上而不是实际上的,正如我们已经看到的,这一期钱币一定属于与造币官迪恩萨斯和阿特蒙相同的时期(分组68,69)。构成造币官莫尔帕斯钱币背面图案的年轻男子头像(P. 131,132;nos. 159,160;pl. X)却保留了大量信息,在其数量所能提供的限度内,可以用来对比在阿伊努斯造币官赫尔莫斯(Hermes)制作的钱币图案,后者属于公元前460~450年这10年间。[②] P. 131,和P. 132模具上面的铭文与分组57~59中的杂乱无章

---

① 在多大程度上这一推断是合理的现在还有疑问。遗憾的是,在A. 124所有现存的3枚样品(nos. 156a,b;157)中,相对是高浮雕的标识都遭受了一定磨损,尤其是眼睛部分。结果是,与实际情况相比,眼睛给人的第一印象是属于更现代的图案(具有几乎是正常的外形)。在谈论"眼睛"时我们必须仔细分析其"面部价值",这样就可以在造币官赫尔莫斯(Hermes)最好的阿伊努斯图案中看到(Ainos,A. 15,15/1;nos. 26 – 29,31),否则对其粗略一看可能会将其放在比该系列应有位置晚大约10年的地方。同样的标识也出现在造币官何庞其他钱币的正面,如A. 125(no. 158)。这枚钱币保存的状态更好,但风格更粗俗;眼睛像球形。在这两个头像中,头发也许应当从颈后背向上围绕头部卷起,就像阿伊努斯制作的钱币。

② cf. *Ainos*,A. 32 – 34,44 – 46;nos. 54 – 56,67 – 73,and A. 35 – 38,53 – 54;nos. 58 – 61,83 – 84. 与阿伊努斯钱币相比,我们的阿布德拉钱币图案浮雕较低;在这两个模具中,P. 132要比P. 131好很多,后者的眼睛仍然非常长和细;头发的表现与阿伊努斯钱币相同,都是从颈背部向上卷曲和围绕头部卷成辫子状。

的风格特点没有任何相似之处，而且名字后面的圆点（:）一定是表明本时期的最后几年。①

主导第四时期最后10年的风格和图案是由梅兰尼珀斯制作的钱币引入（分组61），②在这些年的发展过程中，我们会发现一个最有意思的格里芬图案变化的系列，而且不时会表现出在这家造币厂其他历史发展中从未达到过的技术能力水平。尤其突出的是由造币官梅兰尼珀斯、贺莫克拉德斯（Hermokratides）和黑格斯珀斯（Hegesippos）使用的正面图案；以及在这一系列最后由造币官阿特蒙使用的相同风格，但更加现代的图案（分组61～64；A. 127－134，136－138，151；nos. 161－168，171－173，187；pl. Ⅹ－Ⅻ）。虽然不如第一时期最好的工艺那么精美，不如第二时期8德拉克马的图案那么令人望而生畏，不如本时期早期造币官卡里达马斯使用的图案B的格里芬有那么多正式装饰，但在整合悠然姿态、自然比例和展示细节的现实主义等方面，这些图案达到了最优，其程度超越了我们至今所遇到的所有图案，而且在很大程度上也要好于以后图案中的大多数。除了完整和大手笔的躯干比例，突出的特点是翅膀的现实主义展开和挥动，用对脚爪和爪尖的自然处理替代了此前图案中的艺术化做法；此外，还有紧密排列和雕刻优美的鬃毛，耳朵不再向上直立而是指向前方。③梅兰尼珀斯使用的标识是一只双耳酒杯，而贺莫克拉德斯使用的标识是一个双耳

---

① 在造币官的名字后面使用圆点当时仅限于卡莱斯科拉特斯（Kalesikrates）、布罗西斯（Blosys）和迪恩萨斯（Deonysas）制作钱币的背面（分组65；P. 147，149－151；nos. 177，179－181；分组68；P. 156；no. 186）。在第五时期我们将看到更高的使用频率（无论是一个、两个还是三个圆点）。在阿伊努斯，圆点出现在恰好是公元前450年之前著名造币官安泰达斯（Antiadas）制作的钱币上（*Ainos*，P. 68－69，71；nos. 85－86，88，90）。在马罗尼亚，圆点的使用是偶然的；而在阿肯索斯、门德（Mende）和在马其顿亚历山大一世制作的钱币上，似乎从未出现过。

② 目前至少有2枚仿制样品，使用由贝克（Becker）制作的模具（cf. Hill，*Becker and Counterfeiter*，*London*，1924，pl. 3. 33）。

③ 与这些阿布德拉图案可以对比的，尤其是在对耳朵和鬃毛的处理方面，是在马罗尼亚由艾皮根斯（Epigenes）制作的4德拉克马钱币正面的精美骏马图案，该图案一定属于这一时期。

罐,这两个标识都被转移到翅膀的上方;在造币官贺莫克拉德斯制作的A. 135(nos. 169,170;pl. Ⅺ)模具上,双耳罐出现在翅膀的下方,而且在腹部下面增加了月桂枝。月桂枝再次出现在贺莫克拉德斯制作的钱币(nos. 171,172;pl. Ⅺ)上时,又增加了一个有趣的标识,即在格里芬翅膀上方有略微成拱形的一个平底酒杯,且用其右把手给格里芬戴上一个花冠。①

在第四时期结束阶段,偶尔也出现了一些低于高水平制作能力的小瑕疵。造币官贺莫克拉德斯制作的A. 135模具不能与同一批次钱币中其他正面图案相比,而造币官迪恩萨斯所使用的两个格里芬图案仅仅是对当时流行图案的粗糙模仿(分组64;A. 140,141;nos. 175,176;pl. Ⅺ)。在后面这一个批次中,有一只猫头鹰栖息在格里芬的翅膀上。迪恩萨斯制作的P. 145模具有比较轻和凌乱的铭文字母,与在马罗尼亚第一批4德拉克马背面的铭文形成了有意思的对比;根据造币官是相同名字判断,后者制作的时间也许要早一些。

在分组65中,造币官卡里达马斯的制作风格又回到了令人熟悉的格里芬姿势,即臀部卧坐和右前腿抬起。在A. 142,143(nos. 177,178;pl. Ⅺ)模具中,他甚至更进一步,重新引入有装饰的图案B翅膀,自分组56以来这种图案就没有出现过。其结果并非十分成功,几乎无法与其A. 144模具相比,后者有现实主义的下垂翅膀和极其细致的羽毛(nos. 179,180;pl. Ⅹ-Ⅺ)。

---

① 月桂枝和平底酒杯的组合是表明一场重要运动赛事中的胜利。在第五时期我们会看到平行例子,即月桂枝出现在米索斯(Myrsos)制作的4个背面图案中的一个上,其主图案是一个掷铁饼者(分组91;P. 230;no. 274;pl. XV);胜利女神(the Nike)出现在阿波拉斯(Apollas)在分组106中制作的背面图案之一上,但没有出现在其他背面图案上(P. 295,296;nos. 349,350;pl. XVIII)。让人感到好奇的是,在所有这几个批次的钱币上,月桂枝都没有持续出现。在分组93中第269~271号钱币上,仅看到了掷铁饼者自身(pl. XV),而在黑格斯珀斯(Hegesippos)制作的分组62中第173号钱币上,月桂枝和平底酒杯都没有出现。在与分组63的联系方面,一个更复杂的问题是如下事实,即在贺莫克拉德斯(Hermokratides)制作的钱币上,这些钱币被划分为前一批次分组62,月桂枝出现在6个正面图案中的一个之上,并伴有一个双耳罐(A. 135;nos. 169-170;pl. XI),而没有出现在其余5个仅有双耳罐自身的图案上(A. 130-134;nos. 164-168;pl. XI)。

造币官曼德罗纳斯(Mandronax)制作的分组 66 提供了至今为止我们见到的最令人吃惊的图案变化。这位艺术家突破了当时的惯例,重新回到了阿布德拉最初的格里芬图案,自分组 51 以来我们一直没有看到过,而这是第一时期中期时候的事情了。在 A. 146,147(nos. 182,183;pl. Ⅻ)模具中,我们看到了格里芬行走的古老画面,具有当代风格中设定的突出狮子比例。这些图案的工艺技术非常完美,但 A. 9 模具上在卷曲的小翅膀位置上用直立主羽叠加在小翅膀上,则显得不太自然,因此我们对这种大胆和偏离正常图案的意料之外的变化只存在了不长的时间并不感到惊讶。

从造币官布罗西斯(Blosys)制作的分组 67 起,我们回到了更常规的格里芬图案。A. 148,149(nos. 184,185;pl. Ⅻ)模具都是充满活力的作品,尽管与这一阶段的最优模具相比,有些地方处理得较重。这一图案中真正有意思的地方是如下事实,即格里芬明显被构思成一个雕像柱脚(akroterion),其姿势是离开基座向前跳跃的动作。[①] 较低和较平的动作轨迹非常聪明地适应了新思想。P. 154,P. 155 模具的两个背面图案(pl. Ⅻ)都显示铭文字母偏大,而相应围绕的四等分方形则较小,这种图案此时也是最后一次出现在阿布德拉的 4 德拉克马上。[②]

第四时期由造币官迪恩萨斯和阿特蒙制作的最后两个批次 4 德拉克马已经介绍过了。这两个批次都有单独的背面图案:在迪恩萨斯制作的钱币上是一匹缓慢行走的骏马(分组 68;P. 156;no. 186);在阿

① cf. G. K. Jenkins, *NC* 1955,137. 我们已经看到过,这种在本系列刚开始就首次出现的精美制作的基座,实际上可能是一个爱奥尼亚(Ionic)立柱的顶板(abacus)(p. 54, n. 2, *supra*)。在这种情况下,对图案的处理以及与基座的关系自然是不同的。一个比较相似的平行案例,尽管尺寸要小很多,可以分别在第六时期的 4 德拉克马和第七时期的 1 德拉克马钱币上看到,其中格里芬是从一个爱奥尼亚立柱上跃起(分组 94, A. 207 – 209; nos. 276 – 280; pl. XV; 分组 115 ~ 116, A. 293 – 300; nos. 423 – 438; pl. XX)。

② 我们可以对比马罗尼亚一些 4 德拉克马钱币背面的类似字母尺寸,这些钱币是由米特罗多特斯(Metrodotos)和迪恩斯(Deonys)在铸币令实施前几年制作的,因此相应地与我们分组 117 的钱币时间点相距不远。

特蒙的制作钱币上是一个双耳酒杯(分组69;P. 157;no. 187;pl. Ⅻ)。迪恩萨斯的格里芬(A. 150)是一个精神饱满的图案,总体上不同于布罗西斯的格里芬,但不再是跳离基座的边缘,而是跳离更高的动作。对这一图案和阿特蒙所使用的格里芬来说,一个创新点是卷曲的尾巴从后腿之间向前延展。后者(A. 151,pl. Ⅻ)是出自一名极为有成就的工匠之手,他可能是大约10年前在梅兰尼珀斯制作的钱币(A. 127－129)上引入的这一著名图案,并将其带到最高水平。比例非常漂亮,设计极为熟练,细节不吝详尽,A. 151模具毫无疑问是我们至今所见到的最成熟作品。在4德拉克马这一系列中,该图案的位置无论如何看似乎都是很高的,即使没有与之相匹配的完整背面图案。尽管只是一个简单图案,但依然完成得非常出色(P. 157):平滑轮廓的酒杯,精准的铭文,以及作为填补名字第一与最后一个字母之间空白空间的常春藤叶,所有这些组合构成了一个极为完美的设计。①

在第四时期唯一记录的1德拉克马系列属于分组63,由造币官黑格斯珀斯制作。这里的格里芬(A. 139;no. 174;pl. Ⅺ)是当时4德拉克马完美图案的微缩版,但与第173号钱币一样,缺少第171号和第172号钱币上的月桂枝和平底酒杯。背面(P. 144)熟练地复制了4德拉克马当时的流行设计。

3奥博尔制作的数量比预测的要少,如果有更多钱币可以用来分类的话,则很可能的情况是会有更多数量的组合模具。另外,正如我们已经指出的,背面图案是狮子头像的第二系列3奥博尔,在从第三

---

① 在分类中常春藤叶被视为一个标识。实际上很可能就是如此。但它也可能是一个附属物,一个简单的附加图案,用来填补否则是空白的长方形外面的空间。在这方面,马罗尼亚提供了另一个平行案例:在造币官迪恩萨斯制作的4德拉克马钱币背面,常春藤叶在围绕葡萄树的框架外承担了极为类似的功能,同时在钱币正面有一个双耳酒杯作为标识。在第五时期造币官安纳西波利斯[Anaxidikos(Ⅰ)]制作的钱币上,毫无疑问常春藤叶被作为一种标识(分组74;A. 168;no. 206;pl. Ⅻ)。在可能是下一个批次由造币官费纳奥斯(Phanaos)制作的钱币(分组75)上,常春藤叶的出现完全与造币官阿特蒙(Artemon)制作的钱币相同,就是为了填补否则是空白的围绕方形框架的空间,而在正面作为标识出现的是一只蝉(A. 175/P. 180;no. 215;pl. XⅢ)。

时期向第四时期过渡中一直存在。[①] 取代第二系列的第三系列，其标志是回到牛头像的背面图案。这时的牛头是面朝右（P. 158；nos. 188，189；pl. Ⅻ），而且与最初的设计（第一系列牛头面朝左）相比，处理方式更加自由奔放和更具有现实主义色彩。这时的格里芬图案（A. 152，153；pl. Ⅻ）是非常细致的作品，明显借鉴了早在第二时期就出现过的原型。同时，对肋骨的重视使人想起了第四时期早期图案 B 中格里芬的类似特点；很可能的情况是，我们的第三系列奥博尔属于由分组103～106（A. 113－121）所涵盖的大致相同阶段。

1 奥博尔的数量要比 3 奥博尔多很多。但制作数量也不是很大，发行量几乎与第三时期一样。[②] 尽管如此，似乎有足够多的数量来满足本地的大部分需要，因为有记录的 3 奥博尔相对稀少。在阿布德拉，这一时期的垫压和冲压模具的工艺都非常粗糙。尤其是，在 A. 155 和 A. 158（nos. 191，194；pl. Ⅻ）模具上图案 B 的翅膀雕刻很随意，在 A. 154（no. 190；pl. Ⅻ）模具上爪子的处理过重。实际上，这些缺点在本系列中很普遍，尽管相比而言 A. 157（no. 193；pl. Ⅻ）模具明显更好一些，后者整齐的鬃毛使我们来到了第四时期的最后 10 年。格里芬一般呈现的是令人熟悉的右前腿抬起姿势，尽管 A. 160（no. 197）是跳跃姿势的格里芬图案；这可能是本系列的最后一批，跳跃姿势的格里芬图案在第四时期的最后几年里变得越来越流行。

在 1 奥博尔钱币上的实验性背面图案，即在第三时期结束时引入的鹰头像（P. 120，103；nos. 123－125；pl. Ⅷ），在第四时期没有继续下去，而是采用了通常是粗糙的印图冲压图案（incuse punch-type）（P. 159－164；pl. Ⅻ）。有很大反差的是，新增加的小面额 0.5 奥博尔钱币却有了一个背面图案，即在方形印图中有一个贝壳（P. 165，166；nos.

---

① 见 pp. 83 and 93 f.，*supra*。

② 一共记录有 8 个组合模具，第三时期是 7 个。如果我们能够将其他钱币（p. 114，n. Ⅰ，*supra*）划分过来，则两者数量都会增加。

198,199;pl. Ⅻ)。[1] 在钱币的正面,格里芬只是缩小到以前的尺寸。图案是跳跃的格里芬;在有记录的两个模具中,A. 161 是图案 C 的空白翅膀,A. 162 则是图案 B 的有羽毛翅膀(nos. 198,199;pl. Ⅻ)。对头和颈部的处理方法,以及向前尖的耳朵,再加上基本图案,这些都表明 A. 161 至少属于第四时期的最后几年。对如此小尺寸的钱币来说,工艺是非常出色的。

分组 50/1

4 德拉克马: 造币官:ΕΓΙΦΙΤΤΑΛΟ

标识:圣甲虫

有记录的样品	4	垫压模具	3	PL. Ⅷ
模具组合	4	冲压模具	2	

126. A. 106. 格里芬面朝左站立,右前腿抬起;上下颌张开,舌头伸出;鼻骨上有凸起物,自此处有一排鬃毛向下延伸直至颈后背;耳朵竖起;颌下有一束颈毛,且呈螺旋卷曲状下落至脖子根部;图案 B 的翅膀,一排宽羽毛在一组短翅膀上方展开;尾巴很粗,在躯干后面竖起并卷曲;后腿附近有一只圣甲虫拖拽一个小球;有圆点边界。

P. 104. 造币官名字"ΕΓΙΦΙΤΤΑΛΟ"以浅印图方式环绕四等分长方形,长方形表面略微凸起并有精致点刻。

a. 14.96 克,大英博物馆。 PL. Ⅷ

BMC *Thrace*, 67, no. 23; *Coin Type*, pl. 1. 13; Sotheby 12. 7. 1832, 11;阿布德拉窖藏(c. 1850);C. 59/3。

127. A. 107. 图案类似,圣甲虫稍大。

P. 104. 相同模具。

a. 14.53 克,哥本哈根。 PL. Ⅷ

---

① 在第五时期,在由普罗特斯(Protes)制作的钱币背面(分组 102;P. 278 – 288;nos. 341 – 342;pl. XVI),这种贝壳会再次出现。

SNG(Cop.),*Thrace*,320;C. 59/2.

128. A. 108. 图案类似,但较小。

P. 105. 与造币官名字"ΕΓΙΦΙΤΤΑΛΟ"的位置类似;图案略小。

a. 15. 70 克,普罗夫迪夫(Plovdiv)。　PL. Ⅷ

(钱币两面都有磨损)。

129. A. 108. 可能是相同模具。

P. 104. 使用第 126 号、第 127 号钱币的模具。

a. 15. 06 克,柏林。

Lobbeche; Sotheby 10. 7. 1884, 257; *Tier-und Pflanzenbilder*,45,pl. 7. 12(正面);Nom. Iii,pl. 1. 14; C. 59/1.

正面:在格里芬臀部对面的边界外面,模具上有很大的裂纹;另一个裂纹不太明显,是在前爪左边,边界上面;第三个裂纹很明显,在右耳尖的背板上。背面:在印图的右角边处有裂纹。

分组 51

4 德拉克马:　造币官:ΕΓΙΓVΘΕΟ

标识:—

有记录的样品	2	垫压模具	2	PL. Ⅷ
模具组合	2	冲压模具	2	

130. A. 109. 类似;鬃毛处理得较轻;有较细的基线。

P. 106. 与造币官名字"ΕΓΙΓVΘΕΟ"的位置类似,但四等分方形的表面没有凸起,且有明显粗糙的点刻。

a. 14. 83 克,纽约。　PL. Ⅷ

背面:在印图左边,模具有裂纹。

131. A. 110. 图案类似;但略大;无基线。

P. 107. 与造币官名字"ΕΓΙΓVΘΕΟ"的位置类似。

a. 14. 76 克,牛津。 PL. Ⅷ

Lockett;SNG iii. 1125.

正面:模具右边严重断裂;其他原始裂纹是在下颌与抬起的前腿之间;前腿下面明显有另一个裂纹,形状像一个小球(实际描述成一个小球,SNG iii. 1125)。

分组 52

4 德拉克马: 造币官:ΕΓΗΡΟΔΟΤΟ

标识:公鸡

有记录的样品	13①	垫压模具	2	PL. Ⅷ
模具组合	2	冲压模具	2	

132. A. 111. 图案类似,右前腿抬起,下面有一只公鸡,面朝左,尾部羽毛展开;比例较大,肋骨突出;无次羽;鼻骨上面的凸起物非常明显,前面有鬃毛;颈部前面的毛发和两边的螺旋卷发图案处理得非常精致;有短基线。

P. 108. 造币官名字"ΕΓΗΡΟΔΟΤΟ"环绕凸起的四等分长方形。

a. 14. 92 克。

AC xvi. 1067;SNG i(Spencer-Churchill)98;AC xiv. 221;Sotheby 3. 2. 1909,449;Mathey;Sotheby 9. 5. 1904,196;C. 50/7.

b. 14. 94 克,大英博物馆。

---

① 包括 C. 50/1:Hess(法兰克福)12. 3. 1906,55;*Beschreibung*,i. 101,no. 27,14. 15 克;Hirsch,xvii. 629,14. 12 克(可能与 C. 50/1 相同);C. 50/9:Sestini,*Mus. Hedervdr*,4. 42,pl. 1,add. 15。

BMC *Thrace*, 67, no. 21; Borrell(1852), 12; 阿布德拉窖藏(*c*. 1850); C. 50/4。

c. 14.95 克,柏林。

Beschreibung, i. 101, no. 28; Fox; C. 50/2.

d. 14.98 克,柏林。

Beschreibung, i. 101, no. 29; NZ 1872, no. 12; C. 50/3.

e. 14.52 克,巴黎。

3. 50/5.

f. 15.05 克,巴黎。

Luynes, 1748; C. 50/6.

g. 14.74 克。

AC xii. 1226.

h. 14.77 克。

Hess(卢塞恩)1959; no. 127.

正面:在上述 a 至 h 中,翅膀上方有小裂纹,边界上也有瑕疵;b 上没有凸边,其裂纹是原发的。

133. A. 112. 类似;对背部下半部分和对臀部的处理非常重。

P. 109. 与造币官名字"ΕΓΗΡΟΔΟΤΟ"的位置类似。

a. 14.11 克,牛津(梅先生的遗产)。 PL. Ⅷ

Kricheldorf 15. 10. 1955, 207; MMAG xiii. 1058; 出处:希腊(1952)。

b. 14.80 克, Hopper。

Seaby.

正面:模具可能重新雕刻了,尤其是躯干的下半部,其表面呈现出一系列明显的刨痕,最初可能对肋骨的过重处理现在好像变成了一排不太自然的羽毛。

分组 53

4 德拉克马: 造币官:ΕΓΙΣΜΟΡΔΟΤΟΡΜΟΚΑΛ

标识:双耳酒杯

有记录的样品	16	垫压模具	2	PLs. Ⅷ – Ⅸ
模具组合	5	冲压模具	4	

134. A. 113. 图案类似;比例再次变大,但对躯干下半部,尤其对肋骨的处理更加自然;在前面,右前腿的下面是一个双耳酒杯;再次出现次羽,但鼻子上方凸起物前面的鬃毛没有了;有装饰的基座。

P. 110. 与造币官名字"ΕΓΙΣΜΟΡΔΟΤΟΡΜΟΚΑΛ"的位置类似,但长方形表面凸起较小,且有粗糙的点刻。

a. 14. 95 克。 PL. Ⅷ

Feuardent 9. 6. 1913,140;Hirsch,xxv. 68;C. 58/10a.

135. A. 113. 相同模具。

P. 111. 与造币官名字"ΕΓΙΣΜΟΡΔΟΤΟΡΜΟΚΑΛ"的位置类似。

a. 14. 81 克,牛津。

SNG i. (Spencer-Churchill) 100; Nav. v. 1528; Hirsch, xxxii. 408; Hess (法兰克福) 12. 3. 1906, 125; Lobbeche;C. 58/4.

b. 14. 95 克,剑桥。 PL. Ⅷ

SNG iv. 1638;Leake;Sotheby 20. 6. 1848,140;C. 58/11 (背面部分磨损).

c. 14. 52 克。

MMAGvi. 580(背面有磨损).

d. 14. 91 克。

AC xv. 553.

背面：在 b、c、d 上，在图案左下面的边缘处有一些小裂纹；在 d 上，沿图案上边缘处有裂纹。

136. A. 113. 相同模具。

P. 112. 与造币官名字“ΕΓΙΣΜΟΡΔΟΤΟΡΜΟΚΑΛ”的位置类似。

a. 14. 90 克，维也纳。 PL. Ⅷ

C. 58/9（背面部分磨损）.

正面：在耳朵后面和双耳酒杯上方的圆点边界上，模具上有原始裂纹；腹部下面的背板处有其他小瑕疵。背面：在印图边缘与铭文第一个字母“P”之间，在第一个“O”字母上方，以及在长方形的拐角与字母“K”之间也有小瑕疵。

137. A. 113. 相同模具。

P. 113. 与造币官名字“ΕΓΙΣΜΟΡΔΟΤΟΡΜΟΚΑΛ”的位置类似。

a. 14. 85 克，剑桥。 PL. Ⅸ

SNG iv. 1639；Feuardent 9. 5. 1910，271；Egger 28. 11. 1904，458；C. 58/12.

b. 14. 91 克，海牙。

Six；C. 58/8（背面部分磨损）.

c. 14. 87 克，柏林。

Beschreibung，i. 101，no. 31；Fox；C. 58/2.

d. 14. 95 克。

Hess（法兰克福）18. 3. 1918，261；Hamburger 17. 6. 1908，400；Hess（法兰克福）12. 3. 1906，56；*Beschreibung*，i. 100，no. 30；Imhoof-Blumer；C. 58/1.

正面：在 a、b、d 上，模具上有类似第 136 号钱币的裂纹，但更严重；腹部下面的瑕疵也更明显。背面：在 a、b 上，印图边缘与字母“T”之间有原始裂纹。

138. A. 144. 类似,但双颌张开较小,对次羽的处理更精细;空白基座。

P. 113. 相同模具。

a. 15. 03 克,布鲁塞尔。 PL. Ⅸ

L. de Hirsch,878;C. 58/8.

b. 14. 89 克,大英博物馆。

BMC *Thrace*,67,no. 22;C. 58/6.

c. 15. 07 克,柏林。

Beschreibung,i. 101,no. 32;NZ 1872,pl. 8. 6;C. 58/3.

d. 14. 41 克。

Lockett;SNG iii. 1124;AC xii. 1227(背面部分磨损).

e. 14. 85 克。

Jameson,i. 1034;Sotheby 9. 5. 1904,195;Sotheby 15. 6. 1896,564;C. 58/10.

f. 14. 91 克。

Imhoof-Blumer;*Tier-und Pflanzenbilder*,67,pl. x. 24(正面);在温特图尔(Winterthur)制作;C. 58/7。

背面:在a、f上,也许还有d上面,有像第137号钱币一样的裂纹,但更严重。

分组 54

4 德拉克马:

造币官:ΕΓΙΓΘΙΝΝΕΩ

标识:贻贝

城市(正面):ΑΒΔΗΡΙΤΕΩΝ

有记录的样品	1	垫压模具	1	PL. Ⅸ
模具组合	1	冲压模具	1	

139. A. 115. 城市名字“ΑΒΔΗΡΙΤΕΩΝ”位于格里芬的前方和上

方，格里芬面朝左卧坐，右前腿抬起，下面有一只贻贝；比例不太大，图案不够精细；翅膀上的羽毛更细长，展开幅度较小，根部无次羽；脖子两边无螺旋卷发；尾巴非常长；无基座或基线。

P. 114. 与造币官名字“ΕΓΙΓΘΙΝΝΕΩ”的位置类似。

a. 14.57 克，波士顿。 PL. Ⅸ

Boston Catalogue, no. 756; *NC* 1897, 273, no. 1; Nom. Iii. Pl. 1.15（正面）.

分组 55

4 德拉克马： 造币官：ΕΓΙΝVΜϕΟΔΩΡΟ

标识：—

城市（正面）：ΑΒΔΗΡΙΤΕΩΝ

有记录的样品	2	垫压模具	2	PL. Ⅸ
模具组合	2	冲压模具	2	

140. A. 116. 城市名字“ΑΒΔΗΡΙΤΕΩΝ”环绕格里芬，格里芬面朝左卧坐，右前腿抬起；比例较大，整个作品的细节非常精致；螺旋卷毛再次出现在脖子两边，鬃毛处理成一排浓密和整齐的猪鬃状；次羽绘制得非常熟练，肌肉、羽毛下面的肋骨得到很好的呈现；脖子呈弓形，双颌几乎闭合；简单的基线。

P. 115. 与造币官名字“ΕΓΙΝVΜϕΟΔΩΡΟ”的位置类似。

a. 14.78 克，大英博物馆。 PL. Ⅺ

NC 1900, 278, no. 7; C. 62/1.

141. A. 117. 与城市名字“ΑΒΔΗΡΙΤΕΩΝ”的位置类似。

P. 116. 与造币官名字“ΕΓΙΝVΜϕΟΔΩΡΟ”的位置类似。

a. 14.66 克，慕尼黑。 PL. Ⅺ

JNG 1950/1, pl. 1.1; ZfN 1881, 106; Lambros.

分组56

4德拉克马： 造币官：ΚΑΛΛΙΔΑΜΑΣ(正面)
标识：金枪鱼
城市：ΑΒΔΗΡΙΤΕΩΝ(背面)

有记录的样品	41①	垫压模具	4	PL. Ⅸ
模具组合	9	冲压模具	6	

142. A. 118. 造币官名字"ΚΑΛΛΙΔΑΜΑΣ"(最后一个字母在格里芬胸前)面朝左，蜷缩在金枪鱼之上，右前腿抬起；类似的比例和非常精细的处理；翅膀的主羽以略大的幅度展开；肋骨更加突出；羽冠的处理不够好，在鼻子上方的凸起物前面明显生长着一束鬃毛；爪子、眼睛和腿的关节的处理非常艺术化；有大圆点边界。

P. 117. 城市名字"ΑΒΔΗΡΙΤΕΩΝ"环绕较小的长方形印图，长方形的外框和四等分线非常突出；表面有粗糙的点刻。

a. 14.96克，纽约(大都市)。 PL. Ⅸ

Ward, 413; Sotheby 15.6.1896, 563; C. 61/19.

b. 14.92克。

MB 4.0573; Nanteuil, 703; Hirsch, xxvi. 124; Lobbecke; C. 61/4b.

c. 14.71克，亚伯丁。

SNG i(Newnham-Davis), 113.

d. Feuardent 9.6.1913, 139.

---

① 包括下列样品，其中一些可能在分类中是相同样品：C. 61/2：柏林，*Beschreibung*, i. 102, no. 37, 14.88克；C. 61/16：Sotheby 6.5.1895, 93, 14.97克；C. 61/18：Feuardent 22.3.1886, 287；Hoffmann 16.1.1882, 567, 14.86克；C. 61/22：Hoffmann 24.4.1867, 178；C. 61/25：Hirsch, ii. 120；C. 61/26：Hirsch, v. 96；C. 61/27：Hirsch, vi. 319；C. 61/31：Sotheby 23.3.1896, 275，以前属于Huxtable, 14.97克；C. 61/32：Egger, 28.11.1904, 459, 15.10克。

e. 14.98 克。

AC xvi. 1069.

f. 15.14 克。

H. Weber, 2375; C. 61/14.

正面：在所有样品中，在左前腿前面的背板上都有小裂纹；在 a、b 上，在翅膀的上方和在铭文"ΛΙΔ"上方的圆点边界上有原始裂纹，另外在格里芬臀部与边界之间的背板上也有瑕疵。背面：在印图的顶部和右下角处有原始裂纹，在 e 上尤其严重，在印图边缘有很多裂纹，但在 d 上没有出现。

143. A. 118. 相同模具。

P. 118. 与城市名字"ΑΒΔΗΡΙΤΕΩΝ"的位置类似。

a. 14.79 克。

MMAG vii. 417; Sartiges, 160; Hirsch, xxi. 840; Sotheby 7.7.1898, 67; C. 61/17, 29.

b. 14.96 克，大英博物馆。

BMC *Thrace*, 67, no. 20; C. 61/10.

c. 14.80 克，巴黎。 PL. Ⅸ

C. 61/12.

d. 14.92 克，柏林。

Beschreibung, i. 102, no. 38; NZ 1872, 188, no. 15; C. 61/3.

正面：像第 142 号钱币一样，左前腿前面有裂纹；在 a、c、d 上面，在"ΛΙΔ"上方可能有裂纹，在 b 的边缘处有瑕疵。背面：在 a 至 d 上，印图边缘有裂纹，其中 c 上最不明显；在铭文"P"后面的印图边缘有原始裂纹，其中在 c 上最小，但在 b、d 上裂纹已经环绕了方形印图的拐角；在 a、b、d 上，在印图边缘与铭文"TE"之间有裂纹，但 c 上面没有。

144. A. 119. 与造币官名字"ΚΑΛΛΙΔΑΜΑΣ"的位置类似，但铭文中的"Σ"是在右前腿的外边；鼻子上方的凸起物前面没有直立的短毛

(bristle)。

P. 117. 使用第142号模具。

a. 14. 83克,纽约(ANS)。 PL. IX

Sotheby 24. 4. 1907,3;C. 61/6.

b. 14. 88克,布鲁塞尔。

Du Chastel;Nom. Iii,pl. 1. 16;C. 61/6.

c. 14. 90克。

Lischine,12;C. 61/30.

d. 14. 90克。

Sambon(巴黎)14. 3. 1923,407;Sotheby 23. 5. 1894,131;C. 61/21.

正面:在b、c上,横跨铭文字母“Σ”有一道原始斜裂纹。背面:印图的右拐角处有裂纹,比第143号钱币中的a、b更严重;在a、b上,在字母“IT”与“AB”之间沿印图边缘还有裂纹,在b上是原始的,在d上没有呈现;与第142号钱币中的e相比,模具似乎磨损较少。

145. A. 119. 相同模具。

P. 119. 与城市名字“ABΔHPITEΩN”的位置类似。

a. 14. 94克。 PL. IX

Lockett;SNG iii. 1123;Nav. vi. 825;Bourgey 15. 12. 1909,87;C. 61/35.

b. 14. 99克。

Hess(卢塞恩).

正面:在a上,有轻微的二次打制痕迹,但不如第144号钱币中b、c所有的明显裂纹痕迹。背面:在a上,印图(右)边缘的下拐角有裂纹,但不如在b上面明显。

146. A. 120. 与造币官名字“KAΛΛIΔAMAΣ”的位置类似。

P. 119. 相同模具。

a. 14. 87克,波士顿。 PL. IX

Boston Catalogue, no. 754.

b. 14.87 克, BRYN MAWA。

Elisabeth Washburn King; NC 1956, 32, no. 79; Sartuges, 161; Hirsch, xxv. 67; Sotheby 9.5.1904, 194; C. 61/15.

c. 14.94 克, FORBAT(斯德哥尔摩)。

Jamson, i. 1031; Hess(法兰克福) 12.3.1906, 54; Imhoof-Blumer; C. 61/4a.

d. 14.96 克。

Baldwin (3/48); Sotheby 7.7.1947, 174; Sotheby 3.3.1909, 448.

e. 14.95 克。

Hess (1937), Hess(法兰克福) 28.11.1921, 69; Sotheby 6.11.1902, 56; C. 61/20.

正面:a 模具看上去比较新;在 c 至 e 上面,在后腿与边界之间有原始裂纹;在 b(更明显)和 e 上,在铭文中第二个"Λ"上面有裂纹。背面:与第 145a 号钱币的上面和右下拐角处的可视裂纹相比,现在在 a、c、d 上变得更加突出,同时横跨字母"T"到"E"有小裂纹,并从"E"延长到"Ω";在 b、e 上,后者的裂纹更严重,从铭文的顶部到字母"A"和在相反方向上从"T"到下拐角(右)有裂纹;在 e 上,还有一个裂纹是在字母"ΔH"(在 a、b 上也有)与"AB"之间;此外,e 在印图边缘到字母"T"左边有磨损。

147. A. 120. 相同模具。

P. 120. 与城市名字"ABΔHPITEΩN"的位置类似,但背板向印图边缘的倾斜比较陡。

a. 14.89 克,波士顿。 PL. Ⅸ

Boston Catalogue, no. 755; Warren, 443; Sotheby 22.2.1855, 226; Sotheby 12.7.1852, 13; 阿布德拉窖藏(*c.* 1850); C. 61/5。

b. 14.97 克,索菲亚。

C. 61/13.

c. 14.81 克,布鲁塞尔。

L. de Hirsch, 879; Hoffmann 11. 11. 1867, 1016; C. 61/17, 24.

d. 14.95 克,柏林。

Beschreibung, i. 102, no. 36; C. 61/1.

e. 14.75 克。

MMAG xix. 350; Hirsch, xiii. 515; C. 61/28.

f. 14.86 克。

AC xiii. 618; Nav. i. 1071; Ratto(卢加诺)4. 4. 1927, 813; Sotheby 28. 5. 1900, 237; 61/23.

g. 交易中(1937);大英博物馆。

正面:在第二个字母"Λ"上有裂纹,比第146b号钱币上的裂纹更严重;后腿与边界之间有不平的痕迹。背面:铭文中字母"P"一般来说打制得较轻,而且位置太靠近印图的边缘,附近背板有倾斜;在b、c上,沿印图边缘有磨损痕迹。

148. A. 120. 相同模具。

P. 121. 与城市名字"ABΔHPITEΩN"的位置类似;背板向印图边缘倾斜的程度要小很多。

a. 14.93 克,大英博物馆。 PL. Ⅸ

BMC *Thrace*, 67, no. 19; C. 61/9.

b. 14.94 克,剑桥。

SNG iv. 1640; Leake; C. 61/8.

正面:铭文中第二个字母"Λ"上的裂纹较大,而且后腿与边界之间的背板更加不平。背面:在印图的拐角和边缘处,模具有明显磨损的痕迹,尤其是在b上。

149. A. 120. 相同模具。

P. 117. 第 142 号、第 144 号模具。

a. 14. 80 克，巴黎。　　PL. Ⅸ

Luynes，1749；C. 61/11.

正面：第二个字母“Λ”上的裂纹现在还延伸到第一个字母“Λ”的边上和翅膀的边缘上；后腿与边界之间的背板不平明显造成了裂纹。背面：整个印图边缘都有裂纹，尤其是右边的拐角处；与第 142a 号、第 142b 号和第 144a 号、第 144b 号、第 144c 号钱币相比，模具的磨损更严重，情况非常类似于第 142e 号钱币的状况，如果不是更差的话。

150. A. 121. 与造币官名字“ΚΑΛΛΙΔΑΜΑΣ”的位置类似；非常注重细节的作品；脖子边上有三束螺旋卷毛。

P. 122. 与城市名字“ΑΒΔΗΡΙΤΕΩΝ”的位置类似。

a. 14. 90 克，柏林。　　PL. Ⅸ

Beschreibung，i. 102，no. 39；C. 61/4.

分组 57

4 德拉克马：　　造币官：ΕΓΙΓΥΟΙΝΝΕΩ[原文如此][①]

标识：蜜蜂

有记录的样品	1	垫压模具	1	PL. Ⅸ
模具组合	1	冲压模具	1	

151. A. 122. 格里芬向左跳跃离开基座，两条前腿都抬起；舌头伸出，且远处耳朵朝前；鼻子上方的凸起物非常明显，脖子后面有一束鬃毛；脖子前面的毛发有呈现，但无螺旋卷发；图案 A 的翅膀，羽毛在尖部略微弯曲，且高过非常短的一排次羽；下面是一只蜜蜂(朝左)。

P. 123. 与造币官名字“ΕΓΙΓΥΟΙΝΝΕΩ”的位置类似。

---

① 中间的字母“O”一定是由于雕刻师的疏忽未在圆点中加上一个点(Θ)。在分组 54 中(p. 126，*supra*)，我们已经有了皮斯内斯(Pythinnes)的名字，非常可能是同一位造币官。

a. 14.55 克,柏林。 PL. Ⅸ

C. 57,pl. 1. 13.

分组 58

4 德拉克马: 造币官:ΕΓΙΓΙΝΕΣΤΙΟΣ

标识:阴囊

有记录的样品	8①	垫压模具	1	PL. Ⅹ
模具组合	4	冲压模具	4	

152. A. 123. 格里芬向左跳跃,两只前腿都抬起,下面是阴囊;不同风格,比例总体上较小;下颌下面有一束浓密的颈羽,脖子前面和两边的长毛非常典型;无螺旋卷毛,鼻子上方凸起物的位置是鬃毛;图案 A 的翅膀处理得比较简单,主羽尖部向前略微弯曲;下嘴唇向下卷曲;尾巴高高卷曲;无基线。

P. 124. 与造币官名字"ΕΓΙΓΙΝΕΣΤΙΟΣ"的位置类似;方形框线有些不规则。

a. 14.51 克,柏林。 PL. Ⅹ

Beschreibung, i. 102, no. 35; Fox; C. 56/1.

153. A. 123. 相同模具。

P. 125. 与造币官名字"ΕΓΙΓΙΝΕΣΤΙΟΣ"的位置类似;四等分方形的表面略微上凸。

a. 14.88 克。

Lockett; SNG iii. 1127; AC xvi. 1068; SNG i (Spencer-Churchill), 99; H. Weber, 2374; Sotheby 9. 5. 1904, 197; Mathey; Sotheby 15. 6. 1896, 565; Wigan; C. 56/5.

b. 14.93 克,大英博物馆。 PL. Ⅹ

---

① 包括 C. 56/2:以前在柏林(Imhoof-Blumer),Hess(法兰克福)12. 3. 1906,5,13.85 克;C. 56/6:Hoffmann 16. 1. 1882,568;C. 56/7:Sotheby 22. 2. 1855,238。

BMC *Thrace*,68,no. 24;*JHS* 1913,pl. 14. 14;C. 56/3.

154. A. 123. 相同模具。

P. 126. 与造币官名字“ΕΓΙΓΙΝΕΣΤΙΟΣ”的位置类似;表面较平。

a. 15. 33 克,大英博物馆。 PL. X

BMC *Thrace*,68,no. 25;C. 56/4.

155. A. 123. 相同模具。

P. 127. 与造币官名字“ΕΓΙΓΙΝΕΣΤΙΟΣ”的位置类似。

a. 13. 80 克,剑桥。 PL. X

McClean,4003(背面有很大损坏);可能与 C. 56/2 相同(见 note 1,*infra*)。

分组 59

4 德拉克马: 造币官:ΕΓΙΓΓΩΝΟΣ

标识:年轻男子头像

有记录的样品	4	垫压模具	2	PL. X
模具组合	3	冲压模具	3	

156. A. 124. 格里芬向左跳跃离开有装饰的基座;两条前腿都抬起;轨迹更朝前,比例大很多;鼻子上方的凸起物重新出现,脖子后面有较小的羽冠,前面是典型的长毛;图案 A 的翅膀,直立主羽在一排次羽之上,翅尖是典型的处理方式;翅膀上方是一个年轻男子头像(面朝左),浮雕较高,清晰的轮廓和长而尖的下巴。

P. 128. 与造币官名字“ΕΓΙΓΓΩΝΟΣ”的位置类似;表面呈颗粒状,略微上凸;四等分方形的线很粗。

a. 14. 74 克,波士顿。 PL. X

Boston Catalogue,no. 753;Warren,442;C. 51/4.

b. 14. 75 克,柏林。

Beschreibung,i. 102,no. 34;Fox;C. 51/1.

正面:在男子头像标识前上方的头发与圆点边界之间,模具可能有瑕疵。背面:模具沿图案边缘有裂纹,尤其是在铭文字母“E”、“Ω”和“O”的后面。

157. A. 124. 相同模具。

P. 129. 与造币官名字“ΕΓΙΓΓΩΝΟΣ”的位置类似;但表面的颗粒状更粗糙。

a. 12.65 克,柏林。 PL. X

C. 51/3(保存不好).

正面:使用的模具可能比第156a号和第156b号钱币更早。背面:模具显示印图的角部有损坏。

158. A. 125. 类似,基座不够精细。

P. 130. 与造币官名字“ΕΓΙΓΓΩΝΟΣ”的位置类似。

a. 14.82 克,柏林。 PL. X

Lobbecke;Nom. Iii,pl. 1. 18;C. 51/2.

分组 60

4 德拉克马: 造币官:ΕΓΙΜΟΛΓΑΔΟΣ

标识:蝎子

有记录的样品	2	垫压模具	1	PL. X
模具组合	2	冲压模具	2	

159. A. 126. 格里芬向左跳跃离开简单基座,两条前腿都抬起;类似的动作和比例,但工艺总体上更加精致;鹰嘴拉长了,其上半部不成比例地长,且上方有一个小很多的凸起物,脖子后面有一束整齐的羽冠,两边是螺旋卷毛;图案A的翅膀,一组直立的主羽展开,在根部是一排经典雕刻的次羽;爪子非常典型;下面是一只蝎子。

P. 131. 造币官名字“ΕΓΙΜΟΛΓΑΔΟΣ”环绕年轻男子头像,

面朝左,低浮雕;眼睛几乎是直视的,头发可能从颈背梳成辫子,头上有裂痕;长方形印图内的背板略低于周围的铭文,后者的平面几乎与印图一样。

a. 14.56 克,大英博物馆。 PL. X

BMC *Thrace*, 68, no. 26; *Tie-und Pflanzenbilder*, pl. iii. 9 (正面); Nom. Iii, pl. 1. 19; C. 81.

正面:沿腹部边线有裂纹。背面:模具显示,在分离凸起的铭文背板与印图边缘的狭窄下凹地带有瑕疵;铭文字母"Γ"与"I"之间的背板不平(模具可能未制作完成)。

160. A. 126. 相同模具。

P. 132. 与造币官名字"ΕΓΙΜΟΛΓΑΔΟΣ"的位置类似,但头像更大,且浮雕较高;眼睛非常窄,且有些斜视。

a. 14.98 克。 PL. X

Lockett; SNG iii. 1129; Nav. vi. 838; Allatini.

正面:腹部下面的裂纹更长,在胸部与抬起的右腿之间、臀部与尾巴之间也有裂纹。背面:印图的角部有裂纹,一直延伸到覆盖铭文字母"E"。

分组 61

4 德拉克马: 造币官:ΕΓΙΜΕΛΑΝΙΓΓΟ

标识:双耳酒杯

有记录的样品	7①	垫压模具	3	PL. X
模具组合	3	冲压模具	3	

161. A. 127. 格里芬向左跳跃,两条前腿都抬起;不同的图案、自由的风格和整体上是现实主义的处理;上下颌几乎闭合,舌头平放在下颌上面,鹰嘴更尖;耳朵在头上方向前尖,无凸起物,一束短和浓密的

① 包括 C. 53/1:柏林,14.75 克;C. 53/5:Sotheby 9. 5. 1904,200。

鬃毛通过两耳之间向下延伸到颈背;翅膀是现实主义处理方式,一排细长的主羽在羽尖处自然弯曲,次羽不突出;丰满和硕大的躯干结构,肋骨无多余装饰;爪子是单独表现,爪尖是典型处理;尾巴卷曲得非常高;翅膀上方的背板上有一只双耳酒杯;无基座或基线;是精美的作品。

P. 133. 造币官名字"ΕΓΙΜΕΛΑΝΙΓΓΟ"在印图中环绕凸起的长方形,表面有轻微点刻。

a. 15.00 克,巴黎。 PL. X

Choiseul-Gouffier, ii, pl. 16. 2; Mionnet i. 365, no. 5; Nom. iii, pl. 1. 21; C. 55/2.

b. 14.83 克。

Jameson, i. 1033; Hirsch, xxi. 842; C. 55/4.

背面:在印图边缘的字母"M"处有明显裂纹,在字母"N"与"I"之间有小裂痕。

162. A. 128. 类似;鬃毛处理得不够好,省略了单个爪子的表现手法;双耳酒杯向上。

P. 134. 与造币官名字"ΕΓΙΜΕΛΑΝΙΓΓΟ"的位置类似;铭文在一个凸起带上,造成印图内出现一个狭窄和较深的边。

a. 14.89 克。 PL. X

AC xiii. 611; H. Weber, 2373; Lambros (1891); C. 55/3 (正面有轻微磨损).

背面:在铭文中字母"A"与第一个"Γ"之间模具背板雕刻得不平。

163. A. 129. 类似;下颌非常短;再次突出单个爪子的表现;翅膀遮盖了双耳酒杯的支脚。

P. 135. 与造币官名字"ΕΓΙΜΕΛΑΝΙΓΓΟ"的位置类似;像第 161 号钱币,铭文是在一个平背板上。

a. 14.80 克。 PL. X(正面)

MMAG (8/51); Sotheby 3. 2. 1909; Sotheby 15. 3. 1897,

155;C. 55/6.

b. 14. 92 克。　　PL. X(背面)

Lockett;SNG iii. 1126;Nav. v. 1592;Nav. I. 1074.

正面:在 b 上,在格里芬胸部与左前腿之间,以及左前腿下面可能有裂纹。背面:在 a、b 上,沿印图边缘有几处裂纹,明显的是在铭文中第一个“E”和第一个“Γ”旁边。

分组 62

4 德拉克马:　　造币官:ΕΓΕΡΜΟΚΡΑΤΙΔΕΩ

标识:酒罐(nos. 164 - 168)

酒罐和月桂枝(nos. 169,170)

有记录的样品	9①	垫压模具	6	PL. XI
模具组合	7	冲压模具	5	

164. A. 130. 格里芬向左跳跃离开基座,两条前腿都抬起;类似风格和比例,但动作幅度小很多;双颌几乎闭合;像第 161 号(A. 127)钱币一样,对鬃毛的处理非常精细;对翅膀的处理也类似;不太重视爪子;在翅膀上方的背板上有一个双耳瓶;精美的作品。

P. 136. 造币官名字“ΕΓΕΡΜΟΚΡΑΤΙΔΕΩ”的位置类似;四等分方形的表面有凸起。

a. 14. 85 克,波士顿。　　PL. XI

Boston Catalogue, no. 749; Warren, 438; C. 46/4(背面明显有打制错误).

背面:在印图边缘字母“Ω”的外面有小裂纹。

165. A. 131. 类似;比例不太丰满,翅膀细节表现得不充分;注重酒罐的立脚。

P. 136. 相同模具。

---

① 包括 C. 46/5:Sotheby 9. 5. 1904,198。

a. 14.83 克,大英博物馆。 PL. Ⅸ

BMC *Thrace*,229,no. 23a;Bank Colln;C. 46/3.

背面:像第 164 号钱币一样有裂纹。

166. A. 132. 类似;鬃毛的处理很轻。

P. 137. 与造币官名字“ΕΓΕΡΜΟΚΡΑΤΙΔΕΩ”的位置类似;表面较平。

a. 14.94 克。

Jameson,i. 1032;Durufle.

167. A. 133. 类似;图案较大,但范围不太清晰;可能是一个局部重新雕刻的模具。

P. 137. 相同模具。

a. 14.75 克,波士顿。 PL. Ⅺ

Boston Catalogue,no. 750;Warren,439;C. 46/2.

b. 14.79 克。

Nav. x. 474;Nav. i. 1072.

正面:背板上有一处小瑕疵,但模具可能被局部修复过,格里芬前腿上方和沿脊柱一带的构图非常粗糙。背面:在四等分方形的边缘,在铭文最后一个字母“E”的下面和字母“A”的里面,模具有瑕疵(轻微的错误冲压使其所有加重)。

168. A. 134. 类似;构图略显粗糙;翅膀的处理更加自然。

P. 138. 与造币官名字“ΕΓΕΡΜΟΚΡΑΤΙΔΕΩ”的位置类似。

a. 14.92 克,柏林。 PL. Ⅺ

C. 46/1.

169. A. 135. 类似;比例较纤细,其效果因对肋骨的重视而更加明显;主羽长而且直,超出了圆点边界;羽毛的每一个细节都处理得非常精致,而且技术非常熟练;基座两边的装饰也超出了圆点边界;双耳瓶这时位于翅膀下面,而且在腹部下面有月桂枝。

P. 139. 与造币官名字“ΕΓΕΡΜΟΚΡΑΤΙΔΕΩ”的位置类似;方

形印图较小，其表面更加凸起。

a. 14. 87 克。 PL. XI

AC xiii. 616；H. Weber，2372；C. 47/1.

正面：在尾巴的上方，从双耳瓶到边界，模具上有小的斜断裂。

背面：印图的所有拐角都有磨损痕迹，尤其是右边缘和左下角。

170. A. 135. 相同模具。

P. 140. 与造币官名字“ΕΓΕΡΜΟΚΡΑΤΙΔΕΩ”的位置类似；方形印图的分割不太规则。

a. 14. 68 克。

Sartges，162；Eegger 26. 11. 1909，300；C. 47/2.

正面：像第169号钱币一样，模具有断裂，且在其他位置还有断裂，如在尾巴曲线的左边，以及平行横跨尾巴直到边界。背面：沿印图边缘，在铭文中字母“ATI”的后面有裂纹。

分组63

4德拉克马： 造币官：ΕΓΗΓΗΣΓΓΟ

标识：月桂枝和平底酒杯（nos. 171，172），无（no. 173）

有记录的样品	6①	垫压模具	3	PL. XI
模具组合	3	冲压模具	3	

1德拉克马：

有记录的样品	3	垫压模具	1	PL. XI
模具组合	1	冲压模具	1	

171. A. 136. 格里芬向左跳跃离开矮基座，两条腿都抬起；下颌和鬃毛处理得都不好；翅膀呈现的姿势不一样，主羽与次羽之间的过渡

① 包括C. 48/3：Seltman（1912），14. 97克。

太突然;主羽同样碰到了圆点边界;格里芬上方有一只平底酒杯,其右把手将一个花冠带到格里芬的头上;腹部下面的位置有一束月桂枝。

P. 141. 与造币官名字"ΕΓΗΓΗΣΓΓΟ"的位置类似;表面有整齐的颗粒。

a. 14.88 克,剑桥。 PL. XI

McClean,4002;Sotheby 9.5.1904,199;C.48/4.

b. 14.83 克,德布拉里斯(De Briailes)。

Nav. i. 1073;Sotheby 26.4.1907,2;C.48/5.

背面:在印图左上拐角处这两枚一品的模具都有磨损,b 上的铭文中字母"ΣΙ"上方有损坏。

172. A. 137. 类似;鬃毛处理的更加清晰,鼻骨上有一束直立毛发;平底酒杯的左把手上有第二个花冠。

P. 142. 与造币官名字"ΕΓΗΓΗΣΓΓΟ"的位置类似,但四等分方形更大,表面有轻微点刻。

a. 14.83 克,波士顿。 PL. XI

Boston Catalogue, no. 752; Warren, 441; NC 1893, pl. 7. 12;C.48/2.

b. 14.18 克,柏林。

Beschreibung, i. 101, no. 33; Warren, 441; NZ 1872, 188, no. 13;C.48/1(很难保存).

背面:基座上有裂纹,覆盖了右后腿的爪子。

173. A. 138. 类似;但没有平底酒杯或月桂枝;比例较小,鬃毛处理得非常轻;翅膀上有向下弯曲的主羽,而不是在羽尖部向上弯曲。

P. 143. 与造币官名字"ΕΓΗΓΗΣΓΓΟ"的位置类似;四等分方形较小,表面可能有轻微的颗粒。

a. 14.81 克,波士顿。 PL. XI

Boston Catalogue, no. 751; Warren, 440; C.49.

正面：在翅膀与背部之间有明显裂纹；另一个裂纹从格里芬的胸部延伸到左前腿；在腹部下面有瑕疵。

1 德拉克马：

174. A. 139. 格里芬向左跳跃离开基座，两条前腿都抬起；类似风格和图案，但翅膀处理像 A. 136 和 A. 137（nos. 171，172）模具；无标识；工艺很好。

P. 144. 与造币官名字“ΕΓΗΓΗΣΓΓΟ”的位置类似。

a. 3. 20 克，慕尼黑。　　PL. XI

C. 60/2.

b. 3. 30 克，柏林。

Imhoof-Blumer；*Tier-und Pflanzenbilder*，pl. x. 26（正面）；C. 60/2.

c. 3. 01 克，那不勒斯。

Collezione Santangelo，9919；C. 60/3.

分组 64

4 德拉克马：　　造币官：ΕΓΟΝΥΔΟΣ

标识：猫头鹰

有记录的样品	3	垫压模具	2	PL. XI
模具组合	2	冲压模具	2	

175. A. 140. 格里芬向左跳跃，两条前腿都抬起；图案类似，但风格更粗犷；鬃毛非常粗糙；翅膀很生硬，主羽有些下垂；单个羽毛的表现很典型；远处翅膀有不确定的轮廓；近处翅膀上边有一只猫头鹰；无基座或基线。

P. 145. 造币官名字“ΕΓΟΝΥΔΟΣ”环绕平坦的四等分方形，表面有粗糙的颗粒。

a. 14. 85 克，剑桥。

McClean,4001;Sotheby 9.5.1904,201;C.45/2.

b.14.87 克,大英博物馆。

Sotheby 23.3.1896,274[①];NC 1892,pl.2.10;C.45/1.

正面:a 模具上有很大磨损,在腹部下面和前腿周围有许多明显的小裂纹。

176. A.141. 图案类似,工艺同样非常粗糙;看不到远处的翅膀,猫头鹰很小。

P.146. 与造币官名字"ΕΓΟΝΥΔΟΣ"的位置类似;四等分方形的表面略微凸起。

a.14.36 克,牛津(梅先生的遗产)。 PL.Ⅺ

Spink(1949).

正面:下颌下面有小裂痕。

分组 65

4 德拉克马: 造币官:ΕΓΙΚΑΛΣΙΚΡΑΤΕΟΣ,ΚΑΛΗΣΙΚΡ(no.181)

标识:—

有记录的样品	5	垫压模具	4	PL.Ⅺ-Ⅻ
模具组合	5	冲压模具	5	

177. A.142. 格里芬面朝左卧左,右前腿抬起;图案较大,但比例更纤细;鬃毛整齐且工艺熟练;图案 B 的翅膀,有装饰,完全展开,在一排短次羽上方展开的主羽向前弯曲;非常精美的作品;高浮雕。

P.147. 与造币官名字"ΕΓΙΚΑΛΣΙΚΡΑΤΕΟΣ"环绕的位置类似;更精细的作品;背面可能有颗粒。

a.14.75 克,剑桥。 PL.Ⅺ

McClean,4004;Sotheby 5.6.1905,184.

---

① 铭文被错误地认为是"ΛΕΟΝΙΔΟΣ"。

178. A. 143. 类似。

P. 148. 与造币官名字“ΕΓΙΚΑΛΣΙΚΡΑΤΕΟΣ”的位置类似；方形框线更粗。

a. 14. 57 克，斯德哥尔摩。 PL. Ⅺ

Kricheldorf 25. 3. 1957, 1155; Coin Galleries Mail Bid Sale 11. 7. 1955, 351; MMAG (8/54); Hirsch, xxix. 139; C. 53a.

正面：在格里芬的嘴尖和抬起的右前爪上方，模具有明显的裂纹。

179. A. 144. 类似；翅膀抬起，但主羽向后下垂，几乎接触到尾巴的曲线；每根羽毛都表现出精美的艺术感；整齐的颈部鬃毛雕刻得极为细致。

P. 149. 与造币官名字“ΕΓΙΚΑΛΣΙΚΡΑΤΕΟΣ”的位置类似；与 P. 147(no. 177)相似，方形较小。

a. 14. 90 克，剑桥。 PL. Ⅺ

McClean, 4005; Hirsch, xxi. 841; Lambros; Nom. iii, pl. 2. 8; C. 53, pl. 2. 16(正面).

180. A. 144. 相同。

P. 150. 与造币官名字“ΕΓΙΚΑΛΣΙΚΡΑΤΕΟΣ”的位置类似。

a. 14. 61 克，大英博物馆。 PL. Ⅻ

Lockett; SNG iii. 1128; Nav. i. 1075.

181. A. 145. 类似；工艺不是很精致；主羽下垂得更加明显，羽尖覆盖了卷曲的尾部并触碰到圆点边界；在近处翅膀的前面和上方呈现了远处翅膀的轮廓。

P. 151. 与造币官名字“ΚΑΛΗΣΙΚΡ”的位置相似；铭文字母的间距很宽。

a. 14. 80 克，哥本哈根。 PL. Ⅻ

SNG(Cop.) Thrace, 321; C. 52.

正面：在耳朵与远处翅膀轮廓之间狭窄的背板上有明显的裂纹；

另一处裂纹是在近处翅膀的次羽顶部。

分组 66

4 德拉克马： 造币官：ΕΓΙΜΑΝΔΡΩΝΑΚΤΟΣ

标识：星星

有记录的样品	2	垫压模具	2	PL. XII
模具组合	2	冲压模具	2	

182. A. 146. 格里芬在有简单装饰的基座上向左行走；右前腿抬起；图案和风格有很大不同；狮子的躯干是从容和轻盈的，而且肌肉非常发达；脖子上的毛发蓬松，鼻骨上面有一束毛发或一个小凸起物；翅膀抬起，主羽直立且几乎是僵硬的；尾巴向下垂，但簇绒尖抬起；在左前方有一颗8束光的星星，在每两束光之间有一个圆点。

P. 152. 与造币官名字"ΕΓΙΜΑΝΔΡΩΝΑΚΤΟΣ"的位置类似；方形的外框更加突出。

a. 15.05 克。 PL. XII

Hirsch, xiii. 516; Nom. iii, pl. 2.5; C. 54/2, pl. 2.5.

183. A. 147. 类似；双颌张开较大；风格整体上更加粗犷。

P. 153. 与造币官名字"ΕΓΙΜΑΝΔΡΩΝΑΚΤΟΣ"的位置类似；字母的雕刻更加仔细。

a. 14.72 克，柏林。 PL. XII

MG 38, no. 3; *Tier-und Pflanzenbilder*, pl. xi. 25; NC 1886, 249; Sotheby 10. 7. 1884, 258; 电铸版(electrotype)在大英博物馆；C. 54/1。

分组 67

4 德拉克马：　　　　　　　　　　造币官：ΕΓΙΒΡΛΟΣΥΟΣ

标识：月桂枝

有记录的样品	2	垫压模具	2	PL. XII
模具组合	2	冲压模具	2	

184. A. 148. 格里芬向左跳跃，两条后腿离开像雕饰圆柱的基座；基座下半部有一排简单装饰线；充满活力的风格和恰到好处的比例，尽管对单个细节的处理偶尔有些重；脖子平滑，但下颌下面有一束颈羽，头上有一个鳞状冠饰（scaly crest）；无凸起物；主羽不太僵硬，呈略微下垂的状态；次羽非常突出；尾巴抬起，且在后面卷曲；下面有月桂枝。

P. 154. 与造币官名字“ΕΓΙΒΡΛΟΣΥΟΣ”的位置类似；雕刻的字母较大，方形等比例缩小。

a. 14.90 克，大英博物馆。　　PL. XII

NC 1955, 136, no. 8; Hess（卢塞恩）1954, 81; Jameson, iii. 1998; Egger, xxxix. 125.

背面：沿印图边缘有很大的裂纹，尤其是在铭文字母“Γ”和“Β”上面。

185. A. 149. 类似；鳞状冠饰更加明显；基座更大。

P. 155. 与造币官名字“ΕΓΙΒΡΛΟΣΥΟΣ”的位置类似。

a. 14.30 克，柏林。　　PL. XII

Nom. iii, pl. 1. 20（正面）；模具在温特图尔；C. 44（两面都有磨损）。

分组 68

4 德拉克马： 造币官：ΔEONYΣAΣ

标识：—

有记录的样品	1	垫压模具	1	PL. XII
模具组合	1	冲压模具	1	

186. A. 150. 格里芬向左跳跃离开基座，两条前腿都抬起；风格和比例类似于 A. 148 和 A. 149(nos. 184,185)模具，但动作更大；双颌略微张开，舌头伸出；不太注重次羽，主羽似乎没有下垂；尾巴在两条后腿与腹部下面之间向前卷曲。

P. 156. 造币官名字“ΔEONYΣAΣ”的字母较小，围绕方形的直线外框，方形内有一匹向左行走的马，蹄子落在外框上；短而整齐的鬃毛；浮雕较低；全部都在方形印图内。

a. 14. 12 克，奥德萨(Odessa)。

Nom. iii, pl. 1. 22; C. 72, pl. 1. 17. PL. XII

分组 69

4 德拉克马： 造币官：APTEMΩN

标识：常春藤叶

有记录的样品	1	垫压模具	1	PL. XII
模具组合	1	冲压模具	1	

187. A. 151. 格里芬向左跳跃离开有简单装饰的基座，两条右腿都抬起；尾巴在两条后腿之间向前卷曲；再次出现浓密和整齐排列的鬃毛；脖子上单个毛发和翅膀上羽毛雕刻得非常精细；翅膀张开，主羽是现实主义的处理方式，在后背上方下垂；比例恰当，细节非常突出，是工艺熟练的作品。

P. 157. 造币官名字“APTEMΩN”的字母较大，围绕类似方形框线的三边,方形内有一只双耳酒杯,立在方形底线之上;在方形的第四条框线(左边)悬挂着一片常春藤叶;精美作品;全部内容都在方形印图内。

a. 14.59 克,格拉斯哥。　　PL. XII

Hunter,i. 383,no. 5;*Coin Types*,pl. 1. 14;Comber,320,no. 11(特雷斯);C. 71.

3 奥博尔:

第三系列:背面图案:面朝左的牛头像。[①]

188. A. 152. 格里芬卧坐在有装饰的基座之上,右前腿抬起;在颈部前和下颌下面有一束颈羽,再下面是螺旋卷毛;双颌张开,舌头伸出;图案 C 的翅膀,空白表面下凹;肋骨突出,爪子是完美的艺术造型;耳朵直立。

P. 158. 牛头像朝右;在方形雕刻的图案内;有精美的圆点边界;对眼睛、颈部和肩膀的皮肤皱纹的处理更具现实主义色彩。

a. 1.50 克,巴黎。　　PL. XII

De Briailles;Nav. Vi. 839.

b. 1.51 克,慕尼黑。

C. 42/4.

c. 1.56 克,柏林。

C. 42/1.

d. 1.59 克,哥本哈根。

SNG(Cop.),*Thrace*,316;Lambros(1900);C. 42/2.

e. 1.58 克,剑桥。

McClean,3997.

① 下面这枚钱币也有记录,但没有说明背面图案是朝左还是朝右,可能属于第三时期:C. 42/7,Sotheby 9. 5. 1904,209,2. 10 克。

f. 1.37 克,普罗夫迪夫。

g. 1.57 克。

Hirsch, xxv. 69; Nom. iii, pl. 1.13; C. 42/6, pl. 1.11.

正面:可能除了 f 模具外,所有样品都有一个裂纹:从格里芬的前胸向外延伸。

189. A. 153. 图案类似。

P. 158. 相同模具。

a. 1.53 克,巴黎。

Luynes, 1747; C. 42/5.

b. 1.49 克,海牙。

C. 42/1a.

c. 1.49 克,哥本哈根。

SNG(Cop.), *Thrace*, 317; Lambros(1901); C. 42/3.

d. 1.56 克,牛津(梅先生的遗产)。

Baldwin(12/57).

1 奥博尔:

背面图案:有各种印图。①

190. A. 154. 格里芬面朝左卧坐,右前腿抬起;图案 B 的翅膀;双颌张开,舌头伸出;爪子很大;无基座。

P. 159. 方形印图,表面有粗糙点刻,且四等分线不规则。

a. 0.56 克,哥本哈根。

SNG(Cop.), *Thrace*, 312.

b. 0.55 克。 PL. XII

Lockett; SNG iii. 1122; Nav. vi. 834; H. Weber, 2369; C. p. 124, 0/9.

---

① 可能有一些钱币之前被划分到第三时期,因为现有信息无法将其更准确的分类(cf. p. 114, no. 1. *supra*)。

191. A. 155. 图案类似;翅膀的处理比较粗糙。

P. 160. 印图类似。

a. 0. 49 克,柏林。 PL. Ⅻ

Beschreibung, i. 100, no. 21; NZ 1872, 186, no. 23; C. p. 124, 0/1.

b. 0. 64 克,索菲亚。

c. 0. 56 克,剑桥。

McClean, 3995.

d. 0. 63 克,普罗夫迪夫。

e. 0. 61 克,Mechitaristen Stift。①

C. p. 124, 0/8; p. 120. fig. 13.

f. 斯特拉斯堡大学。

(可能是这一背面)

192. A. 156. 图案类似;但图案较大;颈后背有羽冠。

P. 161. 磨坊篷帆(mill-sail)图案;表面不平。

a. 0. 52 克,大英博物馆。 PL. Ⅻ

BMC *Thrace*, 66, no. 15; C. p. 124, 0/6.

193. A. 157. 图案类似;短而浓密的鬃毛;较好作品。

P. 162. 方形印图;四等分方形划分得很规则,但表面不平。

a. 0. 50 克,哥本哈根。 PL. Ⅻ

SNG(Cop.), *Thrace*, 314; van Lennep(1907).

194. A. 158. 图案类似;翅膀处理得更加粗糙。

P. 162. 相同模具。

a. 0. 43 克,哥本哈根。 PL. Ⅻ

SNG(Cop.), *Thrace*, 314; van Lennep(1907).

---

① 不确定这是指几个梅奇塔瑞斯特(Mechitarist)庄园中的哪一个,在维也纳的梅奇塔瑞斯特庄园似乎可能性最大。

195. A. 159. 图案类似。

P. 162. 相同模具。

a. 0. 44 克,纽约。 PL. XII

b . 0. 47 克,哥本哈根。

SNG (Cop.) , *Thrace*, 313; Lambros (1900) ; C. p. 124, 0/4.

c. 0. 45 克,普罗夫迪夫。

背面:模具看上去比第 194 号钱币损坏得更严重。

196. A. 159. 相同模具。

P. 163. 印图类似;四等分方形划分得不规则。

a. 0. 55 克,索菲亚。 PL. XII

197. A. 160. 格里芬向左跳跃,两条前腿都抬起;图案 B 的翅膀。

P. 164. 印图类似。

a.

Grabow(罗斯托克)9. 7. 1930,232.

0. 5 奥博尔:

背面图案:扇贝壳在方形印图内。

198. A. 161. 格里芬的前半身,两条前腿都抬起;图案 C 的翅膀,边缘是较高浮雕;耳朵向前尖;较好的作品;有圆点边界。

P. 165. 扇贝壳在方形印图内。

a. 0. 21 克,剑桥。 PL. XII

McClean,4000.

199. A. 162. 图案类似,但是图案 B 的翅膀。

P. 166. 印图类似。

a. 0. 21 克,哥本哈根。 PL. XII

SNG(Cop.) ,*Thrace*,319;Lambros(1902);C. p. 125,q.

图 4 - 1 为第 186 号钱币(A. 150/P. 156)。

图4-1　No.186(A.150/P.156)

第5章　第五时期：约公元前 439/437～411/410 年

第五时期的钱币制作出现了一些重大变化。这一时期标志着经过一段时间的中断后重新回到以前的系列；在这段时间内阿布德拉造币厂似乎一直无所作为。这家造币厂关闭的时间大约是这一世纪的中叶，原因与《雅典铸币令》有关，该铸币令发布的时间约为公元前 449 年。仔细分析这家造币厂的钱币制作情况可以看出，第四时期最后一批钱币与第五时期第一批钱币制作之间的间隔不到 10 年。确实，除一些风格方面的必然联系外，与此前系列的做法相比，差异也是非常明显的。14.90 克的 4 德拉克马被放弃了，而这是我们第三和第四时期钱币的典型代表。替代它的是降低的色雷科—马其顿重量标准，这是在较小坯料上制作和重量标准在 14.15～13.85 克的 4 德拉克马。[①] 此前马罗尼亚一直在使用 2 德拉克马和 1 德拉克马，以及在公元前 450 年之前 10 年就开始

① “标准：第五时期”，见 pp. 19 ff，*supra*。

使用一种其重量标准与此相对应的小系列的 4 德拉克马;关于 14. 73 克 4 德拉克马的旧色雷科—马其顿标准降低到这一较低水平的过程,已在有关这一时期阿布德拉使用的重量标准部分进行了详细讨论。①

正如在第四时期结束就已经出现的预兆,即每一位造币官发行的钱币都有单独的背面图案,这一事实极大地增加了研究这些系列的兴趣,也使得甄别发行日期的工作变得容易一些。在对这些系列进行划分时,我们尽可能多地使用外部特征和风格特性,另外比此前时期更幸运的是,本时期我们有了几个短模具序列的帮助。与以前一样,我们并不试图对每一个批次确定精准日期;但在讨论风格的过程中,应该有相当程度的准确性推断出许多这些批次钱币的具体日期。

第五时期钱币批次的可能划分在表 5 - 1 中;表 5 - 1 显示,这一时期制作的钱币规模小于第四时期。覆盖的年份比较多,达到 26/27 年而不是最低的 25 年;有记录的批次总数较少,最多只有 19 批次而不是 20 批次。像我们的常规做法一样,这里假设钱币上的造币官名字是一种年度授权,则可以合理推断发行的频率不如以前规范,而且有很多年份里没有制作钱币。但区分这些年份可能非常困难。这些系列的分布非常均匀,任何想找出没有制作新钱币的一个特定年份组的做法在一定程度都属于推测。(见表 5 - 1)

---

① 见 pp. 21 ff. ,*supra*。

表5-1　第五时期(约公元前439/437~411/410年)钱币发行分类

			4德拉克马				4奥博尔			
分组	造币官名字	标识	有记录的样品	组合模具	垫压模具	冲压模具	有记录的样品	组合模具	垫压模具	冲压模具
70	Anaxipolis(Ⅰ)①	..	2	1	1	1	..	..	..	..
71	Heragores	..	1	1	1	1	..	..	..	..
72	Aleximachos	..	3	2	2	2	..	..	..	..
73	Anaxenor	..	2	2	1	2	..	..	..	..
74	Anaxidikos(Ⅰ)	常春藤叶(正面)	3	1	1	1	44	8..	6..	6
75	Phanaos	常春藤叶	2	1	1	1	..	..	..	..
76	Athenaios	..	3	1	1	1	..	..	..	..
77	Melanippos	..	2	1	1	1	..	..	..	..
78	Pythagores	..	2	2	1	2	..	..	..	..
79	Nikostraos	..	1	1	1	1	..	..	..	..
80	Anaxipolis(Ⅱ)	..	6	5	1	5	..	..	..	..
81	Archagores	..	1	1	1	1	..	..	..	..
82	Polykrates	..	1	1	1	1	..	..	..	..
83	Anaxidikos(Ⅱ)	..	1	1	1	1	..	..	..	..
84	Thrasys	..	1	1	1	1	..	..	..	..
85	Hegesagores	..	11	5	3	4	..	..	..	..
86	Polyaretos	..	2	1	1	1	..	..	..	..
87	Demokritos	..	7	4	2	4	..	..	..	..
88	Hekataios	..	8	5	1	5	..	..	..	..
88a	Hekataios	..	1	1	1	1	..	..	..	..
小面额钱币			3奥博尔							
			29	9	6	7				

① 为方便起见,有必要区分造币官安纳西波利斯(Anaxipolis)制作的第一批与第二批次的钱币,造币官安纳西迪克斯(Anaxidikos)的情况也类似。相同个人的名字可能出现在不同批次中。

在过去的 45 年里,在钱币上发现了三位新造币官的名字,①不可否认还有更多的名字仍未发现。现有资料库显示,不仅钱币制作的频率较低,而且在这一时期的最后几年之前,4 德拉克马发行的种类也很少。在两种情况中,单个正面模具被用于两期发行,即造币官梅兰尼珀斯(Melanippos)和安纳西波利斯[Anaxipolis(Ⅱ)]所使用的 A. 177(分组 77 ~ 78)模具,以及尼克斯特拉斯(Nikostraos)和安纳西波利斯所使用的 A. 178(分组 79 ~ 80)模具。另外,有一个正面模具 A. 180 满足了造币官波利克拉特斯(Polykrates)、安纳西迪克斯[Anaxidikos(Ⅱ)]和索拉斯(Thrasys)的钱币制作需要(分组 82 ~ 84)。确实,这一阶段有 7 位造币官发行了钱币,但记录只有 3 个正面模具,也许覆盖了长达 7 年的制作期,这是说明制作频率很低的一个确切指标。

同样突出的现象是,中间面值的钱币非常稀少。至今没有发现 1 德拉克马,只记录有一期 4 奥博尔。后者是一种较大钱币,也许属于这一时期的早期,制作标准是阿伊努斯人所使用的小额钱币重量(分组 74)。② 3 奥博尔仍然执行第三和第四时期该面值钱币的相同标准,虽然数量比以前多,但本地制作的部分相对很少;从阿布德拉城市的重要性来看,这一点非常令人感到意外。更令人感到意外的是,在阿伊努斯小面额钱币的产出则非常多,在这一段时期阿伊努斯制作的小面额钱币数量可能远远超过了阿布德拉造币厂和马罗尼亚造币厂合计制作的此类钱币的数量。③

从分组 74 中阿伊努斯 4 奥博尔重量标准和在阿伊努斯的货币流

① 造币官利克拉特斯(Polykrates)、安纳西迪克斯[Anaxidikos(Ⅱ)]和黑格萨格罗斯(Hegesagores):分组 82、分组 83 和分组 85。

② 对第五时期所使用重量标准的讨论,见 cf. pp. 27 ff. ,*supra*。

③ 我一直试图解释在公元前 435/434 ~ 417/416 年阿伊努斯制作如此多 2 奥博尔钱币的原因,可能是为了支付驻扎在阿伊努斯军队(雅典卫戍部队)的费用,或为了支付因保卫雅典而经过该港口的色雷斯雇佣军所需要的货币(*Ainos*,91 - 92)。也许在阿伊努斯,相关的时间区间应适当延长一些,但无论如何,在当地的小面额钱币的产量是巨大的。我们可以非常有把握地假设,在这些年份中,在阿伊努斯造成小面额钱币如此大数量产出的背景条件没有出现在阿布德拉,或根据已经掌握的信息,也没有出现在马罗尼亚。

通中有非常多2奥博尔的角度讲,3奥博尔继续使用旧的色雷科—马其顿重量标准是保守的做法。但直到第六时期(从约公元前411年往后),在阿布德拉越来越多地使用4德拉克马才导致自然引入2德拉克马;但即使在这一时期开始时,色雷科—马其顿的3奥博尔仍然在流通中。①

一般来说,我们最感兴趣的是第五时期每个批次的钱币,而且其中许多制作得都非常好。但除此之外,钱币制作并没有表明本地经济发展像第四时期一样有活力,特别是如果我们考虑到小面额钱币数量与第六时期的情况相比较少的因素。情况为什么是这样并非很容易给出答案。很可能的情况是,在第五时期开始时,阿布德拉仍然在向雅典支付高达15塔兰特的贡赋。这种情况一直持续到第六次评估期的第二年即公元前433/432年,在公元前432/431年、公元前430/429年和公元前429/428年,其贡赋虽有所减少但仍然是数额非常大的10塔兰特。在公元前425年的特殊评估中,阿布德拉和迪卡亚要支付75塔兰特的巨额贡赋,其中绝大部分一定落在了阿布德拉的头上。② 对色雷斯沿岸的城邦国家来说,这些年一定非常艰难;这些城邦发现自己处于两强之间的困难境地:控制爱琴海的海上强国雅典和不断成长的巨人斯塔克斯的(Sitalkes)阿德里西亚王国,后者这时发展到其巅峰时期。此外,就阿布德拉和色雷斯西部地区而言,在第五时期刚刚开始时安菲波利斯(Amphipolis)的建立和布拉斯达司(Brasidas)成功征服查尔基德克(Chalkidike),并最终占领安菲波利斯,一定是一些重要因素。但在讨论这些事项之前,我们必须将公元前439/437年确定为阿布德拉造币厂重新开业的日期。这一日期的确定不能被视为是因独立历史资料而定。支持这一日期的证据一定是部分源于钱币制

---

① 由造币官克里提德斯(Kleantides)和普罗特斯[Protes(Ⅱ)]制作的分组99和分组102钱币包括了小面额钱币,这些钱币预测的一定是我们可能会在第五时期发现的2奥博尔。另见有关第六时期所使用重量标准的讨论(p.32,*supra*)。

② *IG* i^{2}.63.

作中的典型图案本身，部分源于色雷斯沿岸其他造币厂的实践，其余则是源于针对当时像阿布德拉所面临形势的城邦雅典可能制定的政策。

仅从上述情况来看，阿布德拉的钱币制作显然会让我们回到 30 年代，很可能是这 10 年的初期。如果比此时间更早则很难有信心这样推断。下面将对此系列进行详细分析。① 当只对一家造币厂进行分析时，风格本身显然会造成误解。在第五时期我们是幸运的，不仅因为只有几个格里芬图案的模具，而且在背面图案中外在风格上有几处相同点，这一点非常有意义。② 在这些年份当中，希腊艺术世界的突出事件是在公元前 433 年建成了帕台农神殿（Parthenon）。帕台农神殿的艺术风格最终体现了当时神殿雕刻的最高成就，而这种艺术风格发展的开端也许比一般所认为的还要早；③就阿布德拉而言，在这段时期这种风格对其铸币的影响是非常明显的；但需要指出的是，这些确实反映了帕台农神殿的图案或与其相关联的风格并非这一系列钱币中最早的。实际上，如果第五时期开始于公元前 440 ~ 430 年这 10 年当中的前半期，则在帕台农神殿本身建成之前，似乎这种"帕台农神殿风格"不太可能出现钱币制作的图案中。④

阿布德拉在此时恢复铸币业务不是影响到该城市的一个孤立现象。这一事件具有更重大的背景，涉及爱琴海北边几家重要的造币

① 见 pp. 153 ff.，*infra*。

② 在讨论钱币图案及其可能的时间顺序时，我们会单独考虑每一种情况，见 pp. 154 ff.，*infra*。

③ 在门德（Mende）造币厂的一个狄厄尼索斯图案中，有与帕台农神殿相关的这种风格，该钱币图案此后被用格拉（Gela）图案进行了二次打制，大约是在公元前 460 年，出现这种情况是令人意外的（有关更多讨论和参考资料，见 p. 147 and no. 4，*infra*）。但这是一个孤立的案例：我们可以比较在一枚雷根（Rhegion）的 4 德拉克马钱币上出人意料的格里芬卧坐风格的变化（Herzfelder，*Les Monnaies d'argent de Rhegion*，R9 on pl. xiv）。

④ 这种风格很明显出现在由造币官阿森纳奥斯（Athenaios）（分组 76；no. 216；p. 182；pl. XIII）和安纳西波利斯［Anaxipolis（II）］（分组 80；nos. 220 – 223；p. 185 – 188；pl. XIII）制作的钱币图案中；但在第五时期的钱币系列中，造币官阿森纳奥斯制作的钱币至少要早于其他 6 个批次钱币（cf. p. 144，*supra*）。

厂,尤其是那些在色雷斯沿岸和在查尔基德克地区的造币厂。正如罗宾逊(Robinson)指出的,在 40 年代似乎出现了一股突然和普遍的铸币业务停工的风潮,但许多受到影响的城市在随后的 1 年中陆续重开造币业务。①

正如我们已经知道的,阿伊努斯重开造币业务不会晚于约公元前 435/434 年。② 在马罗尼亚的 4 德拉克马系列中,似乎在第一批次与随后批次的钱币之间有明显区分,前者一定是与我们的阿布德拉第五时间属于同期。萨索斯似乎也是在 30 年代重开其造币业务,而且帕台农神殿风格在其图案中得到了充分反映。③ 在门德(Mende)城邦,在该世纪中叶出现 4 德拉克马系列中断的情况似乎更加明显,因为有证据表明,某些狄厄尼索斯图案的系列及其试验钱币早于此前一直认定的时间。④ 奥林索斯(Olynthus)在公元前 433/432 年的起义之前几年就一直在制作钱币了,跟随其后的当然是来自查尔基德克的著名系列:有阿波罗头像和七弦竖琴(lyre)的图案。⑤ 艾尼亚和那不勒斯附

---

① *Hesperia*, Suppl. Viii. 324 ff.

② 见 *Ainos*, 70 ff.。这里将阿伊努斯重开造币业务的时间确定为其名字从贡赋名单上消失的相同时间。但在第五次评估期(公元前 438/437 ~ 435/434 年)中间的某个时间,阿伊努斯的贡赋已经从 10 塔兰特减少到 4 塔兰特,因此阿伊努斯重开造币业务很可能略微早于公元前 435/434 年。

③ 见 *Hesperia*, Suppl. viii. 355 – 6; Pouilloux(115 ff.)从这些年色雷斯经济恢复的更宽角度进行了分析。

④ 见 S. P. Noe, Overstrikes in Magna Graecia, ANS Museum Notes vii (1957), Group IXe, 37 ff, pl. 13e。这篇文章发表了一枚门德的 4 德拉克马钱币,有比较近代的风格,是用格拉(Gela)图案重新打制的,而格拉图案不可能离公元前 460 年的时间点很远。此前一直都很自然地认为,无背面图案的最早系列是在铸币令发布时,而且狄厄尼索斯图案及其试验钱币是在这以后开始的。现在似乎很明显的情况是,很大一部分狄厄尼索斯图案系列及其试验钱币可能早于铸币令发布的时间,而且在这一世纪中叶在铸币令发布之后,才出现该系列中断的情况得到了如下证据的支持,即如果不是如此,则在该世纪最后 25 年里就不会出现这一系列出人意料稀少的情况。从最后的图案具有非常完美风格的角度看,将其时间大幅提前的做法显然是草率的,尤其是这一系列大概一直持续到公元前 423 年[G. K. Jenkins 此后得出的结论是格拉图案的重新打制时间是公元前 450 年: *Atti*(1961), 133 and n. 6. eds.]。

⑤ 见 *Hesperia*, Suppl. viii. 335; cf. Gaebler, *Die ant. Milnz. N. -griech.* Ⅲ(2), p. 84。这些钱币上面有铭文"OΛVN"。

近的安提萨拉（Antisara）都很可能是在 30 年代开始制作钱币。① 更重要的是阿肯索斯，该城邦在公元前 5 世纪第二和第三个 25 年里制作的 4 德拉克马非常稀少，这一点与此前和随后时期发行量很大完全不同，所以至少有一些证据支持本系列出现了中断的观点，这可能是由于铸币令的发布；但风格的持续又很难说明中断的时间很长，而且有属于 30 年代的 4 德拉克马和小面额钱币。②

因此，在阿布德拉恢复造币业务的同时，还可以在色雷科—马其顿地区看到许多重要的平行案例。阿布德拉重新开始造币业务的内容显示，其新系列的第一批钱币设计回到了 30 年代的早期；很可能的情况是，在大约相同时间重新开业的其他造币厂也是如此。一些不同因素可能促使雅典对这些城邦采取更加自由的政策。但有两个重要因素可能影响到了雅典在这方面的政策。第一，也是整体上更重要的是公元前 441/439 年的萨摩安战争（Samian War）。这场战争带来了成功的结果，但雅典一定受到严重警告，即可能在盟友之间发生更加普遍的起义行动，而且有强国的支持。③ 这可能产生了推动雅典修订其货币政策的最初动因。④ 第二，对斯特瑞木河东岸的色雷斯沿岸城邦来说更重要的是，斯塔克斯（Sitalkes）强大的阿德里西亚王国的兴

---

① 见 *Hesperia*, Suppl. viii. 334（Aineia），335（Neapolis）：来自后者造币厂的小面额长系列最早批次的钱币一定属于 30 年代，这一系列的背面是本地的帕台丝女神（Pathenos）头像。

② *Akanthos*（27 –29，84 –91）一书仅将 23 个 4 德拉克马的组合模具归属于公元前 480 ~424 年，相比公元前 530 ~480 年有 92 个，公元前 424 ~384 年有 47 个。即使就这些数据的上限和下限而言，Desneux 的中间时期也可以分别证明是太早或太晚了，这一时期保存下来的钱币数量很少。在 Desneux 的第 94 号与第 95 号（pl. 14）钱币之间，可能由于铸币令而出现了短暂中断：从第 95 号钱币起我们有 4 个批次，分别是第 95 ~103 号（鱼标识）、第 104 ~111 号（ΔI，月桂枝）、第 112 号（ΔH）、第 113 ~115 号（ΔH，葡萄枝）钱币，也就是在该造币厂重新开业与引入所谓腓尼基标准（Phoenician standard）之间（nos. 116 ff），后者出现的时间可能在阿肯索斯起义之前，也就是公元前 424 年布拉斯达司（Brasidas）军事占领时。另见 *NC* 1956，157；有关这一标准的更多讨论，见 p. 200，n. 1，*infra*。有关小面额钱币的制作，见 *Hesperia*, Suppl. viii. 334。

③ *ATL* iii. 307 –8；Gomme，*Commentary*，i. 338.

④ cf. *Hesperia*, Suppl. viii. 338.

起,该国在公元前440/430年接近了其鼎盛期,并可能在雅典人与斯塔克斯结盟时达到其鼎盛期;后者还针对培德卡斯(Perdikkas)进行了一场巨大的,也许是失败的征服战争。①

修昔底德斯(Thucydides)(ii. 97. 1 －2)用一般术语描述了阿德里西亚王国所控制的疆域,但我们毫不怀疑其领土与阿布德拉是有交界的。就在前面一页(ii. 96),修昔底德斯谈到了斯塔克斯为了其征服而募集的兵员数量,而且在其讨论这一问题时,吉梅(Gemme)令人信服地说明了斯塔克斯的王国可能的边界及其所包含的物质条件。② 虽然没有给出哪个城市是首都的提示,但阿德里西亚王国的主要权力中心可能位于色雷斯东部的内陆地区,其影响最大的是何布罗斯(Hebros)峡谷,因此主要影响到阿伊努斯以及萨莫斯拉卡亚地区(Samothrakian peraia)和波罗庞迪斯(Propontis)西北的海滨城市。③ 尽管如此,阿德里西亚王国的权力,或其威胁,必然已经极大地影响到从马罗尼亚向西直到斯特瑞木河沿岸的希腊城邦国家。从自身角度讲,雅典可能带有某种焦虑地看待色雷斯实力的增长,而且这无疑是她建立安菲波利斯(Amphipolis)城邦的诸多理由之一。④

阿德里西亚王国对内陆地区的控制也意味着控制了从沿海至内陆的贸易通道;而就阿布德拉而言,尤其受到控制的是从罗多普(Rhodope)地区到达目前是保加利亚的中心地带的通道。这段时期阿布德拉与内陆地区的贸易以及相应的原料出口一定受到了影响。当阿布德拉开始应对色雷斯人时,修昔底德斯的预言是非常清楚的。⑤希腊人需要为其特权付出代价也是显而易见的,斯塔克斯的继任者修瑟斯一世(Seuthes Ⅰ)于公元前424年继承王位,在他统治时期,希腊人从色雷斯部落和希腊城邦获得的贡赋收入减少了,每年的数额大约

① cf. Thucydides, ii. 29. 1 f., and 95 －101.

② Gemme, *Commentary*, ii. 241 ff.

③ *Ainos*, 74 ff.

④ *ATL* iii. 308 －9.

⑤ Thucydides, ii. 97, 4.

是 400 塔兰特,不包括相等价值的非官方贡品。[①] 对这种关系,有人认为这种世代相传或传统的贡赋是由于色雷斯与雅典之间在公元前 357 年签订的条约,而这一条约在斯塔克斯和修瑟斯一世时期已经适用于阿布德拉与拜占庭之间的沿岸各个城邦。[②] 作为雅典帝国的一个成员和定期支付贡赋的城邦,我们至今并不知晓阿布德拉是否实际上是被迫向色雷斯人支付贡赋,无论是否得到雅典的同意。[③] 在公元前 425 年,也就是修瑟斯一世就职前一年,雅典准备对从阿布德拉及其小邻国迪卡亚的进口货物征收 75 塔兰特的巨额税赋的事实表明,雅典人当时至少并未认真对待阿布德拉向阿德里西亚人支付贡赋的事情。无论是何种情况,"非官方贡品"的数量可能都很多。

但无论这些沿岸城邦与色雷斯人的关系有多少不利方面,在公元前 431 年结盟之前,它们一定都会在不同时间里利用雅典人对修瑟斯一世实力不断增长的恐惧。在与雅典人和阿德里西亚人打交道时,阿布德拉比其他城邦处于更强有力的位置。修瑟斯曾与一位著名阿布德拉人奈弗多罗斯(Nymphodoros)的女儿结婚,奈弗多罗斯在阿德里西亚宫廷圈内的影响足以使他促成雅典与修瑟斯之间的结盟。[④] 我们

---

① Ibid. ,97.3.

② *ATL* iii. 310. 关于此条约,见 JG ii2. 126,and 4 – 16,*ATL* ii. T76d;关于此条约的更多讨论,见 P. Choche,Le traite atheno-thrace de 357,*Revue de Philologie*,1922,5 – 13。

③ Comme(*Commentary*,ii. 243)曾指出与此事相关的不确定性;他认为(p. 244)多数向色雷斯人支付贡赋的希腊城邦可能是在黑海沿岸,梅森布里亚(Mesembria)以北的城市;他还指出修瑟斯一世时可能并未实际统治这些城市。没有迹象表明阿布德拉的钱币经历了这样的命运。

④ Thucydides,ii. 29. 奈弗多罗斯(Nymphodoros)是皮索斯(Pythes)的儿子。作为造币官,这两个名字都出现在第四时期的钱币上,奈弗多罗斯是在分组 55 中,制作时间可能是在公元前 465 年;皮索斯是在分组 51 中,是在这一时期的初期,因此可能不会晚于公元前 470 年。我们预测会发现奈弗多罗斯的名字出现在钱币上。如果在公元前 465 年(大约)他是负责钱币制作的造币官,则他的职业生涯显然很长;但如果在 30 年代他有一个适婚年龄的女儿,则非常可能的情况是他实际上也是我们分组 55 中的奈弗多罗斯。但也不否认当时有两位男士的名字都是奈弗多罗斯。从年龄上考虑,将分组 51 中的皮索斯认定为奈弗多罗斯的父亲并无难处,后者在 30 年代影响很大。

现在并不清楚在多大程度上,阿布德拉或奈弗多罗斯此前在利用修瑟斯来对抗雅典,以便从后者那里获得一些让步。奈弗多罗斯此前一直试图这样做并非不可能,因为雅典人直到公元前431年都不信任他。① 但到了此时,由于认识到与色雷斯人结盟的潜在价值和看到奈弗多罗斯是实现这一目标的最可能人选,所以雅典人明智地任命他为在修瑟斯宫廷的本国代表并授权其进行必要的谈判。② 这些都取得了成功,在一段时间里奈弗多罗斯一定发现自己是希腊北部最有影响力的人物,这一事实必然有助于提高他自己的城邦阿布德拉的地位和安全。③

正是由于色雷斯的这种背景,所以第五时期初期的钱币制作一定与此有联系。我们已经看到,这一时期4德拉克马的发行量要少于第四时期的发行量,而且令人感到意外的是似乎也很少制作小面额钱币。有证据表明,尽管雅典的让步导致了阿布德拉造币厂在30年代初期重新开业和贡赋从15塔兰特降到公元前432/431年的10塔兰特,更不用说还在公元前431/429年因奈弗多罗斯而获得的有影响地位,但这一时期并非阿布德拉的繁荣时期。同样明显的是,每年支付给雅典的贡赋和被阿德里西亚以各种形式榨取的钱财一定对阿布德拉城邦的财政状况造成了负面影响;当又一次评估来临时,如公元前425年的这一次,面临的局面肯定是非常艰难的。实际上,这一次评估到来的时候正是阿布德拉的铸币业务特别小的时期。④ 但我们还应当寻找其他原因。阿布德拉最初的繁荣,以及其钱币发行的规模和规范性一直依靠其白银贸易。阿布德拉似乎是最早制作4德拉克马的城

---

① cf. *ATL* iii. 311. 文章认为,在第六次评估过程中阿布德拉贡赋的减少可能表明,在奈弗多罗斯的影响下,阿布德拉出现了从雅典转向修瑟斯的变化。修昔底德斯(ii. 29)概括了这一时期雅典人对奈弗多罗斯的态度。

② Thucydides, ibid., and ii. 29. 5.

③ 奈弗多罗斯的外交代表身份也扩展到马其顿,他帮助实现了雅典人与培德卡斯(Perdikkas)将军之间的和解。

④ cf. Table on p. 144, *supra*.

邦,而且也是将色雷斯白银输送到外部世界的无可置疑的主要贸易中心之一。[①] 而现在,她一直可以获取的资源可能不再那么有利可图了,或者更有可能的是,获取这些资源的难度更大和成本更高了。在公元前 437/436 年安菲波利斯建立了,这时恰好是我们第五时期的开始,可能也导致了白银贸易的转移,其结果是此前一直供给阿布德拉的白银现在转向斯特瑞木河口地区了。[②] 当然,贸易转向后者可能会较少受到阿德里西亚的干扰。而更多从本地因素考虑,阿布德拉现在面临更多来自马罗尼亚和萨索斯的竞争。在这一世纪的前半期,马罗尼亚的铸币业务无法与阿布德拉的数量相比,而且公元前 460 ~ 450 年在我们发现其制作的第一批次 4 德拉克马的情况时都是如此。贡赋列表告诉了我们一个类似情况,只是到了第五次评估期(公元前 438/437 ~ 435/434 年)时,马罗尼亚的贡赋才提高到可以与阿布德拉相比的水平。[③] 同样意义重大的是,我们发现在第五时期,马罗尼亚的铸币业务规模只是略小于阿布德拉的规模。[④] 这两个城市之间在规模和繁荣程

---

① 见 p. 2, *supra*。

② 拥有安菲波利斯的战略价值不需要强调。作为造船用木材的一个供给来源,安菲波利斯对雅典人来说也有很大价值;但修昔底德斯(iv. 108. 1)还提到了雅典人占据安菲波利斯所获得的财政好处。Gomme(*Commentary*, iv. 508)指出,安菲波利斯为帝国财政部门提供了非常多的收入,但不是通过支付贡赋,因为安菲波利斯并不支付贡赋;也不是仅仅是作为一个中心,通过其来征收其他城邦的贡赋。我们也许可以用盛产贵金属的潘格恩(Pangaion)地区作为一个间接参考例子,雅典占领安菲波利斯后,终于有了简便途径获取潘格恩贵金属的保证。至少雅典现在可以直接购买白银或黄金资源,因此绕过了中间商,也就是那些沿岸贸易中心,如阿布德拉;过去这些中间商在贵金属贸易中获得了可观的利润。这当然会增加其财政收入的来源和提高收入水平,因此雅典可能感到有能力针对一些色雷斯城邦的铸币业务采取更自由的政策,对整体形势更广泛的分析也导致了采取这种政策。

③ 在前三次评估期以及直到公元前 441/440 年的第四次评估期中,马罗尼亚一直都只支付 1.5 塔兰特的贡赋。她下一次有记录的支付额,也即公元前 436/435 年第五期的支付额,显示支付了 10 塔兰特,这一数额一直持续到公元前 433/432 年。

④ 在第五时期阿布德拉的钱币制作中,在 26/27 年的时间里,4 德拉克马共有总数为 33 个模具组合,18 个垫压模具(是扣除正面图案使用超过 1 个批次后的净额)和 32 个冲压模具。在马罗尼亚,在基本相对应的时期内,West 列举了 37 个模具组合,27 个垫压模具(净额)和 31 个冲压模具(NNM 40. 61 –66, nos. 13 –47, pls. 7 –10)。这些数据基于阿布德拉的 56 个样品和马罗尼亚的 53 个样品。

度方面的差距出现了明显的缩小。阿布德拉的古老和更加强大的竞争对手萨索斯,似乎也重新获得了此前曾经出现过的繁荣。在公元前446/445年,萨索斯的贡赋从3塔兰特增加到30塔兰特,这也许就是其部分恢复此前在大陆地区地位的结果;当然也有该岛屿本身市民和商业"复兴"的原因,这些足以表明贵金属贸易只是其众多财富来源之一。①

对于阿布德拉的钱币制作中是否间接反映了雅典人曾经占领安菲波利斯的问题,目前还没有相应证据显示该城邦被布拉斯达司占领过,或公元前424~422年他在查尔基德克采取过军事行动。② 我们从修昔底德斯的言论中可以得出的推论是,雅典人对安菲波利斯落入他人之手的警觉导致其立即采取预防措施来防止其他盟友的背叛。③ 在斯特瑞木河以东沿岸地区的事件中,我们只有奥伊斯梅(Oisyme)和卡勒珀斯(Calepsos)两个城邦的具体详细资料,这两个城邦都位于色雷斯沿岸地区(Thasian peraia),后者在艾恩东南面的沿海地区,前者位于卡瓦拉(Kavalla)海湾的西面。④ 如果最初针对布拉斯达司的行动是由任何一座东部更远城邦反雅典的部落发起的,则据我们所知布拉斯达司没有采取有利于他们的行动,或雅典也没有为粉碎其阴谋而采取进一步的行动。⑤

铸币业务中没有证据显示,在这些年里阿布德拉是雅典人的一个

---

① cf. *ATL*. iii. 259 and Gomme, *Commentary*, i. 299 f.;有关色雷斯地区恢复繁荣的更广泛和更具体的讨论,见Pouilloux, 109 ff.。

② 从布拉斯达司首次出现在查尔基德克直到公元前421年的"尼卡斯和平条约"(Peace of Nikias),似乎最可能覆盖这些年份的钱币都是保存较好的,如在分组80中由造币官安纳西波利斯[Anaxipolis(Ⅱ)]制作的钱币,数量非常少;cf. Summary of issues, p. 144, *supra*。

③ Thucydides, iv. 108. 1-6.

④ 有关这两个地方的情况,见Gomme, *Commentary*, iv. 580。卡勒珀斯后来被克雷恩(Kleon)重新占领(Thucydides, v. 6. 1)。我们没有确切资料来支持West和Meritt的观点(*AJA*[2] 1925, 67-69),即克雷恩对安菲波利斯的征服包括重新夺回斯特瑞木河以东的大部分色雷斯沿岸地区,或这一军事行动是否是必要的;cf. *Ainos*, 88 f.。

⑤ Gomme, *Commentary*, iv. 581.

制作基地,就像阿伊努斯可能的情况。阿布德拉造币厂在这段时期没有制作小面额钱币——与阿伊努斯制作了大量这类钱币形成鲜明对照——并不表明发生了任何具有持续影响力的异常事件,以至于造成了对货币的额外需求。① 雅典在这一地区的基地很可能是萨索斯而不是阿布德拉。② 与阿伊努斯一样,萨索斯也是一个港口和安全停泊地,这一情况即使不理想也具有某种战略重要性,因为在爱琴海北面海滨缺乏这种便利条件。当然,与阿布德拉相比,这两座城市的位置都可以提供更好的港口运输,而阿布德拉的位置更加外露。③ 在萨索斯建立一个海上站点,与阿布德拉相距不到半天的航行距离,这样雅典就可能会很放心,因为它可以观察阿布德拉的形势变化,而不需要更直接的干预。我们已经看到在处理与阿德里西亚人的关系时,雅典通过阿布德拉所采取的外交行动而取得了丰硕成果。

在这一时期即将结束时,这个色雷斯王国的力量可能开始衰落了,这是一个权力分散化的过程,该过程显然导致何布罗斯(Hebros)峡谷地区的贸易条件更加便利。④ 毫无疑问,阿伊努斯从中受益了。自公元前 417/416 年以后,她所发行的 4 德拉克马钱币的数量出现了明显增长,而其造币厂自公元前 435/434 年重新开业后只是偶尔制作 4 德拉克马。阿伊努斯显然享受了持续近 10 年时间的繁荣。⑤ 在阿布德拉,包括分组 85 及以后分组在内,第五时期最后一个批次的钱币发行显示出 4 德拉克马的制作数量大幅度增加。这也许是由于阿德里西亚王国的衰落越来越显著,另外部分原因可能是向雅典支付的年度贡赋减少了,这是在公元前 421 年和公元前 418/417 年的评估之

---

① cf. P. 145, n. 2, *supra*.

② Gomme(*Commentary*, iii. 586)给出了一个关于萨索斯港口的好处和潜在作用的简明介绍;Pouilloux, 109 ff. and 115 ff. 。

③ 有关色雷斯海岸线外露特点的讨论,见 Casson, *Macedonia, Thrace and Illyria*, 27 ff. ;阿布德拉自己在糟糕的条件下无法提供安全的船只停泊,而且马罗尼亚的情况也好不了多少, Casson, 31, 34;关于阿伊努斯的港口情况,见 *Ainos*, 1 – 5。

④ *Ainos*, 94 – 96.

⑤ *Ainos*, *Summary of Issues*, 70.

后。但是,较宽松环境的前景是短暂的。在公元前 420 ~ 410 年这 10 年的最后几年和在下一个 10 年开始时,就进入了一个麻烦特别多和动荡不安的时期,对内斯特斯河口两边的色雷斯沿岸大陆和萨索斯岛屿来说都是如此。

我们已经确定大概是在公元前 440 ~ 430 年这 10 年中前半期的某一天阿布德拉的铸币业务恢复了,同时也分析了可能影响到这一事件的历史背景和各种政治因素;另外,我们也已经看到,第五时期第一个批次的钱币与这一日期没有冲突。[1] 但是,在 30 年代早期造币厂重新开业的条件与标志着向第六时期埃伊内提克标准(Aeginetic standard)转变(大约开始于这一世纪最后 10 年的初期)的条件之间,我们没有找到在当地具有重要意义的历史事件,这些事件应该使任何一个批次的钱币与其有精确的关联。在色雷斯,虽然第五时期中的年份远远不是平静无事的,却没有显著反映事件的经过。因此我们不得不在很大程度上借助于风格和图案的变化来对这一系列进行分类。这种方法不可避免地会造成误判,但由于会出现某些更广范围的因素,所以借助于几个短模具的顺序,就可以帮助我们以某种程度的概率排列出各个批次的先后顺序。

与此前时期相比,第五时期的 4 德拉克马有很大不同。正面的格里芬图案已不再是艺术家们考虑的主要因素了。由于钱币的重量减轻,所以坯料变小了;由于尺寸的缩小,所以仅为此前一直是该造币厂特征的壮观图案留下了很小的空间。开始时图案设计在很大程度上还保留了个性,但不久之后就一成不变了。与第三或第四时期相比,第五时期后面的格里芬似乎是顺从,或甚至是弱小的;好像艺术家们不再相信这种动物,或对其几乎没有兴趣了。相反在钱币背面,此前几乎都是空白图案,这时开始成为主角。根据造币官顺序排列的发行批次,我们发现了背面图案的一种变化。这种变化使得这一系列成为

---

① pp. 147 ff. , *supra*.

最令人感兴趣的系列之一。众神的体态或头像、相伴的器械、动物图案,以及简明的特质等在一个接一个地变化着。图案本身仍然是封闭的,周围是长方形围框;仅有一个例外,即周围是负责该批次发行的造币官名字,就像第四时期的情况。由背面展示的艺术水准自然有很大差异,但整体能力水平很高,而且技术实现力一般来说也属于最高水平。

正面和背面图案同时为我们提供了一种按时间顺序排列本系列钱币的方法。格里芬图案是有变化的,该动物有时是卧坐,但更多时候是从一个基座上跃起。但变化的最终路线不久就清楚了。在第五时期开始时,与第四时期晚期的格里芬有明显的关联性,两者都注重姿势和具体细节。在第五时期的前 9 个批次(分组 70 ~ 78)之后,图案变得标准化了,即一个缺乏想象力,通常是粗糙处理的格里芬从一个矮基座上跃起。这种情况几乎没有变化地一直持续到第五时期的最后几年和第六时期。因此,关于哪一组格里芬图案出现在第五时期结束时的问题几乎没有异议,尽管该动物一成不变的特点给判断这一系列中各个批次的准确顺序造成了一些麻烦。

当根据格里芬图案不能做出判断时,背面图案设计有时可以给我们提供帮助;在几种情况下,背面图案可以确认格里芬图案在系列中的位置;在本时期没有出现背面图案与正面图案的变化是背道而驰的这样一种情况。某些图案自然比其他图案有更重要的含义:出现在本时期早期批次钱币上的众神体态与帕台农神殿上雕塑相关的风格几乎没有相同之处,而几年之后的众神体态则显然受到了帕台农神殿上雕塑风格的影响。也许我们可以对如下图案进行非常有用的比较:查尔基德克钱币上的奥林索斯阿波罗男神(Apollos of Olynthos)、那不勒斯近邻安提萨拉(Neapolis-by-Antisara)钱币上的帕台丝女神(Pathenos)头像、阿伊努斯钱币上的山羊,甚至还有遥远的修瑞母(Thurium)钱币上的雅典娜女神(Athena)。但通常情况是,图案很容易随着各位造币官的任职而变化,这一事实必然导致在非常短时期内风格出现波动。①

第五时期第一批次的钱币也许是由造币官安纳西波利斯制作的分组70。精神饱满的格里芬图案(A. 163,no. 200;pl. Ⅻ)几乎与此后类似姿势的图案没有相同之处;但它确实与第四时期结束时造币官迪恩萨斯(Deonysas)所使用的A. 150(分组68中的第186号)模具有密切联系,也让人想起由造币官布罗西斯(Blosys)制作的分组67中A. 148和A. 149(nos. 184,185;pl. Ⅻ)模具。钱币的背面图案(P. 167)确认了这批钱币的早期位置。严肃但充满魅力的女神头像一定属于公元前440~430年这10年中的早期。这一图案明显要早于公元前430~420年那不勒斯近邻安提萨拉制作钱币上的类似图案。②

我们同样不怀疑由造币官赫拉格雷斯(Heragores)、阿莱克西马科斯(Aleximachos)、安纳克西恩(Anaxenor)和安纳西迪克斯[Anaxidikos(Ⅰ)]制作的分组71~74也属于第五时期的早期。这四个批次的钱币都采用了卧坐和右腿抬起的格里芬图案,周围是圆点边界,这是第四时期某些最漂亮图案的特征。这一时期最好的案例是造币官赫拉格雷斯所使用的A. 164(分组71;no. 201)模具和阿莱克西马科斯所使用的A. 165及A. 166(分组72;nos. 202,203;pl. Ⅻ)模具。虽然尺寸较小,但高浮雕和满活力的躯干造型,弓形脖子和精美雕刻的鬃毛,以及用精细和现实主义手法表现的翅膀,都代表着在第四时期即将结束时造币官卡莱斯科拉特斯(Kalesikrates)的完美格里芬作品。③ 这些特点也使人想起在第四时期结束时造币官阿特蒙

---

① 可以从如下三个小模具的顺序看到图案变化的幅度有多大和背板选择的范围有多宽:分组77中的A. 177(nos. 217,218;pl. XⅢ)模具;分组79~80中的A. 178(nos. 219-223;pl. XⅢ)模具;分组82~84中的A. 180(nos. 225-227;pl. XⅢ)模具。

② *Die ant Milnz. N. -griech.* Ⅲ(2). 80;*Boston Catalague*,75,no. 563. 该文认为那不勒斯钱币上的头像是当地女神帕台丝,在一项雅典授权那不勒斯的政令中提到过(*IG* i^2. 108 of 410/9 and later)。也许有一份授权阿布德拉的类似政令,但到目前为止尚未发现支持这一点的证据。在此分类(p,162, *supra*)中,女神暂时被描述为阿耳特弥斯(Artemis)。

③ 分组65中的A. 142-5(nos. 177-8;pl. XI-XⅡ)。

(Artemon)所使用的非凡的格里芬跳跃图案 A. 151，这一图案显然启发了造币官安纳西迪克斯制作出当时最佳的 4 奥博尔模具 A. 169(分组 74；no. 207；pl. XIII)，他同时也制作了 4 德拉克马的模具。①

在属于分组 71 ~ 74 中的背面设计中，造币官赫拉格雷斯和阿莱克西马科斯的图案分别是一个提水罐(P. 168)和一只双耳酒杯(P. 169；pl. XII)，都是漂亮和精致的作品，但在识别时间顺序上意义不大。而造币官安纳克西恩和安纳西迪克斯的图案更有意思：两者都给出了众神的全身体态：安纳克西恩使用的图案是，狄厄尼索斯酒神的呆板正面像，身穿宽松长袍(chiton)并手持松木棒和双耳酒杯(P. 171，172；nos. 204，205；pl. XII)；安纳西迪克斯使用的图案是，裸体的赫尔墨斯神，只带宽边帽(petasos)和身披短斗篷(chlamys)，而且风将短斗篷在他身后完全吹开(P. 173；no. 206；pl. XII)。由于方形框的空间限制，所以这些人物显得有些拘谨，甚至尴尬。这些一定是第五时期最早的背面图案。以后的工匠没有了顾忌，而是在必要时将其图案扩展到方形框之外。与造币官阿森纳奥斯(Athenaios)和安纳西波利斯[Anaxipolis(Ⅱ)]制作钱币(分组 76，80；P. 181，185 - 188；nos. 216，220 - 223；pl. XIII)上相同人物更加自由和更高贵的表现相比，造币官安纳克西恩制作的狄厄尼索斯酒神显得有些呆板和缺乏想象力。前者已经表现出受到了帕台农神殿风格的影响，而且两者在技术和概念方面都明显更加近代。

造币官安纳西迪克斯制作的 4 奥博尔(P. 174 - 9；nos. 207 - 14；pl. XIII)是一种我们熟悉的阿伊努斯 4 德拉克马的微缩版背面图案。主题是一只有弯曲角和长胡须的山羊，有突出的额毛，仅显示其头像。与其正面一样，它看上去像一个古老的原型，这也是阿伊努斯的一种

① 有关 A. 151 的介绍，见分组 69；no. 187；pl. XII。造币官安纳西迪克斯制作的其他 4 奥博尔的正面图案(A. 170 -4；nos，208 -14；pl. XIII)都有相同风格，但稍欠完美。在安纳西迪克斯制作的 4 德拉克马(A. 168；no. 206；pl. XIII)上，格里芬图案与造币官赫拉格雷斯、阿莱克西马科斯和安纳克西恩所使用的模具一样。

设计,是此前阿伊努斯钱币最好的背面图案,即公元前 460 ~ 450 年这 10 年的后半期赫尔墨斯·培斐拉艾斯(Hermes Perpheraios)设计的 4 德拉克马钱币上的完美山羊图案。①

造币官安纳西迪克斯使用的两种 4 奥博尔图案看上去都像是以前的设计,但这一点不应当使我们将这些钱币从本系列中目前的位置上移开,而将其归属到第四时期结束时的更早日期。仅从计量因素考虑就可以排除这种可能性。② 另外,在风格和图案上的复古倾向是阿布德拉造币厂的一个特点,这一点我们在第四时期就已经遇见过,更不用说已经讨论过的第五时期中的大多数格里芬图案。如果从安纳西迪克斯制作的 4 奥博尔上的格里芬图案可以强烈感受到造币官阿特蒙制作的格里芬(A. 151)的影响,则这一点同样可以在造币官费纳奥斯(Phanaos)和阿森纳奥斯制作的 4 德拉克马(分组 75 - 76;A. 175,176;nos. 215,216;pl. XIII)上看到。

这两位造币官使用的格里芬图案非常类似,以至于可以推论很可能出于同一艺术家之手。从概念和技术两方面讲,它们都非常接近于造币官安纳西迪克斯制作的 4 奥博尔模具 A. 169。因此我们很想将这两个批次放在紧挨着安纳西迪克斯之后,而且这种想法也受到如下事项的鼓励,即在费纳奥斯制作钱币的背面(P. 180;no. 215;pl. XIII)有常春藤叶,而在安纳西迪克斯制作的 4 德拉克马正面格里芬抬起的前腿下面也出现过常春藤叶标识(A. 168;no. 206;pl. XII)。③

对其钱币背面的设计,造币官费纳奥斯在 3 奥博尔上使用的是牛

① 这些钱币可能属于公元前 455/454 ~ 453/452 年(cf. Ainos,分组 40,pp. 39 ff.,nos. 67 - 74;p. 53 - 57)。

② pp. 24 f.,*supra*.

③ 关于在费纳奥斯(Phanaos)制作的钱币上环绕方形框的造币官铭文空白处的常春藤叶是否是标识,或仅是连接物,以及与在阿特蒙(Artemon)制作的钱币背面(P. 157;no. 187;pl. XII)出现的类似图案的关系等问题,前面已经讨论过(p. 121,n. 1)。另见 p. 86,n. 1,*supra*。如果将费纳奥斯制作的钱币作为一个单独案例,则我们必须承认,尽管存在其他标识,如费纳奥斯钱币正面(A. 175)的蝉,但常春藤叶作为其背面牛头像图案的一个连接物,不如阿特蒙的双耳酒杯作为连接物更有说服力。

头像图案，而造币官阿森纳奥斯一直用狄厄尼索斯图案（P. 181；no. 216；pl. XIII）。这一高贵的人物，像造币官安纳克西恩（Anaxenor）制作钱币上的酒神一样，手中同样持有松干枝和双耳酒杯，这使人回想起帕台农神殿西面房顶北端的帕那辛纳克司仪（Panathenaic marshal），尽管程度上还不如不久之后出现在造币官安纳西波利斯（Ⅱ）制作钱币上的相同神像（分组80；P. 185－8；nos. 220－3；pl. XIII）。帕台农神殿是在公元前433年完工的。在神殿完工后的几年内，与其相关的图案可能出现在阿布德拉钱币上并不令人感到意外。因此，如果造币官阿森纳奥斯制作的钱币属于自公元前430年开始10年中的早期，而且属于我们时期开始时的安纳西波利斯（Ⅰ）钱币可以合理地提前到公元前440～430年的前半期，则中间造币官赫拉格雷斯、阿莱克西马科斯、安纳克西恩、安纳西迪克斯（Ⅰ）和费纳奥斯制作的钱币，即分组71～75，则很容易就落在介于两者中间的阶段。

如果再回到钱币的正面图案，我们会发现连接造币官梅兰尼珀斯（Melanippos）和皮萨格雷斯（Pythagores）制作的钱币（分组77～78；A. 177；nos. 217－18；pl. XIII）的格里芬图案，在设计风格和许多细节上与造币官费纳奥斯和阿森纳奥斯制作的钱币极为相似。属于第五时期早期最饱满图案之一的格里芬一定早于一成不变的格里芬，后者第一次出现是在随后由造币官尼克斯特拉斯（Nikostraos）和安纳西波利斯（Ⅱ）制作的钱币系列上（分组79－80；A. 178；pl. XIII）。

出现在造币官梅兰尼珀斯发行钱币背面上的雅典娜头像（P. 182；pl. XIII）是反映了修瑞安（Thurian）的1斯塔特风格的两种阿布德拉钱币图案中的第一种，这种修瑞安的1斯塔特风格可能在公元前430年或此后不久流行过。[1] 梅兰尼珀斯使用的雅典娜头像很可能属于公元前430～420年这10年的中期。该模具的工艺水平非常高：浮雕很

---

① 雅典娜头像也出现在造币官阿卡格罗斯（Archagores）制作的钱币背面（分组81；P. 189；no. 124；pl. XIII）模具。

高,比例完美,而且对如此小尺寸图案来说,细节尤其是冠饰极为出色。①

与正面图案 A.177 一起使用的背面图案,确实是整个这一系列中最好的。梅兰尼珀斯制作钱币 P.182 上的雅典娜是此类型中的杰出代表,由造币官皮萨格雷斯制作的后续图案 P.183(pl. XIII)不仅同样优秀,而且非常令人感兴趣。该图案是一个有胡须的男子头像,年代明显更近,这一图案的特征非常独特以至于完全可以被视为是一个肖像。我们很难设想这是当地负责钱币制作官员的肖像;更可能的情况是这是利用皮萨格雷斯的名义移花接木的一种聪明方法,使用的是某个著名哲学家、数学家或政治家的理想化肖像。② 在阿布德拉这是第一次出现这种模拟图案(canting-type),而此后出现类似图案则比较频繁,这一点会增加我们对第五、第六和第七时期钱币制作情况的兴趣。③

分组 70~78 这 9 个批次钱币覆盖了大约 12 年或 14 年,此时我们来到了明显是第五时期早期阶段结束的时间点,在此阶段格里芬图案基本上是独立于这一时期剩余时间里标准化的典型图案。后者第一次出现在模具 A.178 上,该模具连接了造币官尼克斯特拉斯和安纳西波利斯(Ⅱ)制作的钱币(分组 79,80;nos. 219 -23;pl. XIII),该图案中的格里芬仍然是跳跃离开基座和两条前腿抬起的熟悉姿势;而且这一图案在几年内基本保持不变,但出现一种渐进趋势,即格里芬变得更懦弱和更缺少韵味。我们在模具 A.178 上看到一种更关注细节和躯干及腿

---

① 我应当感谢 E. S. G. Robinson 博士,因为他将我的注意力转到研究与修瑞母(Thurium)钱币的相似性方面;我一直按照他的观点给出后者可能的时间顺序。

② cf. Seltman[2],144,pl. 28. 11. 如果我们对比出现在公元前 4 世纪中期或更早一些时候某个吉兹克内(Kyzikene)斯塔特上面的图案,即现实主义的,秃顶的和有胡须的男子头像图案,则可以认为这一头像显然是被理想化了,前者目前被视为是肖像图案,可能是在人死后刻画的(*Boston Catalogue*, 203,no. 1561;*Nomisma*,vii,pl. vi. 9 -10)。

③ 包括第五时期的分组 79(Nikostraos/warior);第六时期的分组 92(Heragores/head of Jason)、分组 97(Dionysas/head of Dionysos)、分组 98(Euagon/prize amphora)、分组 100(Molpagores/dancing girl)、分组 105(Python/Delphic tripod)、分组 106(Apollas/figure of Apollo);第七时期的分组 112(Telemachos/figure of Herakles)、分组 118(Kallianax/figure of Apollo)。

部结构的做法;但翅膀本质上很粗糙,鬃毛被简化成一束羽冠或一排尖的短毛;与许多早期令人敬畏的双颌图案相比,嘴巴也很平淡无奇。

尽管在概念上非常不同,但造币官尼克斯特拉斯和安纳西波利斯(Ⅱ)使用的背面图案都是高水平的。尼克斯特拉斯选择的图案是,矫健、勇敢的武士奋勇向前迎敌(P. 184;pl. XIII)。我们能够欣赏到武士应对挑战的姿态;大地显示是凸起的,武士的双脚稳稳地站立在凸显的最高处。[①] 安纳西波利斯(Ⅱ)制作的钱币则完全不同,是庄重和高贵的酒神狄厄尼索斯。这里的图案(P. 185 – 8,220 – 3;pl. XIII)让我们再次想起帕台农神殿顶部雕塑中的泛雅典娜节司仪(Panathenanic marshal)。我们曾看到几年之前阿森纳奥斯制作的钱币上有基本类似的人物(P. 181;pl. XIII);这里的 P. 185 是安纳西波利斯(Ⅱ)使用的最佳背面图案,该作品不仅具有更多情感,而且线条和含义也更加清晰。[②]

由造币官阿卡格罗斯(Archagores)制作的分组 81,可能就处于本系列中的这个位置。该批次只有单个一种钱币(no. 224;pl. XIII),至今一直被划归第六时期,主要理由是在背面没有方形框,因此图案可以有更大的尺寸。[③] 在第五时期,没有记载显示其他 4 德拉克马上缺少这种框线;而在第六时期,尤其是早期发行的钱币,通常没有这种框线。但我们有比这些因素更重要的理由,因为不仅要考虑格里芬图案

① 这一姿势让人想起由克瑞提奥斯(Kritios)和内斯奥特斯(Nesiotes)在公元前 477/476 年制作的反独裁(Tyrannicides)组雕像,如在一枚吉兹克内斯塔特钱币上出现的(Nom. Vii,pl. 4. 6;*Boston Catalogue*,196,no. 1496;H. Weber,5000)。

② 正如与造币官阿森纳奥斯(Athenaios)制作的钱币背面图案一样,在安纳西波利斯(Ⅱ)制作的钱币背面图案中,所雇佣的工匠们通过方形框大胆地扩大了图案尺寸。在 P. 188(no. 223)中,框线在顶部是开放的,可能就是出于这种目的而设计的。我们也会注意到,在尼克斯特拉斯的图案(P. 184)中,武士带的圆锥形头盔被大胆地叠加在框线上。

③ C. 68,no. 90. Strack 将我们的第 224 号钱币划归下一个时期的最初期。但他这样做的理由是我们第六时期的钱币最早出现在公元前 425 年,这一日期远早于本书作者界定的日期。背面图案的风格似乎一直是他判断的标准。非常有意思的是,在我们修改后的划分标准中,与 Strack 最初估计的这枚钱币的日期几乎没有差异,即使它现在被认为属于更早期的系列。

(A. 179),这显然是由分组 79、分组 80(A. 178)所引入的固定图案系列中第一批次中的一个;而且要根据重量(13. 43 克),尽管可能低于第五时期的标准,但显然高于第六时期标准;最后还要依据构成背面图案本身的雅典娜头像的风格(P. 189)。[①] 最后这一点有重要价值,因为这种头像的风格不可能距离精美的 P. 182 图案的日期很远,近期我们已经在造币官梅兰尼珀斯的钱币背面看到了这种风格。[②] 这两枚钱币上的两个头像有很多相同之处,尽管阿卡格罗斯使用的图案由于适合于较大尺寸所以构图显得更丰满和更宽大。代表第五时期这一阶段的另一个特征是铭文的风格,雕刻工艺不像当时普遍情况那样精细,可以与几乎是同时代的尼克斯特拉斯使用的 P. 184 上面的铭文进行比较。[③]

造币官波利克拉特斯、安纳西迪克斯(Ⅱ)和索拉斯制作的分组 82 ~ 84 钱币(其顺序明显如此),是由一个正面图案 A. 180(nos. 225 - 7)连接起来。这是目前已知这些造币官使用的唯一正面模具,该模具继承了 A. 178 - 9 的风格,这也是我们很熟悉的模具。但背面图案有非常多的变化。

波利克拉特斯使用的图案是一只向右行走的山羊,环绕周围的是方形框线(P. 190;no. 225;pl. XIII)。初看起来,该图案的整体方面让人想起在阿伊努斯由造币官安泰达斯(Antiadas)制作的 4 德拉克马钱币的背面图案,制作时间略早于公元前 450 年。[④] 但仔细查看就会发现,该设计更近代,而且与许多大约在公元前 420 ~ 410 年阿伊努斯造币厂使用的背面图案有许多相同之处。[⑤] 与波利克拉特斯的山羊图案近

---

① 有关第五时期 4 德拉克马重量标准和第六时期斯塔特重量标准的讨论,见 pp. 21 ff. and 25 ff. , *supra*。

② 分组 77;no. 219;pl. XIII。

③ 分组 79;no. 219;pl. XIII。

④ *Ainos*, Group XVI, 65 ff. , nos. 85 - 91.

⑤ *Ainos*, Group XXVIII, 138 ff. , nos. 234 - 6; Group XXIX, 142 ff. , nos. 244 - 7; Group XXX, 46, nos. 249 - 50.

似的是造币官索拉斯使用的冲压模具 P. 192(no. 227;pl. XIII)上的公羊(ram),这是搭配 A. 180 使用的最后一个背面图案。公羊正准备去轻咬在一根长茎秆上的玉米穗,这使我们再次想起阿伊努斯,曾有类似连接设计出现在这一时期几个批次的钱币上。[①]

在造币官波利克拉特斯与索拉斯使用的背面图案之间出现了整个系列中最有意思和最精美之一的图案。在由安纳西迪克斯(Ⅱ)制作的 P. 191(no. 226;pl. XIII)模具上,我们看到一位年轻的狄厄尼索斯酒神坐在一头雄鹿身上,手握双耳酒杯和松干枝,这种设计已经出现在安纳克西恩和阿森纳奥斯使用的图案中,但狄厄尼索斯酒神是有胡须的(P. 171,172,181;pls. XIII)。酒神坐在旁边,身穿长宽袍。雄鹿在轻盈地移动,狄厄尼索斯的披风被固定在脖子上,并在微风中在身后飘开。雕刻师的技术完全配得上精美的图案。在技术不够熟练的工匠手中,这种图案可能会看上去令人困惑或不成比例。在这里,这两种缺点都避免了,同时也成功地解决了在如此小的背板上所固有的浮雕和清晰度的难题。

下一个批次,即造币官黑格萨格罗斯(Hegesagores)制作的分组 85 钱币,表现得更好些。他使用了三个正面模具(A. 181 - 3;nos. 228 - 32;pl. XIV),这些图案整体上的弱处理表明我们已经接近第五时期的末尾了。黑格萨格罗斯制作的钱币背面上年轻男子头像让人一看就想起帕台农神殿东面三角墙(pediment)上的"提修斯"(Thesecus)和"狄厄尼索斯",以及北面和西面顶墙(frieze)上的骑手和行走的年轻人(P. 193 - 6;pl. XIV)。但最相近的图案是查尔基德克联盟在公元前 430 ~ 420 年这 10 年间制作的 4 奥博尔上的某些阿波罗头像,尽管作为最精美的阿布德拉图案,P. 194 模具(nos. 229 - 30)与

---

① *Ainos*, Group XXIII (stylized vine-tendril); Group XXIV (sapling); Group XXIX (ivy-branch).

这些图案相比时间上要更近一些。① 另外,在该联盟的4德拉克马上第一次出现(约公元前420~417年)的头发设计上,该图案显示了一种艺术化特点。② 在阿布德拉,黑格萨格罗斯制作的钱币可以归属于公元前420~410年这10年的前半期,而且可能不会晚于公元前415年。

第五时期的最后系列是分组86~88a,对这些钱币进行精准的先后排序很难。背面图案没有给我们提供很多帮助;就造币官何卡塔奥斯(Hekataios)制作的分组88a(no. 243)而言,仅从描述中听说过这种格里芬图案。同样,在造币官迪莫克瑞托斯(Demokritos)制作的分组87中,格里芬图案有一种暂时的变化,而且就像这家造币厂通常发生的情况一样,是回归到一种早期风格 。

分组86是以造币官波利雷托斯(Polyaretos)的名义制作的,保持了第五时期后半期格里芬图案的特征(A. 184;no. 233;pl. XIV)。对翅膀和双颌的处理已经很弱了,尽管值得肯定的是在长而尖的羽冠处再次出现短而整齐的鬃毛。背面图案是漂亮的葡萄串悬挂在一根茎秆上(P. 197;pl. XIV),但我们很难判断具体时间。在下一个批次钱币中,也就是分组87,造币官迪莫克瑞托斯设计的格里芬(A. 185,186;nos. 234 –7;pl. XIV)出人意料地回归到前腿抬起的卧坐图案。自本时期最早一批钱币(cf. A. 164 –6;pl. XII)发行以来一直没有再看到过该图案。虽然反映了早期的风格,但整体制作水平要低很多,而且我们目前的图案与第五时期结束时和第六时期开始时的典型正面图案有更多的关联性。这一批次钱币的背面图案是把七弦竖琴(P. 198 –201;pl. XIV)。

在整体外观和表面处理上最近接第六时期开始时格里芬图案的是造币官何卡塔奥斯制作的钱币,即分组88中的A. 187(nos. 238 –

① *Olynthus*(ix,Group C,nos. 25 –36,pl. 2)属于公元前427~421年这一阶段的后期。

② 卷发在头顶上分开,并在尖部向上弯曲;这种设计第一次出现在查尔基德克联盟的阿波罗头像上的时间是约公元前420~417年(ibid. ,Group E),而且以后成为一种常态。

42;pl. XIV)。因此,这一批次的钱币很可能出现在第五时期结束时。背面图案是一只展翅飞翔的鹰,设计很吸引人,而且雕刻得非常好(P. 202 -6;pl. XIV)。艺术家再次拒绝将自己限制在方形空间内,并大胆地将翅膀尖部穿过方形框。

如果没有正面图案的详细情况,就不可能确定第 243 号钱币(这里划分为分组 88a)是否属于分组 88 或是属于单独一个批次。背面上的鹰(P. 207)不是在飞翔,而是双翼折叠站立在地上。尽管有一些明显差异,但这些图案基本类似,因此仅从背面图案考虑,我们不需要设想一个单独批次。[①]

在小面额钱币中,唯一一个批次的 4 奥博尔由造币官安纳西迪克斯(Ⅰ)制作(分组 74;nos. 207 - 14),我们已经对其与当时的 4 德拉克马之间的关系进行了讨论。[②] 与属于第三和第四时期的三个系列相比,这些 3 奥博尔有很多不太难识别时间的样品。这种钱币的背面图案是面朝左的牛头像,表现出了一种明显的变化(P. 208;nos. 244 - 52;pl. XIV)。在这一系列开始时,该图案中最简单和最正式的代表(P. 208,209;nos. 244 - 245)是与正面图案 A. 188(pl. XIV)搭配使用的,而这一正面图案很可能属于阿布德拉造币厂重新开业的最初几年,此前因雅典人实行的《雅典铸币令》造成了该造币厂业务的中断。在此模具中,格里芬的姿势不同寻常,虽然右腿高高抬起,但该动物似乎在行走。常规图案是卧坐的格里芬,前腿抬起(A. 189 - 93;nos. 246 - 52;pl. XIV);该图案明显对应的是在第五时期初期分组 71 ~ 74 中 4 德拉克马上的类似图案。但这些 3 奥博尔并不一定与这一时期早期的 4 德拉克马同时流通:3 奥博尔上面的这一图案在整个第五时期都

---

① 这里我们有理由质疑在第五时期,同一人可能任职两次,但每一批次钱币的背面图案之间没有联系:造币官安纳西波利斯(Ⅰ)使用的背面图案是一位年轻女神(分组 70),而造币官安纳西波利斯(Ⅱ)使用的则是酒神狄厄尼索斯(分组 80);造币官安纳西迪克斯(Ⅰ)使用的是赫尔墨斯图案(分组 74),而造币官安纳西迪克斯(Ⅱ)使用的则是坐在一头雄鹿身上的酒神狄厄尼索斯(分组 83)。

② cf. pp. 155 f. , *supra*.

一直存在,而且还将在第六时期开始时出现在3奥博尔钱币上。[①]

这些钱币正面图案的工艺一般来说是粗糙和肤浅的,对抬起前腿的处理很弱,而且对羽冠的处理也很苍白。一个更有活力的图案出现在A.193(no.252)上,预示着第六时期3奥博尔上的精美图案即将到来。因此,这一图案应当属于第六时期的最后几年,其背面图案的成熟风格(pl.XIV)可以确认这一观点。与其正面图案一样,后者直接把我们带到了下一个时期早期的更近代作品。

分组70

4德拉克马: 造币官:ΑΝΑΞΙΓΟΛΙΣ(Ⅰ)

标识:—

有记录的样品	2	垫压模具	1	PL. XII
模具组合	1	冲压模具	1	

200. A.163.格里芬向左跳跃离开基座,两条前腿抬起;双颌紧闭,下面的颈羽是短毛;耳朵尖略微向前,脖子后面是短鬃毛;翅膀张开,主羽的处理具有现实主义风格,比较重视次羽;躯干非常矫健和充满力量,尾巴向上并在后面卷曲;是技术熟练和含义明确的作品。

P.167.造币官名字"ΑΝΑΞΙΓΟΛΙΣ"在印图中环绕方形框,框内是一位面朝左的年轻女性头像,也许是阿耳特弥斯(Artemis);头发在耳朵前面呈弯曲状并在后面形成一个环。头像后面是一个王冠;雕刻铭文的背板直接切向印图边缘。

a. 13.88克,巴黎。 PL. XII

Babelon, *traite*, 2. iv, pl. 334. 8; C. 70/2.

b. 13.90克,波士顿。

Boston Catalogue, no. 758; Warren, 447; Nom. *iii*, pl. 1. 23

---

① 见pp.204 f., *infra*。

(背面);C. 70/2.

背面:从翅膀尖延伸到背板有裂纹;在 a 上在主羽的尖部可能也有一个裂纹,裂纹向根部延伸并缩小。

分组 71

4 德拉克马:　　造币官:ΕΓΗΡΑΓΟΡΩ

标识:—

有记录的样品	1	垫压模具	1	PL. XII
模具组合	1	冲压模具	1	

201. A. 164. 格里芬面朝左卧坐在基座上,右前腿抬起;耳朵尖向前,脖子呈优雅的弓形,背后有浓密和整齐的鬃毛;翅膀是高浮雕,羽毛呈现实主义展开并下垂,可以看到远处翅膀的轮廓;尾巴翘起并在后面卷曲;有圆点边界。

P. 168. 造币官名字"ΕΓΗΡΑΓΟΡΩ"在印图中环绕粗方形框线,方形内是一个浅颈提水罐(shallow-necked hydria),放置在凸起的底座上,有常春藤环绕。

a. 14.46 克。

Jameson, iv. 2457(背面有轻微的二次冲压痕迹).

正面:在左前腿两边可能有裂纹。

分组 72

4 德拉克马:　　造币官:ΕΓΑΛΕΞΙΜΑΧΩ

标识:—

有记录的样品	3	垫压模具	2	PL. XII
模具组合	2	冲压模具	2	

202. A. 165. 格里芬面朝左卧坐在基座上,右前腿抬起;类似风格和处理,但颈羽更密,而且几乎看不见远处翅膀的轮廓。

P. 169. 造币官名字“ΕΓΑΛΕΞΙΜΑΧΩ”在印图中环绕粗方形框线,方形内是一个双耳酒杯。

a. 14. 25 克,大英博物馆。 PL. XII

Lambros;C. 66/2.

203. A. 166. 类似。

P. 170. 与造币官名字“ΕΓΑΛΕΞΙΜΑΧΩ”的位置类似;双耳酒杯更细长。

a. 13. 97 克。

NFA;Sartiges,163;Hirsch,xxv. 72;C. 66/3.

b. 13. 80 克,哥本哈根。 PL. XII

SNG(Cop.),*Thrace*,323;Lambros(1891);C. 66/1(背面损坏严重).

分组 73

4 德拉克马: 造币官:ΑΝΑΞΗΝΩΡ

标识:—

有记录的样品	2	垫压模具	1	PL. XII
模具组合	2	冲压模具	2	

204. A. 167. 格里芬面朝左卧坐在基座上,右前腿抬起;类似但图案不太精美,而且整体上缺乏细节。

P. 171. 造币官名字“ΑΝΑΞΗΝΩΡ”在印图中环绕方形框线,方形内是酒神狄厄尼索斯,有胡须,身披长袍;酒神的头朝左;右手中有一个双耳酒杯,左手握一根向上的松干枝;透过长袍隐约可以看到小腿;整体效果比较僵硬。

a. 14. 60 克,柏林。 PL. XII

Beschreibung,i. 105,no. 62;Nom. iii,pl. 2. 10;C. 67/1,pl. 2. 17.

205. A. 167. 相同模具。

P. 172. 与造币官名字ΑΝΑΞΗΝΩΡ的位置类似；图案较大。

a. 14. 72克。

Vejvoda(1936).

分组74

4德拉克马：　　　　造币官：ΑΝΑΞΙΔΙΚΟΣ

标识：常春藤叶(正面)

有记录的样品	3①	垫压模具	1	PL. XII
模具组合	1	冲压模具	1	

4奥博尔：②

有记录的样品	44③	垫压模具	6	PL. XIII
模具组合	8	冲压模具	6	

206. A. 168. 格里芬面朝左卧坐在基座上，右前腿抬起，下面一片常春藤叶；类似；抬起的前爪不太僵硬，尽管是低浮雕，但翅膀处理得非常细，再次可以看见远处翅膀的轮廓。

P. 173. 造币官名字"ΑΝΑΞΙΔΙΚΟΣ"在印图中围绕方形框，框内是赫尔墨斯，带宽边帽、穿短披风，右手握使节杖

① 包括C. 68/2：Lischine，13，13. 65克。

② 有关这些钱币及其标准的讨论，见pp. 155 f.，*supra*。

③ 包括C. 109/1：雅典；C. 109/5：柏林，*Beschreibung*，i. 107，no. 74，2. 57克(现在按复制品出售)；C. 109/16：以前在索菲亚，2. 55克；C. 109/29：Lischine，21；还包括下列样品，其中个别样品有可能与分组中的相同：C. 109/7：哥本哈根，2. 66克；C. 109/15：以前属于Six，2. 65克；C. 109/20：Sotheby 9. 5. 1904，211；C. 109/21：Dumersan，Allier de Hauteroche(1829)，p. 21；C. 109/22：Sotheby 6. 11. 1902，57；C. 109/23：Egger，xv. 310，2. 57克；C. 109/24：Hirsch，xiii. 522，2. 57克；C. 109/25：Hirsch，xxi. 848，2. 70克；C. 109/26：Hirsch，xxv. 76，2. 57克；C. 109/28：Feuardent 2. 5. 1898，224；C. 109/30：Ratto(热那亚)26. 4. 1909，1488，2. 62克；C. 109/32：Merzbacher 13. 10. 1891，443；C. 109/33：Sotheby 27. 6. 1887，163，2. 63克。

(caduceus),向左行走;短披风遮盖住伸出的左臂并在身体后展开,像被风吹一样。

a. 14. 12 克,大英博物馆。 PL. XII

RMC *Thrace*, 230, no. 28a; Bank Colln. ; Nom. iii, pl. 2. 12(背面);C. 68/1, pl. 2. 18(背面).

b. 14. 15 克。

AC xii. 229.

4 奥博尔:

207. A. 169. 格里芬向左跳跃离开基座,两条前腿都抬起;浓密鬃毛排列在脖子背后;翅膀展开,主羽在羽尖处略微向上卷曲;看不到远处的翅膀;有圆点边界;是精美作品。

P. 174. 造币官名字"ΑΝΑΞΙΔΙΚΟΣ"在印图中围绕方形框,框内是面朝左的羊头和颈部;胡须长而浓密,并呈锥形;羊角长且有多节,一撮蓬松的额毛从根部散开;脖子背后的毛发刻画得很细致。

a. 2. 80 克,柏林。 PL. XIII

C. 109/2.

b. 2. 68 克,剑桥。

McClean, 4008.

c. 2. 68 克,剑桥。

McClean, 4009.

d. 2. 80 克,纽约(ANS)。

e. 2. 60 克,索菲亚。

C. 109/17.

f. 2. 55 克,慕尼黑。

C. 109/12.

g. 2. 78 克,牛津(梅先生的遗产)。

Spink(1947).

h. 2. 70 克。

Hirsch, xxix. 141; C. 109/27.

i. 2. 90 克。

Hermitage; Schlessinger 4. 2. 1935, 440; 可能是 C. 109/14（尽管给出的重量是 2. 34 克）。

208. A. 170. 类似;浮雕不太高;风格锐利。

P. 175. 与造币官名字"ANAΞIΔIKOΣ"的位置类似,图案较大。

a. 2. 80 克,剑桥。　PL. XIII(正面)

SNG iv. 1641; Leake; C. 109/8.

b. 2. 85 克。　PL. XIII(背面)

MMAG(3/53); Jameson, i. 1040.

209. A. 170. 相同模具。

P. 176. 与造币官名字"ANAΞIΔIKOΣ"的位置类似。

a. 2. 92 克,剑桥。　PL. XIII

McClean, 4010.

b. 2. 74 克,温特图尔。

210. A. 170. 相同模具。

P. 177. 与造币官名字"ANAΞIΔIKOΣ"的位置类似;图案较小。

a. 2. 81 克,大英博物馆。　PL. XIII

BMC *Thrace*, 71, no. 40; C. 109/10.

正面:模具损坏。

211. A. 171. 类似。

P. 178. 与造币官名字"ANAΞIΔIKOΣ"的位置类似。

a. 2. 64 克,牛津。　PL. XIII

Lockett; SNG iii. 1135; AC xii. 1230.

b. 2. 61 克,巴黎。

C. 109/13.

c. 2.45 克,海牙。

C. 109/6.

d. 2.70 克。

Egger, xlvi. 159.

e. 2.47 克,维也纳。

C. 109/19(背面磨损严重,但可能是此模具).

f. 2.68 克。

8. Wber, 2380; C. 109/18.

212. A. 172. 类似;从近翅膀上方可以看到远处的翅膀。

P. 178. 相同模具。

a. 2.83 克,大英博物馆。 PL. XIII

BMC *Thrace*, 71, no. 39; Payne Knight; C. 109/9.

b. 2.74 克,牛津(梅先生的遗产)。

Baldwin(1948); Grabow(罗斯托克)9.7.1930, 227.

213. A. 173. 类似;只有近处的翅膀;轮廓显得较笨拙,耳朵非常僵硬。

P. 179. 与造币官名字"ΑΝΑΞΙΔΙΚΟΣ"的位置类似,但图案较大。

a. 2.44 克,慕尼黑。 PL. XIII

(有修补)。

b. 2.70 克,柏林。

C. 109/3.

正面:b 的模具有很大损坏。

214. A. 174. 类似;脖子后面的翅膀轮廓明显弯曲。

a. 2.57 克,柏林。 PL. XIII

Beschreibung, i. 107, no. 73; C. 109/4.

b. 2.63 克。

Spink(8/56);Frey(弗莱堡)15. 4. 1955,1029;MMAG (8/53).

a. 2. 62 克,牛津(梅先生的遗产)。

MMAG(10/60).

分组 75

4 德拉克马: 造币官:ΦΑΝΑΟΣ

标识:蝉(正面)

常春藤叶(背面)

有记录的样品	2	垫压模具	1	PL. XIII
模具组合	1	冲压模具	1	

215. A. 175. 格里芬向左跳跃离开基座,两条前腿都抬起,且分开较大;耳朵向上尖,浓密的鬃毛从耳朵旁穿过一直延伸到脖子背后;翅膀的处理是现实主义的风格,主羽的尖部略微卷曲;躯干的设计大胆,但腿较粗且不成比例;前腿下面有一只向左的蝉;无边界。

P. 180. 造币官名字"ΦΑΝΑΟΣ"在印图中围绕方形框,框内是一个面朝左的牛头像;浮雕较低;颈部和肩部的皮肤处理得中规中矩,但有某种程度的写实主义风格;图案不再有圆点边界;在框线左边的背板上有一片常春藤叶。

a. 13. 90 克,大英博物馆。 PL. XIII

Hirsch, xxi. 145; Hirsch, xxi. 845; C. 86/2, pl. 1. 22(背面).

b. 13. 40 克,柏林。

Beschreibung, i. 102, no. 40; NZ 1872, no. 17; C. 86/1(两面均有部分磨损).

分组76

4德拉克马: 造币官:ΑΘΗΝΑΙΟΣ

标识:—

有记录的样品	3	垫压模具	1	PL. XIII
模具组合	1	冲压模具	1	

216. A. 176. 类似风格和图案;无标识。

P. 181. 造币官名字"ΑΘΗΝΑΙΟΣ"在印图中围绕方形框,框内是向左漫步和有胡须的酒神狄厄尼索斯,右手持有双耳酒杯,左手握有一根长松干枝,松干枝跨过左臂向后倾斜;躯干上半部分裸露,但下半部穿希顿古装;衣服尾部在左臂关节上方处折叠;酒神的头和松干枝的顶部穿过了方形框。

a. 14.09克,大英博物馆。 PL. XIII

Bank Colln.;C. 65/2.

b. 13.90克,柏林。

Regling,489;MG 38,no. 4;Nom. iii,pl. 2.3(背面);C. 65/1,pl. 2.4(背面).

c. 13.57克。

MB 8,no. 190;Dorin(1936).

背面:在b上,铭文中第一个字母"A"左边笔画的底部可能有裂纹。

分组77～78

分组77

4德拉克马: 造币官:ΜΕΛΑΝΙΓΓΟΣ

标识:—

有记录的样品	2	垫压模具	1	PL. XIII
模具组合	1	冲压模具	1	

分组 78

4 德拉克马:　　　　　　造币官:ΓΥΘΑΓΟΡΗΣ

标识:—

有记录的样品	2	垫压模具	1	PL. XIII
模具组合	2	冲压模具	2	

分组 77 和分组 78 同时使用垫压模具 A. 177;第 217 号和第 218 号钱币。

分组 77

217. A. 177. 类似图案和风格;作品比较精美和更注重细节;浮雕略高,基座更重;更注重颌下面的颈羽,脖子后面的翅膀轮廓显得更柔软。

P. 182. 造币官名字"ΜΕΛΑΝΙΓΓΟΣ"在印图中围绕方形框,框内是面朝右的雅典娜头像,头戴有顶饰的头盔,周围是月桂树;浮雕较高;头盔顶饰触到了框线;非常精美和雕刻漂亮的作品。

a. 13. 95 克,大英博物馆。

BMC *Thrace*, 68, no. 27; *JHS* 1913, pl. 14. 15; Nom. iii, pl. 2. 1; NC 1861, pl. 6. 3; C. 80. 出处:上马其顿(Upper Macedonia)。

b. 13. 97 克,牛津(梅先生的遗产)。　　PL. XIII

Spink(6/56).

分组 78[1]

218. A. 177. 相同模具。

P. 183. 造币官名字"ΓΥΘΑΓΟΡΗΣ"在印图中围绕方形框,框内是有胡须的男子头像,面朝左,可能是毕达哥拉斯(Pythagoras);高浮雕;容貌是完整的,眼睛侧面加以处理,

① 有关这一批次钱币的另一种变化,见 p. 176, *infra*。

但鼻子很大;头发松散地平铺在前额,平缓并成波浪形覆盖在头后面,发尖落在颈部;显露出的肩膀顶部有披风(cloak)覆盖;非常精致的作品。

a. 13.98 克。 PL. XIII

Jameson, iii. 1999; Seltman[2], pl. 28. 11; Zographos (1912).

正面:该模具的打制可能比第217a号和第217b号更晚。

分组79～80

分组79

4德拉克马: 造币官:ΝΙΚΟΣΤΡΑΤΟΣ

标识:—

有记录的样品	1	垫压模具	1	PL. XIII
模具组合	1	冲压模具	1	

分组80

4德拉克马: 造币官:ΑΝΑΞΙΓΟΛΙΣ

标识:—

有记录的样品	5	垫压模具	1	PL. XIII
模具组合	4	冲压模具	4	

垫压模具A.178首先用来制作分组79中的第219号钱币,然后制作分组80中的第220－3号钱币。

分组79

219. A.178.格里芬向左跳跃离开矮基座,两条前腿都抬起;尽管构图充分,但风格和图案较弱,画面较小,而且细节处理粗糙;脖子后面有一束稀疏的羽冠,前面的毛发是非写实的;双颌较弱,翅膀的处理不够精细。

P.184.造币官名字"ΝΙΚΟΣΤΡΑΤΟΣ"在印图中围绕方形框,

框内是一名裸体武士,戴圆锥形头盔,左手持盾牌,右手握长矛,向右行走;弯曲的基线表明地势在上升,武士的左脚站在地面顶部;头盔的尖部穿过了方形框线;精美和有韵律的作品。

a. 14.02 克,大英博物馆。 PL. XIII

正面:在弯曲的尾巴上部有裂纹。

分组80

220. A. 178. 相同模具。

P. 185. 造币官名字"ΑΝΑΞΙΓΟΛΙΣ"在印图中围绕方形框,框内是有胡须的酒神狄厄尼索斯,头上有常春藤花冠,向左行走,右手持有一个酒杯;身体的上半部裸露,但下半部穿希顿古装,衣服尾部挂在左臂关节上;酒神的头和肩部穿过了方形框;是构图完美、细节精致的作品。

a. 13.92 克,巴黎。 PL. XIII

Babelon, Traitr, 2. iv, pl. 334. 6; Nom. iii, pl. 2. 2; C. 69/3.

b. 14.22 克,大英博物馆。

Bank Colln. ;C. 69/2.

正面:像分组79中的第219号钱币一样,在弯曲的尾巴上部有裂纹,但程度略大。背面:模具从方形框左下角直到右前腿之间有斜裂纹,在b上尤其明显。

221. A. 178. 相同模具。

P. 186. 与造币官名字"ΑΝΑΞΙΓΟΛΙΣ"的位置类似;图案较小,作品完成得不够好;酒杯向左穿破了方形框。

a. 13.97 克。 PL. XIII

MMAG xix. 351; Sartiges, 164; Hirsch, xxv. 1; Hirsch, xiii. 519;C. 69/5.

正面:模具的状况基本类似。

222. A. 178. 相同模具。

P. 187. 与造币官名字“ΑΝΑΞΙΓΟΛΙΣ”的位置类似。

a. 14. 25 克,巴黎。 PL. XIII

Luynes,1750;C. 69/4.

正面:模具在弯曲尾巴的上部可能有更多损坏,而且沿着尾巴与背部之间另有一个明显的裂纹。

223. A. 178. 相同模具。

P. 188. 与造币官名字“ΑΝΑΞΙΓΟΛΙΣ”的位置类似,但方形框顶部敞开,酒杯不再向左穿破方形框线。

a. 13. 75 克,柏林。 PL. XIII

Beschreibung, i. 105, no. 61; C. 69/1(被氧化了).

正面:模具的状况似乎与第 222 号钱币基本类似。

分组 81

4 德拉克马: 造币官:ΑΡΧΑΓΟΡΗΣ

有记录的样品	1	垫压模具	1	PL. XIII
模具组合	1	冲压模具	1	

224. A. 179. 格里芬向左跳跃离开基座,两条前腿都抬起;类似风格和图案,但颌下没有颈羽,脖子前面也没有典型的毛发。

P. 189. 造币官名字“ΑΡΧΑΓΟΡΗΣ”环绕向左的雅典娜头像,女神戴有顶饰的头盔;前额上和帽檐下有波状弯曲的头发,后面盘了一个很粗的发髻,发髻从护颈(neck-guard)中露出并遮盖了脖子后背;是技术熟练的作品,图案的浮雕较高;无方形框;印图较深。

a. 13. 43 克,柏林。 PL. XIII

Lobbeck; Sotheby 21. 1. 1896, 217; C. 89, pl. 2. 30(背面);正面损坏严重。

分组 82 ~ 84

分组 82

4 德拉克马：　　　　造币官：ΓΟΛΥΚΡΑΤΗΣ

有记录的样品	1	垫压模具	1	PL. XIII
模具组合	1	冲压模具	1	

分组 83

4 德拉克马：　　　　造币官：ΑΝΑΓΞΙΔΙΚΟΣ

有记录的样品	1	垫压模具	1	PL. XIII
模具组合	1	冲压模具	1	

分组 84

4 德拉克马：　　　　造币官：ΕΓΙΘΡΑΣΥΟΣ

有记录的样品	1	垫压模具	1	PL. XIII
模具组合	1	冲压模具	1	

分组 82 ~ 84 都搭配使用垫压模具 A. 180（nos. 225 – 7），制作先后顺序显然如上面给出的那样。

分组 82

225. A. 180. 格里芬向左跳跃离开基座；风格和图案非常类似；远处耳朵指向后面。

P. 190. 造币官名字“ΓΟΛΥΚΡΑΤΗΣ”在印图中围绕方形框，框内是向右行走的山羊；羊角有多节，胡须突出，沿后背和尾部的毛发雕刻得非常精细。

a. 14. 40 克，波士顿。　　　　PL. XIII

Boston Catalogue, no. 762; Warren, 450; NC 1890, pl. 3. 20; C. 84, pl. 1. 20.

分组83

226. A. 180. 相同模具。

P. 191. 造币官名字“ΑΝΑΓΞΙΔΙΚΟΣ”在印图中围绕方形框，框内是年轻的酒神狄厄尼索斯侧坐在一头向左行走的雄鹿背上;酒神身穿希顿古装和斗篷,斗篷系在脖子上并随风在后面飘起;向前伸展的右手中握有一个双耳酒杯,左手持有一根松干枝;鹿角穿破了框线;整个图案属于较高浮雕和熟练工艺。

a. 13.94克,大英博物馆。 PL. XIII

BMQ 1938 -9,15;出处:罗马尼亚。

正面:模具显示有损坏痕迹。

分组84

227. A. 180. 相同模具。

P. 192. 造币官名字“ΕΓΙΘΡΑΣΥΟΣ”在印图中围绕方形框，框内是一头向右行走的公羊,前面是一根高玉米秆;玉米秆底部的一条短线代表大地,也在公羊的左前腿下面。

a. 14.08克,大英博物馆。 PL. XIII

H. Weber,2377;C. 79.

正面:模具整体上看比第226号钱币损坏更严重。

分组85

4德拉克马: 造币官:ΗΓΗΣΑΓΟΡΗΣ

有记录的样品	11①	垫压模具	3	PL. XIV
模具组合	5	冲压模具	4	

228. A. 181. 格里芬向左跳跃离开基座,两条前腿都抬起;相同风格和图案;脖子后面有一束细而尖的羽冠。

① 包括交易中的C.78/9(1897),14.00克。

P. 193. 造币官名字“ΗΓΗΣΑΓΟΡΗΣ”在印图中围绕方形框,框内是一位年轻的男子头像,面朝左。

a. 12. 85 克,大英博物馆。　PL. XIV

BMC *Thrace*,69,no. 29;Payne Knight;C. 78/4.

b. 13. 97 克。

AC iv. 484;H. Weber,2376;C. 78/7.

正面:b 上有损坏的初期迹象。背面:方形框右上角下面有裂纹。

229. A. 181. 相同。

P. 194. 与造币官名字“ΗΓΗΣΑΓΟΡΗΣ”的位置类似,图案更丰满;头发有更多卷曲;头顶上的几缕头发从花冠中露出,其尖部向上卷曲;漂亮的风格。

a. 12. 85 克,纽约。　PL. XIV

Newell.

b. 13. 83 克,哥本哈根。

SNG(Cop.),*Thrace*,324.

c. 13. 70 克。

Hirsch,xxix. 142.

正面:模具在格里芬抬起的前腿与胸部之间的背板处有裂纹,而且在此之上叠加了一条从同一前腿到胸部的深裂纹。背面:在 a 和 b 上,在方形框右下角内有明显的小瑕疵。

230. A. 182. 类似;作品更注重细节;基座较矮。

P. 194. 相同模具。

a. 14. 36 克,波士顿。　PL. XIV

Boston Catalogue,no. 761;Warren,449;C. 78/2.

正面:在格里芬抬起的前腿与胸部之间有初始裂纹,在第四根主羽尖部有小划痕。背面:在方形的右下角内有瑕疵,可能比第 229 号钱币大一些。

231. A. 182. 相同模具。

P. 195. 与造币官名字“ΗΓΗΣΑΓΟΡΗΣ”的位置类似,但不够精致。

a. 13. 85 克,柏林。

C. 78/1.

b. 14. 06 克,牛津(梅先生的遗产)。 PL. XIV

MMAG xiii. 1059.

c. 14. 00 克。

Hermitage;Schlcssinger 4. 2. 1935,436;可能是 C. 78/6(重量 14. 80 克)。

正面:在格里芬抬起的前腿与胸部之间的初始裂纹现在变深,且从前腿延伸到左后腿;在第四根主羽的羽尖部有小划痕,类似。背面:印图周围有磨损迹象。

232. A. 183. 类似,但细节不充分。

P. 196. 与造币官名字“ΗΓΗΣΑΓΟΡΗΣ”的位置类似;图案较大。

a. 13. 80 克,大英博物馆。 PL. XIV

Sotheby 15. 6. 1896,566;C. 78/5,8.

分组 86

4 德拉克马: 造币官:ΓΟΛΥΑΡΗΤΟΣ

有记录的样品	2	垫压模具	1	PL. XIV
模具组合	1	冲压模具	1	

233. A. 184. 格里芬向左跳跃离开基座,两条前腿都抬起;有一束短而浓密的鬃毛;双颌异常短而粗,舌头贴近下颌;对细节的处理整体上是肤浅的,尤其是翅膀。

P. 197. 造币官名字“ΓΟΛΥΑΡΗΤΟΣ”在印图中围绕方形框,

框内有一串挂在葡萄藤枝上的葡萄。

a. 14.10 克,柏林。 PL. XIV

C. 83/1,pl. 1.26(背面).[①]

b. 13.59 克,柏林。

Beschreibung,i. 104,no. 59;C. 83/2.

正面:模具在沿格里芬背部有小裂纹。

分组 87

4 德拉克马: 造币官:ΕΓΙΔΗΜΟΚΡΙΤΟ

有记录的样品	7[②]	垫压模具	2	PL. XIV
模具组合	4	冲压模具	4	

234. A. 185. 格里芬面朝左卧坐在基座上,右前腿抬起;翅膀是高浮雕,下垂且处理得更加具有现实主义;其他地方的比例不太合理,尤其是嘴的处理不好;脖子后背有一束细而尖的羽冠。

P. 198. 造币官名字"ΕΓΙΔΗΜΟΚΡΙΤΟ"在印图中围绕方形框,框内有一把七弦琴。

a. 13.88 克,维也纳。 PL. XIV

C. 73/5.

b. 13.80 克,巴黎。

C. 73/4(背面磨损严重,但明显与 a 是同一模具).

正面:后腿下面的基座上有裂纹。

235. A. 185. 相同模具。

P. 199. 与造币官名字"ΕΓΙΔΗΜΟΚΡΙΤΟ"的位置类似。

---

① 这枚钱币铭文中的 P 不清楚,很可能与 H. P. Borrell 出版的其收藏品是同一枚钱币(NC 1840/1,104,no. 9,13.60 克),该钱币的铭文是 ΓΟΛΥΑΝΤΟΣ(cf. C. loc. 这种可能的鉴别也适用于我们的第 233b 号)。

② 包括 C. 73/2:柏林;*Beschreibung*, i. 104,no. 57,直径 21 毫米,13.82 克;Fox;Sotheby 29. 6. 1863,10;C. 73/6:Morel(1912),13.65 克(有穿孔)。

a. 13.20 克,普罗夫迪夫。 PL. XIV

(有穿孔,保存不好)。

正面:像第 234 号钱币一样有瑕疵,但更明显。

236. A. 185. 相同模具。

P. 200. 与造币官名字“ΕΓΙΔΗΜΟΚΡΙΤΟ”的位置类似。

a. 13.96 克,波士顿。 PL. XIV

Boston Catalogue, no. 759; Warren, 445; C. 73/3.

正面:与前面一样有瑕疵,且更严重。

237. A. 186. 类似,但图案略大;有浓密的鬃毛;尾巴的曲线异常低。

P. 201. 与造币官名字“ΕΓΙΔΗΜΟΚΡΙΤΟ”的位置类似。

a. 14.20 克,柏林。 PL. XIV

Beschreibung, i. 104, no. 58; NZ 1872, 188, no. 16; C. 73/1, pl. 2.20(背面).

分组 88～88a

4 德拉克马: 造币官:ΕΚΑΤΑΙΟΣ

分组 88

有记录的样品	8①	垫压模具	1	PL. XIV
模具组合	5	冲压模具	5	

分组 88a

有记录的样品	1	垫压模具	1	PL. XIV
模具组合	1	冲压模具	1	

分组 88

238. A. 187. 格里芬向左跳跃离开基座,两条前腿都抬起;风格和

① 包括 C. 74/7: Margharitis Catalogue(1874), 2。

图案与 A. 181 – 4(nos. 228 – 33)相同;翅膀处理得粗糙;整体效果较差。

P. 202. 造币官名字“EKATAIOΣ”在印图中围绕方形框,框内有一只向左上飞翔的鹰,双翼展开,翅膀接触到方形框。

a. 14. 22 克,柏林。 PL. XIV

Lobbecke;Kosloff Catalogue,365;C. 74/2.

239. A. 187. 相同模具。

P. 203. 与造币官名字“EKATAIOΣ”的位置类似,但鹰向左下飞翔,而且翅膀穿出了方形框。

a. 14. 09 克,德纳特乌尔(DE NANTEUIL)。 PL. XIV

Nanteuil,704;Nav. i. 1076.

b. 14. 16 克,布鲁塞尔。

Du Chastel;C. 74/4.

正面:左臀部上有小裂纹,主羽中间的羽毛尖部有初始裂痕。

240. A. 187. 相同模具。

P. 204. 与造币官名字“EKATAIOΣ”的位置类似,但鹰向左平行飞翔。

a. 13. 70 克,巴黎。 PL. XIV(正面)

Luynes,1751;C. 74/5.

b. 13. 60 克,柏林。 PL. XIV(背面)

C. 74/1.

正面:左臀部上的裂纹更严重;沿翅膀尖部的裂纹因淬火而出现狭窄的断裂。

241. A. 187. 相同模具。

P. 205. 与造币官名字“EKATAIOΣ”的位置类似,鹰向左平行飞翔。

a. 13. 87 克,波士顿。 PL. XIV

Boston Catalogue,no. 760;Warren,448;NC 1890,pl. 3.

21;C. 74/3.

正面:模具像第240号钱币一样有瑕疵,且更加明显。

242. A. 187. 相同模具。

P. 206. 与造币官名字“EKATAIOΣ”的位置类似,鹰向左平行飞翔,图案更大。

a. 14. 15克,维也纳。 PL. XIV

C. 74/6.

正面:模具的状况类似。

分组88a

243. A. —. 格里芬向左跳跃离开基座,两条前腿都抬起。

P. 207. 造币官名字“EKATAIOΣ”在印图中围绕方形框,框内有一只鹰面朝左站立。

a. 13. 93克,雅典。

C. 74/6(有穿孔;背面损坏严重).

3 奥博尔:①

背面图案:面朝左的牛头像。

244. A. 188. 格里芬在矮基座上向左行走,右前腿抬起;浓密的鬃毛延伸到脖子后面;翅膀张开,主羽笔直但在尖部略微向上弯曲。

P. 208. 牛头像面朝左,在方形印图内;无圆点边界;脖子下面皮肤的皱纹处理不当。

a. 1. 47克,大英博物馆。 PL. XIV

BMC *Thrace*, 72, no. 50; Borrell; C. 126/10.

b. 1. 90克,普罗夫迪夫。

可能是C. 126/14(重量1. 47克;背面损坏)。

---

① 下列钱币也有记载:C. 126/1:雅典,1. 33克;C. 126/6:布达佩斯,1. 46克;C. 126/7:法兰克福,1. 67克;C. 126/11:Mechitaristen Stift(可能在维也纳,1912),1. 46克;C. 126/16:都灵,1. 50克;C. 126/17:Hoffman 16. 1882, 569, 1. 52克;可能与C. 126/21是同一枚:Ratto(热那亚),1490,1. 57克;C. 126/19:交易中(1912),1. 40克;C. 126/20:Hirsch, xii. 148, 1. 70克。

245. A. 188. 相同模具。

P. 209. 类似。

a. 1. 44 克,索菲亚。 PL. XIV

C. 126/15.

b. 1. 42 克,牛津(梅先生的遗产)。

Baldwin(9/59)(背面损坏).

246. A. 189. 格里芬面朝左卧坐,右前腿抬起较高,但处理较差;耳朵向上尖,脖子呈弓形;突出的羽冠替代了鬃毛;翅膀下垂,在近处翅膀上方可看到远处翅膀的轮廓。

P. 210. 类似;图案较大;脖子上方的皮肤皱纹和喉咙下面的褶层展现得非常仔细。

a. 1. 45 克,索菲亚。

b. 1. 46 克,柏林。

Beschreibung, i. 103, no. 43; Nom. iii, pl. 2. 11; C. 126/2, pl. 2. 22.

c. 1. 46 克,柏林。 PL. XIV

Beschreibung, i. 103, no. 44; C. 126/3.

d. 1. 42 克,柏林。

Beschreibung, i. 103, no. 45; C. 126/4(背面明显有打制错误).

e. 1. 53 克,哥本哈根。

SNG(*Cop.*) *Thrace*, 342.

247. A. 190. 类似;基座不清晰;抬起的前爪呈钩状;明显看不到远处的翅膀。

P. 210. 相同模具。

a. 1. 42 克,海牙。 PL. XIV

Six; C. 126/7a.

248. A. 190. 相同模具。

P. 211. 类似;图案较大。

a. 1. 40 克,哥本哈根。

SNG(*Cop.*) *Thrace*,343;Lambros(1893);C. 126/8.

b. 1. 48 克,剑桥。 PL. XIV

McClean,4025.

249. A. 190. 相同模具。

P. 212. 类似。

a. 1. 52 克,牛津。 PL. XIV

Oman(1947).

250. A. 191. 类似;前腿抬起得非常高;脖子较细,且弯曲有些过度;脖子顶部只有羽冠。

P. 213. 类似。

a. 1. 52 克,剑桥。 PL. XIV

McClean,4026.

251. A. 192. 类似;翅膀处理得不够细致,尾巴弯曲幅度更大。

P. 212. 第 249 号模具。

a. 维也纳。 PL. XIV

252. A. 193. 类似;更有活力的风格;翅膀张开较大,主羽竖直;翅膀前端的轮廓明显呈凹形(A. 178 - 80,NOS. 219 - 27);脖子后面的鬃毛比较稀疏,无羽冠。

P. 214. 类似;风格更加近代。

a. 1. 54 克,大英博物馆。 PL. XIV

BMC *Thrace*,72,no. 49;C. 126/9.

b. 1. 54 克,巴黎。

C. 126/12.

c. 1. 60 克,柏林。

C. 126/5.

d. 1. 90 克,普罗夫迪夫。

e. 1. 59 克,普罗夫迪夫。

第五时期钱币的补充见图 5 – 1。

图 5 – 1　第五时期钱币的补充

分组 78

218. A. 177. 相同模具。

P. 183/1. 造币官名字"ΓΥΘΑΓΟΡΗΣ"(P 最初被雕刻成 Γ)围绕印图中的方形框,框内有一个面朝左的有胡须的男子头像,也许是毕达哥拉斯(Pythagoras)。

a. 13. 08 克,巴黎。

Vinchon 15. 11. 65,276.

第 6 章　第六时期:约公元前 411/410 ~ 386/385 年

第六时期将带领我们经历伯罗奔尼萨战争(Peloponnesian war)的最后几年,在这段时间里雅典盟国之间出现了越来越多的背叛和起义;尽管出现过短暂的恢复,但最终不可避免地导致了雅典联盟被打败。这一时期还将带领我们经历在阿古斯波塔米(Aegospotamoi)战役后斯巴达人的霸权,直到公元前 394 年库农(Konon)在克尼多斯(Knidos)的胜利,以及此后在希腊北部的重新崛起,其标志是色雷西波洛斯(Thrasyboulos)在公元前 389 年的征服战争。铸币业的发展和现有资料表明,这一时期的结束时间是在公元前 390 ~ 380 年这 10 年的中间,是在安塔克达斯(Antalkidas)和平条约之后不久。

这一时期出现了单位重量标准的再一次降低,现在已经降低到 12.60 ~ 12.40 克。这一重量标准的准确性以及开始实行的具体日期一直都是很多研究的主题。下文对这两点都将进行详细讨论,也会给出将这一标准称为埃伊内提克(Aeginetic)标准的理由,它的采用是与在公元前 441 年色雷斯人抵抗雅典人运动一起出现的。[①]

像第五时期一样,第六时期每一个批次的正式发行都有自己的背面图案;但某些批次既有 1 斯塔特也有小面额钱币,而且小面额钱币的背面图案可能与 1 斯塔特的图案几乎没有或根本没有联系。表 6 – 1 显示,1 斯塔特是常规制作系列,在所有列出的 23 个批次的钱币中,除了 5 个批次外其余都有记载。但钱币制作的总量并不大,如果我们将如下事实排除之外:第六时期没有保存下来钱币的年份较少,略多于第五时期。[②] 另外,在第五时期除了一个批次外,其他批次都有制作的 4 奥博尔,在第六时期使用得更加普遍。实际上,流通中 4 奥博尔的不断增加导致了 2 奥博尔的引入,替代了色雷科—马其顿标准的 3 奥博尔;在本时期开始这种 3 奥博尔仍在流通中。4 奥博尔和 2 奥博尔都是根据阿伊努斯人熟悉的重量标准制作的。这些重量自然符合波斯标准;但必须注意的是这种重量标准在色雷斯本地应用的背景情况,或随着时间的推移,人们必须认真考虑小面额钱币的波斯重量标准问题。[③] 阿布德拉造币厂除了制作大量小面额钱币(银币)外,也制作了少量,但数量并非可以忽略不计的铜币。

这一时期的特点之一是小面额钱币的数量很大,远远超过了阿布德拉造币厂此前制作的数量;这一定程度上说明了当地商业活动的繁荣。[④] 相反,斯塔特的产量却相对较少,这表明阿布德拉作为白银出口地区的地位已经下降了,显著低于本世纪早期其最繁荣时期的水平。(见表 6 – 1)

---

① 有关这一标准的讨论,见 pp. 25 ff., *supra*;关于政治和经济因素的结合导致了该标准采用的讨论,见 pp. 179 ff., *infra*。

② 关于与当时马罗尼亚和阿伊努斯的钱币制作,以及与阿布德拉在第五时期钱币制作的进一步比较,见 pp. 145 f., *supra*,183, *infra*。

③ 见 pp. 184 f., *infra*。

④ 关于在马罗尼亚和阿伊努斯小面额钱币使用情况的讨论,见 pp. 184 f., *infra*。

表 6－1　第六时期钱币发行分类：约公元前 411/410～386/385 年

		1 斯塔特 0.5 斯塔特［奥卡莫斯(orchamos)］				4 奥博尔				2 奥博尔				1 德拉克马			
分组	造币官名字	有记录的样品	组合模具	垫压模具	冲压模具	有记录的样品	组合模具	垫压模具	冲压模具	有记录的样品	组合模具	垫压模具	冲压模具	有记录的样品	组合模具	垫压模具	冲压模具
89	Orchamos	22	12	4	8	..	..	..	..	..	..	..	..	5	3	3	3
90	Ithystratos	1	1	1	1	..	..	..	..	..	..	..	..	..	..	..	..
91	Myrsos	5	4	2	4	..	..	..	..	..	..	..	..	..	..	..	..
92	Heragores	2	1	1	1	..	..	..	..	..	..	..	..	..	..	..	..
93	Protes(Ⅰ)	2	1	1	1	..	..	..	..	..	..	..	..	..	..	..	..
94	Herophanes	1	1	1	1	18	5	3	3	..	..	..	..	..	..	..	..
95	Mandron	..	..	..	..	..	..	..	..	..	..	..	..	4	2	2	2
96	Anaxipolis	5	2	2	1	..	..	..	..	..	..	..	..	2	2	1	2
97	Dionysas	9	6	2	6	..	..	..	..	..	..	..	..	..	..	..	..
98	Euagon	5	3	1	3	..	..	..	..	..	..	..	..	1	1	1	1
99	Kleantides	1	1	1	1	20	3	1	3	29	8	4	6	6	4	4	4

续表

		1 斯塔特 0.5 斯塔特［奥卡莫斯（orchamos）］				4 奥博尔				2 奥博尔				1 德拉克马			
分组	造币官名字	有记录的样品	组合模具	垫压模具	冲压模具	有记录的样品	组合模具	垫压模具	冲压模具	有记录的样品	组合模具	垫压模具	冲压模具	有记录的样品	组合模具	垫压模具	冲压模具
100	Molpagores	6	3	2	3	..	..	..	..	..	..	..	..	..	..	..	..
101	Echekrates	2	2	2	2	12	5	3	5	..	..	..	..	1	1	1	1
102	Protes（Ⅱ）	..	..	..	..	32	10	7	7	30	7	3	3	2	2	1	2
103	Promethides	1	1	1	1	..	..	..	..	..	..	..	..	..	..	..	..
104	Parmenon	1	1	1	1	..	..	..	..	..	..	..	..	..	..	..	..
105	Python	4	4	4	4	..	..	..	..	..	..	..	..	..	..	..	..
106	Apollas	2	2	1	2	..	..	..	..	..	..	..	..	..	..	..	..
107	Herogeiton	1	1	1	1	..	..	..	..	..	..	..	..	..	..	..	..
108	Protes（Ⅲ）	..	..	..	..	37	22	14	12	..	..	..	..	2	1	1	1
109	Nymphagores	..	..	..	..	32	15	6	7	..	..	..	..	..	..	..	..
110	Philas	9	9	4	7	..	..	..	..	..	..	..	..	..	..	..	..

续表

分组	造币官名字	1 斯塔特 0.5 斯塔特［奥卡莫斯(orchamos)］				4 奥博尔				2 奥博尔				1 德拉克马			
		有记录的样品	组合模具	垫压模具	冲压模具	有记录的样品	组合模具	垫压模具	冲压模具	有记录的样品	组合模具	垫压模具	冲压模具	有记录的样品	组合模具	垫压模具	冲压模具
111	Aristagores	1	1	1	1	..	..	..	..	..	..	..	..	..	..	..	..
		3 奥博尔															
第一批次(匿名)		5	1	1	1	..	..	..	..	..	..	..	..	..	..	..	..
第二批次(匿名)		15	1	1	1	..	..	..	..	..	..	..	..	..	..	..	..

第六时期的开始也给我们带来了历史和钱币学领域的问题。对第五时期后期发行的钱币和第六时期开始时发行的钱币的总体分析表明,后者开始于大约公元前 410 年。但这一点本身并不足以回答如下非常重要的问题:在哪一个准确日期,或在哪个目前我们希望尽可能准确接近的日期,阿布德拉采用了使第六时期钱币与此前钱币不同的标准?[①]

新标准有最充分的理由被称为埃伊内提亚标准,这一事实立刻给我们的问题提供了一种政治上的考虑,而且表明它一定与当时的历史背景有非常紧密的联系。就萨索斯岛周围水域和内斯特斯河口东西两边沿岸而言,在大约公元前 5 世纪最后 10 年的开始时期,当时的政治因素也是最大的历史难题。

我们至少可以从确定的基础开始,即采用埃伊内提亚标准是反抗雅典人情绪的一种明确表示;而且这样做的政治动机非常强,足以导致阿布德拉经济实践的改变,此前这类实践一般来说是保守主义的。我们也知道阿布德拉实际上也确实反抗过雅典;但我们的了解仅仅是基于公元前 407 年雅典对阿布德拉镇压的事实。[②] 历史资料没有给我们有关这次起义性质方面的更多信息:起义是否仅持续了很短时间?或是否是在公元前 411 年秋天对萨索斯的镇压后不久发生的?

对在阿布德拉采用埃伊内提亚标准的具体时间,有三个不同日期:公元前 411 年,这一年发生了色雷斯人的独立运动,我们没有听说阿布德拉当时发生了什么事情;公元前 408/407 年是色雷斯人的第二次起义——如果确实出现了两次色雷斯人起义而不是一次的话——这一年阿布德拉自己也参加了起义;公元前 405 年是在阿古斯波塔米打败雅典人之后不久。三个时期中的最后一个预示着伯罗奔尼萨人

① 目前被寄予厚望的是,正在阿布德拉进行的挖掘工作能提供关于该城市当时模糊不清历史的进一步信息。最近发现了公元前 411/410 年的两部色雷斯法律,这是关于奖励那些提供针对国家敌对活动信息的法律,这是一个很好的例子,因为这些资料有助于进行历史研究(cf. Pouilloux,138 –48)。

② Dindorus xiii. 72. 1 –2.

的霸权,这一日期可能是显而易见的选择。但铸币业的情况强烈反对这种简单答案。仔细分析钱币图案显然表明,具体时间应该是比公元前 405 年早几年,而且同时属于第六和第七时期钱币制作的整体内容都指向明显早于公元前 405 年的时间。第六时期是背面图案展示负责某批次钱币制作造币官名字的最后一个时期。我认为这种做法由于公元前 375 年野蛮人的入侵而终止了,这次入侵使得阿布德拉几乎陷入灾难,也为我们研究阿布德拉的铸币史提供了一个有价值的坐标。① 第七时期包括 9 个批次的钱币,第六时期有 23 个批次,因此至少有总数 32 个不同年份制作的钱币。② 这样一组钱币发行资料集实际上覆盖了公元前 405～375 年的每一年,而且还不止如此;即使我们认为有两位不同造币官在某一年内都制作了钱币,或以一位造币官名字制作的某一批次 4 奥博尔可能当年还有另一位造币官制作了某一批次的斯塔特——对这一假说我们至今在阿布德拉没有找到证据——也不可能出现没有制作钱币的空白年份,或出现至今未知名字的新造币官发行钱币的情况。

因此我们必须分析公元前 411～407 年色雷斯独立运动的这些困难年份,以及我们剩余的两个选项公元前 411 年和公元前 408/407 年的具体情况。也许我们应当先分析第一个选项。在公元前 407 年春天,在那不勒斯(Neapolis)的支持下,色雷西波洛斯最终使色雷斯人投降了,狄厄多罗斯(Diodoros)对此有过论述。③ 在公元前 407 年开始时阿布德拉正处于起义当中,阿布德拉的反抗一直以来都与普遍认为的色雷斯人第二次起义有联系,可能发生在公元前 408 年之中或公元前 409 年的下半年。④ 在公元前 408 年阿格萨德里德斯(Agesandridas)指挥的伯罗奔尼萨舰队出现在色雷斯水域,这也许可以提供在萨索斯

---

① 有关这一事件的更多讨论,见 pp. 214 ff. , *infra*。

② 分别参见 *Summaries of Issues for Periods VI and VII*, pp. 178, 239。

③ Diodoros xiii. 72. 1 –2.

④ Collart, 126.

发生第二次反抗雅典人的起义时，伯罗奔尼萨集团在阿布德拉的支持者取得成功的机会。①

萨索斯发生第二次起义的说法似乎主要基于两个因素。斯巴达的军事统治者艾特尼克斯（Eteonikos）被迫在公元前 410 年年底或公元前 409 年年初离开萨索斯岛，有关他的情况我们只是从森诺蓬（Xenopbon）的记载中知道他被驱逐出该岛。② 在公元前 409/408 年，雅典的财政部当时收到了色雷斯人以金锭形式支付的保护费（phoros）。③ 因此当时亲雅典人的一方一定重新占据了统治地位；由于公元前 410 年色雷西波洛斯的舰队在色雷斯水域的活动，所以这一点是没有疑问的。

但这两种观点的准确性是可以讨论的。前面引述森诺蓬关于艾特尼克斯（Eteonikos）的文字内容也许是准确的，但记录的事件可能完全与萨索斯无关，而是指卡里亚（Caria）的艾阿索斯（Iasos）。④ 所记载的公元前 409/408 年支付给雅典的金锭并不意味着雅典人重新控制了萨索斯本身。公元前 410 年色雷西波洛斯和瑟拉门内斯（Theramenes）在爱琴海北面沿海的使命具有特殊意义。⑤ 雅典不得不采取激烈的措施来恢复其财政来源，而森诺蓬出现在萨索斯周边很可能不是因为雅典人想要完成收复该岛的困难任务，而是表现出其制止色雷斯人进入大陆和自己获取所需矿产资源的决心。由于控制了海峡和得到那不勒斯的有价值支持，色雷西波洛斯处于实现这两个目标的有利位置，并不需要首先战胜萨索斯。⑥

实际上萨索斯可能已经看到了自己的黄金被搬运到雅典人的船

---

① Xenophon, *Hell.* I. 3. 17.

② Ibid., 1. 32.

③ cf. *IG* i². 301, now dated to 409/8; *ATL* iii. 366, no. 37; Ferguson, 16－37; Meritz, *Athenian Financial Documents*, 61.

④ Pouilloux, 137, no. 2, p. 152, n. 3.

⑤ Xenopbon, *Hell.* I. 1. 11－12; Diodoros xiii. 49. 1.

⑥ cf. Pouilloux, 154.

只上,但还是继续起义。近期对在这些年间该岛历史的研究展现了在公元前411年掌握了权力的寡头政治团体的气势和决心。至少非常可能的情况是,在公元前407年以前雅典人从未收复萨索斯,而在此之前的时间里萨索斯岛一直没有间断其起义活动。①

如果没有公元前409/408年的二次起义,则导致阿布德拉在这一确定时间脱离雅典的观点就缺乏说服力了,尽管还不是结论性的。但同样的观点也强化了这些疑问,该观点强烈反对将公元前405年作为我们第六时期的开始时点。如果第六和第七时期现有记录的发行批次总数恰好超过公元前405~375年的年份数,则我们仍有最小的差额,假如我们将公元前409/408年或公元前408年作为开始日期的话。在缺乏令人信服的历史背景支持这些年份的情况下,从铸币业本身讲必然倾向于较早的时间选项。

公元前411年事件的后续发展导致了色雷斯人在这一年起义,这是众所周知的。造成脱离雅典的直接动机实际上是由雅典自身导致的。迪特菲斯(Diitrephes)的使命是代表萨摩斯岛(Samos)的寡头政治派别恢复对色雷斯水域的控制权,其使命的后果是推翻了色雷斯的民主制度;色雷斯人在不久之后,可能是在秋季初期,就开始利用这种局面发动直接针对雅典的起义,而且显然得到了伯罗奔尼萨人的帮助。② 我们现在并不知道,这场最初由雅典的寡头政客们发起并迅速导致雅典自身失利的运动,在多大程度上也发生在其他联盟的城邦国家,但修昔底德斯暗示萨索斯并非发生起义的唯一城邦,这似乎是千载难逢的机会。③ 我们也不知道伯罗奔尼萨人支持的规模和程度。即使在这段时间内斯巴达将领艾特尼克斯(Eteonikos)是否出现在萨索斯岛有疑问,但也有证据表明起义获得的帮助绝非可有可无。④ 当然

---

① 关于萨索斯这些年间的整体历史情况,见 Pouilloux,134-62,尤其是关于此问题的分析,见 pp. 152,162。

② Thucydides,viii. 64. 2-4.

③ Ibid.,5.

④ 例如,Corinthian Timolaos 的到来和活动:Hell. Oxyrh. ii. 4;Ox. Pop。

色雷斯人有能力采取有力措施来保卫自己的岛屿，以及对位于大陆的那不勒斯展开也许是不成功的围攻。

令人不解的是，在所有这些活动中我们没有听说阿布德拉发生了什么事情。但这时一定存在一次成功起义的机会。公元前411年是一场脱离雅典运动的成熟时间，在阿布德拉任何一股想要脱离雅典的势力一定会受到公元前411年在希俄斯（Chios）岛所发生起义的鼓舞；这场起义蔓延到了小亚细亚西部沿岸雅典联盟中的城邦国家。萨索斯的背叛只会给这种意识增添一个更大刺激，同时伯罗奔尼萨人援助的到来也许提供了进行起义的最后动机。在这种环境下，阿布德拉的钱币制作采用伯罗奔尼萨标准，也即埃伊内提亚标准，就不令人感到意外了。在公元前411年秋季当脱离主义运动正处于最高潮时，发生采用新标准的事情远比几个月后的可能性更大，因为后来雅典海军力量已经重新控制了爱琴海北部，而且色雷西波洛斯的小舰队在色雷斯海岸周围非常活跃。[①] 在马罗尼亚，似乎是与阿布德拉在同一时间采用了埃伊内提克标准，这很可能表明在该城邦也发生了类似情况。[②] 但我们至今未能从其他渠道了解到马罗尼亚是否发生了起义；很可能的情况是，马罗尼亚向新标准的转变仅仅意味着是利用了一种有利于伯罗奔尼萨人形势的变化。

---

① 阿布德拉在第六时期刚开始时走向独立的进一步证据可以从钱币制作出现本地名字这一做法上看到——除了在第四时期前半期的一个批次的孤立发行（分组54～56）外至今都没有。而到了这时，我们可以在第六时期第一批次的0.5斯塔特即奥卡莫斯（分组89）上看到本城邦名字的全文（ABΔHPITEΩN），或在此后绝大多数批次的1斯塔特、4奥博尔和3奥博尔上看到缩写形式"ABΔH"或"ABΔ"，这些奥博尔并不属于某个特定造币官发行的批次。但城市名字的应用并非一成不变。

② 我们可以看到，阿布德拉在第五时期依据降低的色雷科—马其顿标准制作的4德拉克马系列，与马罗尼亚依据相同标准制作的钱币有密切联系（cf. pp. 19 ff., and table Ⅶ, p. 20, *supra*）。在马罗尼亚，似乎有一种不同的控制钱币制作的方法，但很可能的推论是，与阿布德拉的19个批次相比，马罗尼亚依据降低的色雷科—马其顿重量标准制作了总数达到17个批次的钱币。因为很可能的情况是，在30年代初期使阿布德拉可以重开造币厂的条件也适用于马罗尼亚（cf. pp. 147 ff., *supra*），两家造币厂制作的钱币系列开始和结束的时间基本相同。因此，此后两家造币厂向埃伊内提亚新标准的转变很可能是同时进行的。

如果阿布德拉在公元前 411 年发生了起义,则我们必须假设雅典人在公元前 407 年之前的时间内没能成功地击败阿布德拉,与其针对萨索斯的行动结果不同。这一点可能有些令人意外,因为雅典在公元前 411 年晚些时候在基诺森马(Kynossema)和西索特斯(Sestos),以及在公元前 410 年春季色雷西波洛斯的行动都取得了成功;雅典可能不曾处于如下状态,即为了征服爱琴海北岸的最强大城邦国家之一需要进行长时间和认真的准备。[①] 对进行一场这类战争而言,最重要的是要支付舰队花费的成本和再次填满帝国财政部的腰包,这也是使得背叛城邦屈服的一个最基本前提,因为这些城邦很可能会出现激烈的抵抗。

在公元前 407 年之后和在阿古斯波塔米战役的最后阶段之前,阿布德拉坚持实行埃伊内提克标准是不难理解的。即使过去其实力比现在强大很多,雅典也一直都能容忍阿布德拉和爱琴海北岸的其他造币厂使用违反铸币令规定的标准。在现阶段,雅典可能发现干涉单个城邦的货币体系更不明智了。如果必须支付货币贡赋,则与实际贡赋本身相比,具体形式并不重要。在阿布德拉的邻近城邦中,除同样采用了埃伊内提克标准的马罗尼亚外,阿伊努斯继续采用旧的标准,而且在很大程度上一直实行到公元前 405/404 年;[②]萨索斯的钱币制作很可能在公元前 411 年之后的几年里采用了凯伊安(Chian)标准;[③]而那不勒斯尽管在公元前 411 ~ 407 年的动荡之中一直忠于雅典,但显然没有采用阿提克(Attic)标准。

看上去似乎很奇怪的是,阿布德拉和马罗尼亚选择了当时在该地区并不熟悉的埃伊内提亚标准,而不是凯伊安标准;后者在爱琴海东岸使用得越来越普遍,而且在公元前 411 年已经作为交易媒介用来支

---

① Xenophon, *Hell.* Ⅰ. 1. 8 – 12, 20 – 21.

② *Ainos*, 98.

③ 有关在公元前 411 年之后第一批按照凯伊安标准制作的钱币的讨论,见 p. 186, *infra*。

付伯罗奔尼萨水手们的费用。① 尽管如此，在色雷斯沿岸，这一选择可能一直都不流行。正如其铸币业务所显示的，阿布德拉和马罗尼亚可能认为没有必要采用与萨索斯相同的货币体系，以及在公元前 411 年流行的凯伊安标准，尽管后者在伯罗奔尼萨舰队中使用；与几年之后的情况相比，当时该标准尚未充分确立其地位。

标准一旦确立，并渡过引入之后几年的困难时间后，阿布德拉就开始定期发行埃伊内提克标准的 1 斯塔特系列，而且很少中断。在属于本时期的 26/27 年时间里，只有 5 年没有记录发行了 1 斯塔特。一旦采用埃伊内提亚标准，而且在战争最后阶段混乱条件下该标准最可能服务于其利益，阿布德拉就不太可能在阿古斯波塔米战役后的斯巴达霸权期间放弃该标准。但是，每一个批次的数量都相对较小。在公元前 405 年之后的可比较时期内，阿布德拉的埃伊内提亚标准的 1 斯塔特的产出似乎仅略多于阿伊努斯制作的凯伊安标准的 4 德拉克马数量。② 公元前 411 年以后，阿布德拉几乎没有超过马罗尼亚同期制作的 1 斯塔特系列，也没有超过基于旧的阿伊努斯重量标准制作的 4 德拉克马短系列，在公元前 400 年之后不久，马罗尼亚造币厂就用阿伊努斯标准取代了埃伊内提克标准。③ 而在阿布德拉，依据降低的第五时期色雷科—马其顿标准制作的 4 德拉克马系列在第六时期几乎没有显著增加。在色雷斯腹地有更好贸易条件的愿景，并没有在公元前 411 ~ 407 年在色雷斯沿岸的这部分地区出现，因为这段动荡时期困扰了该地区；而在公元前 420 ~ 410 年的 10 年里这种良好的贸易条件给阿伊努斯带来了巨大的利益，我们也在第五时期结束时看到阿布

---

① Thucydides，viii. 101.

② cf. *Ainos*，173. 在公元前 405 ~ 386/385 年，记录了发行 27 个组合模具的凯伊安 4 德拉克马，而在相同时间内阿布德拉大约有 34 个模具组合的 4 德拉克马。

③ 有关在公元前 5 世纪最后 10 年在马罗尼亚制作的埃伊内提克标准的斯塔特系列的讨论，以及有关在属于公元前 4 世纪第一个 10 年内按照旧阿伊努斯重量标准［等于 3 个辛格罗斯（sigloi）］制作的 4 德拉克马系列的讨论，见 cf. pp. 27，n. 1，and 30，n. 2，*supra*。

德拉可能享有这种贸易条件的某种迹象;[①]尽管与斯塔克斯(Sitalkes)和斯休思一世(Seuthes Ⅰ)的伟大时代相比,在第 2 年没有出现中央阿德里西亚王国的复兴,但缺乏经费的军事将领们的苛捐杂税,无论是雅典人还是伯罗奔尼萨人的舰队,都无法帮助该城邦的经济复苏。阿布德拉快速发展和早期繁荣一直以来所依赖的白银贸易毫无疑问这时仍然构成其财政收入的主要来源,但此时的贸易条件本身和开展贸易的外部环境已经不太有利了。尽管如此,该城邦作为贸易中心的声誉和其有利的地理位置,即位于穿过著名罗多普山口通道的富饶内陆地区,仍然足以确保维持一定程度的海外贸易。当时并不缺乏繁忙沿海运输的迹象。

与第五时期相比,第六时期明显更加重视小面额钱币的制作。在早期的铸币业中,除了一个依据色雷科—马其顿重量标准制作的较小 3 奥博尔系列外,仅有单独一个系列的 4 奥博尔严格按照最初的波斯重量标准制作,尽管事实上该标准是从阿伊努斯引入的。[②] 相反,在第六时期,这种面额的钱币制作出现了大幅度的增加,依据上述重量标准有多达 6 个不同批次钱币的发行记录。[③] 与此同时,旧的色雷科—马其顿标准的 3 奥博尔被放弃了,取而代之的是 2 奥博尔,以对应流行的 4 奥博尔;在这一时期刚开始时就第一次制作了铜币,且此后还有 7 个批次。[④] 实际上,这期间大面额钱币制作已不再主导铸币业务了。

选择波斯重量标准作为 4 奥博尔和 2 奥博尔钱币的依据一定受到了在公元前 435/434 年阿伊努斯这两种面额钱币产出量非常大的

---

① cf. pp. 180 ff. , *supra*。由于相信在公元前 417/416 年以后的年份里阿伊努斯享有的经济繁荣也对马罗尼亚产生了影响,所以我此前将马罗尼亚按照阿伊努斯重量标准制作 4 德拉克马的日期确定在公元前 410 年之后不久(*Ainos*,96)。有关将制作这些钱币的日期改为公元前 4 世纪初的理由,见 p. 30, n. 1, *supra*。公元前 4 世纪初在色雷斯的腹地,马罗尼亚似乎在政治和经济领域都非常活跃。

② P. 19, and Table Ⅷ on p. 21, *supra*.

③ Table Ⅻ on p. 28,关于这种钱币的一般讨论,见 p. 27 ff. , *supra*。

④ cf. p. 32 and Summary of Issues(Period Ⅵ), p. 178, *supra*.

影响。[①] 同样的因素也影响到了马罗尼亚;尽管可能还达不到阿布德拉的程度,但马罗尼亚制作的相同 4 奥博尔的数量也非常大。[②] 正如已经指出的,制作这些钱币所依据的标准基本上是波斯标准,4 奥博尔和 2 奥博尔分别作为半个和 1/4 个辛格罗斯的等价物。在第五时期,当在阿伊努斯采用该标准的早期,当然也包括在第五时期第一次出现在阿布德拉时,该标准不太可能像在波斯一样有意识地得到应用;尽管在第五时期快结束时阿布德拉和马罗尼亚采用波斯标准是可以理解的,但我认为这种选择主要是由于阿伊努斯已经将按这种重量标准制作的大量小面额钱布投入流通之中了。到第六时期结束时,情况发生了改变,因为阿伊努斯已经放弃了这种标准,而选择了凯伊安标准,同时在阿布德拉和马罗尼亚则越来越多地使用波斯重量标准的小面额钱币,这导致了这两家造币厂也像小面额钱币一样采用波斯标准来制作大面额钱币。[③]

从依据波斯标准制作的小面额钱币作为交易媒介在色雷斯沿岸扩展流通的角度讲,有些令人好奇的是,阿伊努斯却在公元前 405 年之后不久就放弃了该标准而选择凯伊安标准。在本世纪结束后阿伊努斯就没有再制作 2 奥博尔了,而此时她制作的 4 奥博尔是依据凯伊安标准,数量已经无法与阿布德拉造币厂相比;凯伊安标准的 4 奥博尔是 2.50 ~ 2.40 克,低于阿布德拉按波斯标准制作的 4 奥博尔钱币,后者的重量范围主要在 2.70 ~ 2.65 克,而且一般趋势是超过这一水平。[④] 在这种情况下,我们也许会预测阿伊努斯会遵从已经在阿布德拉和马罗尼亚实行的做法,即小面额钱币的制作依据一种标准,而大面额钱币依据另一种标准。无论阿伊努斯是否有标准统一的愿望,但

---

① p. 32, *supra*. cf. Also *Ainos*, 70, 266.

② p. 32, *supra*.

③ p. 34, *supra*.

④ 有关第六时期阿布德拉制作的 4 奥博尔钱币的讨论,见 Table XII, p. 28, *supra*, also pp. 24 ff., *supra*;有关公元前 405/404 年之后阿伊努斯制作的小面额钱币的情况,见 cf. *Ainos*, 269 f.。

在实践中在色雷斯沿岸地区流通的波斯和凯伊安两种重量标准的4德拉克马一定联系紧密,以至于几乎没有引起不便。①

除了沿岸的运输外,这些城邦都实行一种更加独立的政策,而且并不缺少出现贸易冲突的证据。公元前411年在制作大面额钱币时,阿布德拉和马罗尼亚都实行埃伊内提克标准。在公元前390~380年这10年的中期之前,阿布德拉维持这种做法,之后开始采用波斯标准(第七时期)。马罗尼亚在公元前400年以后不久就放弃了埃伊内提克标准,而且从获取贸易和维持在色雷斯东部影响力的角度考虑,依据阿伊努斯自公元前405/404年以来所采用的标准发行了4德拉克马钱币。后者本身是波斯标准的一种变体,此后马罗尼亚转向了这种标准的正规体系,大约是在公元前390年,比阿布德拉早几年。而在同一时间,阿伊努斯正在开发的主要是小亚细亚沿岸而不是色雷斯内陆地区,她却放弃了旧标准而采用了凯伊安标准。由于受到公元前411~407年动荡的不利影响,萨索斯正在基于一种更自由的理念努力重建其内部秩序,恢复其经济,尤其是其在内陆地区的局部影响力。②我们这里主要关心萨索斯的钱币制作情况,这时她已经转向采用凯伊安标准,几乎可以肯定这是其在公元前411年脱离联盟的直接后果。萨索斯一直坚持这种标准,尽管引入了新的钱币图案,即胡须的酒神狄厄尼索斯的头像和弓箭手大力神赫拉克勒斯的形象,但并不一定与引入凯伊安标准同时发生,而且可能直到公元前405年之后才转向凯伊安标准。③ 金币在任何情况下都是货币必需品,这时金币制作使用了新图案,其重量明显略微超过凯伊安标准的1德拉

---

① 波斯标准的4德拉克马或2辛格罗斯,与一个相等单位凯伊安标准的4德拉克马之间潜在关系的讨论,见 p. 25, *supra*;其中也涉及波斯标准的4奥博尔(或1德拉克马,如在第七时期所改变的)与凯伊安标准的4奥博尔之间的关系。

② 有关萨索斯城邦的重组和努力重建与亲雅典人势力(尤其是那不勒斯)之间关系的讨论,见 Pouilloux, 193 -212。但是现在很难赞成如下观点,即这段时间萨索斯一直在寻求建立一个海事影响区域,覆盖沿阿托斯山(Athos)与梅拉斯湾(Gulf of Melas)之间整个海岸线,无论其早期的抱负有多大(Pouilloux, 128, 213, 221)。

③ 有关萨索斯引入新图案日期的讨论,见 p. 194, n. 2, *infra*。

克马，尽管现在还远不清楚是否是有意执行该标准。[①] 在我们的阿布德拉第五时期（约公元前 411 ~ 386/385 年），这 4 个城邦采用不同标准的情况非常有意思。在本地贸易中，因为不管规模大小其结算都需要使用大面额钱币，因此标准混乱的影响可能并非像第一印象所感觉的那么严重。我们已经看到，在波斯与凯伊安标准之间并没有很大障碍，而凯伊安与埃伊内提克标准之间有可以接受的兑换公式也是众所周知的。[②] 尽管如此，在这段时期有多达三种主要标准在阿布德拉、马罗尼亚、阿伊努斯和萨索斯的 4 德拉克马或斯塔特之间使用的事实说明，这些城邦国家仍然担心失去其特殊商业利益，并且采用了他们认为最符合其需要的货币体制，无论这是一种长期还是一种短期的政策。

让我们再次专门来分析阿布德拉和马罗尼亚的情况，我们已经看到马罗尼亚的货币政策要比阿布德拉灵活很多。后者在公元前 395 年之前固执地保持埃伊内提克标准，初看起来这种状况令人预想不到。对阿布德拉在公元前 411 年采用该标准我们有充分的理由，而且在雅典帝国衰落后和在斯巴达人占主导地位的年代继续使用该标准逻辑上也是合理的。只要斯巴达在爱琴海享有海上霸权和阿格斯拉丝（Agesilaos）国王能够维持在小亚细亚的成功，则我们对继续维持该标准同样不会感到意外。但到了公元前 395 年时，天平已经导向不利于斯巴达的一边。波斯标准的金币和银币正在大量到达希腊，并被作为反对斯巴达的基础，而且在东南海域正在形成一种海上威胁。在此后的几年里，斯巴达在克尼多斯（Knidos）灾难性的失败使得库农

---

① 有关色雷斯金币发行的讨论和参考文献，见 cf. p. 29，n. 2，*supra*。

② 有关波斯与凯伊安标准之间关系的讨论，见 p. 35，*supra*。凯伊安标准的 4 德拉克马重 15.55 克，或 240 格令（grain），正好等于 1/40 个埃伊内提克标准的迈纳（mina），1 个迈纳重 9600 格令；凯伊安标准的 1 个德拉克马等于 3/4 个埃伊内提克标准的 1 德拉克马（Gardner，288）。Xenophon（*Hell.* 1. 6. 12）提到了公元前 406 年卡利克拉提达斯（Kallikratidas）支付给水手的金币（pentadrachmia）——2 个凯伊安标准的 4 德拉克马等于 5 个埃伊内提克标准的 4 德拉克马。

(Konon)和法纳巴科斯(Pharnabazos)成为了爱琴海的实际主人,而且亚洲沿岸的城邦一个接一个地投奔了雅典。

如果阿布德拉自己想脱离埃伊内提克标准或采用与伯罗奔尼萨人有联系的任何类似货币体系,则克尼多斯战役后不久似乎就是一个理想时机。小亚细亚西海岸的一些著名城邦(甚至可能还包括了拜占庭)发行了一种联盟货币,上面有反对斯巴达人的图案标识,并且是基于可以解释为等于 1 个凯伊安标准的德拉克马或一个 2 倍辛格罗斯的一种重量单位(或波斯标准的 4 德拉克马,就如阿布德拉自己在自公元前 386/385 年开始的第七时期所制作的),这种环境完全可能会鼓励阿布德拉选择这些标准中的某一种。①

但实际上,在另一个 10 年的大部分时间里没有发生任何变化的迹象。确实,现在还非常不清楚爱琴海北岸的色雷斯对克尼多斯战役的反应。萨索斯可能在这时驱逐了雅典在拉斯达摩尼亚(Lacedaemonian)的驻军,但目前所知在这一地区没有城邦参与这种联盟钱币的制作。② 尽管达达尼尔海峡(Hellespont)两边的局面可以阻止西索特斯(Sestos)和阿比多斯(Abydos)脱离斯巴达,但这种情况可能导致沿海各个城邦的行动变得非常谨慎。③

---

① 有关制作这种联盟货币所依据重量标准的讨论,见 p. 34, n. 2, *supra*。参与其中的城邦是罗得斯(Rhodes)、克尼多斯(Knidos)、爱菲索斯(Ephesos)、萨摩斯岛(Samos)、艾阿索斯(Iasos)和拜占庭,它们使用相同的正面图案,即未成年的赫拉克勒斯掐死巨蛇,现在被认为是虚构的,是来自 Thebes 发行的一个批次,制作时间可能是公元前 395 年。除了罗得斯发行的钱币之外,其他所有钱币都有铭文"ΣYN"。Cawkwell(NC 1956, 69 ff.)重新确定这些钱币的制作日期是公元前 394 年,这一时间最初由 Waddington 提出,并给出了非常有意思的观点,即在克尼多斯战役后拜占庭可能就已经驱逐了斯巴达在当地的卫戍部队很长一段时间了,并在公元前 391 年斯巴达人回归之前就加入了联盟钱币的制作。拜占庭的情况是与众不同的,因为如果 Cawkwell 的观点不被接受,则拜占庭就不可能在公元前 389 年之前使用这些图案,公元前 389 年的时间点要比前面提到的其他城市晚很多,斯巴达人在公元前 391 年重新占领了其中的一些城邦。

② 有关在里桑德(Lysander)公元前 404/403 年的军事行动(Nepos, *Lysander*, 11; Polyaenus, ii. 40. 4)之后斯巴达对萨索斯占领的情况,见 cf. Pouilloux, pp. 193, n. 5 and 425。

③ Xenophon, *Hell.* iv. 8. 5.

但针对这些事件阿布德拉选择了等待,她的谨慎也许有充分理由。公元前 392 年的安塔吉达斯(Antalkidas)条约给予了希腊各城邦和亚洲之外诸岛屿表面上的自主权;此外,到公元前 390 年年底斯巴达海军实力恢复的迹象表明,克尼多斯战役的结果可能并没有此前所呈现的那么具有决定意义。①

另外,即使色雷斯地区各个城邦愿意摆脱斯巴达的束缚,它们也不会急于以此来换取接受雅典人的控制。在公元前 393 年库农回归后,雅典霸权的复兴可能燃起了很多实力派的希望,但以往历史几乎无法预示更多中间派居民会支持雅典人在色雷斯地区和其他北部水域的复兴。这些城邦对雅典政策的态度不冷不热,也许至少可以从公元前 389 年色雷西波洛斯缓和与色雷斯王子们(梅多克斯和斯休思二世)的关系和重建这两个城邦与雅典友好关系背后的目的推论出来。② 通过这些做法,色雷西波洛斯希望引导这些希腊城邦恢复对雅典的更友好态度;只要阿德里西亚王国的王子们之间有分歧,则阿布德拉、马罗尼亚和阿伊努斯等沿岸强大的城邦就不需要担心;阿德里西亚中央王国霸权的复兴也许会诱导它们用更友好的眼光来看待雅典。

色雷西波洛斯在北部地区的成功确实令人印象深刻。除了与色雷斯人结盟之外,他还恢复了雅典在拜占庭的地位和战胜了查尔克顿(Chalkedon)城邦,因此为雅典重新获得了对黑海贸易的控制权。③ 此外,色雷斯半岛(Thracian Chersonese)和特尼多斯(Tenedos)及萨莫色雷斯(Samothrace)两个岛屿也归属于雅典人一边。④ 最后,特别有意

---

① Xenophon, *Hell.* Iv. 8. 12 –13 and 20 –24. 似乎可能的情况是,斯巴达的卫戍部队仍然驻扎在阿布德拉临近地区(如萨索斯),直到公元前 389 年色雷西波洛斯成功地战胜对手(有关文献见 p. 181. nn. 3 and 5, *supra*)。

② Xenophon, *Hell.* iv. 8. 26; *IG* ii^2. 1. 21[斯休思二世(Seuthes Ⅱ)与雅典的联盟]; Ibid. ,22[雅典人与梅多克斯(Medokos)有时断时续的联系,这也许与色雷西波洛斯的谈判有关].

③ Xenophon, *Hell.* iv. 8. 27 –28; Demosthenes, *Leotines*, 60.

④ Xenophon, *Hell.* iv. 7.

思的是,色雷西波洛斯也许没有使用暴力就得到了萨索斯的认可,而且我们听说在下一年里一支雅典部队就开始在该地和萨莫色雷斯驻扎。①

尽管上述的成功非常了不起,但随着这些成功的措施几乎没有激发起对雅典人的同情心。雅典缺少货币,而为了寻找货币而采用的方法包括:重新对通过博斯普鲁斯海峡(Bosporos)的运输船只征收什一税;对从萨索斯的进出口货物重建5%的税收,以后该制度又推广到克拉祖门尼亚(Klazonmenai);还有其他针对小亚细亚沿岸城邦的苛捐杂税。这些措施只能在那些以往归属雅典帝国的城邦中唤起不愉快的回忆,特别是在伯罗奔尼萨战争最后几年里雅典人的做法。② 我们目前不知道阿布德拉是否也受到类似于色雷斯人所受到的痛苦,但不能排除这种可能性。然而无论是在阿布德拉,还是在马罗尼亚和阿伊努斯都没有任何可能的迹象表明,雅典的影响波及了铸币业,例如,猫头鹰图案出现在可能属于这一时期一个批次的色雷斯钱币上,以及可能反映了色雷西波洛斯的军事占领情况。③不久雅典人在本地区的意图就得到了检验。在公元前387年,安塔克达斯和平条约为亚洲以外的希腊城邦确立了自主权,同时雅典人对博斯普鲁斯海峡和达达尼尔海峡的控制也被强大的斯巴达舰队打破。

该和平条约是我们的第六时期中的最后一项重大事件。阿布德拉在约公元前386/385年从埃伊内提克标准转向波斯标准就是该条

---

① 有关色雷西波洛斯在萨索斯的情况,见 *IG* ii^2. 1. 24。该文献中有关于保护民主派别主要成员的规定;cf. Pouilloux,pp. 196 ff. ,428;有关雅典在萨索斯和萨莫色雷斯海域活动的情况,见 Xenophon,*Hell.* v. 1. 7。

② 有关在拜占庭重新征收什一税的分析,见 p. 188,n. 3,*supra*;有关在萨索斯征收5%进出口税的分析,见 *IG* ii^2. 1. 24;有关在克拉祖门尼亚征税的分析,见 *SIG*^{2} 136;*GHI* ii. No. 114。

③ West,*Thrace*,37,nos. 15a-c,and p. 47. 在由造币官波利雷托斯(Polyaretos)和帕特洛克雷斯(Patrokles)制作的马罗尼亚波斯标准的1斯塔特正面图案中,有一只作为标识的飞翔猫头鹰(op. cit. ,142,nos. 119 –23);假如这有任何政治含义的话,也仅是表明当时马罗尼亚支持在公元前377年成立的第二次雅典联盟。

约的一个相关成果,尽管可能不是马上就实现的,而且可能主要是出于经济而不是政治动机。阿布德拉在公元前386/385年之前采用波斯标准不太可能,因为在我们已收集的钱币发行资料中有依据埃伊内提克标准制作的钱币。

从第五时期向第六时期的过渡,突出标志是4德拉克马重量的进一步降低,仅略高于埃伊内提克标准的1斯塔特常规水平;从某种程度上讲另一个标志是背面图案的变化,而正面格里芬图案的变化则非常小。在第五时期我们看到引入了一个标准化的格里芬,其结果就是形象的恶化;格里芬变成一个似乎是温顺,甚至是懦弱的动物,与其在第四时期,甚至是第五时期开始时的形象成鲜明对比。

第六时期早期的正面图案进一步推动了过渡进程。图案和比例、抬起的前腿、对双颌的弱处理和细尖的顶饰等都是第五时期结束时造币官何卡塔奥斯(Hekataios)使用图案(分组83;A. 187)的特点。但总体效果仍然不太令人满意,除了对次羽和小翅膀羽毛的细节给予更多关注外,整个图案变得越来越贫乏和更加表面化。第六时期前几个批次的钱币都使用了这一图案:造币官奥卡莫斯(Orchamos)制作的铜币(分组89;A. 198 - 200;nos. 265 - 7;pl. XV);造币官伊瑟斯拉托斯(Ithystratos)、米索斯(Myrsos)、赫拉格雷斯(Heragores)和普罗特斯[Protes(Ⅰ)]制作的斯塔特(分组90 - 93;A. 201 - 205;nos. 268 - 74;pl. XV);造币官曼德罗恩(Mandron)制作的铜币(分组95;A. 210,211;nos. 281 - 2;pl. XV);最后也是最好的,是属于本时期早期的第二批次3奥博尔(A. 280;no. 400;pl. XIX)。[①]

增加的一个明显特点是:本城邦名字自短期出现在分组54~56钱币上之后,此时第一次重现;但这一点并不意味着在第六时期刚开始时,在本城邦名字"阿布德拉"(ABΔHPITEΩN)全称出现在造币官奥卡莫斯制作的0.5斯塔特(nos. 253 - 64;pl. XV)上之后就成了一种

① 有关这些钱币的更多讨论,见 p. 205,*infra*。

固定不变的特点。[①]

在背面模具上,在第五时期长方形印图中的中心图案几乎是不变的,而此时基本是被放弃了;如果使用,长方形也会同时包含铭文和图案。某些批次的1斯塔特,如造币官艾克拉特斯(Echekrates)和帕门恩(Parmenon)制作的钱币(分组101,104;P. 269 – 70,290;nos. 316 – 17,344;pl. XVII)仍然保持了第五时期常规的表现手法,这些显然不是第六时期最早的1斯塔特;但对这种表现手法出现在本时期刚开始时造币官奥卡莫斯制作的0.5斯塔特钱币上,我们不应当感到意外。总体来讲,使用或不使用长方形图案这时似乎由单个模具雕刻师的一时兴致决定。由于没有框线而出现的更大自由空间,所以我们会看到在设计造币官名字时出现了更多变化。

从整体上讲,格里芬图案从第五时期向第六时期的过渡是平稳的。但这一进程在第六时期刚开始时被造币官奥卡莫斯制作的0.5斯塔特图案(A. 194;pl. XV)打断了,尽管我们已经看到这位造币官确实在其制作的铜币上使用了常规图案。将单独这一期0.5斯塔特放在本时期开始时可能是准确的,当时在阿布德拉造币厂是一个创新的时代;而且很可能的情况是第一批次依据伊内提克标准制作的钱币具有实验性质。正如结果所显示的,0.5斯塔特作为当时流通中最大面值的钱币,不久之后就发现是不充分的,很快就被1斯塔特取代。

从0.5斯塔特上格里芬图案本身讲,无论是其完美的比例、抬起的右前腿、较近翅膀的下垂以较远翅膀的展示,还是弓形的脖子和浓密排列的鬃毛等,都使人想起第五时期开始时的图案,尤其是造币官阿莱克西马科斯(Aleximachos)使用的图案(分组72;A. 165,166;pl. XII)。但钱币的重量、单独使用城市名字全称、发行铜币(在如此早日期这是很了不起的事情)等,都强烈反对将造币官奥卡莫斯制作的钱

---

① cf. p. 85, n. 1, *supra*.

币划分为第五时期早期发行的钱币。奥卡莫斯设计的这种风格的格里芬图案完成得非常好，是一流的作品，这也确实在事实上复兴了一种旧形象；我们曾在第四时期晚期看到过这种古风、古韵倾向的痕迹，在第六时期的进程中我们会发现其他更确定的例子。[①] 第六时期第一系列的3奥博尔正面图案与0.5斯塔特上格里芬图案在很多方面有密切联系：在正面有月桂树叶（Bay-leaf）标识和在背面城市名字的缩写“ABΔ”位于印图的三个拐角处，印图内是牛头像（A. 279；no. 399；pl. XIX）。[②]

还有其他两点依据支持我们目前的划分方法。造币官奥卡莫斯（Orchamos）制作的铜币背面上的阿波罗头像（P. 223－5；nos. 265－7；pl. XV）在风格上有一些冷酷无情；但它们当中最好的是P. 223，松散的头发一直弯曲到脖子，使人想起奥林索斯在公元前417～412年使用过这种风格，即出现在查尔基德克钱币上的阿波罗头像。[③] 最后，1911年在德拉马（Drama）市场上发现了一批钱币，包括几枚由造币官奥卡莫斯制作的0.5斯塔特和一些由造币官米索斯（Myrsos）、安纳西波利斯（Anaxipolis）、迪奥萨斯（Dionysas）、尤根（Euagon）和艾克拉特斯（Echekrates）制作的样品（均属于第六时期），以及属于公元前5世纪最后10年马罗尼亚的埃伊内提克标准

---

① 有关第四时期下半期格里芬图案明显回归更早期特点的情况，见cf. p. 118，*supra*：分组57中的A. 122［造币官Pythinnes（Ⅱ）］；分组58中的A. 123（造币官Nestis）；分组59中的A. 124，123（造币官Hippon）；分组60中的A. 126（Molpas）。在第六时期晚期，在造币官Euagon、Kleantides和Molpagores制作的斯塔特上，格里芬有意识地回归第二时期的一些原型：分组98中的A. 216（造币官Euagon）；分组99中的A. 218（造币官Kleantides）；分组100中的A. 228（造币官Molpagores）。

② 有关这些3奥博尔的更多讨论，见p. 204，*infra*。

③ *Olynthus*，ix，Group F（417－412 B. C.），pl. 4. nos. 9，10.

的 1 斯塔特样品。[①] 但没有发现可以划归我们第五时期的样品,包括阿布德拉和马罗尼亚。

在造币官奥卡莫斯制作的实验性 0.5 斯塔特之后,我们就来到了作为主系列的埃伊内提克标准的 1 斯塔特。该系列回归了常规的格里芬图案。造币官伊瑟斯拉托斯制作的钱币(分组 90)只有一枚样品,其背面图案(P. 226;no. 268;pl. XV)是一头向左缓慢行走的母牛,头略微朝前方,我们将在本时期后期看到这一特点在造币官克里提德斯(Kleantides)制作的 4 奥博尔(分组 99;P. 253 -5;nos. 298 -300;pl. XVI)上得到更多发挥。铭文被分别雕刻在图案的上边和下边,而在此后造币官米索斯制作的系列背面模具(分组 91)上,铭文则是在图案的左右两边。造币官米索斯为其图案选用了一位健壮的掷铁饼者,正准备一次投掷,其比例和姿势都是波利克雷坦(Polycleitan)式的。一共记录有 4 个冲压模具(P. 227 -30;nos. 269 -72;pl. XV),其中最后

---

① cf. Egger,xxxiv,126 -32,134(阿布德拉),148 -54(马罗尼亚),West, *Thrace*, 84,n. 1,and 84 -89(87,n. 1). 由于这些钱币包含在 1912 年 1 月中旬维也纳的一次拍卖中,而且是此前在德拉马(Drama)一次性批量购买的,因此最初的发现不可能晚于 1911 年。从这次发现所发布的所有样品都有类似状况的角度讲,我们几乎没有疑问就可以接受 West 的观点,即这些钱币来自同一个窖藏。在 1912 年 1 月的拍卖目录中没有发布收藏家 Messers 和 Egger 获得的所有钱币样品。West 也剔除了拍卖目录中的第 126 号样品,但这枚样品的出现和所记录的状况进一步说明了在此窖藏中有造币官 Echekrates 制作的钱币,这也是说明这些钱币实际上属于这一时期非常重要的证据。来自这一窖藏的阿布德拉钱币包含在如下分类中:分组 89(造币官 Orchamos),3 枚样品没有识别(p. 205,n. 1, *infra*);分组 91(造币官 Myrsos),第 272a 号钱币;分组 96(造币官 Anaxipolis),第 283c 号、第 284 号钱币和 1 枚没有识别的钱币(p. 212,n. 1, *infra*);分组 97(造币官 Dionysas),可能是第 288a 号、第 288b 号钱币以及第 291 号、第 292b 号钱币;分组 98(造币官 Euagon),第 294c 号钱币;分组 101(造币官 Echekrates),第 317 号钱币和 1 枚没有识别的钱币(p. 219,n. 2, *infra*);另外还有分组 102 中的 2 枚 2 奥博尔[造币官 Protes(Ⅱ)]没有识别(p. 221,n. 2, *infra*),这也许是该窖藏中时间最晚的样品。有关该窖藏中马罗尼亚的 1 斯塔特情况,见 West, *Thrace*,79 f. ,nos. 52a,b,58 -60,63b,c。

一个模具在图案的左下拐角处中增加了月桂枝。[①]

与米索斯使用的图案一样,造币官赫拉格雷斯设计的格里芬图案(分组 92;A. 204;no. 273;pl. XV)也属于标准化的类型,两者几乎完全相同。它的背面图案(P. 231;pl. XV)非常有意思。年轻男子头戴浅宽檐帽(broad-brimmed petasos),一直被认为是赫尔墨斯。但罗宾逊认为这可能是詹森(Jason)的头像,是以赫拉格雷斯的名义作为一种极为聪明的隐喻表达(Hera's gossip)。[②] 头像本身是很有魅力的,浅宽檐帽在眉毛上方向前翘起,浓密的头发从帽子后面卷曲而出。在风格上该头像与属于公元前 409/408 ~ 407/406 年的阿伊努斯钱币上的赫尔墨斯有密切联系,尽管后者的处理更加强有力。[③] 宽檐帽下面的表现手法,我们在阿伊努斯和在阿布德拉都可以看到相似之处;后者是在造币官赫洛费内斯(Herophanes)制作的 4 奥博尔的赫尔墨斯图案上,我们将在分组 94 中看到。

分组 93 由造币官普罗特斯制作,是以该名字记录的三个批次中的第一批。目前已知这一批次只有 1 斯塔特钱币,其他两个批次既没有制作 4 奥博尔和铜币,也没有在公元前 5 世纪结束前的日子里制作 2 奥博尔。在正面图案(A. 205;no. 274;pl. XV)中,城市名字缩写"ABΔH"出现在格里芬抬起的右腿下面,该图案标志着从第五时期后半期一直持续到第六时期开始的一种风格结束了,同时该图案的表现力也是最弱和最差的。背面图案 P. 232 则更有技术含量。熟练的骑士驾驭着骏马飞驰,马匹本身的优美比例和骑士服装的细节都令人赏心悦目。这种设计在当时很普遍。与马其顿造币官阿克拉奥斯

---

① 毫无疑问这意味着竞赛中的胜利。我们可以对比第四时期造币官 Hermokratides 和 Hegesippos 制作的钱币(分组 62,63),其中前者在 6 个垫压模具中的一个上增加了月桂枝(A. 133),后者在 3 个垫压模具中的两个之上使用这种设计(A. 136,137);cf. p. 119, n. 4, *supra*。另外,在造币官 Apollas 的分组 106 中,我们发现在两个组合模具中,一个背面图案是在阿波罗的小臂上降落着胜利女神,另一个则没有,cf. p. 293, and pp. 200 f., *infra*。

② NC 1934, 247 f. 根据 Strabo 对阿布德拉一群詹森崇拜者的说明(xi. 14. 12),这种判断非常有可能。

③ *Ainos*, Group XXXIII, no. 280 and 281 –7; Group XXXIV, nos. 288 –309.

(Archelaos)制作的 2 德拉克马(公元前 411 ~ 399 年)上的骑马者相比,普罗特斯的骑士显得更加轻盈;而与最早期的法萨罗骑士(Pharsalian cavalier)系列中的精品相比,则显得有些不够奔放,后者也许出现在本世纪的交替之际。[①]

造币官赫洛费内斯(分组 94)同时制作了 1 斯塔特和 4 奥博尔;后者是本时期第一批次的 4 奥博尔;而前者目前已知只有一枚样品(no. 276),尽管其正面设计(A. 206;pl. XV)缺少了城邦名字,但给格里芬图案带来了受人欢迎的变化。这里我们终于看到了一个强壮和更有活力的野兽,其更大比例、更深立体感和对翅膀的现实主义处理都预示着在此后几年里完美图案的展现,即由造币官安纳西波利斯和迪奥尼萨斯在分组 96 ~ 97 中使用的图案(A. 213;pl. XVI)。[②]背面模具 P. 233 是漂亮和令人满意的葡萄和常春藤,周围是造币官的铭文。

1 斯塔特的图案与 4 奥博尔的图案之间几乎没有共同之处。另外,两者似乎都处于第六时期钱币系列中的早期位置,而且在同一批次的 1 斯塔特和 4 奥博尔背面有类似或相关图案的做法也并非一成不变。[③] 正面模具 A. 207 - 9(nos. 276 - 80;pl. XV)基本上类似于本时期第一批次的常规图案,但由于处理能力更强,所以有所改进。A. 207、A. 208 模具上没有本城邦名字;但在 A. 209 模具上,翅膀下面再次出现了城市名字的缩写“ABΔH”。对该图案来说非常有意思的是如下事实:格里芬所呈现的跳跃姿态,离开爱奥尼亚式立柱(Ionic column)的圆顶,在最早期的阿布德拉钱币上经常出现这一特征,也将

---

① 有关马其顿钱币图案的情况,见 SNG iii. 1389,这些图案可能属于马其顿霸权时代的早期;有关法萨罗系列的情况,见 cf. SNG iii. 1597 - 1602。

② Nos. 284,287 - 90.

③ cf. 造币官 Echekrates 制作的 1 斯塔特和 4 奥博尔钱币(分组 101;nos. 216 - 17,318 - 22)。

在第七时期的4奥博尔上再次出现。[①] 在A.207、A.208模具上,尾巴在后腿之间向前弯曲,尽管在A.209模具上没有,这一特征在第四时期结束时很常见,而且我们将在第六时期后期发行的许多钱币上看到。

在这些4奥博尔钱币背面上的赫尔墨斯小头像也许是当时阿布德拉造币厂技术水准最高的小尺寸作品。赫尔墨斯戴平顶宽檐帽,与造币官赫拉格雷斯分组92中的詹森头像没有什么不同,只是现在宽檐帽被一根细绳固定在下巴下面,而且有时在人物后背会加一条带子。在三种图案中,模具P.234(no.276;pl. XV)非常精致,尽管与P.235和P.236相比,尺寸较小和风格更凶悍:后者显然都出自同一人之手,是极为完美和优秀的作品。我们可以将这些图案与公元前5世纪最后10年中期在阿伊努斯制作的钱币相比,即2奥博尔上面最新的赫尔墨斯形象。[②] 同样优美的风格和精湛的制作技术是这两家造币厂的共同之处:确实除了尺寸外,主要区别就是宽檐帽的设计。

造币官赫拉格雷斯、赫洛费内斯和普罗特斯使用的图案(分组92～94)很容易被归类于公元前5世纪的最后10年,这一点得到下一批次钱币(分组95)的支持,后者仅限于铜币和由造币官曼德罗恩制作。这些铜币实际上可能属于如下任何年份:从第六时期造币官奥卡莫斯制作的初始批次之后到此时已发行的系列。A.210和A.211模具的格里芬图案(nos.281,282;pl. XV)明显适合本时期的早期,而且

---

① 并非不可能的是,精致构造的基座是早期许多格里芬图案中的一个特征,最初就是爱奥尼亚式立柱的圆顶(cf. p.54,n.2,*supra*);在第四时期结束时分组67中的A.148和A.149模具(pl. XII)上,格里芬可能被构思成一种山墙顶饰(akroterion)(cf. p.120,*supra*);在第五时期不存在建筑方面的联系。与造币官Herophanes的图案最接近的是第七时期的分组115～116,分别由造币官Philaios和Hiromnemon制作(A.293－300;nos.423－46;pl. XX)。

② *Ainos*,Groups XXXV－XXXVI(c.407/6－405/4),170 ff.,nos.310－16,pl.9.造币官Heragores使用的赫尔墨斯图案与很久之后造币官Lampsakos制作的金币斯塔特有一个基本相似之处,尽管除此之外没有真正的相似点;*AJN*,22,nos.13a-c。Lampsakene的图案可能是在约公元前370年。

在两个背面模具的年轻男子头像当中,较好的一个(P. 237;no. 281)技术上与属于公元前410～398年查尔基德克的阿波罗有很多相同之处,都有某些向本阶段后期图案转变的倾向。[①] 造币官曼德罗恩设计的图案也有赫拉格雷斯的詹森图案所具有的比例精致的特点,尽管松弛的绳索也许想表达的是某个河神(river god)。

造币官安纳西波利斯和迪奥尼萨斯制作的分组96～97钱币,由正面模具A. 213联系起来,最初是由安纳西波利斯使用(no. 284;pl. XVI),然后在几个组合模具中由迪奥尼萨斯使用(nos. 287－90;pl. XVI),但模具出现了越来越大程度的磨损。这两位造币官使用的3个正面模具A. 212～213和A. 215都继承了造币官赫洛费内斯的A. 206模具引入的设计大胆和更有活力图案的风格:这种图案在A. 213模具上达到其巅峰,具有完美的结构和充满自信的细节处理。分组96和分组97的模具对第六时期此后的正面图案产生了重要影响,尽管这种影响并非连续的。

这两个批次的钱币非常出色,不仅是在于其成功的格里芬图案,而且在于其背面模具的设计和制作。安纳西波利斯使用的图案是一位矫健和肌肉发达、行走的潘神(Pan),其左肩上边有一个倾斜的投掷棒,抬起的右手是为眼睛遮光的姿势(P. 239;nos. 283－4;pl. XVI)。迪奥尼萨斯所使用图案的原创性较少,但其钱币上酒神狄厄尼索斯有胡须的头像非常重要,不仅是由于质量高,而且是出于日期可以对比的目的(P. 242－7;nos. 287－92;pl. XVI)。其风格、技术和酒神的概念几乎都是直接来自萨索斯,也许早在公元前411年萨索斯人反抗雅典的起义时,萨索斯造币厂就在一个非凡系列中的银币背面引入了类似的酒神狄厄尼索斯头像以及弓箭手赫拉克勒斯(Herakles)的图案,

① cf. Olynthos(ix,Group H,410－401 B. C.)介绍了4德拉克马(nos. 26－29)和同一系列的4奥博尔(Nos. 76.,pls. 5－7);另外还有分组I中的4奥博尔(401－398 B. C.,nos. 91－94,pl. 8)。

但很可能是在艾格斯波塔莫战役之后。[1] 在阿布德拉,狄厄尼索斯图案的制作属于最高质量水平,其代表是P.242和P.246模具,精致的雕刻、非常有活力的表现,堪称这家造币厂的最佳作品。对比韦斯特收集并划分为公元前411~390年的资料可以看到,这些阿布德拉的图案一定比那些第一次出现在萨索斯的德拉克马上的狄厄尼索斯/赫拉克勒斯系列要晚很多年;[2]同时它们似乎又比萨索斯的第一批次4德拉克马上的狄厄尼索斯图案要早,韦斯特将后者排列在公元前390年之前不久;[3]也许最接近的图案出现在略早于4德拉克马系列的1德拉克马或在金币上。[4]

如果我们考虑到萨索斯系列并允许该系列的第一批次时间有某种波动范围,则在阿布德拉造币官迪奥尼萨斯制作钱币上的狄厄尼索斯头像图案不可能距离公元前400年太远;也就是这一日期,或严格地讲这一日期之前不久,我们可以界定造币官安纳西波利斯制作的钱币,这些钱币通过正面模具A.213而与迪奥尼萨斯制作的钱币联系在一起。安纳西波利斯也制作了铜币,但他的图案,都给人以粗糙、草率作品的印象,包括使人想起造币官普罗特斯(Ⅰ)制作的1斯塔特模具上表面化的格里芬和背面的年轻男子头像(A.205;nos.285-6;pl.XVI)。第六时期前8批次的钱币中已经将我们带到约本世纪的交界点。在此较早阶段里,对格里芬图案的时间划分没有给我们造成太大困难;在本时期后面的时间里,从约公元前400~386/385年,发展情

---

① West(*Thrace*,12.ff.)将萨索斯引入新图案,以及采用"凯伊安"标准(ibid.,30)的时间确定为公元前411年的萨索斯起义。Robinson(Hesperia,Suppl.lii.335)则倾向于认为是在艾格斯波塔莫战役之后。关于在公元前411~405年在萨索斯复杂历史上大规模建立一种新钱币系列的可能时间是有疑问的,而且后面的时间可能更可靠些。新标准本身出现的时间可能是在公元前411年的起义期间,但狄厄尼索斯/赫拉克勒斯图案无论如何不可能这么早出现,因为使用新重量标准的几个批次1德拉克马保留了森林之神西勒诺斯(Silenos)和女神宁芙(Nymph)的旧图案,而且是在背面的印图之中(cf. Boston Catalogue,115,nos.856-8)。

② West,*Thrace*,33-35,nos.1a-7,pl.2.

③ Ibid.,36,no.13A,pl.3.

④ Ibid.,35,no.8(AR);36,nos.9,10(N).

况就不简明了,因为至少出现了两个典型的格里芬图案。我们并非完全不熟悉这类问题,如在第三时期或一定程度上在第四时期,平行图案的发展导致了风格迥异的格里芬出现在连续发行的批次上。[①] 此时也同样出现了类似现象,而且更为复杂的是小面额钱币使用的正面图案,其风格完全不同于同期1斯塔特的正面图案。出现这种情况也不令人惊讶,因为这时阿布德拉造币厂已经取得的经验和成就,以及设备等都使工匠们不断有采用新技术的动机。在没有来自模具之间关联资料的帮助下,给出时间顺序划分的工作就相应变得比较困难,因此作者再次借助于如下做法:按格里芬图案来排列钱币系列,其关键标准是两个主要平行系列的变化,而且每一个批次并不一定以真实顺序排列。

我们已经提及过,造币官赫洛费内斯引入了精美的格里芬图案A. 206;而且由造币官安纳西波利斯和迪奥尼萨斯使用的A. 213模具使该图案达到了其最高水平;这一图案对本时期下半期里的格里芬图案产生了巨大影响。这一点在如下正面图案中都非常明显:造币官艾克拉特斯使用的图案(分组101;A. 230;nos. 316,317;pl. XVII);普罗米赛德斯(Promethides)使用的图案(分组103;A. 247;no. 343;pl. XVII);帕门恩使用的图案(分组104;A. 248;no. 344;pl. XVII);皮斯恩(Python)使用的图案(分组105;A. 249－52;nos. 345－8;pl. XVII);阿波拉斯使用的图案(分组106;A. 253;nos. 349－50;pl. XVIII)和赫罗格敦(Herogeiton)使用的图案(分组107;A. 254;no. 351;pl. XVIII)。确实,将这些系列按直接顺序排列在安纳西波利斯和迪奥尼萨斯的分组96和分组97之后是合乎逻辑的,也是方便的。但这种平稳的排序因突然和意料之外的格里芬的旧图案C的重新出现而会被立即阻断;图案C的翅膀是空白、无羽毛和呈略微凸起的表面,上次使用是在第三时期;最令人熟悉的情况是在第二或第一时期漂亮的4德拉克马上。

① 见pp. 89 f.,*supra*。

如下三人将该图案应用到 1 斯塔特上：造币官尤根（分组 98，A. 216；nos. 293 – 5；pl. XVI）、克里提德斯（分组 99，A. 218；no. 297；pl. XVI）和莫尔帕格雷斯（Molpagores）（分组 100，A. 228 – 9；nos. 313 – 15；pl. XVI）。另外，我们还将看到，这种风格的格里芬出现在同期由造币官尤根制作的铜币（A. 217；no. 296；pl. XVI）上；克里提德斯制作的 4 奥博尔及铜币上，尽管没有出现在其 2 奥博尔（A. 219；nos. 298 – 300；pl. XVI；A. 224 – 7；nos. 309 – 12；pl. XVI）上；但是出现在艾克拉特斯制作的 4 德拉克马（A. 232 – 4；nos. 318 – 22；pl. XVII）上，尽管我们刚刚看到这最后一批 1 斯塔特的正面有其他格里芬图案。

这种精致的复古主义理念忠实地复制了早期图案。从工艺角度讲，1 斯塔特和造币官克里提德斯制作的 4 奥博尔是非常完美的，而且在当时可以预测的更高程度的复杂性，主要体现在翅膀根部一排装饰性的短羽翼、翅膀本身过高凸起，以及由此而过于突出翅膀的边缘。尤其是尤根制作的 A. 218 模具再现了古体图案中大部分令人生畏和恐吓性的格里芬形态。相比较而言，克里提德斯制作的模具 A. 218（1 斯塔特）和 A. 219（4 奥博尔），以及莫尔帕格雷斯制作的模具 A. 228 和 A. 229 的不足之处是头部和脖子的处理较轻。在造币官艾克拉特斯制作的 4 奥博尔模具（A. 232 – 4）上，图案是以一种粗糙方式的复制，无法与克里提德斯制作的类似尺寸的 4 奥博尔的工艺相比。实际上，艾克拉特斯制作的 4 奥博尔的工艺水平低是一种强烈信号，表明这名造币官制作的钱币至少是位于使用图案 C 的 1 斯塔特的一个批次和可能是两个批次之后。我们很难设想，这种回归古体的做法是由现有样品中最差的雕刻师主导的。

造币官尤根使用的背面图案在 1 斯塔特和铜币上都一样。该图案是一个奖品双耳瓶（P. 248 – 51；nos. 293 – 96；pl. XVI），这是另一个在阿布德拉非常熟悉的神器。克里提德斯的分组 99 是整个系列中最有意思的图案之一，因为有不同的特点和整体上高水平的图案，而且这一批次前半部从整体上看也有全面性特点，包括 1 斯塔特、4 奥博尔、两种不同的2奥博尔和铜币。1斯塔特的背面是以传统方式表现的一头公牛(P.252;no.297;pl. XVI)。牛头被牵引着向前行走,牛角上有细带装饰,我们可以看到细带在精致和工艺熟练的牛头上打结并形成流苏,占据了4奥博尔背板的3/4(P.253-5;nos.298-300;pl. XVI)。①

至于2奥博尔,我们有两个不同的背面图案。对第一种来说,在自第三时期中期以来一直是常规图案的公牛头像(无论是面朝左还是面朝右)的位置,现在换成了面朝左的公羊头像:这也是一个高水平的作品,造型非常优美,而且对角和角下面须毛的细节处理令人赞叹(P.256-8;nos.301-4;pl. XVI)。另一个系列(P.259;nos.305-8;pl. XVI)是重回牛头像图案,尽管是较低浮雕,但雕刻得非常出色。使用两种不同的背面图案是令人意外的;很可能的情况是,这里有两个不同批次。但两个系列的正面图案是如此相似,而且背面的铭文也是如此一致,以至于在时间上几乎无法将两者分开;正是由于此原因所以将它们划分为同一批次。② 这些格里芬(A.220-3)放弃了当时流行的复古图案而选择了在分组94、分组96和分组97中使用的精神饱满、充满活力风格的设计。造币官克里提德斯制作的铜币明显数量很大,他使用了古体格里芬图案(A.224-7;nos.309-12;pl. XVI);而背面是一个高度原创性图案,即长头发有胡须的潘神面具,对细节的处理非常精美(P.262-5)。

造币官莫尔帕格雷斯制作的钱币(分组100)划分在这一位置非常合理。在其制作的1斯塔特上,复古的C图案格里芬(A.228-9;nos.313-15;pl. XVII)与此前尤根和克里提德斯使用的图案(A.216、

---

① 在Parmenon独特的斯塔特背面图案中,甚至可以在牛头骨状饰(bucranium)上更清楚地看到这些细带(分组104;P.290;no.344;pl. XVII)。

② 实际上,这些是替代3奥博尔的第一个批次的2奥博尔,此后作为小面额交易媒介的就是这种钱币。对这种新面值钱币来说,一种新图案即公羊头像可能让人感觉非常理想。但公牛头像作为一种图案在小面额钱币中已经存在很久了,以至于这种创新被认为是不成功的;无论如何,公牛头像不久之后就重新出现了。

A. 218）完全相同，因此自然被视为与后者形成了一个直接顺序。这些 1 斯塔特的背面图案与这一观点也没有冲突，很可能属于公元前 5 世纪第一个 10 年的中期。该图案为我们提供了另一种宗教神话：一个跳舞女孩踮着脚尖，在修剪着圣诞树（P. 266 – 8；pl. XVII）。构图非常均衡而且细节完美，作品反映出了舞蹈者的优雅姿势，形象栩栩如生；如果工匠的技艺不高，则很容易造成形象的僵硬和不自然。

尽管其背面图案（年轻酒神狄厄尼索斯的头像）事实上与分组 100 的 1 斯塔特背面图案有联系，但造币官莫尔帕格雷斯制作的小面额银币在时间上也许更晚，因此被划分为第七时期的分组 113。

在我们的划分中，造币官艾克拉特斯制作的钱币即分组 101 被排列在下一个位置。我们现在不知道使用图案 C 格里芬的三个批次 1 斯塔特是否连续的，或艾克拉特斯实际上是否早于莫尔帕格雷斯；前者在其 4 奥博尔上使用了图案 C 格里芬，而在其 1 斯塔特或铜币上则没有。但艾克拉特斯在划分的位置中应该大体正确。我们已经看到，其 1 斯塔特的正面图案追随了造币官赫洛费内斯的 A. 206 模具以及安纳西波利斯和迪奥萨斯（Dionysas）的 A. 212 – 15 模具所采用的优美风格（分组 94、96、97）。在模具 A. 230（no. 316；pl. XVII）和这一批次相类似的模具 A. 231 上，由于过度强调颈部肌肉和对主羽处理的忽视，所以作品存在瑕疵。在 1 斯塔特的背面模具 P. 269 和 P. 270（nos. 316，317；pl. XVII）上，图案是一位造型优美的女神头像，头发向上卷并被一个王冠固定；该图案也用在铜币上（P. 276；no. 323；pl. XVII）。这些有记录的模具回归了第五时期的典型做法，即图案在一个长方形框内。同样的特点也再次出现在分组 103 和分组 104 钱币的背面。另一个回归早期图案的情况出现在艾克拉特斯制作的 4 奥博尔上，具有平的或有小锥形颗粒表面的旧四等分长方形，略微高于四周的铭文；这是一次意想之外的图案回归（P. 271 – 5；nos. 318 – 22；pl. XVII）。

分组 102 是造币官普罗特斯（Ⅱ）在第六时期制作的有记录的三批次钱币之一，该组不包括 1 斯塔特，但有一定数量的 4 奥博尔、2 奥博尔和铜币。作为一个批次,非常令人感兴趣的是常规图案的变化。有两个风格明显不同的格里芬,其中模具 A. 240 - 2(nos. 330 - 3;pl. XVIII)上的图案属于精神饱满的类型,如出现在艾克拉特斯制作的 1 斯塔特以及后续分组 103 ~ 107 钱币上的版本。另一个是应用在其余 1 斯塔特、2 奥博尔、1 奥博尔和铜币(A. 236 - 9,243 - 6;nos. 324 - 9,334 - 42;pl. XVII)上,但展现出一种新的和完全不同的理念:包括脖子、躯干和前腿的比例,像龙一样丑陋的头,对主羽刺眼和表面化的处理,且羽毛数量大幅度减少,只有羽尖以浮雕方式凸起等,所有这些都表明是雇用了一位新的和有冒险精神的工匠。在 4 奥博尔的背面还发现了一个类似不同之处。与第一组的格里芬图案相对应,我们有一种阿波罗头像,头发在脖子后面卷起,铭文或者在图案的水平上方,或者在图案的垂直右侧,而且图案和铭文都在一个长方形框内(P. 280 - 3;nos. 330 - 3;pl. XVII)。其中模具 P. 280 明显是最好的,让人想起艾克拉特斯设计的 1 斯塔特上的女神像;其余几个,尤其是模具 P. 283 则没有展现多少情感。模具 P. 280 上增加一片常春藤叶,P. 282 - 3 模具上增加了一颗玉米,而模具 P. 281 上则没有增添任何东西。与其他格里芬图案搭配的是一个较小的阿波罗头像,有类似发型,但处理得更紧凑;只有图案本身在长方形框内,铭文在框线外,而且无标识或任何连接物(P. 277 - 9;nos. 324 - 9;pl. XVII)。在这一组中,模具 P. 277 具有平滑和优美的造型,以及赏心悦目的风格;显然这是经典,其他图案虽然模仿前者但基本不成功,均显得冷酷无情和生硬。在这一组钱币的背面,以及在其他组的模具 P. 283 上,存在的一种趋势是以一个钻孔来突出铭文字母的拐角和结尾处;这一特点再次出现在本批次的 2 奥博尔上,而且在本时期的后续批次中,以及在第七时期的几个批次中都反复重现。

1 奥博尔和铜币都因格里芬图案而与本批次有确定的联系,前者的背面图案是常规的面朝左牛头像(P. 284 - 6;nos. 334 - 40;pl. XVII),后者背面图案是一个扇贝(P. 287 - 8;nos. 341 - 2;pl. XVII)。

虽然完成得较好,但 1 奥博尔钱币背面的工艺无法与克里提德斯使用该图案的 2 奥博尔的工艺(nos. 305 - 8;pl. XVI)相比,尽管铜币上的扇贝和铭文四个字母被隐藏在背板拐角处的设计很吸引人。

分组 103 ~ 107 构成的系列分别由造币官普罗米赛德斯、帕门恩、皮斯恩、阿波拉斯和赫罗格敦制作(A. 247 - 54;nos. 343 - 51;pl. XVIII - XIX);根据其正面图案的基本相似性,很容易进行划分,尽管我们还不知道这些批次是否被不同风格的小面钱币制作中断过,例如,刚讨论过的普罗特斯(II)的分组 102,或相同造币官的分组 108[普罗特斯(III)]。

从比例、姿态和整体风格讲,这些格里芬非常类似于艾克拉特斯制作的模具 A. 230(分组 101;no. 316;pl. XVII),但其中的某些模具,主要是帕门恩制作的模具 A. 248 和皮斯恩制作的模具 A. 249,在整体图案的处理能力和对翅膀细节上所费功夫方面更优秀。本系列结束时,在阿波拉斯和赫罗格敦制作的模具 A. 253 和 A. 254 上,作品变得缺少活力,并呈现出变得老套的某种危险,正如已经在第五时期结束时和第六时期开始发生过的情况。但当时并没有出现同样程度恶化的机会。随着从第六时期向第七时期的逐步过渡,格里芬图案发生一系列伟大变化的情况正等待着我们。

自本时期开始以来,本城邦名字的全称第一次重新出现钱币背面,即在造币官普罗米赛德斯制作的钱币批次(no. 343)中,并在分组 105 结束之前一直以全称或缩写形式"ABΔHPI"持续存在。在造币官阿波拉斯制作的钱币分组 104 中没有出现城市名字;在造币官赫罗格敦制作的钱币的分组 107 中城市名字以缩写"ABΔH"的形式出现(no. 351)。在艾克拉特斯使用的图案 A. 230 上,格里芬的尾巴抬得很高;而在普罗米赛德斯设计的图案 A. 247 上,尾巴回归其常规位置,而且此后尾巴都是在两条后腿之间向前卷曲。[①] 在分组 104 ~ 107 中,

① 尾巴在两条后腿之间向前卷曲的特点在某些阶段很流行,而且从某种程度上讲可以作为与某种图案一起出现的一种展示;但我们必须小心不要赋予其过多重要性,因为这种做法孤立出现的例子也有,显然这是出于艺术家的偏好。

有圆点边界是常规做法。

分组103～107的背面出现了多样化的图案,即使对阿布德拉造币厂来说这种情况也不常见。虽然说造币官普罗米赛德斯、帕门恩和皮斯恩(Python)使用的背面图案提供了我们熟悉或比较正规的主题,但都没有得到高水平的技术处理,只有高技术水平的处理才能使单个图案成为最佳。造币官阿波拉斯和赫罗格敦制作钱币上的神像(deity)应当说在任何时候都具有重大意义。

造币官普罗米赛德斯和帕门恩都将其图案放在一个长方形框内,就如艾克拉特斯设计的1斯塔特那样;但普罗米赛德斯设计的造型优美的高浮雕海豚与造币官的名字一起被雕刻在一个双线长方形框内,该特点在这家造币厂的其他钱币上没有出现过,尽管在较早时期在阿堪索斯曾出现过。① 但阿肯索斯以后的4德拉克马的影响,我们可以在帕门恩制作的钱币上看到,如在模具P. 290(no. 344;pl. XVII)上其名字被雕刻在一个凸起的环带内。② 这里的图案是一个工艺完美的牛头骨状饰(bucranium),牛角用相同的有纹饰的带子固定,就如我们在造币官克里提德斯制作的1斯塔特和4奥博尔上看到的(分组99;P. 252－5;nos. 297－300;pl. XVI)。

造币官皮斯恩制作的钱币(分组105)有4个垫压模具和4个冲压模具,正好为现存的4枚钱币提供了独立的模具组合,他的钱币产出似乎超过了第六时期这一阶段以任何其他造币官名字制作的1斯塔

---

① *Akanthos*, nos. 127－9(R. 113, 115). Desneux(p. 29)认为是自公元前424年开始引入"腓尼基"(Phoenician)重量标准的钱币系列;但我在其他文章中曾指出过,这种重量标准可能在公元前424年阿堪色斯反对雅典起义之前就已经存在了(cf. p. 148, n. 1, *supra*,以及所引用的参考文献)。实际情况是Promethides的背面设计看上去像更早时期,其钱币重量明显高于第六时期的标准,但这不应当促使我们将此批次置于本系列中更早的位置:回归早期风格在阿布德拉并不少见,而且钱币的重量低于第五时期的水平与其高于第六时期的水平是一样的;最后,此批次的格里芬图案完全与当前阶段保持一致,因此在第五时期结束时或第六时期开始时都没有其位置。

② *Akanthos*, nos. 155－62(R. 140－6), pl. 20; Desneux(92 ff.)尝试性地将其推后到公元前380年;有关该系列结束日期略早一些的分析,见May, NC 1950, 157 ff.。

特。优美的德菲克三脚架(Delphic tripod)构成了其背面图案(P. 291 – 4;nos. 345 – 8;pl. XVIII),该图案也许是我们到目前为止所见到的最不精致的神器。月桂枝环绕图案,是一个很自然的附属物,不太可能有其他更多含义。

我们还可以从造币官阿波拉斯和赫罗格敦制作的钱币(分组 106,107)背面看到发行官员在名字上发挥作用的愿望。阿波拉斯使用的两个垫压模具 P. 295 和 P. 296(nos. 349,350;pl. XVIII)呈现的阿波罗形象是以从容的步伐,缓慢而自由地向右行走。图案非常均衡,而且工艺水平很高。短斗篷披在右肩膀上,自然倾斜滑到右前臂的关节处。一根长月桂枝在左肩上向后倾斜。右前臂向前伸展,而且在两个模具中的 P. 295 上,有一个带翅膀的小胜利女神(Nike)飞落下来。在钱币制作中展示胜利并非偶然,但似乎从未见过包括了这一批次所使用的所有模具。[①] 与分组 106 相关的其他有意思之处是,铭文曾经读作"ΕΓΙΑΓΟΛΛΩΝΟΣ",而依据此判断和第七时期分组 118 中造币官卡里安纳斯(Kallianax)的名字,在后者钱币上有另一个站立的阿波罗形象,所以就出现了一种理论,即在这两种情况下是阿波罗神自己承担了应由造币官履行的职责。[②] 但此后的研究显示,该名字很可能是"Apollas"(-ados),而且通过本案例和以后的卡里安纳克斯案例,仅仅是在我们长长的神话传说系列中又增加了两个。[③]

造币官赫罗格敦使用独特的 1 斯塔特背面图案(P. 297;no. 351;

---

① 搭配 P. 295 和 P. 296 模具的相同正面模具是 A. 253,其状况显示,有胜利女神的 P. 295 模具时间更早。的确,展示胜利的迹象不仅可以用胜利女神本人,也可以用月桂枝的形式;在第五时期造币官 Hermokratides 和 Hegesippos 制作的钱币(分组 62,63),以及在第六时期 Myrsos 制作的钱币中,有一些(不是全部)背面也曾出现过展示胜利的图案。在上述两种情况下,都有一种针对竞赛胜利的明确标识。见 pp. 119, n. 4 and 192, n. 1 *supra*。

② *Die ant. Milnz. N. -griech.* II . 1(1)6 f. and 68(c. 88);Seltman², 143.

③ E. S. G. Robinson, NC 1934, 250 f. 在这篇文献中,Apollas(-ados)的名字可能是爱奥尼亚语,而且可能与我们分组 97 的 Dionysos(-ados)是同时期的。Dionysos 的分组 97 可能与这里也有关系。有关一枚爱奥尼亚钱币上出现 Apollas 名字的讨论,见 Boston Catalogue, 237, no. 1861(Klazonmenai)。

pl. XVIII)是宙斯之妻赫拉(Herad)的形象;她身披长希顿古装和宽松长衫,脸部半朝右坐在一个王座上。女神身体的上半部分朝前,其双臂从肘部直着抬起,手掌和手指僵硬地朝前。这一姿势是非凡的,而且很难效仿;赫拉是以神的形象刻画的,这一点是确定的,我们可以从造币官名字的雕刻和这类钱币制作中其他女神的整体奥林匹克特征看出来。无论准确的解释是什么,这种图案显然给我们提供了一系列非凡男神或女神形象中的另外一个,从内含特质或神灵所展示的姿势讲,这些形象都有不寻常的意义。① 这些曾经是第五时期的一个特点,但到目前为止在第六时期很少见到;现在到了第六时期的最后几年,而且同样在即将到来的第七时期,我们会再次看到这些特点;从某种程度上讲有些意外,但我们也可以从这些年间阿布德拉的宗教背景来理解图案的深刻含义。②

---

① 有关这一图案的问题和可能原因的讨论,见 E. S. G. Robinson, art. cit. 248 -50。该研究认为,女神姿势可能是意外之一,而且可能是指圣婚(Hieros gamos)[如在塞利纳斯(Selinus)柱间壁上宙斯和赫拉的类似手势],或许更可能的是表示一种保护。我们还可以比较特洛伊王子帕里斯(Paris)在"审判"画面中比较自由的姿势,这是来自约公元前 330 ~320 年潘纳加利斯特(Panagjurishte)黄金宝藏中在牡鹿头像上的韵律。见 E. Simon, Antike Kunst 3. i. 1960, pl. 1.4 and p. 19, fig. 4。

② 除了只有神灵简单头像的图案外,还有很多神灵图案,比如在第五时期我们有三个有胡须的酒神狄厄尼索斯形象,分别是 Anaxenor、Athenaios 和 Anaxipolis(Ⅱ)制作的钱币(分组 73、76、75;P. 171、172、181、185 -188;pls. XII、XIII);还有 Anaxidikos(Ⅰ)设计的赫尔墨斯(分组 74;P. 173;pl. XII),我们会在第七时期 Zenon 制作的 4 德拉克马和 Philaios 制作的 1 德拉克马上再次见到(分组 117、115;P. 354 -5, 344 -8;pls. XXI, XX);在第五时期 Anaxidikos 制作的独特钱币上,年轻的酒神狄厄尼索斯是坐在一头牡鹿身上(分组 83;P. 191;pl. XIII),而在第六时期结束时在 Aristagores 制作的钱币上,狄厄尼索斯则是骑着一头豹子(分组 110;P. 324);著名的阿波罗图案是在第六和第七时期分别出现在 Apollas 和 Kallianax 制作的钱币背面(分组 106、118;P. 295、296、356 -8;pls. XVIII、XXI);在第六时期结束时,Pholas 设计的大力神赫拉克勒斯坐着的精美图案(分组 110;P. 318 -23/1;pl. XIX)和第七时期开始时 Talemachos 所使用的赫拉克勒斯跑步的图案(分组 112;P. 327 -30;pl. XIX),Herogeiton 设计的赫拉坐着的,即在这里引起讨论的图案(分组 107;P. 297;pl. XVIIX);在第七时期结束时恰好在公元前 375 年之前,Polykrates 设计的完美阿耳特弥斯图案(分组 120;P. 362 -5;pl. XXI)。虽然这些图案中的某些可能仅仅是有关艺术家们头脑中的宗教构图,但其他图案,突出的是有胡须的狄厄尼索斯形象、赫尔墨斯形象和最重要的是 Polykrates 最后制作的完美的阿耳特弥斯图案(P. 365)很可能代表着当地受尊敬的时髦人物形象。

分别由造币官普罗特斯（Ⅲ）和尼姆哈格雷斯（Nymphagores）制作的分组 108 和分组 109 钱币是二个批次发行量很大的 4 奥博尔，可能与分组 103～107 的 1 斯塔特属于大致相同的时间。将这两批次连接起来的是一个相同的正面模具 A.261，首先是普罗特斯将其用于几个模具组合（nos.361－4；pl. XVIII），然后是尼姆哈格雷斯使用的一个模具组合（no.376；pl. XIX）。除此之外，这两个批次的格里芬图案初看起来似乎有很大差异，但仔细审视就会发现技术方面的许多相似处。在其第二批次即分组 102 中，普罗特斯引入了一个新的格里芬图案；在其第三批次中，格里芬图案（A.255；nos.352－74；pl. XVIII）再次出现不同；尽管在整体风格上呈现出比例不合理和过于肥胖，所以几乎不成功，但许多细节非常清晰和精致，至少负责该图案的工匠在技术上是胜任的。

除了与普罗特斯有联系的图案 A.261 外，尼姆哈格雷斯使用的格里芬图案（A.270－4；nos.377－90；pl. XIX）不太粗重，而且看上去更生动。总体上讲，该图案追随的是艾克拉特斯在分组 101 中 1 斯塔特模具 A.230 上引入，并在分组 103～107（A.247－54）中 1 斯塔特上继续使用的风格。某些细节，如翅膀、脖子的肌肉组织、有时是顶饰，因存在过度突出倾向而对图案的其余部分造成了不利影响。

普罗特斯使用的背面图案是一种简单和赏心悦目的设计，展示三颗发芽玉米，通常是长在分开的茎秆上（P.298－305，308，309；pl. XVIII），偶尔是从单独一棵根茎上长出（P.306，307；pl. XVIII）。该图案位于熟悉的长方形内，铭文则绕在方形的三边。在某些钱币的背面，以及在尼姆哈格雷斯的分组 109 钱币的背面，我们再次看到了突出铭文字母拐角和结尾处的小孔，这一特点曾经出现在造币官普罗特斯制作的第二批次钱币上（分组 102）。[①] 普罗特斯铜币的背面图案是单独的一颗发芽玉米棒，而且搭配的背面图案类似于尼姆哈格雷斯制作 4

① cf. p.277－9，283（nos.324－9，pl. XVII）and p.199，*supra*.

奥博尔时使用的图案(no. 375;pl. XVIII)。[1]

尼姆哈格雷斯使用的背面图案(P. 311 – 17;pl. XIX)也是简单型,而且从其最好的样品看,工艺非常好。该图案是一只位于圆点框线内的海豚,使人想起造币官普罗米赛德斯使用的杰出背面图案(分组103;P. 289;no. 343;pl. XVII),而且不久之后作为一个标识出现在第七时期开始时造币官特雷马克斯(Telemachos)使用的背面模具之一上。[2]

第六时期结束时制作了两个批次的钱币,其中格里芬图案成功地摆脱了近期几个批次所使用的图案。格里芬图案中引入了新的和意料之外的特点,同时也再次回归更早时期的风格。造币官费拉斯(Philas)制作的分组 110 使用了三个正面模具。其中模具 A. 275(nos. 391,392;pl. XIX)明显是参考了第三和第四时期令人敬畏的图案 A 格里芬,并成功地再现了格里芬的活力和凶猛。该图案的一个有趣的特征是,在基线的位置有一块斜坡岩石,格里芬坐在岩石上。就本批次的其他两个模具而言,模具 A. 276 和 A. 277(nos. 393 – 7;pl. XIX)的雕刻工匠是新手并具有独特的原创性,其作品与该造币厂此前所有工匠的作品没有相同之处。现在格里芬是直立地坐着,两条前腿并在一起,脖子呈弓形;近处翅膀向后背下垂,主羽很长而且曲线优美,在尾巴尖上方弯曲;远处翅膀向上,为头部、颈部和近处翅膀形成了一个令人惊讶和效果显著的背景。背面图案 P. 318 – 23(nos. 392 – 7;pl. XIX)展示了一个强健和有胡须的赫拉克勒斯,大力神坐在一块岩石上,其右膝盖上直立着一根棍棒;为了保持均衡感,大力神的头在其左肩上方扭转。模具 P. 318 和 P. 320 都是非常杰出的作品,结构整体上是高级的,同时大力神的姿势非常有意思,是阿卡迪亚联盟

---

① 玉米棒作为标识曾经在 Protes(Ⅱ)设计的两个背面图案(P. 282,283;nos. 332 – 3;pl. XVII)中出现过。在 Protes(Ⅲ)设计的 4 奥博尔和铜币的背面图案中选择发芽玉米棒表明,该造币官的兴趣可能主要在农业领域。

② Group CXII;P. 327;no. 401;pl. XIX.

(Arcadian League)1 斯塔特上著名的潘神斜靠岩石图案的先驱。①

分组 111 是以造币官阿瑞斯塔格雷斯(Aristagores)的名字制作的,仅有单独一个批次的 1 斯塔特(no. 398)。该批次同样提供了一个意料之外的正面模具。图案 A. 278 回归到跳跃的格里芬,但动作现在是向前而不是向上,而且尺寸和比例,还有风格都直接将我们带到了第七时期开始时造币官特雷马克斯使用的图案。② 另外,脖子前面艺术化的长毛看上去甚至更像第七时期结束时造币官波利克拉特斯使用的格里芬图案。③ 但最令人吃惊的特点是重现了旧的、弯曲的和有装饰的图案 B 翅膀,该图案自第四时期以来就没有出现过。④

阿瑞斯塔格雷斯使用背面模具 P. 324 展示的是年轻酒神狄厄尼索斯,手持双耳酒杯和酒神杖(thyrsos),斜坐在一头豹子身上。该主题非常有意思,而且图案也是很炫耀的,除了铭文空间处理不当之外,其余部分的雕刻技术都非常好。可以与此图案进行自然对比的是造币官门德(Mende)制作的 4 德拉克马,图案是有胡须的酒神狄厄尼索斯,以类似姿势骑在一头驴背上;但这些图案一定早于造币官阿瑞斯塔格雷斯设计的作品,后者大约属于公元前 4 世纪第二个 10 年的中

① 阿卡迪亚联盟的 1 斯塔特存在于公元前 370 ~363 年(cf. Glendining, Nov. 1958, 271, pl. 5; BMC *Peloponnesus*, pl. 32, 10 and *CG*, pl. 24. 48; Boston Catalogue, pl. 65, 1260; *Basel*, *Exhibition* 1960, 301 f., no. 518)。在这些 1 斯塔特上,与我们的大力神赫拉克勒斯相比,潘神显得更放松;同样的描述也适用于 Kroton 制作的 2 德拉克马的背面图案,即年轻的赫拉克勒斯斜倚在一块岩石旁,该批次钱币的制作时间可能是公元前 400 年[cf. Hess/Leu(Lucerne), April 1954, 41 and 1960, 57; SNG iii. 630]。Kroton 提供了另一个类似的赫拉克勒斯图案,姿势不太自由;该图案可能属于公元前 5 世纪的最后 10 年,是在稀有的 2 德拉克马背面,铭文是"OIKOΣTAΣ"(SNG iii. 614 –15)。也许最接近阿布德拉的赫拉克勒斯图案是在柏林收藏中的一枚 Kyzikene 制作的 1 斯塔特,该钱币背面是大比例和有胡须的赫拉克勒斯形象,可能是同时期的作品(von Fritze, Die Elektronpragung von Kyzikos, Nom. Vii. 1912, pl. XIX)。

② Group CXII; A. 281; nos. 401 –4; pl. XIX.

③ Group CXX; A. 306; nos. 458 –61; pl. XXI.

④ 在第四时期结束时,可能除了小面额钱币外,这种图案的翅膀最后一次出现是在 Kalesikrates 制作的分组 65 中某些 4 德拉克马上(A. 142, 143; nos. 177, 178; pl. XI)。这种复古主义在第六时期结束时再现了这一种翅膀图案,但仅应用于翅膀本身,没有针对整体格里芬图案,如在分组 98 中翅膀图案 C 再次流行时的情况。

期;同样的描述也适用于造币官安纳西迪克斯[Anaxidikos(Ⅱ)]制作的钱币,他的图案是年轻酒神狄厄尼索斯骑在一头牡鹿背上,制作时间是我们阿布德拉钱币系列的第五时期。[①] 更恰当的对比,而且可能也属于公元前4世纪前25年,是在一枚由造币官吉兹科内(Kyzikene)制作的1斯塔特,其图案具有几乎相同的主题,即酒神狄厄尼索斯斜坐在一头豹子身上。[②] 除了钱币图案,与年轻酒神狄厄尼索斯相关的浮雕,或骑在一头豹子身上的图案在色雷斯、达希亚(Dacia)和西布丽塔(Sybrita),以及更一般地在小亚细亚地区是比较常见的。[③]

属于第六时期的最后批次小面额钱币是两个2奥博尔系列,分别由造币官克里提德斯制作(分组99;nos. 301-8;pl. XVI)和更晚些时候由普罗特斯(Ⅱ)制作(分组102;nos. 334-40;pl. XVII)。公元前400年之后不久在阿布德拉,2奥博尔就替换了3奥博尔,而且大约一直持续到我们目前系列的中间阶段。[④] 因此我们必须将这两个批次的3奥博尔划分到本时期的前半期;这些钱币的制作是匿名的,除了城邦名字缩写外没有任何铭文。

第一个批次的特点是在格里芬抬起的前腿下面增加了一片月桂树叶,这一批次与第六时期开始时造币官奥卡莫斯制作的0.5斯塔特有关联,在介绍后者时已经提到过该批次的钱币。[⑤] 目前只知道一组

---

① Group LXXXIII; P. 191; no. 226; cf. Also P. 159, *supra*.

② cf. *Boston Catalogue*, 204, no. 1568; Hess(Lucerne), March 1956, 303. 在该分组看到的是动作向左,而且豹子的头像是侧面的。我们也许可以对比 Sybrita 制作的某些稀有的1斯塔特上的图案,即酒神狄厄尼索斯侧面坐在一头快速向左移动的豹子身上[cf. SNG iii. 2609; *Basel*, *Exhibition*(1960), 301, no. 521];这里的酒神被描述成像酒神巴克斯的女祭司(Maenad)。除了将豹子替换成牡鹿之外,Sybrita 使用的图案在姿势上更接近我们第五时期早期的酒神狄厄尼索斯,即以 Anaxidikos(Ⅱ)的名字制作的钱币(cf. n. 3, *supra*)。

③ Severeanu(Bucuresti, 1-2, 1936, 25 f.)最先出版这枚精美的钱币,并顺便提到在小亚细亚频繁出现一头豹子陪伴酒神狄厄尼索斯的图案;另外在色雷斯、达希亚和西布丽塔有很多浮雕,浮雕上的酒神由一头豹子陪伴,通常是骑在豹子身上。

④ 有关这一变化经济背景的讨论,见 pp. 23 f., 32, *supra*。

⑤ 见 p. 191, *supra*。

模具(no. 399;A. 279/P. 325;pl. XIX),而且该批次的数量可能较少。图案的制作工艺很出色。正面图案的风格与奥卡莫斯制作的钱币的风格有很多相同之处;很可能的情况是,这些2奥博尔属于第六时期的最初几年。城市名字缩写"ABΔ"以细小字母形式出现在方形印图的三个拐角处,这种设计并不支持将其划分到第五时期。

第二个3奥博尔系列再次出现只有单独一个模具组合的情况(no. 400;A. 280/P. 326;pl. XIX),格里芬回归到了向前跳跃和右前腿抬起的图案。正面模具是精神饱满的图案,追随的是分别由造币官安纳西波利斯和迪奥尼萨斯制作的分组96~97中模具A. 213(nos. 284, 287-90;pl. XVI),后者是完美图案的最佳代表。该图案也与克里提德斯制作2奥博尔(A. 220-3;nos. 301-8;pl. XVI)所使用的正面模具有明显关联,可能只比后者早很短一段时间。在背面模具上,城市名字缩写加长到"ABΔH",出现在公牛头像的下面:工艺非常出色,可以说风格达到了3奥博尔钱币图案发展中的最高峰。

分组89

0.5斯塔特、铜币:

0.5斯塔特: 造币官:ΕΓΟΡΧΑΜΟ

有记录的样品	22①	垫压模具	4	PL. XV
模具组合	12	冲压模具	8	

铜币:

有记录的样品	5②	垫压模具	3	PL. XV
模具组合	3	冲压模具	3	

---

① 包括3枚来自"德拉马窖藏"(Drama hoard)未说明的样品(6.90克、6.13克和5.88克),该批钱币发现可能是在1911年进入德拉马市场的;这些钱币由维也纳的Egger Bros先生购买并包含在其拍卖目录中(no. xxxix. 127-132,134,148-54),见p. 191,n. 3,*supra*。在剑桥还有一枚保存不太好的钱币(McClean,4007,5.1克)。

② 包括在莫斯科大学的一枚钱币(Oreschnikoff,Catalogue,37);C. 179/3,3.95克。

0.5 斯塔特:

253. A. 194. 城市名字“ABΔHPITEΩN”位于格里芬的左侧。格里芬面朝左卧坐在基座上,右前腿抬起并弯曲,爪子穿破了围绕图案的框线;脖子呈弓形,浓密整齐的鬃毛沿脖子后面向下延伸;双颌紧闭,下面有一束粗颈羽;耳朵较短但向上翘;主羽和翅尖的处理非常大胆,近处翅膀下垂,以显示远处翅膀的轮廓;尾巴抬起并在后面卷曲;是精美和注重细节的作品。

P. 215. 造币官名字“EΓOPXAMO”在印图中围绕方形框,框内是一头面朝右和位于基座上的狮子;尾巴抬起并在后面卷曲。

a. 6.33 克。 PL. XV

Lockett;SNG iii. 1134;AC xv. 554.

254. A. 194. 相同模具。

P. 216. 与造币官名字“EΓOPXAMO”的位置类似。

a. 6.09 克,柏林。 PL. XV

C. 87/1.

b. 6.07 克,慕尼黑。

Hirsch, xxv. 75; Sotheby 9. 5. 1904, 209; Sotheby 15. 6. 1896, 570; C. 87/7.

c. 5.95 克,纽约(ANS)。

(背面保存不好,但可能就是此模具)。

d. 7.11 克,普罗夫迪夫。

(背面保存不好)。

255. A. 194. 相同模具。

P. 215. 与造币官名字“EΓOPXAMO”的位置类似。

a. 6.02 克,索菲亚。 PL. XV

C. 87/8.

256. A. 194. 相同模具。

16. 218. 与造币官名字“ΕΓΟΡΧΑΜΟ”的位置类似。

a. 6. 27 克,大英博物馆。

BMC *Thrace*,70. no. 36;C. 87/4.

257. A. 195. 与城市名字“ΑΒΔΗΡΙΤΕΩΝ”的位置类似;图案略大;前腿弯曲较小,而且前爪没有穿破方形框。

P. 219. 与造币官名字“ΕΓΟΡΧΑΜΟ”的位置类似。

a. 6. 05 克,纽约(ANS)。 PL. XV

MN i. 11;Feuardent 9. 6. 1913,141;Egger,xli. 234.

b. 6. 05 克。

Jameson,i. 1037; Hirsch, xxi. 846; Hirsch, xii. 149; C. 87/9.

c. 6. 05 克。

Beschreibung,i. 107,no. 70;NZ,1872,190,no. 26;cast at Winterthur;C. 87/2.

正面:在 a 上从尾巴弯曲处朝方形框和向上到羽毛有裂纹;在 b 和 c 上这些裂纹不明显。

258. A. 195. 相同模具。

P. —. (身份不确定)。

a. 7. 25 克,普罗夫迪夫。

(背面有明显的打制错误,而且损坏严重)。

正面:状况明显类似于第 257b 号和第 257c 号钱币。

259. A. 195. 相同模具。

16. 220. 与造币官名字“ΕΓΟΡΧΑΜΟ”的位置类似。

a. 5. 94 克。

Egger,xlvi. 156.

正面:在尾巴与方形框之间有断裂痕迹,就像第 257a 号。

260. A. 195. 相同模具。

P. 221. 与造币官名字“ΕΓΟΡΧΑΜΟ”的位置类似。

a. 6. 06 克,波士顿。 PL. XV

Boston Catalogue, no. 73; Warren, 453; C. 87/3.

b. 6. 25 克,牛津(梅先生的遗产)。

Spink(12/54); Frey 24. 9. 1954, 253.

正面:状况类似于第 257a 号、第 259 号。

261. A. 196. 与城市名字“ΑΒΔΗΡΙΤΕΩΝ”的位置类似;格里芬的前爪更加弯曲;整体上与 A. 194 模具很接近。

P. 217. 第 255 号模具。

a. 6. 11 克。

Egger, xxxix. 133.

正面:在格里芬后背与尾巴之间有裂纹。

262. A. 196. 相同模具。

P. 217. 第 254 号模具。

a. 6. 26 克,巴黎。 PL. XV

Choiseul-Couffier, ii. pl. 16. 12; Mionnet, i. 365, no. 11; C. 87/6.

正面:状况与第 261 号模具一样;可能在后背上方还有一个裂纹。

263. A. 196. 相同模具。

P. 219. 与造币官名字“ΕΓΟΡΧΑΜΟ”的位置类似。

a. 5. 83 克,大英博物馆。 PL. XV

Boston Catalogue, 70, no. 37; C. 87/5(保存不好).

正面:由于钱币糟糕的状况,所以无法确定是否存在第 261 - 2 号模具上的裂纹。

264. A. 197. 与城市名字“ΑΒΔΗΡΙΤΕΩΝ”的位置类似;格里芬的前爪更直;只能看到近处的翅膀。

P. 222. 相同模具。

a. 私人收藏(美国)。

铜币:

265. A. 198. 格里芬向左跳跃离开基座，两条前腿抬起；尾巴翘起并在后面弯曲；耳朵向前尖，一束羽冠沿脖子后背向下延伸。

P. 223. 造币官名字“ΕΓΟΡΧΑΜΟ”围绕阿波罗头像，男神头戴月桂树叶花冠，面朝右；头发从花冠中露出并散落在脖子上，且一缕缕卷曲；背板略微下凹。

a. 3. 90 克，大英博物馆。 PL. XV

Lawson.

266. A. 199. 类似；表面化的作品。

P. 224. 与造币官名字“ΕΓΟΡΧΑΜΟ”的位置类似；风格更生硬。

a. 4. 41 克，柏林。 PL. XV

Nom. ii. pl. 3. 10；C. 179/1，pl. 3. 19.

267. A. 200. 类似。

P. 225. 与造币官名字“ΕΓΟΡΧΑΜΟ”的位置类似。

a. 3. 66 克，牛津。 PL. XV

Milne.

b. 3. 71 克，大英博物馆。

Boston Catalogue，74，no. 80；[①]Babelon，*Traite*，2. iv，pl. 339；MG 40，no. 10；C. 179/2.

分组 90

1 斯塔特： 造币官：ΙΘΥΣΤΡΑΤΟΣ[②]

有记录的样品	1	垫压模具	1	PL. XV
模具组合	1	冲压模具	1	

① 该图案在这里被描述为年轻的河神斯特瑞木，铭文读作“ΑΜφΙΓΟΛ”；在 MG 40，no. 10 中，该拼写与“ΑΜ—ΟΡ”的一部分是一致的。

② Strack（C. 96）将“Θ”作为第一个确定的字母，他认为应拼写为“ΒΟΥΣΤΡΑΤΟΣ”；在这种情况下，则“Ο”应当是“Θ”；与公元前 5 世纪结束时相比，这种形式更有可能出现在公元前 6 世纪结束时。该造币官名字的第一个字母是“Ι”，这似乎是确定的。

268. A. 201. 格里芬向左跳跃离开基座，城市名字缩写"ΑΒΔΗ"位于抬起的前腿下面；图案和风格与分组88中的A. 187模具相似；尾巴翘起且在后面卷曲；对颌、顶饰和羽毛的总体处理较弱和表面化。

P. 226. 造币官名字"ΙΘΥΣΤΡΑΤΟΣ"分两排分别位于母牛的上方和下方，母牛在基线上向右行走；印图是方形。

a. 12.86 克，哥本哈根。 PL. XV

SNG (Cop.), *Thrace*, 326; C. 96, pl. 2.27(背面)；保存不好。

分组91

1 斯塔特： 造币官：ΕΓΙΜΥΡΣΟ

标识：月桂枝

有记录的样品	5①	垫压模具	2	PL. XV
模具组合	4	冲压模具	4	

269. A. 202. 与城市名字缩写"ΑΒΔΗ"的位置类似；图案略小。

P. 227. 造币官名字"ΕΓΙΜΥΡΣΟ"(由上而下和由下而上)分两列位于掷铁饼者的左边和右边；人物形象是裸体和躯干朝正面；右腿支撑身体，右手持有铁饼，左手抬起以保持平衡；头向右转好像在等候投掷的信号。

a. 12.23 克，柏林。 PL. XV

Beschreibung, i. 106, no. 66; Fox; C. 101/1.

正面：模具有很大磨损，颈部轮廓和右前腿上方有裂纹。

270. A. 202. 相同模具。

P. 228. 与造币官名字"ΕΓΙΜΥΡΣΟ"的位置类似。

a. 12.55 克，慕尼黑。 PL. XV

① 包括此前在索菲亚的一枚样品 C. 101/3：1.48 克。

Hirsch, xxv. 74; Hirsch, xiii. 520; C. 101/9.

正面：与第 269 号模具一样有裂纹，且更明显。

271. A. 203. 与城市名字缩写"ΑΒΔΗ"的位置类似。

P. 229. 与造币官名字"ΕΓΙΜΥΡΣΟ"的位置类似。

a. 12.75 克，大英博物馆。 PL. XV

BMC *Thrace*, 69. no. 30; Lambros; C. 101/2, 5.

272. A. 203. 相同模具。

P. 229. 与造币官名字"ΕΓΙΜΥΡΣΟ"的位置类似；在左边背板处有月桂枝。

a. 12.50 克，纽约（ANS）。 PL. XV

Newell; Nav. I. 1077; Egger, xxxix. 127; Drama Board (c. 1911); West, NNM 40. 84 (n. 1) and 88 (背面部分损坏).

正面：在下颌与右前腿之间有原始裂纹。

分组 92

1 斯塔特： 造币官：ΗΡΑΓΟΡΗΣ

有记录的样品	2	垫压模具	1	PL. XV
模具组合	1	冲压模具	1	

273. A. 204. 与城市名字缩写"ΑΒΔΗ"的位置类似。

P. 231. 造币官名字"ΗΡΑΓΟΡΗΣ"围绕面朝右的詹森头像，詹森头戴遮光宽檐帽，中间有大纽扣；宽檐帽略微向眉毛上方倾斜，露出足够角度显示在近处帽檐下方；头发浓密、卷曲；浮雕较高，是优雅和精致的作品；方形印图。

a. 12.34 克，大英博物馆。 PL. XV

NC 1893, pl. 1.7; Nom. iii, pl. 2.9; C. 94/1.

b. 12.43 克。

NC 1934,244,no. 1;Thasos board(较大磨损).

分组93

1 斯塔特: 造币官:ΓΡΟΩΤΗΣ(Ⅰ)

有记录的样品	2	垫压模具	1	PL. XV
模具组合	1	冲压模具	1	

274. A. 205. 与城市名字缩写"ΑΒΔΗ"的位置类似;但浮雕较低且整体上比例偏瘦。

P. 232. 造币官名字"ΓΡΟΩΤΗΣ"围绕骑士,骑士紧勒缰绳向右缓慢骑行;戴窄边宽檐帽,身披短斗篷;可以看见远处的脚;基线在后腿下面;印图是方形。

a. 巴黎。 PL. XV

Babelon,Traite,2. iv,pl. 336. 8.

b. 12.57 克,大英博物馆。 PL. XV

Nom. iii,pl. 2. 13;C. 103/1,pl. 2. 32(背面).

分组94

4 德拉克马、4 奥博尔:

4 德拉克马: 造币官:ΗΡΟΦΑΝΗΣ,ΕΓΙΗΡΟΦΑΝΕΟΣ

标识:玉米穗(no. 275)

有记录的样品	1	垫压模具	1	PL. XV
模具组合	1	冲压模具	1	

4 奥博尔：　　标识：—

有记录的样品	18①	垫压模具	3	PL. XV
模具组合	5	冲压模具	3	

4 德拉克马：

275. A. 206. 格里芬向左跳跃，两条前腿抬起；可能离开了基座；更有活力，造型更深，整体处理比较大方；羽冠显得较重，翅膀是高浮雕，主羽在羽尖处自然卷曲；无本城邦的名字；上面有水平放置的玉米穗。

P. 233. 造币官名字"ΗΡΟΦΑΝΗΣ"围绕葡萄串，后者被一个常春藤花环缠绕，紧挨葡萄下面是对称悬挂的浆果；方形印图。

a. 12. 50 克，柏林。　　PL. XV

Beschreibung, i. 105, no. 60; NZ 1872, 189, no. 19; C. 95, pl. 2. 38(背面).

4 奥博尔：

276. A. 207. 格里芬向左跳离爱奥尼亚式立柱的圆顶；两条前腿抬起，右腿偏高，尾巴在两条后腿间向前卷曲；造型大胆；翅膀处理的简单而有活力；耳朵向上翘，但不重视鬃毛。

P. 234. 造币官名字"ΗΡΟΦΑΝΗΣ"围绕长方形框，框内是赫尔墨斯头像，面朝左，戴平顶宽檐帽，中间有一个纽扣，帽子被一根细绳固定在下巴下面；头发短而卷曲；面前是使者杖(caduceus)；尺寸较小，但非常优雅，是精致的作品；有方形印图。

a. 2. 83 克。　　PL. XV

Lockett; SNG iii. 1136; AC xiii. 623.

b. 2. 87 克。

---

① 包括C. 113/3：Copenhagen，2. 72 克；C. 111/9：Egger，xv. 309，2. 64 克；C. 111/10：Hirsch，xvii. 630，2. 67 克；C. 111/12：Lischine，22. 23(2. 30 克，2. 54 克)。

MMAG;Jameson,i. 1042.

c. 2.38 克,巴黎。

Luynes,1752;C. 111/11.

正面:在a上,格里芬的前额上有一些小裂纹。

277. A. 207. 相同模具。

P. 235. 与造币官名字"ΕΓΙΗΡΟΦΑΝΕΟΣ"的位置类似,但图案比例更丰满;宽檐帽与头部贴得更紧密,帽子后面增加了一条带子;横截线非常不清楚;左下是直立的一根较小使者杖;非常优美的风格;有方形印图。

a. 2.67 克。

Hirsch,xxv. 77;C. 111/11.

b. 2.70 克。

Schlessinger 4. 2. 1935,44;Hermitage.

正面:像第276a号模具一样有裂纹,目录说明中没有明确展示。

278. A. 207. 相同模具。

P. 236. 与造币官名字"ΕΓΙΗΡΟΦΑΝΕΟΣ"的位置类似,且图案和风格类似;宽檐帽在头顶上更松弛。

a. 2.73 克,柏林。

Beschreibung, i. 107, no. 72; NZ 1872, 191, no. 32; C. 111/1, pl. 2. 11(背面).

b. 2.65 克,纽约。

正面:在a和c上,格里芬的前额上方有裂纹,像第276a号钱币,在b上可能不明显。

279. A. 208. 类似;图案较大;主羽与次羽之间有很大差异。

P. 236. 相同模具。

a. 2.64 克,大英博物馆。 PL. XV

BMC *Thrace*,71. no. 41;Burgon(1841);C. 111/4.

280. A. 209. 城市名字缩写"ΑΒΔ"位于翅膀下面;类似,但尾巴翘起且在后面卷曲。

P. 235. 第 277 号模具。

a. 2. 83 克，波士顿。 PL. XV

Boston Catalogue, no. 766; Warren, 456; Sotheby 10. 7. 1884, 260; C. 111/2.

b. 2. 57 克，巴黎。

C. 111/6.

c. 2. 53 克。

Helbing 24. 10. 1927, 2742a; Merzbacher 15. 11. 1910, 291.

d. 2. 63 克。

H. Weber, 2381; C. 111/8.

分组 95

铜币： 造币官：ΜΑΝΔΡΩΝ, ΕΓΙΜΑΝΔΡΩΝΟΣ

有记录的样品	4	垫压模具	2	PL. XV
模具组合	2	冲压模具	2	

281. A. 210. 格里芬向左跳跃离开矮基座，两条前腿抬起；耳朵尖朝前，长而尖的羽冠沿脖子后背向下延伸；尾巴翘起且在后面卷曲；是比较有活力的作品。

P. 237. 造币官名字"ΕΓΙΜΑΝΔΡΩΝΟΣ"围绕年轻男子的头像，头像面朝左，可能是河神；头发从皇冠处开始分开，松散下垂，略微遮挡了眼眉和脖子；精美和细致的作品；背板几乎是平的；可能是圆形印图。

a. 3. 61 克，大英博物馆。 PL. XV

NC 1892, pl. 1. 4; C. 178/2.

282. A. 211. 类似；但动作缺少活力，是笨拙的作品。

P. 238. 与造币官名字"MANΔPΩN"的位置类似,但风格比较粗俗;皇冠处的头发分开过于突出;有圆形印图。

a. 3. 50 克,牛津。

Milne;AC xii. 1274.

b. 3. 26 克,柏林。 PL. XV

MC 40, no. 10;C. 178/1.

c. 3. 19 克。

MMAG vi. 582.

分组96～97

分组96

1 斯塔特、铜币:

1 斯塔特: 造币官:ANAΞIΓΛIΣ,EΓIANAΞIΓOΛIOΣ

有记录的样品	5①	垫压模具	2	PL. XVI
模具组合	2	冲压模具	1	

铜币:

有记录的样品	2②	垫压模具	1	PL. XVI
模具组合	2	冲压模具	2	

分组97

1 斯塔特: 造币官:ΔIONYΣAΣ

有记录的样品	9	垫压模具	2	PL. XVI
模具组合	6	冲压模具	6	

---

① 包括一枚12. 38克的样品,来自1911年的德拉马窖藏;有关参考文献,见p. 191 n. 3, *supra*。

② 包括C. 177/3:Hirsch, xxv. 96, 3. 48克;上面的铭文不确定,而且背面图案并不一定与本批次的其他钱币一致。

垫压模具 A.213 首先在分组 96 中的第 284 号钱币上使用,然后在分组 97 中的第 287－90 号钱币上使用。

分组 96

283. A.212. 格里芬向左前方跳跃离开基座,两条前腿都抬起;躯干造型很大胆,但顶饰的处理非常轻;主翅膀羽毛展开的方式不常见;爪子和腿部肌肉很突出;尾巴翘起且略微卷曲。

P.239. 造币官名字"ΑΝΑΞΙΓΛΙΣ"从下到上,再从上到下分两列位于有胡须和男性气十足的潘神左右两边;潘神向左行走,左肩上扛着投掷棒,并用抬起的右手给眼睛遮光;整个图案在长方形框内,方框是较浅印图。

a. 12.27 克,大英博物馆。　　PL. XVI

Lockett; SNG iii. 1130; Schlessinger 4. 2. 1935, 437; Boudin, April 1912, 140(有一定程度的氧化).

b. 12.01 克。

Egger, xxxix. 130; Drama hoard (1911), p. 191. n. 3, *supra*(氧化).

284. A.213. 类似,但是更精美的作品;造型和浮雕都非常大胆,翅膀更有力;鸟嘴更弯曲;顶饰再次变得很轻。

P.239. 相同模具。

a. 12.46 克,柏林。　　PL. XVI

Egger, xxxix. 131; Drama hoard (1911), p. 191. n. 3, *supra*; cast at Winterthur(一定程度氧化).

铜币:

285. A.214. 格里芬向左跳跃离开基座,两条前腿都抬起;动作更大;翅膀充分张开,主羽偏大;是比较肤浅的作品。

P.240. 造币官名字"ΕΓΙΑΝΑΞΙΓΟΛΙΟΣ"围绕年轻男子的头像,男子戴简单王冠(diadem),使几缕卷发下垂到面颊和颈背;风格总体上粗糙;浅圆形印图,背板几乎是平的。

a. 4. 14 克,巴黎。 PL. XVI

Babclon, Traite. 2. iv, pl. 339. 3; C. 177/2, pl. 3. 20(背面).

286. A. —. 模具身份未知。

P. 241. 与造币官名字"ΕΓΙΑΝΑΞΙΓΟΛΙΟΣ"的位置类似;头发更直。

a. 4. 72 克,柏林。

C. 177/1.

分组 97

287. A. 213. 第 284 号模具。

P. 242. 造币官名字"ΔΙΟΝΥΣΑΣ"围绕有胡须的酒神狄厄尼索斯头像,头像面朝左,戴常春藤叶花饰,一些花果悬在额头前;头发从花冠中平滑下垂,经花冠枝条挡住后卷发的发尖披落到颈背;胡须浓密且向四周发散,胡须在尖部卷曲;是比例优雅和注重细节的作品;方形框不完整;方形印图。

a. 12. 62 克,大英博物馆。 PL. XVI

Sotheby 2. 5. 1905, i; Nom. Iii, pl. 2. 16(背面); C. 90/2, pl. 2. 31(背面).

288. A. 213. 相同模具。

P. 243. 与造币官名字"ΔΙΟΝΥΣΑΣ"的位置类似;印图在完好的方形框内。

a. 12. 20 克。

Schlessinger 4. 2. 1935, 438; Hermitage; Egger, xlv. 448; Boudin, April 1912, 139;明显有轻微氧化,可能来自德拉马窖藏(1911)。

b. 11. 70 克。

Egger, xlv. 233;可能来自德拉马窖藏(1911)。①

正面:嘴尖上方的背板上有裂纹。

289. A. 213. 相同模具。

P. 244. 与造币官名字"ΔΙΟΝΥΣΑΣ"的位置类似。

a. 12. 39 克,柏林。 PL. XVI

正面:像第288a号一样有裂纹,但更大。

290. A. 213. 相同模具。

P. 245. 与造币官名字"ΔΙΟΝΥΣΑΣ"的位置类似;图案略小。

a. 12. 67 克,哥本哈根。 PL. XVI

SNG(Cop.), *Thrace*, 325; C. 90/1.

b. 12. 45 克。

Hirsch, xxxii. 409.

291. A. 214. 类似,但基线替代了基座;风格较弱,造型不够大胆;有线性圆环。

P. 246. 与造币官名字"ΔΙΟΝΥΣΑΣ"的位置类似;优雅风格。

a. 12. 68 克。 PL. XVI

Hess(卢塞恩)March 1956, 252; Jameson, iii. 201; Egger, xxxix. 128; Drama hoard(1911), p. 191, n. 3, *supra*(在清洗前严重氧化).

292. A. 215. 类似。

P. 247. 造币官名字"ΔΙΟΝΥΣΑΣ"围绕方形框,图案下方的方框不完整。

a. 12. 60 克,纽约(ANS)。 PL. XVI

NC 1934, 244, n. 2;萨索斯窖藏。

---

① 我们的第288a号和第288b号钱币很可能就是West(p. 191, n. 3, *supra*)提到的两枚样品,没有包含在1912年的拍卖目录中;该目录中的绝大部分钱币都来自德拉马窖藏。另外,他给出的重量分别是11. 80克和11. 70克;后者与我们的第288b号钱币的重量一样。

b. 12.02 克。

MMAG xix. 353;Drama hoard(1911),p. 191,n. 3,*supra*(在清洗前严重氧化).

分组 98

1 斯塔特、铜币:

1 斯塔特: 造币官:ΕΥΑΓΩΝ

有记录的样品	5	垫压模具	1	PL. XVI
模具组合	3	冲压模具	3	

铜币:

有记录的样品	1	垫压模具	1	PL. XVI
模具组合	1	冲压模具	1	

1 斯塔特:

293. A. 216. 格里芬面朝左卧坐在基座上,右前腿抬起;坐姿笔直;双颌大张,舌头向上外露;耳朵直立,可看见远处的耳朵;鼻子上有球形凸起物,但无羽冠或鬃毛;下颌下面有一束细颈羽;图案的翅膀,在近处翅膀上方可看到远处翅膀的轮廓,翅膀表面明显凸起;尾巴翘起且在后面弯曲;偏瘦、刚健和非常均衡的比例,作品整体技术精湛;线性圆形边界。

P. 248. 造币官名字"ΕΥΑΓΩΝ"从下到上,再从上到下位于双耳罐奖杯的两侧,双耳罐有装饰;图案在浅印图的方形框内。

a. 12.74 克,大英博物馆。 PL. XVI

BMC *Thrace*,70. no. 33;Lambros;C. 91/1.

294. A. 216. 相同模具。

P. 249. 与造币官名字"ΕΥΑΓΩΝ"的位置类似;基座较小且不够精致。

a. 12.69 克，巴黎。 PL. XVI

Babelon, *Traite*, 2. vi, pl. 335.9; C. 91/2, pl. 3.3(背面).

b. 12.70 克。

Jameson, i. 1035.

c. 11.88 克。

Egger, xxxix. 132; 德拉马窖藏(1911), p. 191, n. 3, *supra*（氧化；可能是正面）。

295. A. 216. 相同模具。

P. 250. 与造币官名字"ΕΥΑΓΩΝ"的位置类似；无长方形框。

a. 12.34 克，巴黎。 PL. XVI

De Brialles.

铜币：

296. A. 217. 类似，但不够精致。

P. 251. 与造币官名字"ΕΥΑΓΩΝ"的位置类似；背板略微凸起；可能有圆形冲压边界。

a. — PL. XVI

MMAG(7/52).

分组 99

1 斯塔特、4 奥博尔、2 奥博尔、铜币：

1 斯塔特：　造币官：ΚΛΕΑΝΤΙΔΗΣ

有记录的样品	1	垫压模具	1	PL. XVI
模具组合	1	冲压模具	1	

4 奥博尔：

有记录的样品	20①	垫压模具	1	PL. XVI
模具组合	3	冲压模具	3	

① 包括 C. 114/13：Hirsch, xii. 147, 2.90 克；C. 114/15：Hirsch, xxv. 140, 2.60 克。

2 奥博尔(第一批次):

有记录的样品	13①	垫压模具	2	PL. XVI
模具组合	4	冲压模具	3	

2 奥博尔(第二批次):

有记录的样品	16②	垫压模具	2	PL. XVI
模具组合	4	冲压模具	3	

铜币:

有记录的样品	6③	垫压模具	4	PL. XVI
模具组合	4	冲压模具	4	

1 斯塔特:

297. A. 218. 类似;比例较轻,是信心不足的作品;无基座;圆点边界。

P. 252. 造币官名字“ΚΛΕΑ ΝΤΙΔΣ”分两行位于向右奔跑的公牛上方,牛头几乎转向正面;牛角用细带装饰(nos. 298 - 300);有基线。

a. 12. 07 克,大英博物馆。 PL. XVI

BMC *Thrace*,70. no. 34;98/1,pl. 2. 36(被氧化,且正面局部打制错位).

4 奥博尔:

298. A. 219. 类似;耳朵翘得很高,穿过了线性圆环。

P. 253. 造币官名字“ΚΛΕΑΝΤΙΔΣ”在印图中围绕贡品牛的牛头和脖子;牛头的面部露出 3/4;牛角用细带装饰,呈穗

① 包括 C. 132/2:柏林,*Beschreibung*,i. 104,55;Hess(法兰克福)12. 3. 1906,61,1. 26 克;C. 132/10:Sotheby 21. 1. 1896,208;C. 132/12:Hirsch,xxv. 94,1. 27 克。

② 包括 C. 131/7:Hirsch,xiii. 517,1. 35 克;C. 131/8:Hirsch,xxv. 83,1. 26 克;C. 131/9:Lischine,19,1. 30 克;C. 131/10:Lischine,20,1. 10 克(有穿孔)。

③ 包括 C. 134/4:Lischine,52,2. 05 克;C. 134/5:Lischine,53,1. 84 克。

状；是优雅和精致的作品。

a. 2.90 克，柏林。

Beschreibung, i. 103, no. 41; Nom iii. pl. 2. 23; C. 114/2, pl. 3. 4.

b. 2.45 克，柏林。

C. 114/3（损坏，可能是这些模具）.

c. 2.61 克，雅典。

C. 114/1（可能是这些模具）.

d. 2.56 克，索菲亚。

e. 2.75 克，普罗夫迪夫。

（背面损坏）。

f. 2.62 克，维也纳。

Hubl, 142, no. 1533; C. 114/9（可能是这些模具）.

g. 2.75 克，牛津（梅先生的遗产）。 PL. XVI

Glend. 4(30). 10. 1957, 67.

正面：模具可能是重做的 g 的样式。

299. A. 219. 相同模具。

P. 254. 与造币官名字"ΚΛΕΑΝΤΙΔΣ"的位置类似；浮雕较低；牛角上的细带呈三种穗状。

a. 2.68 克，海牙。 PL. XVI

Six; C. 114/10.

b. 2.69 克，大英博物馆。

BMC *Thrace*, 71. no. 38; Graves; C. 114/6.

c. 2.59 克，巴黎。

C. 114/18.

d. 2.46 克，温特图尔。

C. 114/12（保存不太好）.

e. 2.40 克，索菲亚。

C. 114/11.

f. 2. 33 克,剑桥。

McClean,4012.

g. 2. 45 克,哥本哈根。

SNG(Cop.),*Thrace*,330;Lambros(1900);C. 114/15.

正面:后腿前面的背板处有原始裂纹。

300. A. 219. 相同模具。

P. 255. 与造币官名字"ΚΛΕΑΝΤΙΔΣ"的位置类似;浮雕较高;皮肤的褶皱比较典型;细带尾部无穗状。

a. 3. 01 克,波士顿。 PL. XVI

Boston Catalogue, no. 767; Warren, 454; Sotheby 10. 7. 1884,259;C. 114/4.

b. 2. 32 克,慕尼黑。

C. 114/7.

c. 2. 93 克。

MMAG;Jameson,iv. 2458;AC xiii. 625.

d. 2. 34 克。

Hirsch,xxi. 847;C. 114/14(可能是这些模具).

正面:像第299号钱币一样有裂纹。

2 奥博尔(第一批次):公羊头图案

301. A. 220. 格里芬向左跳跃,两条前腿都抬起;翅膀展开,每一根主羽都很清晰;嘴角是弯曲的,耳朵向上翘;尾巴翘起且在后面弯曲;是有活力和工艺完成很好的作品。

P. 256. 造币官名字缩写"ΚΛΕ ΑΝ"分两行在公羊头顶上方和下面,羊头朝左;面部和头的造型非常精美;羊角下面的浓密卷毛是现实主义的表现,整个图案在浅印图内。

a. 1. 44 克。 PL. XVI

AC xiii. 633;H. Weber,2387;C. 132/9,pl. 2. 25(背面).

b. 1.35 克,巴黎。

C. 132/7.

c. 1.25 克,哥本哈根。

SNG(Cop.) *Thrace*, 348; Osman Bey (1905); C. 132/4 (可能是这一背面).

背面:模具在印图的右下边缘处损坏。

302. A. 220. 相同模具。

P. 257. 与造币官名字缩写"KΛE AN"的位置类似;图案较大。

a. 1.23 克,柏林。 PL. XVI

C. 132/3.

303. A. 221. 类似,颈部造型更平滑。

P. 257. 相同模具。

a. 1.30 克,大英博物馆。 PL. XVI

BMC *Thrace*, 231. no. 52a; Bank Colln.; C. 132/5.

b. 1.40 克,巴黎。

Luynes, 1755; C. 132/8.

c. 1.35 克。

Jameson, i. 1044.

304. A. 221. 相同模具。

P. 258. 与造币官名字缩写"KΛE AN"的位置类似。

a. 1.15 克,慕尼黑。

C. 132/6(损坏).

b. 1.40 克,波士顿。

Boston Catalogue, no. 2326; Warren, 1414[暂时归属克拉祖门尼亚(Klazomenai)].

c. 1.35 克,柏林。 PL. XVI

Beschreibung, i. 104, no. 54; C. 132/1.

2 奥博尔(第二批次):公牛头图案

305. A. 222. 类似。

P. 259. 造币官名字缩写“KΛEA N”由上而下,再由右而左位于牛头前面和脖子下面,牛头面朝左;浮雕较低;图案是传统的处理方式但很优美;浅印图。

a. 1. 20 克,索菲亚。 PL. XVI

(损坏)。

306. A. 222. 相同模具。

P. 260. 与造币官名字缩写“KΛEA N”的位置类似。

a. 1. 34 克,维也纳。 PL. XVI

C. 131/6.

b. 1. 28 克。

MMAG(3/48)(有穿孔).

c. 1. 28 克,柏林。

Tier-und Pflanzenbilder 22, pl. iii. 40(背面);C. 132/2, pl. 2. 23(背面).

307. A. 222. 相同模具。

P. 261. 与造币官名字缩写“KΛEA N”的位置类似。

a. 1. 27 克,索菲亚。 PL. XVI

b. 1. 03 克,巴黎。

De Briailles;Nav. i. 1089.

c. 1. 48 克,哥本哈根。

SNG(*Cop.*),*Thrace*,347;C. 131/3.

308. A. 223. 类似;比例较轻;前腿抬起更高。

P. 261. 相同模具。

a. 1. 40 克,巴黎。 PL. XVI

C. 131/5.

b. 1. 30 克,大英博物馆。

Lawson(1901).

c. 1.39 克，纽约。

d. 1.38 克，牛津。

Miline；Sotheby 22.7.1907，149.

e. 1.38 克，柏林。

Beschreibung，i. 103，no. 48；C. 131/1.

铜币：

309. A. 224. 格里芬面朝左卧坐在基座上，右前腿抬起；图案 C 的翅膀，表面略微凸起，根部有一排短羽(如第 218 号钱币)；头和脖子较瘦；尾巴翘起且在后面卷曲。

P. 262. 造币官名字"ΚΛΕΑΝΤΙΔΗΣ"围绕有胡须的潘神面具，面朝右；前额上的头发直立，后面的头发有几缕下垂；胡须长且尾部聚集成一点；鼻子突出，嘴唇丰满但粗糙，耳朵较尖；背板几乎是平的。

a. 1.85 克，牛津(梅先生的遗产)。　PL. XVI

MMAG(7/52).

310. A. 225. 类似；翅膀较大，浮雕较高。

P. 263. 与造币官名字"ΚΛΕΑΝΤΙΔΗΣ"的位置类似，眉毛有明显的褶皱。

a. 1.85 克，温特图尔。　PL. XVI

Imhoof-Blumer；C. 134/2，pl. 3.18.

311. A. 226. 类似，但姿势更直。

P. 264. 与造币官名字"ΚΛΕΑΝΤΙΔΗΣ"的位置类似，眉毛有明显的褶皱。

a. 1.69 克，柏林。　PL. XVI

MG 39，no. 8；Nom. Iii，pl. 3.9；样品在温特图尔；C. 134/1。

312. A. 227. 类似。

P. 265. 与造币官名字“ΚΛΕΑΝΤΙΔΗΣ”的位置类似。

a. 1.75 克,哥本哈根。

SNG(Cop.), *Thrace*, 369; Hoffmann(1864); C. 134/3.

分组 100

1 斯塔特: 造币官:ΕΓΙΜΟΛΓΑΓΟΡΕΩ

有记录的样品	6①	垫压模具	2	PL. XVII
模具组合	3	冲压模具	3	

313. A. 228. 城市名字“ΑΒΔΗΡΙΤΕΩΝ”(字母小)位于格里芬的上边和右边,格里芬面朝左卧坐,右前腿抬起;风格和图案与分组 99 中的 A. 218 类似,但比例略微丰满;尾巴的曲线很长很高;线性圆形边界。

P. 266. 造币官名字“ΕΓΙΜΟΛΓΑΓΟΡΕΩ”由下而上,再由上而下位于跳舞女子的两边,女子面朝右,身披希顿古装,戴高圆形帽;左前臂自关节处抬起,右臂放在胸部以下以保持平衡;整个图案是浅印图。

a. 12.50 克,巴黎。 PL. XVII

Babelon, *Traite*, 2. iv, pl. 335. 15; Nom. iii, pl. 2. 20; C. 100/2.

b. 11.48 克,柏林。

Beschreibung, i. 106, no. 67; Regling, 493; C. 100/1.

314. A. 228. 相同模具。

P. 267. 与造币官名字“ΕΓΙΜΟΛΓΑΓΟΡΕΩ”的位置类似,但女子面朝左,铭文的顺序是从右到左;手臂的位置相反。

a. 12.32 克,柏林。

---

① 包括 C. 100/3:Froehner, *Collection de la comtesse de Bearn*, 1907. 2, vol. xxx. 3, pl. 6. 3。

Beschreibung, i. 106, no. 68, pl. 4. 38（介绍错误地给了第 313b 号, *supra*）; Regling, 492（背面）; ZfN 1887, pl. 1. 10; C. 99/1.

315. A. 229. 与城市名字“ΑΒΔΗΡΙΤΕΩΝ”的位置类似。

P. 268. 与造币官名字“ΕΓΙΜΟΛΓΑΓΟΡΕΩ”的位置类似。

a. 12. 48 克，大英博物馆。

BMC *Thrace*, 230. no. 35a; Bank Colln.; Nom. Iii, pl. 2. 21（背面）; C. 99/3, pl. 3. 2（背面）.

b. 12. 52 克，大英博物馆。

BMC *Thrace*, 70. no. 35; C. 99/2.

分组 101

1 斯塔特、4 奥博尔、铜币：

1 斯塔特：　　　　造币官：ΕΧΕΚΡΑΤΗΣ

有记录的样品	2①	垫压模具	2	PL. XVII
模具组合	2	冲压模具	2	

4 奥博尔：

有记录的样品	12②	垫压模具	3	PL. XVII
模具组合	5	冲压模具	5	

铜币：

有记录的样品	1	垫压模具	1	PL. XVII
模具组合	1	冲压模具	1	

---

① 包括一枚来自德拉马窖藏未发布的样品，p. 191. n. 3, *supra*。

② 包括 C. 110/1：Abramoff（1912）；C. 110/2：雅典，2. 75 克；C. 110/4：哥本哈根，2. 78 克。

1 斯塔特:

316. A. 230. 格里芬向左跳跃离开基座,两条前腿都抬起;不同风格;耳朵向前尖,一束羽冠沿脖子后背向下延伸;颈部肌肉非常突出;翅膀和主羽是低浮雕,且处理的表面化;尾巴翘起;圆点边界。

P. 269. 造币官名字"EXEKPATHΣ"在印图中围绕方形框,框内是面朝左的女性头像,戴王冠,其边缘碰到了框线;头发上向卷且在后面固定成结。

a. 12.85 克,大英博物馆。 PL. XVII

Nom. iii, pl. 2.4; C. 77/1, pl. 2.7(背面).

317. A. 231. 类似;尾巴在两后腿之间向前卷曲。

P. 270. 与造币官名字"EXEKPATHΣ"的位置类似;图案较小。

a. 12.15 克。

Egger, xxxix. 126; Rrama 窖藏(1911), p. 191, n. 3, *supra*.

4 奥博尔:

318. A. 232. 格里芬面朝左卧坐,右前腿抬起;是 A. 218 及 A. 228 -9 的风格和图案;比例较大;尾巴翘起且在后面卷曲;线性圆形边界。

P. 271. 造币官名字"EXEKPATHΣ"围绕凸起的四等分方形,其表面呈颗粒状。

a. 2.48 克,柏林。 PL. XVII

C. 110/3.

b. 2.54 克,牛津(梅先生的遗产)。

Baldwin(1/49); Jonas.

正面:在 a 上,脖子前面的背板上有断裂痕迹。

319. A. 232. 相同模具。

P. 272. 与造币官名字"EXEKPATHΣ"的位置类似。

a. 2.98 克,德纳特乌尔。

Nanteuil, 705; Hirsch, xxv. 71; Sotheby 9. 5. 1904, 209; Sotheby 15. 6. 1896, 570; Nom. iii, pl. 2. 24; C. 110/8, pl. 3. 5.

正面：有很多损坏痕迹；尤其是脖子前面背板处的裂纹。

320. A. 233. 类似；与躯干相比，脖子占据的比例偏小。

P. 273. 与造币官名字“EXEKPATHΣ”的位置类似。

a. 2. 18 克。　　PL. XVII

MMAG(3/48).

b. 2. 25 克，维也纳。

C. 110/7.

c. 2. 65 克。

Lischine, 15; C. 110/10.

正面：模具有损坏的迹象，在顶饰与翅膀边缘之间尤为突出。背面：在印图边缘和铭文的前两个字母上方有裂纹。

321. A. 233. 相同模具。

P. 274. 与造币官名字“EXEKPATHΣ”的位置类似。

a. 2. 60 克，大英博物馆。　　PL. XVII

BMC *Thrace*, 230, no. 37a; Bank Collin. ; C. 110/5.

b. 2. 54 克。

Ratto(卢加诺) 4. 4. 1927, 814; Hirsch, xxi. 843.

正面：b 上像第 320 号钱币一样有损坏，而且可能更严重。

322. A. 234. 类似。

P. 275. 与造币官名字“EXEKPATHΣ”的位置类似。

a. 2. 68 克，索菲亚。　　PL. XVII

C. 110/6.

铜币：

323. A. 235. 格里芬向左跳跃离开基座，两条前腿都抬起；不同风格；翅膀张开，每个主羽都单独处理；脖子后面有一束稀疏的羽冠。

P. 276. 造币官名字"EXEKPATHΣ"在女子头像的上方,头像面朝左(像 P. 279 - 80);背板略微凸起。

a. 2. 61 克,普罗夫迪夫。 PL. XVII

分组 102

4 奥博尔、2 奥博尔、铜币:

4 奥博尔:

造币官:ΓΡΟΩΤΗΣ(Ⅱ)

标识:玉米粒(nos. 332 - 3),

常春藤叶(no. 330)

有记录的样品	32①	垫压模具	7	PL. XVII
模具组合	10	冲压模具	7	

2 奥博尔:

有记录的样品	30②	垫压模具	3	PL. XVII
模具组合	7	冲压模具	3	

铜币:

有记录的样品	2	垫压模具	1	PL. XVII
模具组合	2	冲压模具	2	

4 奥博尔:

324. A. 236. 格里芬向左跳跃离开基座;不同风格和比例;两条前腿都抬起,爪子向上张;尾巴翘起并在后面卷曲;翅膀是传统处理方

---

① 包括 C. 119/3:Lischine,16,2. 48 克;包括 C. 121/4:Hirsch,xxv. 82;包括 C. 122/2(1912 年交易),2. 73 克;包括 C. 122/2:慕尼黑(1912),2. 75 克。

② 包括 C. 129/1:雅典,1. 09 克;C. 129/4:柏林,*Beschreibung*,i. 104,nos. 51,52;Hess(法兰克福)12. 3. 1906,60,1. 32 克,1. 33 克;C. 129/15:Windisch-Gratz,v. 596,1. 28克;C. 129/16:Borrell,*NC* 1840/1,106,no. 14;C. 129/17:Sotheby 15. 3. 1897,156,1. 39 克;C. 129/18,19:Hirsch,xxi. 853,均为 1. 20 克;C. 129/21:Ratto(热那亚)26. 4. 1909,492;还有两枚样品来自 Drama 窖藏(p. 191,n. 3,*supra*),但可能与 Egger,xxxix. 136,11. 36 克的钱币不是同一个。

法,主羽稀疏且顶部很尖,线条清晰;鳞状顶饰;无边界。

P. 277. 造币官名字“ΓΡΟΩΤΗΣ”围绕方形框,框内是阿波罗头像;男神戴月桂枝花冠,面朝左;头发较短且从头上的花冠处平滑下落;形象丰满且造型好;非常精美的作品;对铭文字母的拐角和结尾处略微加重处理;浅印图。

a. 2. 95 克,温特图尔。 PL. XVII

Huni;Cahn,84,200.

正面:模具有损坏的痕迹,制作时间可能不会早于第 325 号、第 326 号钱币。

325. A. 236. 相同模具。

P. 278. 与造币官名字“ΓΡΟΩΤΗΣ”的位置类似;风格粗犷。

a. 2. 79 克。 PL. XVII

Nav. vi. 841.

b. 2. 67 克,普罗夫迪夫。

正面:与第 324 号钱币类似。背面:下巴下面背板处有裂纹;皇冠轮廓线上方有细小的水平方向裂纹。

326. A. 236. 相同模具。

P. 279. 与造币官名字“ΓΡΟΩΤΗΣ”的位置类似;图案较小。

a. 2. 64 克,剑桥。 PL. XVII

McClean,4019.

b. Boudin,April 1912,145.

正面:与第 324 号、第 325 号钱币一样。背面:嘴唇附近背板处有裂纹,a 上有原始裂纹。

327. A. 237. 类似;更注重顶饰。

P. 278. 第 325 号模具。

a. 2. 68 克,纽约。 PL. XVII

b. 2. 83 克。

AC xiii. 628.

c. 2. 66 克。

Jameson, i. 1043.

d. 2. 57 克,哥本哈根。

SNG(*Cop.*), *Thrace*, 314; Vercovich(1875); C. 119/2.

e. 斯特拉斯堡大学。

(背面损坏严重)。

背面:在 b、d 上,可能还有 c 上,嘴巴下面的背板处有裂纹,与第 325 号钱币一样。

328. A. 238. 类似。

P. 279. 第 326 号模具。

a. 2. 69 克,牛津(梅先生的遗产)。 PL. XVII

Boudin(1948).

b. 2. 06 克。

Boudin(8/57).

c. 2. 35 克。

(磨损,可能是该模具)。

正面:模具有磨损迹象。背面:在 b 上有类似第 326b 号钱币的裂纹;由于磨损,在 c 上看不见裂纹。

329. A. 239. 类似;对颌的处理较弱,脖子较短。

P. 279. 相同模具。

a. 2. 55 克,柏林。

C. 119/1, pl. 2. 10.

b. 2. 81 克,维也纳。

C. 120/1.

c. 2. 80 克。 PL. XVII

MMAG(3/48).

背面:在 b 上,嘴唇上方有原始裂痕,在 a、c 上明显没有裂痕。

330. A. 240. 类似;精神饱满的风格;整体上的处理不太生硬,更多自然主义色彩；在基座的位置是一束发芽的玉米穗，玉米秆向右延展。

P. 280. 造币官名字“ΓΡΟΩΤΗΣ”在方形框内，位于较大阿波罗头像的上方，头像面朝左；头发较长，且在后面明显卷起；在左下背板上有一片常春藤叶；风格更加优雅；是精美的作品；浅方形印图。

a. 2. 86 克。

AC xiii. 629.

b. 2. 56 克，牛津。　PL. XVII

Glend. 12. 2. 1958，1060；Lockett.

c. 2. 38 克，剑桥。

d. McClean，4016.

331. A. 241. 类似；脖子前面是典型的长毛。

P. 281. 造币官名字“ΓΡΟΩΤΗΣ”在方形框内，由下而上位于类似头像的右边，但头像的风格粗俗；无常春藤叶。

a. 2. 54 克，大英博物馆。

BMC *Thrace*，230. no. 44a；Bank Colln.；C. 123/1.

b. 2. 73 克，纽约。

c. 2. 80 克。　PL. XVII

Nav. V. 1531；Merzbacher 15. 11. 1910，293；C. 123/2.

332. A. 241. 相同模具。

P. 282. 造币官名字“ΓΡΟΩΤΗΣ”在方形框内，由左至右位于类似头像的上方；在右下背板处有一颗玉米棒。

a. 2. 72 克，巴黎。

Mionnet，i. 366，no. 19；C. 121/2.

b. 2. 63 克，柏林。

C. 121/1（可能是该模具）.

c. 2. 50 克，牛津（梅先生的遗产）。　PL. XVII

Spinky（1/56）.

333. A. 242. 类似,但尾巴在两条后腿之间向前卷曲;前腿极为典型,且右前腿向后拽。

P. 283. 与造币官名字“ΓΡΟΩΤΗΣ”的位置类似;但头像较小,且风格比较生硬,类似 P. 278、P. 279(nos. 325 -9)。

a. 2. 80 克,剑桥。 PL. XVII

McClean,4020.

b. 2. 69 克,维也纳。

C. 121/3.

c. 2. 73 克,普罗斯科乌斯基。

Egger,xlvi. 161.

2 奥博尔:

334. A. 334. 格里芬向左跳跃离开基座;图案笨拙,翅膀处理表面化,像 A. 236 -9(nos. 324 -9);尾巴翘起且在后面弯曲。

P. 284. 造币官名字“ΓΡΟΩΤΗΣ”由下而上,再由左而右位于公牛头像的前方和上方,牛头像面朝左;低浮雕,传统风格但处理较弱;浅印图。

a. 1. 36 克,剑桥。 PL. XVII

McClean,4027.

b. 1. 28 克,巴黎。

Luynes,1754;C. 129/12.

c. 1. 16 克,慕尼黑。

C. 129/10.

d. 1. 31 克,牛津。

Oman(1947)(有穿孔;可能是该模具).

e. 1. 31 克,柏林。

Beschreibung, i. 104, no. 50; NZ 1878, 193, no. 41; C. 129/3.

335. A. 243. 相同模具。

P. 285. 造币官名字“ΓΡΟΩΤΗΣ”由下而上，再由左而右，最后由右至左位于类似头像的前方、上方和下方。

a. 1. 15 克，巴黎。 PL. XVII

C. 129/11.

b. 1. 24 克，大英博物馆。

BMC *Thrace*，72. no. 52；Borrell；C. 129/9.

c. 1. 16 克，柏林。

Beschreibung，i. 104，no. 53；C. 129/6（有穿孔）.

d. 1. 37 克。

Egger，xxxix. 136.

e. 1. 29 克。

8. Weber，2383；C. 129/14.

336. A. 244. 类似。

P. 286. 造币官名字“ΓΡΩΤΗΣ”由下而上，再由左而右位于类似头像的前方和上方。

a. 1. 35 克。 PL. XVII

Lockett；SNG iii. 1144；AC v. 1535.

b. 1. 32 克。

Ratto（热亚娜）24. 4. 1909；C. 129/20.

正面：在 a 上，在顶饰后面的翅膀弯曲处有原始裂纹的迹象；在 b 上，该处可能没有裂纹。

337. A. 244. 相同模具。

P. 284. 即第 334 号模具。

a. 1. 22 克，牛津。

Milne；Sotheby 22. 7. 1907，149.

b. 1. 39 克，柏林。 PL. XVII

Beschreibung，i. 104，no. 49；C. 129/2（背面）.

正面：在 b 上，像第 336a 号钱币一样有裂纹，也许更严重。

338. A. 244. 相同模具。

P. 285. 即第 335 号模具。

a. 1. 20 克,纽约。 PL. XVII

Helbing 8. 11. 1928,3743.

正面:裂纹在第 336a 号和第 337b 号钱币上已经很明显,现在扩展到翅膀边缘与顶饰之间的背板。

339. A. 245. 类似;前腿抬起更高。

P. 285. 相同模具。

a. 1. 31 克,哥本哈根。

SNG(Cop.),*Thrace*,345;C. 129/8(正面损毁严重,可能是该模具).

b. 1. 31 克。

MB 10. 159;Hess(卢塞恩)207,244.

c. 1. 29 克。

Jameson,iii. 2011.

340. A. 245. 相同模具。

P. 284. 即第 334 号、第 337 号模具。

a. 1. 30 克,柏林。 PL. XVII

Imhoof-Bluner;Hoffmann 11. 11. 1867,1020;C. 129/7.

b. 1. 37 克,哥本哈根。

SNG(Cop.),*Thrace*,344;Seltman(1913).

铜币:

341. A. 246. 格里芬向左跳跃,两条前腿都抬起;图案和风格类似于 A. 243 - 5;主羽是低浮雕,处理生硬;大圆点边界。

P. 287. 造币官名字缩写"ΓΡΩΤ"位于浅印图的四角,围绕扇贝;背板略微凸起。

a. 1. 15 克,大英博物馆。 PL. XVII

BMC *Thrace*,75. no. 88;C. 199/2(文字说明,p. 103,fig. 1).

342. A. 246. 可能是相同模具。

P. 288. 与造币官名字缩写“ΓΡΩΤ”的位置类似。

a. 1. 96 克,温特图尔。 PL. XVII

Imhoof-Bluner;C. 199/1.

分组 103

1 斯塔特: 造币官:ΓΡΟΜΗΘΙΔΗΣ

有记录的样品	1	垫压模具	1	PL. XVII
模具组合	1	冲压模具	1	

343. A. 247. 城市名字“ΑΒΔΗΡΙΤΕΩΝ”位于格里芬下方;格里芬向左跳跃离开基座,两条前腿抬起;风格和图案与 A. 230(no. 316)类似;耳朵尖向前,脖子上的肌肉较突出;主羽的处理较轻,对次羽的处理更注重细节;尾巴翘起并在后面卷曲;无圆点边界或线性圆环边界。

P. 289. 造币官名字“ΓΡΟΜΗΘΙΔΗΣ”位于双线方形框内,框内是向右跳跃的海豚;浮雕较高,但背板是平的,且是浅印图。

a. 13. 24 克,大英博物馆。 PL. XVII

Hess(卢塞恩) April 1954, 82; Jameson, i. 1037; Hirsch, xxi. 894; Hirsch, xii. 146; C. 85/1, pl. 1. 27(背面)(正面二次打制).

正面:模具上有裂痕,横跨翅膀且横跨翅膀与尾巴曲线之间的背板。

分组 104

1 斯塔特: 造币官:ΓΑΡΜΗΝΩΝ

有记录的样品	1	垫压模具	1	PL. XVII
模具组合	1	冲压模具	1	

344. A. 248. 城市名字缩写“ABΔHPI”位于格里芬上方。格里芬向左跳跃离开基座;图案类似,但尾巴有很重的簇绒,且在两后腿之间向前弯曲;翅膀是高浮雕且处理仔细;羽冠较细;有圆点边界。

P. 290. 造币官名字“ΓAPMHNΩN”围绕在下凹带上,下凹带环绕方形框;框内是正面的牛头骨状饰;牛角上有细带装饰;浅方形印图。

a. 12. 57 克,大英博物馆。 PL. XVII

BMC *Thrace*,69. no. 31;Bank Collin. ;Nom. iii,pl. 2. 13;C. 103/1,pl. 2. 32.

正面:模具在耳朵后面和翅膀上方可能有裂纹。背面:模具在印图边缘字母“E”的下方有断裂。

分组 105

1 斯塔特: 造币官:ΓYΘΩN

有记录的样品	4	垫压模具	4	PL. XVIII
模具组合	4	冲压模具	4	

345. A. 249. 城市名字缩写“ABΔHPI”位于类似格里芬图案的上方;图案略小,顶饰非常轻巧。

P. 291. 造币官名字“ΓYΘΩN”由下而上,再由上而下位于一个三把手三脚架的左右两边,三脚架在基座上;每个把手由两个金属棒支撑,金属棒从三脚架边缘直立并在把手上方形成一个尖顶;在两个远处把手之间平放着一束月桂枝;三只脚由两个圆环连接;浅方形印图,平背板,略微高于印图底部的水平。

a. 12. 54 克,大英博物馆。 PL. XVIII

BMC *Thrace*,69. no. 32;*Coin Types*,pl. 115;*JHS* 1913,pl. 14. 16;Wigan;C. 104/3.

346. A. 250. 与城市名字缩写“ABΔHPI”的位置类似;顶饰更突出;造型更大胆;精美作品。

P. 292. 造币官名字“ΓΥΘΩΝ”由下而上,再由上而下,位置类似,但在上边圆环的位置是云纹花饰。

a. 12. 80 克,柏林。 PL. XVIII

Beschreibung, i. 107, no. 69; NZ 1872, no. 18; C. 104/1, pl. 2. 37(背面).

347. A. 251. 与城市名字缩写“ABΔHPI”的位置类似;风格偏弱,但也是完好作品。

P. 293. 造币官名字“ΓΥΘΩΝ”由下而上,再由上而下,位置类似,上边的圆环与第 345 号钱币类似。

a. 12. 63 克,波士顿。 PL. XVIII

Boston Catalogue, no. 765; Warren, 452; Feuardent 2. 5. 1898, 223; Sotheby 15. 6. 1896, 567; Bank Collin.; NC 1840, 105, no. 10; C. 104/2.

正面:后背上方背板上有小裂纹,左前腿下面的背板处有小裂纹。

348. A. 252. 与城市名字“ABΔHPITEΩN”的位置类似;风格偏弱;头部过于向前。

P. 294. 造币官名字“ΓΥΘΩΝ”由下而上,再由上而下,位置类似。

a. 12. 50 克,牛津(梅先生的遗产)。 PL. XVIII

Baldwin(4/48).

分组 106

1 斯塔特: 造币官:ΕΓΙΟΛΛΑΔΟΣ

有记录的样品	2	垫压模具	1	PL. XVIII
模具组合	2	冲压模具	2	

349. A. 253. 图案类似;无本城邦名字。

P. 295. 造币官名字“ΕΓΙΟΛΛΑΔΟΣ”围绕阿波罗图案的左边、下面和右边,阿波罗向右缓慢行走,只穿短斗篷,斗篷覆盖左肩并落在右臂关节处;右手伸直并握有浅圆盘(patera),同时在小臂上落着一个小胜利女神的图像;左手持有一根长月桂枝,斜靠在左肩上;浅印图。

a. 12.41 克,大英博物馆。 PL. XVIII

NC 1934,245,no. 4;萨索斯窖藏(轻微磨损)。

正面:从第四根羽毛的尖部到格里芬后背之间的背板有原始裂纹。

350. A. 253. 相同模具。

P. 296. 与造币官名字“ΕΓΙΟΛΛΑΔΟΣ”的位置类似,但右小臂上没有胜利女神。

a. 12.21 克,波士顿。 PL. XVIII

Boston Catalogue, no. 764; Warren, 451; NC 1897, pl. 13. 2; Regling, 400; Nom. Iii, pl. 2. 28(背面); C. 88/1, pl. 3. 9(背面). [1]

正面:像第349号一样有裂纹,但更明显。

分组 107

1 斯塔特: 造币官:ΗΡΟΓΕΙΤΟΝΟΣ

有记录的样品	1	垫压模具	1	PL. XVIII
模具组合	1	冲压模具	1	

351. A. 253. 城市名字缩写“ΑΒΔΗ”位于类似格里芬图案的上方。

P. 297. 造币官名字“ΗΡΟΓΕΙΤΟΝΟΣ”由下而上,再由上而下位于赫拉的左右两边;赫拉披面纱和穿短衫,半朝右坐在

① 有关铭文最初被误读为“ΕΓΙΟΛΛΩΝΟΣ”的情况,见 p. 201, *supra*。

王座上，头和上半身面朝前；小臂生硬地从肘部抬起，手掌向前张开，手指展开；女神穿长袖希顿古装和宽松长衫，长衫下垂并紧贴双腿上，腿立在脚蹬上；方形印图。

a. 12.43 克，大英博物馆。　　PL. XVIII

NC 1934，245，no. 3；萨索斯窖藏。

分组 108

4 奥博尔、铜币：

4 奥博尔：　　造币官：ΓΡΩΤΗΣ（Ⅲ），ΕΓΙΓΡΩΤΕΩ

有记录的样品	37①	垫压模具	14	PL. XVIII
模具组合	22	冲压模具	12	

铜币：

有记录的样品	2②	垫压模具	1	PL. XVIII
模具组合	1	冲压模具	1	

4 奥博尔：

352. A. 255. 城市名字缩写"ΑΒΔ"位于向左跳跃的格里芬的翅膀下方，两条前腿都抬起；耳朵向上尖；羽冠很细且尖；与粗壮的躯干相比，脖子占据的比例较小；与两排浓密的次羽相比，主羽的处理较粗糙，有注重轮廓的倾向；爪子是典型处理；尾巴在两条后腿之间向前卷曲；无边界，基座或基线。

P. 298. 造币官名字"ΕΓΙΓΡΩΤΕΩ"围绕方形框的左、上和右边，框内有三个发芽的玉米棒，分别在三根独立的茎秆上；

① 包括 C. 124/2：柏林，*Beschreibung*，i. 108，no. 76；Hess（法兰克福）12. 3. 1906，58，2. 68 克；C. 124/13：Windisch-Cratz，v. 594，2. 34 克；C. 124/15：Hirsch，xii. 151，2. 80 克；C. 124/19：Hoffmann（1898）；C. 124/20：交易（1912），2. 32 克；C. 124/22：Sotheby 20. 2. 1878，16。

② 包括 C. 133/1：柏林，1. 20 克。

是漂亮和完好的作品;背板略微上凸。

a. 2. 83 克。 PL. XVIII

AC xiv. 222.

b. 2. 37 克。

Nav. v. 1532(背面二次打制).

353. A. 255. 相同模具。

P. 299. 与造币官名字“ΕΓΙΓΡΩΤΕΩ”的位置类似。

a. 2. 67 克,柏林。

Beschreibung, i. 108, no. 75; Nom, iii, pl. 2. 6; C. 124/1.

背面:模具有裂纹,从印图的边缘到左下背板处。

354. A. 256. 与城市名字缩写“ΑΒΔ”的位置类似;羽冠更粗;躯干上增加了一排羽毛。

P. 298. 与第 352 号相同。

a. 2. 80 克。 PL. XVIII

MMAG(3/48).

b. 2. 64 克,哥本哈根。

SNG(*Cop.*), *Thrace*, 340; Lambros(1903); C. 124/5.

355. A. 256. 相同模具。

P. 299. 即第 353 号模具。

a. 2. 85 克。

Jameson, iii. 2008; Boudin, April 1912, 144.

背面:裂纹比第 353 号钱币更长。

356. A. 257. 与城市名字缩写“ΑΒΔ”的位置类似;但躯干上无一排羽毛。

P. 299. 相同模具。

a. 2. 51 克,大英博物馆。

BMC *Thrace*, 71. no. 45; C. 124/7.

b. 2. 34 克,巴黎。

Mionnet, i. 365, no. 8; C. 124/10(有穿孔).

c. 2. 66 克,柏林。

Imhoof-Blumer; C. 124/4.

背面:在 a 上,没有第 353 号、第 355 号钱币上的裂纹,但在 b 上,裂纹至少像第 355 号钱币一样明显。

357. A. 257. 相同模具。

P. 298. 即第 352 号、第 354 号模具。

a. 2. 83 克。

Egger, xlvi. 162(背面有轻微的二次打制痕迹).

358. A. 258. 与城市名字缩写"ABΔ"的位置类似;处理得更重。

P. 298. 相同模具。

a. 2. 81 克,索菲亚。　PL. XVIII

C. 124/11.

359. A. 259. 与城市名字缩写"ABΔ"的位置类似;处理得更重。

P. 300. 与造币官名字"ΕΓΙΓΡΩΤΕΩ"的位置类似;是较粗糙的作品。

a. 2. 08 克。

Nav. x. 476.

360. A. 260. 与城市名字缩写"ABΔ"的位置类似,但比例较小;有两排次羽。

P. 301. 与造币官名字"ΕΓΙΓΡΩΤΕΩ"的位置类似;是更漂亮的作品。

a. 2. 62 克,巴黎。　PL. XVIII

Babelon, *Traite*, 2. iv. 922, no. 1374; C. 124/9.

b. 2. 66 克。

Baranowsky, iv. 469; Ratto(卢加诺)4. 4. 1927, 827.

361. A. 261. 与城市名字缩写"ABΔ"的位置类似,更有生气,处理得很精致;更突出颈羽;尾巴翘起且在后面卷曲。

P. 302. 与造币官名字“ΕΠΙΓΡΩΤΕΩ”的位置类似。

a. 2. 86 克。 PL. XVIII

AC xiii. 630.

正面:模具的状况很好。

362. A. 261. 相同模具。

P. 301. 即第 360 号模具。

a. 2. 58 克,剑桥。 PL. XVIII

McClean, 4021.

363. A. 261. 相同模具。

P. 303. 与造币官名字“ΕΠΙΓΡΩΤΕΩ”的位置类似。

a. 2. 78 克,牛津。 PL. XVIII

Lockett; SNG iii. 1141; Nav. i. 1084; Sotheby 9. 5. 1904, 210; C. 124/14.

364. A. 261. 相同模具。

P. 301. 与造币官名字“ΕΠΙΓΡΩΤΕΩ”的位置类似。

a. 2. 65 克。

Helbing 24. 10. 1927, 2774.

正面:模具有磨损的迹象,尽管可能是由于氧化。

365. A. 262. 与城市名字缩写“ΑΒΔ”的位置类似。

P. 301. 即第 360 号和第 362 号模具。

a. 2. 66 克,柏林。 PL. XVIII

Beschreibung, i. 108, no. 77; C. 124/3.

b. 2. 58 克,海牙。

C. 124/4a.

正面:在 a 上,字母“B”与后背线条之间有明显的原始裂纹。

366. A. 263. 与城市名字缩写“ΑΒΔ”的位置类似。

P. 305. 与造币官名字“ΕΠΙΓΡΩΤΕΩ”的位置类似。

a. 2. 66 克。 PL. XVIII

H. Weber,2383;C. 124/12.

b. 2. 81 克。

Nav. Vi. 842.

367. A. 263. 相同模具。

P. 304. 即第364号模具。

a. 2. 84 克,纽约。 PL. XVIII

AC xiv. 223.

正面:在左前腿与翅膀根部的连接部位有明显裂纹;消除裂纹的方法造成了不雅的凸起;另外在字母"Δ"底部与"B"之间有小裂纹。

368. A. 264. 与城市名字缩写"ABΔ"的位置类似。

P. 304. 相同模具。

a. 2. 78 克,牛津(梅先生的遗产)。 PL. XVIII

Glend. 18. 4. 1955,320.

369. A. 265. 与城市名字缩写"ABΔ"的位置类似,但处理更重且造型更有活力;对主羽轮廓的处理明显更突出。

P. 306. 与造币官名字"ΕΓΙΓΡΩΤΕΩ"的位置类似,三根秸秆从单一根部长出,且叶子更大。

a. 2. 84 克。 PL. XVIII

MMAG(8/53).

370. A. 266. 与城市名字缩写"ABΔ"的位置类似;图案缺少活力。

P. 307. 与造币官名字"ΕΓΙΓΡΩΤΕΩ"的位置类似;图案较大。

a. 2. 62 克,剑桥。 PL. XVIII

McClean,4022.

371. A. 266. 相同模具。

P. 306. 即第369号模具。

b. 2. 35 克,哥本哈根。

SNG(*Cop.*),*Thrace*,341;Vercovich(1872);C. 124/6

(损坏).

372. A. 267. 与城市名字缩写“ABΔ”的位置类似;图案较小;羽冠非常尖。

P. 307. 即第307号模具。

a. 2.82克,大英博物馆。

阿曼(1947)。

373. A. 267. 相同模具。

P. 308. 与造币官名字“EΓIΓPΩTEΩ”的位置类似;茎秆是分开的。

a. 2.85克,纽约。

b. 2.61克,牛津(梅先生的遗产)。 PL. XVIII

雅典(1935)。

374. A. 268. 无城市名字;图案类似,但属于非常粗糙的作品;小基座。

P. 309. 与造币官名字“EΓIΓPΩTEΩ”的位置类似;处理很笨拙。

a. 2.30克,慕尼黑。 PL. XVIII

C. 124/8.

铜币:

375. A. 269. 格里芬向左跳跃,两条前腿都抬起;尾巴在两条后腿之间向前卷曲;圆点边界;无基座。

P. 310. 造币官名字缩写“ΓPΩ TEΣ”自下而上,再自上而下位于秸秆上发芽玉米棒的左边和右边;背板略微凸起。

a. 0.96克,哥本哈根。 PL. XVIII

SNG(Cop.), *Thrace*, 368; Hoffmann (1864); Nom. iii, pl. 3.8; C. 133/2, pl. 3.17.

分组 109

4 奥博尔：　　　　造币官：ΝΥΜΦΑΓΟΡΗΣ，ΕΓΙΝΥΜΦΑΓΟΡΕΩ

有记录的样品	32①	垫压模具	6	PL. XIX
模具组合	15	冲压模具	7	

376. A. 261. 即第 361 – 4 号模具。

P. 311. 造币官名字“ΝΥΜΦΑΓΟΡΗΣ”围绕圆点框线，框内是向左鱼跃的海豚；平背板。

a. 2. 44 克，柏林。　　PL. XIX

Beschreibung，i. 108，no. 61；C. 1118/2（磨损）.

正面：模具显示有很多磨损的迹象。

377. A. 270. 城市名字缩写“ΑΒΔΗ”位于向左跳跃的格里芬上方，格里芬离开矮基座；两条前腿都抬起，爪子穿过了圆点边界；双颌张开，舌头外露；主羽和次羽都很突出；顶饰很多；尾巴在两条后腿之间向前卷曲；比例较轻，是比较有活力和精美的作品。

P. 312. 与造币官名字“ΝΥΜΦΑΓΟΡΗΣ”的位置类似；方形印图；背板几乎是平的。

a. 2. 86 克，纽约。　　PL. XIX

b. 2. 74 克。

MMAG xiii. 1060.

正面：这两枚样品上都有模具损坏的痕迹；尤其是 b，格里芬的舌头磨损严重，几乎看不见。

378. A. 270. 相同模具。

P. 313. 与造币官名字“ΝΥΜΦΑΓΟΡΗΣ”的位置类似。

---

① 包括 C. 118/1：雅典（背面模具可能是 P. 214，铭文 ΕΓΙΝΥΜφΑΓΟΡΕΣ），2. 56 克；C. 118/4：柏林，2. 41 克；C. 118/11：普罗夫迪夫，2. 57 克；C. 118/12：Schottenstift（维也纳），Hubl，1534，2. 47 克；C. 118/13：Sotheby，9. 5. 1904，iv. 42，no. 1，pl. 1. 11；C. 118/19：Sestini，*Mus. Fontana*，ii. 8，pl. 11. 2；Glend. 7. 3. 1957，56。

a. 2. 81 克。 PL. XIX

Nav. x. 475.

b. 2. 77 克。

Hamburger 12. 6. 1930,77.

379. A. 271. 与城市名字缩写"ABΔH"的位置类似;尾巴翘起且在后面卷曲;前腿离边界很近;无基座。

P. 312. 即第 377 号模具。

a. 2. 75 克。

Jameson, i. 1038; Hirsch, xxi. 849; Regling, 496; C. 1118/6.

正面:在左前腿下面的背板处有裂纹。背面:模具有磨损的迹象。

380. A. 271. 相同模具。

P. 314. 与造币官名字"ΕΓΙΝΥΜΦΑΓΟΡΕΩ"围绕的位置类似。

a. 2. 60 克,哥本哈根。 PL. XIX

SNG(*Cop.*),*Thrace*,335;Lambros(1899);C. 118/6.

正面:裂纹的位置与第 379 号钱币一样。

381. A. 271. 相同模具。

P. 315. 与造币官名字缩写"ΝΥΜΦΑΓΟΡΗΣ"的位置类似。

a. 2. 65 克。 PL. XIX

Lockett;SNG iii. 1139;Nav. i. 1083.

正面:像第 379 号、第 380 号钱币一样有裂纹,可能更严重。

382. A. 272. 与城市名字缩写"ABΔH"的位置类似;尾巴在两条后腿之间向前卷曲。

P. 312. 即第 377 号、第 379 号模具。

a. 2. 78 克,剑桥。 PL. XIX

McClean,4017.

背面:在字母"A"的底部与边界之间有裂纹,另有裂纹从此处斜向延伸到背板。

383. A. 272. 相同模具。

P. 314. 即第 380 号模具。

a. 2. 58 克，剑桥。

McClean，4018.

正面：可能该模具的使用晚于第 380 号模具。

384. A. 272. 相同模具。

P. 316. 与造币官名字缩写“NYMΦAΓOPHΣ”的位置类似。

a. 2. 54 克，哥本哈根。

SNG（Cop.），*Thrace*，336；C. 118/7.

385. A. 273. 与城市名字缩写“ABΔH”的位置类似，前爪再次触及边界。

P. 315. 即第 351 号模具。

a. 2. 49 克，柏林。

C. 118/5.

b. 2. 80 克。　　PL. XIX

Lockett；SNG iii. 1138；Nav. vi. 840；Mathey.

c. 2. 57 克。

Egger，xlvi. 160；Hirsch，xxv. 79；C. 118/17.

d. 2. 88 克。

Cahn，68. 1162；Glend. 15. 7. 1929，306；ACM xiii. 627.

正面：在 a、b、c 上，左前腿上方的边界附近有小裂纹。

386. A. 273. 相同模具。

P. 313. 即第 378 号模具。

a. 2. 65 克，大英博物馆。

BMC *Thrace*，71. no. 43；Borrell；C. 118/8.

b. 2. 90 克。　　PL. XIX

Ciani；Vinchon 6. 2. 1956，369；Bourgey 5. 12. 1932，146；

Nav. i. 1082(给出的重量是2.79克).

387. A. 273. 相同模具。

P. 316. 即第384号模具。

a. 2.65克,巴黎。

C. 118/10.

b. 2.52克,牛津(梅先生的遗产)。 PL. XIX

Spink(3/55).

388. A. 273. 相同模具。

P. 314. 即第380号、第383号模具。

a. 2.48克。

Hamburger 12. 6. 1930,709.

389. A. 274. 与城市名字缩写"ΑΒΔΗ"的位置类似。

P. 316. 即第384号、第387号模具。

a. 2.80克,牛津。 PL. XIX

MMAG(8/51);Ratto(卢加诺)4. 4. 1927,816.

b. 2.31克,大英博物馆。

BMC *Thrace*,71. no. 44;Borrell;C. 118/9(表层镀有金属且有穿孔).

c. —

Glend. 1. 12. 1927,599.

背面:在海豚尾巴下面的背板处有裂纹。

390. A. 274. 相同模具。

P. 317. 与造币官名字缩写"ΝΥΜΦΑΓΟΡΗΣ"的位置类似,但图案小很多。

a. 2.43克,柏林。 PL. XIX

Beschreibung,i. 108,no. 82;C. 118/3(磨损且镀有金属;铭文被抹掉).

分组 110

1 斯塔特:　　　　　　　　　　　　　　　　造币官:ΕΓΙΦΙΛΑΡΔΟΣ

标识:蝉

有记录的样品	9①	垫压模具	4	PL. XIX
模具组合	8②	冲压模具	7③	

391. A. 275. 格里芬面朝左卧坐,右前腿抬起;卧坐在一块略微倾斜的岩石上,左前腿稳稳地放在岩石前,左边有一只大蝉,翅膀略微张开;双颌张开,脖子下面有一个细颈羽;耳朵向上尖,一束粗糙的羽冠从脖子后面向下;翅膀抬起,主羽轻微下垂,次羽的处理简单;躯干的处理有活力且肌肉发达;尾巴抬起且在后面卷曲;有圆点边界。

P. —. 造币官名字“ΕΓΙφΙΛΑΡΔΟΣ”由下而上再由上而下(图案见第 392 – 7/1 号;显然是非常精美的作品,但由于钱币状况,细节不确定)。

a. 11. 40 克,牛津(梅先生的遗产)。　　　　PL. XIX(正面)

G. Hirsch(慕尼黑;1958);背面损坏严重,图案几乎被磨平。

正面:卷曲的尾巴最靠近后背处模具有小裂纹。

392. A. 275. 相同模具。

P. 318. 造币官名字“ΕΓΙφΙΛΑΡΔΟΣ”由下而上,再由上而下位于有胡须的大力神赫拉克勒斯的左边和右边,赫拉克勒斯面部半朝右坐在狮子皮上,狮子皮盖在一块岩石上;大力神从左肩上方回头看,右手持有一根棍棒,棍棒垂直立在右膝上;右大腿上有衣服覆盖且围绕腰部,后面的岩石

---

① 包括 C. 105/2:柏林,12. 46 克(有穿孔)。

② 第 391 号钱币的背面严重磨损,无法准确识别该模具(该模具似乎与 P. 322;no. 396 相同)。

③ 同上。

有起伏层;是精美的作品,注重细节和工艺;方形印图。

a. 12.19 克,大英博物馆。 PL. XIX(背面)

Lambros;Nom. iii,pl. 2.18(正面);C. 106/1,pl. 2.39(正面).

正面:像第 391 号钱币一样有裂纹。

393. A. 276. 城市名字缩写"ΑΒΔΗ"位于格里芬上方;格里芬面朝左卧坐,两条前腿并在一起;前面有一只向上飞的小蝉;双颌紧闭,上颌处理得非常突出;脖子呈弓形,有稀疏的羽冠;主羽很长且羽尖弯曲;近处翅膀下垂到后背并遮挡了尾巴;远处翅膀抬起形成了头部和颈部的背景;主羽羽尖出现在铭文下面的背板上;从原始风格上讲是非常精致的作品;有圆点边界。

P. 319. 与造币官名字"ΕΓΙφΙΛΑΡΔΟΣ"的位置类似,但两边都是由下而上,人物处理得缺少情感;头发过于浓密,胡须卷曲程度大;方形印图。

a. 12.50 克,柏林。 PL. XIX

Beschreibung, i. 106, no. 65; Nom. iii, pl. 2.19; Regling, 495; C. 105/1, pl. 2.40.

394. A. 276. 相同模具。

P. 320. 与造币官名字"ΕΓΙφΙΛΑΡΔΟΣ"的位置类似,先由下而上,再由上而下;精美的作品,图案处理得较轻;头发轮廓被一些卷发打乱。

a. 12.72 克。

Jameson, iii. 2000(在背面,左脚脚趾可能被加工过).

正面:模具上的裂纹影响到双颌的清晰度。

395. A. 277. 与城市名字缩写"ΑΒΔΗ"的位置类似;蝉向上飞得较高;整体上比例较轻,但羽冠较重且不平整;卷曲的尾巴顶部不再被翅膀所遮挡。

P. 321. 与造币官名字"ΕΓΙφΙΛΑΡΔΟΣ"的位置类似,先由下而上，再由上而下；头发轮廓被一些卷发打乱。

a. 11.64 克。 PL. XIX

Lockett; SNG iii. 1132; Nav. iv. 486; H. Weber, 2379; Lambros(1889); C. 105/3.

396. A. 277. 相同模具。

P. 322. 与造币官名字"ΕΓΙφΙΛΑΡΔΟΣ"的位置类似，先由下而上，再由上而下。

a. 12.03 克。 PL. XIX

AC xiii. 320; Sotheby 9. 5. 1904, 202; C. 105/4(保存很差).

397. A. 277. 相同模具。

P. 232. 与造币官名字"ΕΓΙφΙΛΑΡΔΟΣ"的位置类似，先由下而上，再由上而下，但图案和铭文较小；风格更粗犷，且卷发的轮廓非常规范。

a. 12.72 克。

Egger, xlvi. 158; 可能是 C. 105/5(交易中，1911；重量一样)。

背面：从印图右下角到岩石之间有裂纹。

397/1. A. 277/1. 与城市名字缩写"ΑΒΔΗ"的位置类似，非常像 A. 277模具，但耳朵更长，且耳尖更朝前，上颌是弯曲的，浮雕较高。

P. 323/1. 与造币官名字"ΕΓΙφΙΛΑΡΔΟΣ"的位置类似，但两边都是由下而上(如第 393 号模具)；是比例优美的图案；风格优雅；眼神的角度略低。

a. 12.02 克，牛津(梅先生的遗产)。 PL. XIX

Baldwin(12/60)(这枚钱币的真实性受到质疑).

分组 111

1 斯塔特:　　　　造币官:ΕΓΑΡΙΣΤΑΓΟΡΕΩ

有记录的样品	1	垫压模具	1	PL. XIX
模具组合	1	冲压模具	1	

398. A. 278. 格里芬向左跳跃离开基线,两条前腿都抬起;翅膀展开,羽毛向前弯曲(像以前的图案 B);[1]上下颌紧闭,下面有浓密的颈羽,脖子前面是经典的长毛;稀疏的羽冠和尖尖的鬃毛;尾巴翘起且在后面卷曲。

P. 324. 造币官名字"ΕΓΑΡΙΣΤΑΓΟΡΕΩ"自左下角起环绕年轻的酒神狄厄尼索斯(其中"ΑΓ"在"ΣΤ"下面的背板上),酒神骑在豹子身上,面朝右;其右手伸展并持有双耳酒杯;左手放在豹子的颈部并握有酒神杖,酒神杖向上斜;身体上半部是裸露的,下半身披宽松长衫紧紧地裹着四肢;豹子的头朝前方,尾巴向后面卷曲;有基线;浅印图。

a. 12. 43 克,私人收藏。　　　　(见图 6 - 1)

Severeanu, *Bucuresti*, 1936, 21 - 26, figs. 1 - 2. 出处:保加利亚南方。

4 奥博尔(第一批次):　　　　标识:月桂树叶

399. A. 279. 格里芬面朝左卧坐,右前腿抬起,下面是一片月桂树叶;耳朵向前尖,有很多粗俗顶饰;翅膀的处理很精心,长主羽;近处翅膀下垂以显示远处翅膀的轮廓;上下颌紧闭,尾巴翘起且在后面卷曲;是工艺精美的作品。

P. 325. 城市名字缩写"ΑΒΔ"(字母小)先由下到上,再由左向右位于印图中公牛头像的前方和上方,公牛头朝左;方形印图。

---

① 见 p. 83, n. 1, *supra*。

a. 1.72 克。 PL. XIX

Lockett;SNG iii. 1143.

b. 1.65 克,牛津(梅先生的遗产)。

Ciani and Vinchol 6.2.1956,370.

c. 1.55 克,索菲亚。

d. 1.75 克,柏林。

C. 127/1(标识是玉米穗).

e. —

Glend. 7.3.1957,57A.

第二批次:[①]

400. A. 280. 格里芬向左跳跃离开基座,两条前腿都抬起;耳朵向上尖,双颌张开;羽冠是粗羽毛;翅膀张开,主羽竖直朝上或略微下垂;尾巴翘起并再向后面卷曲;精神饱满的风格。

P. 326. 城市名字缩写"ABΔH"(字母小)位于牛头像前方,牛头朝左;造型优美,对脖子上皮肤褶皱和牛角根部曲线的处理非常精致;方形印图。

a. 1.57 克,大英博物馆。

BMC *Thrace*,72. no. 51;C. 130/5(有残缺).

b. 1.58 克,巴黎。

Mionnet,i. 364. 1,Suppl. Ii,pl. 5. 2;C. 128/1.

c. 1.40 克,柏林。

Nom. iii,pl. 2. 17;Lobbecke;C. 130/1.

d. 1.60 克,柏林。

Beschreibung,i. 103,no. 46(复制品);样品在温特图尔;C. 130/2。

① 还包括下列样品,但其中一些可能与目录中的相同:C. 130/6:Bassarabescu(1912);C. 130/7:Lambros(1912),1.59 克;C. 130/8,9:Lischine 17－18,1.60 克、1.55 克;C. 130/10:Merabacher 15. 11. 1910,290,1.60 克;C. 130/11:Hirsch,xxv. 83。

e. 1.49 克,柏林。

Beschreibung, i. 103, no. 47(复制品,可能是这些模具);

C. 130/3.

f. 1.52 克,哥本哈根。

SNG(*Cop.*), *Thrace*, 346; Heldreich(1872); C. 130/4.

g. 1.60 克,温特图尔。

Huni; Nav. v. 1534.

h. 1.66 克。

H. Weber, 2386; C. 130/5.

图 6-1 是第 398 号模具(A. 278/P. 324)。

图 6-1　第 398 号模具(A. 278/P. 324)

第7章　第七时期:约公元前386/385～375年

第七时期覆盖的时间区间相对较短,从安塔克达斯(Antalkidas)和平条约结束后不久到公元前375年;这一年特里巴洛人(Triballoi)的入侵使阿布德拉遭受灾难,而在卡布里斯(Chabrias)率领下雅典舰队的及时救援,又致阿布德拉加入了第二次海事联盟。这一时期是最有意思的时期之一:重量标准发生了进一步变化,也是阿布德拉造币厂第一次将同一体系同时用于轻重两种铸币;这一时期制作了最后一个有单个造币官名字的钱币系列,在该系列中造币官名字根据连续的授权而每年变化;这一时期因一次不幸事件的突然冲击而结束,该事件对以后铸币业的发展产生了深远影响,而且也确实为我们的时间顺序划分提供了一个最有价值的参照标准。

这种新标准就是波斯标准;但该标准很难说是新的,因为像邻国马罗尼亚一样,阿布德拉已经连续几年制作了数量可观的"波斯"重量标准的4奥博尔。[①] 确实,这种小面额钱币流通数量的增加似乎导致了阿布德拉最终放弃了埃伊内提克标准而采用更加便利于商业活动的波斯重量标准的4德拉克马,同时第六时期的4奥博尔这时变成了1德拉克马。4德拉克马和1德拉克马的重量范围都很宽,但有大量钱币不仅分别执行了11.20克和2.80克的波斯重量标准,而且一般会高于该重量标准;毫无疑问这是为了使4德拉克马与凯伊安标准的3德拉克马保持一致。[②] 从一个波斯4德拉克马与一个凯伊安4德拉克马之间差异很小的角度讲,出现高于波斯标准的情况不太可能是由于商业实践的过程:正如我们已经看到的,有一些文献证据表明,尽管时间略晚一些,但前者可能是根据后者换算的;另外,在第八时期开始时独特的0.5斯塔特金币的重量也支持这种解释。[③]

表7-1显示这一时期共有9个批次的钱币:5个批次4德拉克马和4个批次1德拉克马。没有记录显示在某个批次中同时制作了4德拉克马和1德拉克马,尽管有一个批次出现了铜币和4德拉克马。很明显,大面额钱币的制作数量不是很大,因为在已知的所有单个批次的4德拉克马只使用了一个垫压模具。而1德拉克马的数量则很多,垫压和冲压模具都比较多,而且经常在某个批次中互换使用。从总体上讲这些数字表明,在整个第七时期的年份里,这两种钱币的发行是比较规律的,当地的商业活动是繁荣和稳定的,尽管这并不意味着大额钱币的发行量很大。

整体艺术技能一直都保持在高水平。如果说一些图案明显是技能低于平均水平的工匠的作品,那么其他作品则在制作和寓意两方面都可以说是杰出的。毫无疑问,单个造币官的系列一直持续到预期变化可能发生的时点。当这一时点到来时,结局就是中断了原有系列或马上进入整个铸币业中最辉煌的批次之一(分组120)。

---

① 见pp.34 ff.,*supra*。

② 见Table XV,p.36,*supra*。

③ 见p.39,*supra*。

表7-1　第七时期钱币发行分类:约公元前386/385~375年

		4德拉克马				1德拉克马				铜币			
分组	造币官名字	有记录的样品	组合模具	垫压模具	冲压模具	有记录的样品	组合模具	垫压模具	冲压模具	有记录的样品	组合模具	垫压模具	冲压模具
112	Telemachos	6	4	1	4	..	..	..	..	..	..	..	..
113	Molpagores	..	..	..	..	32	15	9	10	..	..	..	..
114	Peithesiles	2	2	2	1	..	..	..	..	2	2	1	2
115	Philaios	..	..	..	..	27	16	4	5	..	..	..	..
116	Hiromnemon	..	..	..	..	19	8	5	5	..	..	..	..
117	Zenon	4	2	1	2	..	..	..	..	..	..	..	..
118	Kallianax	5	3	1	3	..	..	..	..	..	..	..	..
119	Athenes	..	..	..	..	16	6	3	3	..	..	..	..
120	Polykrates	9	4	1	4	..	..	..	..	..	..	..	..

在安塔克达斯和平条约结束后的年份里,当时的政治环境是,爱琴海北岸的色雷斯地区的任何城邦,只要想与爱琴海东岸或东南岸国家进行贸易,都倾向于采用波斯或凯伊安标准。萨索斯已经选择了后者,马罗尼亚则选择了前者;正是在这种情况下,阿布德拉作出了转变,尽管我们已经看到实际推动这一转变的可能是其长时间以来一直使用波斯标准制作小面额钱币。

第六时期的最后几年里已经见证了雅典海军实力的恢复,由此也重新引发了雅典对色雷斯沿岸和海峡地区的原有兴趣。阿德里西亚王国的王子们由色雷西波洛斯将军促成的和解,包括自己内部以及与雅典的和解两个方面,形成了对爱琴海沿岸希腊各城邦的一种潜在威胁;阿德里西亚王国占据的战略要点如拜占庭和萨索斯,再加上从这两个地方商业活动中榨取的各种收益,一直都非常令人鼓舞。① 安塔克达斯和平条约及其对小亚细亚以外各个希腊城邦自主权的保证,暂时阻止雅典人任何扩张的近期威胁;但正如后来发生事件所显示的,

① cf. pp. 188 f. , *supra.*

该和平协议并没有减少雅典对北部地区的兴趣,也没有降低其与重要城邦组成联盟的能力,不仅包括该方向的城邦,也包括小亚细亚西海岸的城邦。①

雅典也确实没过多久就开始恢复其在色雷斯的政治行动。早在公元前 386/385 年,雅典就与阿德里西亚王国王子赫布里泽米斯(Hebryzelmis)建立了友好关系。② 仅在不久前,即公元前 389 年,雅典也同时与梅多克斯(Medokos)和斯休思二世(Seuthes Ⅱ)两人进行了谈判;由于我们没有再次听到这两位王子的消息,所以很可能的情况是赫布里泽米斯继承了王位,无论是通过自然的权力移交还是篡位,他成为了阿德里西亚王国的唯一统治者。③ 如果情况确实如此,则他的短暂的统治具有重要意义,因为标志着一个中央阿德里西亚霸权的重现,一种自斯休思一世去世以来从未见过的模式的重生。在公元前 383 年克提斯(Kotys)继承了斯休思一世的王位,前者是被指定继承政府权力的一位王子,其作为王储长达 23 年,承担着重新建立横跨色雷斯内陆地区的阿德里西亚王国的任务,他的做法并没有得到雅典和沿岸各城邦国家的认同。

赫布里泽米斯和克提斯制作的钱币表明,他们的权力基础是东色雷斯的吉塞拉(Kypsela)。④ 吉塞拉的地理位置是沿何布罗斯河

---

① 在安塔克达斯和平条约与公元前 377 年正式组成第二次雅典联盟之间的 10 年里,雅典完成了在公元前 384/383 年与希俄斯(Chios)结盟(*SIG*³ 142;Isukrates, *Plat*, 28);在公元前 384/383 年组成查尔基德克联盟(*SIG*³ 143;Xenophon, *Hell.* V. 2. 15);在公元前 378/377 年,又分别与拜占庭(*SIG*³ 142;Isukrates, loc. cit.)、米提里内(Mytilene)(*IG* ii². 40;Isukrates, loc. cit.)和梅西纳(Methymna)(*SIG*³ 149)结盟。

② *SIG*³ 138.

③ 对赫布里泽米斯的身份现在已知情况甚少,尽管一直有很多推测:cf. *Ainos*, 184;Hock, Der Odrysenkonig Hebryzelmis, *Hermes* xxvi. 1891, 457;Beloch, *GG* 3. ii. 86。

④ 吉塞拉自主制作的铜币属于公元前 5 世纪最后几年和公元前 4 世纪的最初几年。正面图案来自阿伊努斯,背面图案是非常有意义的双把酒杯(cf. *Ainos*, 96, n. 2, pl. x, k1 -3)。赫布里泽米斯保留了吉塞拉的背面图案,并用他自己的名字"EBPY"替换了铭文"KY/ΨE"(cf. *Ainos*, 184, and Babelon, *Traite*, pl. 330, 20 -22)。克提斯保留了双把酒杯,并使用铭文"KO/TY"(cf. *Ainos*, 186, n. 2;Babelon, *Traite*, pl. 331, 1 -5)。

(Hebros)而上的贸易通道的要塞,一直以来都是阿伊努斯的兴趣所在,而且也是马罗尼亚后面山区以东地区的货物集散地;另外在较小程度上,对波罗庞迪斯(Propontis)地区沿色雷斯海岸的城邦来说也非常重要。如果克提斯不得不为其继承权而战的话——这一点似乎很可能——则在他统治的最初几年里必须确立在东色雷斯的权力基础。尽管作为阿德里西亚的国王他可以宣称对斯塔克斯(Sitalkes)统治时期帝国旧领土的占有权,并因此控制阿布德拉后面的地区,但不太可能是在其统治的早期,当时尚不够强大到可以控制如此遥远的西部地区。当然在公元前 375 年他已经无力阻止斯塔克斯的时代仇敌特里巴洛人(Triballoi)的入侵了,后者穿过其领土直接抵达了阿布德拉城下。

这时期雅典真实地奉行了与阿德里西亚的色雷斯中间力量友好的政策,因此很可能在寻求将在赫布里泽米斯时期已经建立的良好关系扩展到其继任者;无论在随后几年里发生了何种情况,克提斯都不可能在其统治开始时做出违背雅典意愿的事情。而且对雅典来说,可能希望克提斯的崛起会导致沿岸各城邦加入与雅典的结盟。即使在公元前 377 年正式宣布第二次联盟之前,雅典就与拜占庭签订了一个协议;同时培里索斯(Perinthos)和马罗尼亚是第一批参加新联盟的城邦,可能是在公元前 377 年的秋季。由于位于更远的西边,所以阿布德拉并不惧怕克提斯,而且尽管公元前 376 年卡布里斯(Chabrias)在纳克索斯岛(Naxos)取得了决定性胜利,我们也没有证据表明阿布德拉比萨索斯更愿意成为雅典联盟的最早期成员。但由于在一次意外事故中命运的突然转变所导致的巨大冲击,其结果不仅使阿布德拉几乎被摧毁,而且被迫接受雅典的保护。

可能是在公元前 375 年的春季,野蛮部落特里巴洛人突破其在色雷斯西北部的领地,并在统治者查雷斯(Chales)的带领下横扫西色雷斯地区,且穿过罗多普山脉(Rhodope)进入了阿布德拉的领土。① 饥荒似乎是这次军事行动的主要原因,这次行动明显规模宏大。② 阿布德拉的男人们竭尽全力坚守阵地,并抓获了一些散兵游勇。但野蛮人使用火和剑重新开始进攻,几乎打到城墙下。此前因成功而过于自信的阿布德拉人,以极大的激情再次冲到城外,但不幸落入一个精心设计的埋伏:由于在危机时刻被其色雷斯盟友抛弃了,所以阿布德拉人遭受了彻底的失败;在如此短的时间内其损失超过了所有其他相同规模城邦国家曾经有过的损失。③ 由于冲到城外的部队几乎被全部消灭,所以阿布德拉这时最大的希望是抵御住对城市本身的围攻。她能坚持多久是有很大疑问的,但幸运的是这种情况最终并未发生。卡布里斯率领的一支雅典军队拯救了阿布德拉。特里巴洛人被赶出了阿布德拉的领土,但她自身已变得非常羸弱,只能接受卡布里斯在其领土内驻扎大量军队。④ 在这种情形下,阿布德拉加入联盟已经变成一种形式了。⑤

命运的这种突然转变不仅再次将阿布德拉带入雅典的势力范围,而且对其钱币制作立即和持久地造成了影响。由于其人口遭到屠杀,领土受到蹂躏,与内陆地区的贸易线被切断,再加上雅典驻军的支持以及可能还有联盟资金的贡献等,所以阿布德拉有充分理由关闭其造币厂。非常可能的情况是钱币制作暂停了,而且恢复期持续了几年的时间。当重新开始制作钱币时,原有的单个造币官图案的系列不复存在了;尽管授权官员仍然将其名字刻在钱币上,但第八时期的新系列使用的是一种单一背面图案,即戴花冠的阿波罗头像。该新系列开始

---

① 关于这一事件我们的资料来源是 Aeneas Tacticus(Oxford,1927,xv. 8 －10);Schol. Aristeides, *Panathenaikos* 275(172.7);Hock, Klio, 1904, 267 f.。

② Diodoros 使用了“宏伟”一词来描述这次远征,并认为总数有超过 3 万人参与其中。

③ Aeneas Tact, xv. 9 －10.

④ Diodoros, xv. 36. 4.

⑤ *SIG*³ 147, 1. 99.

时数量不是很大。通往内陆地区的贸易通道一直都被阻断,而且白银相对稀缺。在此后的几年里我们将看到黄金成为钱币制作的必需品。实际上在第八时期,大面额银币极为罕见:目前有记录的只有一个批次数量可观的 4 德拉克马。

这次挫折确实非常严重。阿布德拉一直信任的周边色雷斯人与那些被认为是特里巴洛邻居的人可能是相同的,也可能是不相同的;无论是哪种情况,他们都会在名义上认为属于阿德里西亚王国的疆域之内。关于在战争中阿布德拉遭到遗弃的问题,很难相信克提斯愿意看到特里巴洛人在其领域内的西部地区建立势力范围,尽管地方议会一直希望由此而获得好处的想法可能是缺乏远见的。至于马罗尼亚人的动机则不难判断,据研究阿布德拉人历史的学者认为他们参加了对阿布德拉的攻击。[①] 在整个历史进程中,沿岸各城邦在影响力和贸易方面都是潜在的竞争对手,而且都渴望从竞争对手的不幸中获益;这一点从来都是各城邦的目标。与阿布德拉、萨索斯或阿伊努斯相比,马罗尼亚花费了更长时间来使自己变得强大。钱币系列和贡赋列表都可以显示,在进入公元前 5 世纪下半叶以前,马罗尼亚一直都远远落后于阿布德拉。但在我们的第六至第八时期所覆盖的年份里,马罗尼亚的钱币制作提升到略低于阿布德拉的水平。[②] 此时阿布德拉遭受的严重挫折可能促使贸易活动转向了马罗尼亚,而特里巴洛人在色雷斯西部建立的势力范围,或破坏阿布德拉背后国土的做法,可能对马罗尼亚没有什么伤害。马罗尼亚位于阿布德拉东面较远的地方,而且她与色雷斯内陆地区的交往主要是通过何布罗斯河谷,而不是经过阿布德拉背面的罗多普山脉。

另外还有一件非常有意思的事情。有一枚小面额钱币具有第八时期阿布德拉钱币图案的特征,即阿波罗和格里芬图案,但正面的铭

---

① 见 Loc. cit. On p. 241, n. 1, *supra*。

② cf. pp. 26 f.; 30, n. 1; 35, n. 3, *supra*.

文是“ΒΑΣΓΟΚΗΣ”。[①] 很难将此钱币的制作与公元前375年的事件联系起来,尽管前面引述学者的参考文献认为这意味着阿布德拉和马罗尼亚的“国王们”,在卡布里斯的帮助下实现了两个城邦之间的和解。[②] 正如浩科特(Hock)指出的,这肯定是将公元前389年色雷西波洛斯与梅多克斯和斯休思二世的和解混淆了。[③] 无论如何,斯波克斯(Spokes)的钱币明显属于较晚的时期。

第七时期的9个批次钱币存在时间较短,也许不超过1年或11年,并且在公元前375年因野蛮人的入侵而结束。因此我们可以用某种比较有信心的方法来判断其大体日期,许多钱币特征会提升我们的信心,因为这些特征有助于我们进一步确定每一个批次钱币在这些年中的具体位置。

由造币官特雷马克斯制作的分组112钱币可以放在这一时期的开始。其正面模具A. 281(nos. 401 －4;pl. XIX)在很多地方与第六时期结束时造币官阿瑞斯塔格雷斯(Aristagores)使用的分组111(no. 398)中杰出的模具A. 278都相同;现在设计上有了改进,因为实际上格里芬蹲伏(crouching)的姿势比低轨道的跳跃更令人满意;同时与第六时期造币官阿瑞斯塔格雷斯(Aristagores)设计的格里芬翅膀上非现实主义装饰相比,对主羽的常规处理也更加符合当时流行的风格。对双颌的较弱处理,也使人回想起造币官费拉斯分组110中的格里芬(A. 277;nos. 395 －7;pl. XIX),后者是第六时期倒数第二批次的钱币。另外,在造币官特雷马克斯制作的钱币背面上赫拉克勒斯可能与费拉斯制作钱币上的相同大力神有关联,尽管这里大力神只不过是作为补充造币官名字的神灵;另外,作为第二个标识出现在特雷马克斯制作的模具P. 327(no. 401;pl. XIX)上的海豚,使人想起了在第六时期快结束时造币官尼姆哈格雷斯使用的分组109的钱币背面图案(nos.

---

① 柏林,*Beschreibung*,i. 118,no. 144;*Die ant. Miinz. N. -griech.* 11. 1(1). 27,n. 3。

② 见Loc. cit. in p. 242,n. 3,*supra*。

③ Klio,1904,268 f.

376 – 90;pl. XIX)。

现在我们转向第七时期结束时,我们会发现在 3 个批次的一个系列中,一定会出现一头雌鹿或雄鹿:首先是在造币官卡里安纳斯制作的分组 118 中,与站立的阿波罗神在一起;然后,可能是作为分组 119 中造币官阿森内斯(Athenes)使用的 1 德拉克马的主图案(nos. 452 – 7;pl. XXI);最后是造币官波利克拉特斯在分组 120 中与杰出的阿耳特弥斯图案一起使用(nos. 458 – 61;pl. XXI)。

造币官波利克拉特斯制作的钱币是单个造币官图案长系列的最后一个批次,这种图案系列每年都会有一个新选项,也一直是我们整个第五至第七时期(约公元前 439/437 ~ 375 年)铸币业中非常有意义的一个特征。分组 120 被放在本系列中最后的位置,因为其 A. 306 模具上,格里芬与第八时期的图案有非常紧密的相似性。① 格里芬在基线上的蹲伏姿势与第七时期开始时造币官特雷马克斯制作的 A. 281 在很多方面是一样的。但也有一些显著差异:主羽是经典的,与特雷马克斯使用的格里芬一样,但次羽这时表现得非常具体,其结果就是整个翅膀表面都被羽毛覆盖了;②脖子前面长毛的处理是一种常规模式;③躯干更粗重,颈部更弯曲,同时右前爪抬起得更高,其结果是整体重量倒向后面的臀部;尾巴在两条后腿之间几乎是向前卷曲,填满了后腿与腹部之间的空间。所有这些特点都会重复出现在第八时期的格里芬图案中,同时背面设计搭配阿波罗的头像。在分组 120 中的模具 A. 306 上,图案非常大胆,且表现很充分;但与此前的其他图案一样,模具雕刻师最终失去了对该图案的兴趣,并被改造成一种标准化的形式。

---

① 见 p. 268, *infra*。

② 我们在造币官森农(Zenon)和卡里安纳斯制作的 4 德拉克马正面模具 A. 301 以及 A. 302(分组 117,118;nos. 447 – 51;pl. XXI)上首次见到这种特征。

③ 我们已经在造币官阿瑞斯塔格雷斯制作的模具 A. 278(分组 111)的格里芬上看到了这种模式;该模式也同样可以在造币官费拉奥斯制作的 1 德拉克马正面图案上看到(A. 293 – 6;nos. 423 – 38;pl. XX)。

在其余批次即分组115~116钱币中,1德拉克马分别由造币官费拉奥斯和何罗姆门农(Hiromnemon)制作,两者由正面模具A.294连接,该模具首次用在分组115(nos.425-8)中,然后经过改进用在分组116(nos.439-41;pl.XX)中。费拉奥斯设计的背面图案P.344-8(nos.423-38;pl.XX)是赫尔墨斯的形象,而且我们会发现在造币官森农制作的4德拉克马(分组117;P.354,355;nos.423-38;pl.XXI)上,该图案被放大了,且几乎完全相同地进行了复制;差异仅仅是在费拉奥斯制作的1德拉克马上作为标识的黄芪甲苷(astragalos)这时被一个双耳酒杯替代,后者也很熟悉,因为这是何罗姆门农制作钱币上的主图案(P.349-53;nos.439-46;pl.XX)。

在转变过程中,造币官森农制作的钱币因其正面图案而与造币官卡里安纳斯制作的钱币(分组118)有紧密联系。在这两个批次中,正面图案(A.301,302;nos.447-51;pl.XXI)看上去回归了古老的传统格里芬,即向前跳跃,两条前腿抬起;但它们的比例和处理非常类似,以至于可以表明是出于同一人之手;同时两个模具都有详细的次羽羽毛,在介绍与分组120中的模具A.306时已经提到这一点。因此,我们可以合理地将何罗姆门农—费拉奥斯—森农系列(分组115~117)划分到第八时期的中期,因为从造币官森农和卡里安纳斯共同使用的格里芬图案,到由造币官阿森内斯(Athenes)和波利克拉特斯制作的最后批次钱币的整个过程分析,可以自然得出上述结论。

这样我们就剩下分组113和分组114了,前者由造币官莫尔帕格雷斯(Molpagores)制作,而且仅限于1德拉克马;后者由造币官佩索斯雷斯(Peithesiles)制作,包括4德拉克马和铜币。这些钱币被划分在本时期的前半期。正如我们将看到的,这种安排至少从造币官佩索斯雷斯的角度讲是大体正确的。

非常可能的情况是,制作分组113钱币的莫尔帕格雷斯与第六时期制作分组100钱币的造币官是同一个人。在这两组钱币中,背面图案都与酒神狄厄尼索斯有关:在分组100的1斯塔特上,敬酒者是一位跳舞女孩,而在分组 113 的 1 德拉克马上则只有年轻的酒神头像自身。[1] 从主题上讲,这两批次钱币确实可能是相同的,但在处理上非常不同。分组 100 的正面模具(A. 228,229;nos. 313 - 15;pl. XXII)属于短期却是早期格里芬壮观图案的复古回归;而分组 113 的正面模具与此则没有相同之处,但与造币官尼姆哈格雷斯制作的分组 109,与造币官费拉奥斯和何罗姆门农制作的分组 115 ~ 116,以及与造币官阿森内斯制作的分组 119 中的正面模具保持了高度一致。[2] 所有这四批次钱币都有一个类似图案,格里芬的动作充满活力,而且技术水平高;但通常在处理上表面化,在强调某些特征的同时会忽略其他特征。在背面图案中,分组 100 中的跳舞女孩处理得非常精美和优雅,而分组 113 中年轻的狄厄尼索斯头像则完全不是这样,后者虽然表面上很吸引人,但也包含一些很实在的特征,而这些特征比较倾向于第八时期的阿波罗图案。最后,1 德拉克马上的铭文风格,其趋势是强调字母的结尾或拐角处,这与 1 斯塔特上的铭文不一样。

造币官佩索斯雷斯制作的分组 116 中 4 德拉克马呈现了一个较大和比例失调的格里芬图案,其向前跳跃离开基座(A. 291,291/1;nos. 420,420/1;pl. XX)。整体来讲,对细节的处理是比较完美的。铜币模具 A. 292(nos. 421,422;pl. XX)更漂亮,但像模具 A. 291 一样对顶饰的处理比较粗糙。有活力的动作和向前跳跃的轨迹使人回想起第六时期造币官普罗特斯制作的分组 102 中格里芬的一些特征。佩索斯雷斯在银币和铜币上使用的背面图案,即上升的萨梯和征服毒蛇的雄鹰,在意境和制作水平两方面都明显超过其正面图案。

在主要参考几个格里芬图案并建立了第七时期钱币制作的一个可能时间顺序框架之后,现在我们可以考虑背面图案了。由于这些钱币属于在每个背面上都有当年造币官名字的最后一个系列,所以这些

① P. 266 -8; nos. 313 -15; pl. XVII, and P. 331 -40; nos. 405 -19; pl. XX.

② A. 261 -74; nos. 376 -90; pl. XIX, A. 293 -300; nos. 423 -45; pl. XX, and A. 303 -5; nos. 452 -7; pl. XXI.

背面图案非常有意思。质量没有逐步下降的迹象,无论是艺术价值方面,还是题材方面都是如此。这些背面图案一直保持了在第六时期最后时期取得的高标准,并继续突出其特有的宗教内容。就最后批次即分组120而言,确实应该是阿布德拉造币厂整个历史中最杰出的钱币之一。该系列最终由于阿布德拉城邦接近灾难性事件而突然和非自然地中止,我们只能对此表示遗憾。

在第六时期结束时,造币官费拉斯制作的分组110为我们提供了一个优雅和有胡须的大力神赫拉克勒斯,他坐在一块岩石上呈现沉思状。现在在分组112中,造币官特雷马克斯使用的背面图案也同样是大力神,却是充满活力的动态(P. 328 - 30;nos. 402 - 4;pl. XIX)。人物形象处理得非常大胆,姿态是准备射箭;为了获得投射的更大动能,右手中的箭被拉到头部的后面;同时为了保持平衡覆盖着狮皮的左臂尽力向前伸展。左手指紧握着弓;在背板上有一个小扇贝。对单个正面图案A. 281的研究表明,这一优美设计取代了另一个不太成功的构图P. 327(no. 401;pl. XIX),其中大力神向右移动的姿势十分僵硬,右手向上握着的箭也很呆板;背板上的扇贝显得不成比例的大,同时还有一只海豚。

关于造币官莫尔帕格雷斯制作的1德拉克马背面图案是年轻的狄厄尼索斯(分组113;P. 331 - 40;nos. 405 - 19;pl. XX),以及将其与莫尔帕格雷斯在第六时期分组100中的1斯塔特相分开的原因,已经有过一些分析。该图案中阿波罗的长发缠在一起从上而下延伸到脖子后面,这在很大程度上是基于本世纪最初10年查尔基德克设计的阿波罗图案;①而且与后来马罗尼亚的某些4德拉克马系列中无胡须的狄厄尼索斯头像有一些相似之处,后者属于约公元前400/399~390年。② 但从其所有精美的外观相似处来讲,莫尔帕格雷斯制作的钱币

---

① cf. Olynthus, ix, Group J, nos. 43 - 45, pl. 4; also Group K, nos. 49 - 56.

② West, *Thrace*, pl. xii, A. 6, 7 (nos. 73, 74).

图案在处理上都比较粗糙，这似乎更像未来的第八时期而不是之前本世纪最初几年的情况。

造币官佩索斯雷斯制作的 4 德拉克马背面的主题（分组 114；P. 341；no. 420；pl. XX）是该题材领域中非常熟悉的，但其展示的新奇方法极大地提升了这一图案的吸引力。有胡须、浓密毛发和长尾巴的森林之神萨梯从单膝跪地慢慢站起，半面朝右。他的右手向前伸展并握有一只酒杯，左手为保持平衡轻轻地放在臀部上。该图案的雕刻技术能力显然超过了平均水平。从钱币目前的状况看，这枚 4 德拉克马本身还不足以展示出造币官的全名。但幸运的是，这枚钱币上不完整的铭文可以弥补两枚现存铜币样品上的铭文（nos. 421，422；pl. XX）。① 对这两枚铜币是否属于阿布德拉一直有争议，但依据并不充分，因为格里芬图案及其风格都与其他属于公元前 4 世纪第一个 25 年的阿布德拉铜币非常吻合。这两枚钱币的背面图案即 P. 342、P. 343 是一只雄鹰，正附身去撕扯一条毒蛇的头。该图案与造币官皮德纳（Pydna）制作的铜币背面图案非常类似，后者的时间是在查尔基德克联盟时期（约公元前 383 ~ 379 年）和属于马其顿国王的阿明塔斯三世（Amyntas Ⅲ）第二次统治时期（自公元前 381 年起）。如果在我们的系列中造币官佩索斯雷斯制作的钱币所处位置是正确的话，则皮德纳和佩索斯雷斯两者制作的钱币在时间上的平行关系就极为接近。②

造币官费塔罗斯和何罗姆门农制作的 1 德拉克马（分组 115，116）由一个正面模具联系起来，其格里芬图案与第六时期造币官尼姆哈格雷斯以及当前系列中造币官莫尔帕格雷斯和阿森内斯所使用格里芬的总体风格之间的联系，此前已经讨论过。对分组 115 和分组

① 即第 420、420/1、421 - 2 号钱币上的铭文，p. 255，*infra*。

② 有关造币官皮德纳制作钱币的介绍，见 *BMC Macedon*，101，nos. 1 - 3，*Die ant Munz. N. - griech.* Ⅲ（2），pl. xx. 30 - 31；有关阿明塔斯三世类似图案钱币的介绍，见 BMC op. cit. 174，nos. 17 - 22；*Die ant Munz. N. - griech.* Ⅲ（2），pl. xxx. 7。当然，在希腊钱币上一只雄鹰撕扯一条毒蛇是一个常见题材。但该题材此前并未出现在阿布德拉钱币上，而且很可能的情况是，造币官佩索斯雷斯在选择图案时受到了商业或政治同情心的影响。

116 中格里芬的主要兴趣是,在通常格里芬跳离的基座或基线位置,再次出现了爱奥尼亚式(Ionic)立柱的圆顶。①何罗姆门农制作钱币的背面(P. 349 - 53;nos. 439 - 46;pl. XX)是一个简单的双耳酒杯;在保存最好的现有模具(P. 349;no. 439;pl. XX)的背板上有一片常春藤叶。

最好将费拉奥斯制作钱币的背面图案与森农随后发行的 4 德拉克马图案(分组 117)一起分析。② 在后者制作的 1 德拉克马上,赫尔墨斯被放大但细节几乎没有改变,只是用双耳酒杯的标识替代了黄芪(astragalos)。大力神的左手向前延伸且手掌张开,右手握有一根短棍立在身旁。他只戴平顶宽檐帽,身穿短斗篷,短斗篷固定在肩膀上并下滑到左小臂,为人物形象构成了一个有效背景。③ 图案的比例、姿态和整体处理都使人想起在第六时期结束时造币官阿波拉斯制作的分组 106 中的阿波罗(P. 295;nos. 349,350;pl. XVIII),而且赫尔墨斯神本身也是再现了此前 50 年左右出现在造币官安纳西迪克斯[Anaxidikos(Ⅰ)]制作的 4 德拉克马上的神像图案,后者属于第五时期早期(分组 74;P. 173;no. 206;pl. XII)。

正如我们已经提到的,造币官森农制作的分组 117 因其正面图案而与造币官卡里安纳斯制作的分组 118 有非常密切的联系。后者是神话图案(types parlnts)长系列中的最后一个批次;自从为了标注每位造币官连续发行的钱币而引入单个钱币背面图案以来,我们就会经常看到这种设计。④ 该图案与名字是吻合的,展示了阿波罗正面站立,显示 3/4 的身体;头向右看,向右伸展的右手中握有一个圆盘饰。短斗篷披在肩膀上,左手轻握一根长月桂枝。身后是一头雄鹿,在本时期

① 在第六时期开始时,已经可以在造币官赫洛费内斯制作的 4 奥博尔上看到爱奥尼亚式立柱圆顶的类似功能(分组 94;A. 207 -9;nos. 276 -80;pl. XV);关于在许多早期图案看到的精美基座实际上可能就代表了爱奥尼亚式立柱圆顶的可能性分析,见 p. 54,n. 2,*supra*。

② cf. Group CXV;P. 344 -8;nos. 447 -8;pl. XXI.

③ 有关森农的 4 德拉克马现代仿制品的介绍,见 p. 285,*infra*。

④ 有观点认为,卡里安纳斯的名字表示阿波罗本人就代表当年的匿名造币官;反对此观点的分析,见 p. 201,*supra*。

最后三批次钱币中雄鹿很常见,但现在是第一次出现。① 从整体上讲,该图案基本上与分组106中的阿波罗相同,但其理念和工艺水平更高,显示出我们正在大步进入公元前4世纪。分组106中的阿波罗仍然参考以往与造币官波利克雷托斯(Polykleitos)相关的风格和图案;而造币官卡里安纳斯制作的分组118中的风格和图案,尤其是P.356、P.357(nos.449,450;pl. XXI),阿波罗优雅和放松的姿势更像以后造币官普拉希特雷斯(Praxiteles)的作品;这两个模具应该是一位对此题材充满感情的艺术家的作品;如果说第三个模具(P.358;no.451;pl. XXI)技术上完成较好的话,但形象上则比较冷酷和缺乏愉悦感,从字母拐角和结尾的雕刻工艺我们可以得出这样的表述。

分组119是在造币官阿森内斯的名下,只包括1德拉克马,被划分为本时期的最后一批次小面额钱币。正面的格里芬图案(A. 303-5;nos.452-7;pl. XXI)属于本时期造币官莫尔帕格雷斯、费拉奥斯和何罗姆门农(分组113,115,116),以及第六时期造币官尼姆哈格雷斯(分组109)所使用的图案,但处理得也许更精美。在分组115和分组116中,正面图案中作为基座的爱奥尼亚式立柱圆顶现在被一个普通基座替代。背面图案中的雄鹿(P.359-62;pl. XXI)处理得更加精细,而且P.359和P.360模具都属于阿布德拉造币厂小面额钱币中最引人注目的图案。

造币官波利克拉特斯制作的分组120将我们带到了第七时期的结束时。该批次钱币具有特别的意义,为我们提供了4个冲压模具,显示出各种阿耳特弥斯女神图案;工艺的细节极为突出,从整体上讲可以肯定这位模具雕刻师具有杰出的技术能力。确实,如果这些是最后批次有单个造币官名字图案的钱币,则在长系列钱币结束时其工艺

---

① 正如Farnell(Cults of the Greek Stater,Oxford,1907,iv.311)指出的,雄鹿或牝鹿经常与阿波罗一起出现在艺术品当中。他发现在康罗尼亚(Kaulonia)早期钱币上,动物与诸神之间是相互信任的关系;这种观点同样适用于我们的分组118钱币,而且也适用于造币官波利克拉特斯制作的分组20中阿耳特弥斯(Artemis)的图案。

水平至少像此前已经达到的水平一样高(P. 362 – 5;nos. 458 – 61;pl. XXI),实际情况似乎就是如此。

目前只知道分组 120 有一个正面图案,而且正如我们已经指出的,该图案具有重要意义,因为它提供的格里芬的原型图案被用于背面图案是阿波罗头像的长系列钱币,该系列代表了我们第八时期的开始。A. 306 是工艺大胆和出色的作品,但这里引起我们关注的是冲压模具。所有留存下来的 4 个冲压模具可能同时与 A. 306 搭配使用。其中被划分在前面的两个,即模具 P. 362 和 P. 363(nos. 458 和 nos. 459)显示了具有当时风格的阿耳特弥斯女神;这主要是基于雕刻师对女神的理念,尽管也不能完全排除他受到早期图案影响的可能性;[①]在很可能有雕刻关联性的第三个模具 P. 364 上,艺术家尝试着完成了非常困难的工作,即展示女神正面移动的姿势;第四个模具 P. 365 一定是一位信徒想象力的刻意展示。

代表我们第一批图案的模具 P. 362、P. 363 非常相似。女神缓慢向右移动;她的左手向前伸展并在肘部向上弯曲,以便握紧弓和箭;右手也同样伸展,且在模具 P. 362 中持有一束月桂枝,而在模具 P. 363 中持有一个花冠。在她前面,雄鹿走近并轻咬花果或用头触碰花冠。[②]阿耳特弥斯身披长希顿古装,衣服呈现很多褶并下垂到地面;在其头上有一个双耳酒杯,头发从酒杯的下方向下散开到肩膀处。这一设计理念非常诱人,且工艺精制;该题材的主要动机是保护,表现出女神作

---

① 从身份识别上看,这位阿耳特弥斯无疑与 P. 364、P. 365 模具上的女神是相同的。但如果从雕刻的意图上看,则这一定属于当代风格。从 P. 364、P. 365 模具的内容看,旧版本存在影响是明显的,这一点也许与克什尼兹半岛(Chersonese)上艾拉奥斯(Elaios)城邦发行的一枚帝国钱币上的阿耳特弥斯有相同之处,该地区由罗马皇帝康茂德(Commodus)统治。Imhoof-Blumer 认为这枚钱币参考了一种早期图案(*MG* 46,no. 44,pl. F27;Lacroix, *Les reproductions de statues sur les monnaies grecques*,Liege,1949,138,pl. 11.5)。

② 有关与此花冠平行的一个图案,我们可以参考佩格(Perga)制作的 4 德拉克马上的阿耳特弥斯,该钱币属于公元前 2 世纪,见 Farnell, op. cit. ii, coin plate B. 3; BMC *Pamphylia*,119,no. 1,pl. 24. 1。

为动物的守护者而不是猎人。[①]

在模具 P. 364 中，人物形象是正面的。一条腿向前迈的姿势使人回想起阿克罗波利斯卫城贞女(the Acropolis korai)的形象，其效果因褶皱的希顿古装而得到进一步增强。古装包括一件披风，下垂到左肩膀上边和下边，披风里面是一件贴身希顿古装，下垂到脚踝，且用一根长腰带拴在腰部，腰带呈之字形落在右腿上。[②] 双耳酒杯更高，羊毛线条从酒杯下垂到肩膀上。[③] 两只手都向前伸展，其中左手握着弓，右手拿着花冠；不太恰当的是女神身后有一头母鹿走向花冠。该图案非常精致，需要有很高的技术能力。如果说某些细节显示处理不当，但这位艺术家绝对不缺乏创意。

不同之处是对模具 P. 365 的自信和有克制的处理。这是一位大师的作品，他认识到这种性质的图案最好由其自身来表达。一位信徒的形象——这里当然是早期的形象，必须不仅要有灵感，而且要尽可能多地展示细节。简单的褶皱布料呈现出一种非常类似柱形的效果，代表了遥远的古代；褶皱布料是佩泊勒斯衫(peplos)，用带子系住；服装从大腿处展开，且覆盖着一个长和紧身的像护套一样的希顿古装，后者在双脚的两边散开；而双脚站立在一个高凳子的边缘。[④] 双臂都

---

① 见 Farnell, op. cit. ii. 524 f.，其中提到了这种阿布德拉钱币的图案；另外见慕尼黑 Gabii 所收藏钱币上的阿耳特弥斯图案(ibid. pl. 33)。

② 在如此小空间里的这些褶皱可能会与某些披风的长尾部混淆，例如，阿克罗波利斯博物馆中凯伊安大理石柱上的精美科莱(no. 675)，以及同一博物馆中波斯大理石柱上比较后期和非常成熟风格的科莱[Lullies and Hirmer, *Greek Sculpture*(second edn.), pls. Ⅲ, 70, 80]。

③ 损坏程度就像约公元前 48 年 L. Hostilius Saserna 制作的古罗马钱币便士(denarii)上 Artenmis Massaliotike 的形象。有关后者的图案，见 Seltman, *The Wardrobe of Artemis*, NC, 1952, 34－36。

④ 阿布德拉钱币上女神双臂分开这种姿势并不像前一个注释中提到的古罗马钱币便士上的 Artenmis Massaliotike 形象。Strabo 认为这位阿耳特弥斯女神是著名的 Ephesian 阿耳特弥斯的复制品，而且可能是在约公元前 540 年由 Phocaeans 带到 Massalia(cf. Strabo iv. 179; Seltman, loc. cit. In previous note)的。正如在 P. 365 上的雕刻所清晰展示的，阿布德拉的这个形象具有一种极端的简明性，但几乎不可能像 Massaliotike 的钱币一样早，除非是由阿布德拉人自己从特雷斯(Toes)带过来。

向两边伸展,并在肘关节处向上直立。[①] 左手握着弓,右手拿着向下悬着的花冠;朝着花冠的是整个身躯都站立在女神背后的雄鹿,其脖子向前伸展。僵硬抬起的前臂增添了祭司的姿势,这有助于传递一种神圣不可侵犯的氛围,而这种氛围并未出现在这一批次的其他图案中,当然也没有出现在许多以后制作钱币上的阿耳特弥斯形象中。

尽管造币官波利克拉特斯制作的钱币上这些阿耳特弥斯女神图案可能有所不同,但很可能的情况是,它们都是反映了女性的某个特殊方面,尤其是在阿布德拉受到尊敬的那些方面。有观点认为我们这里的形象是色雷斯女神本迪斯(Bendis),希腊人普遍将其形象融入自己的阿耳特弥斯女神中。[②] 对本迪斯的崇拜在色雷斯地区非常普遍,这一点是众所周知的;[③]但如果波利克拉特斯使用的图案被认为是本迪斯式阿耳特弥斯,则我们必须承认色雷斯的成分被深深湮没了。从表现形式和处理方式上讲,我们的图案基本上都是希腊式的(Hellenic),而且在理念上都是保护主义的。非常不同的地方是在腓力比(Philippi)的卫城上石刻所展现的狩猎女神本迪斯,这里我们看到的女神是在暴力行动中,仅身穿短希顿古装和靴子,而且有时是挥舞着一根长矛而不是一只弓。[④]

更近期的例子是根据约公元前356/355年一项雅典政令而雕刻在那不勒斯帕台农神殿上,以及属于更晚时间的那不勒斯铜币上的人物形象。[⑤] 在墙浮雕和钱币上,女神都挎着一个卡拉索斯篮子(kalathos),而且在钱币图案中女神双手伸展且分别握着希腊浅底碗(phiale)和花朵,具有祭司的特征是在表明一种身份。如果将该女神

---

① 双臂的这种姿势使人想起来自维奥蒂亚(Boeotia)的一个花瓶上阿耳特弥斯作为一位鱼女神的形象(Farnell,op. cit. ii. 522,pl. 29a)。

② 见 Lacroix,op. cit. 136(n. 3,quoting an opinion of Picard's),137。

③ Collart,112,430(n. 5) and ff.

④ Collart,430 ff. And pls. 72 and 73.

⑤ Collart,110 f. ,pl. 22. 2,and *IG* ii^2. 128(目前在雅典国家博物馆);有关铜币的情况,见 Collart,111,pl. 21. 12;also *Die ant. Munz. N. -griech*, Ⅲ(2). 86,no. 21。

也与色雷斯的本迪斯联系起来，则后者可以被认为是完全希腊化的。[①]

在野蛮部落公元前 375 年入侵之前，在阿布德拉最后制作的这些钱币上，我们可以看到希腊与色雷斯元素的一种融合，共同造就了这些阿耳特弥斯女神的形象，尽管我们这些图案的古希腊特征所占据的主导地位使人对此产生了疑问。很可能的情况是，模具 P. 365 上的人物形象复制了最初来自特雷斯的形象。对于这一点，我们现在也无从知晓，但这种可能性是存在的。

分组 112

4 德拉克马：　　造币官：ΕΓΙΤΗΛΕΜΑΧΟ

标识：扇贝（nos. 401 –4），

海豚（no. 401）

有记录的样品	6	垫压模具	1	PL. XIX
模具组合	4	冲压模具	4	

401. A. 281. 城市名字缩写“ΑΒΔΗ”位于格里芬上方，格里芬面朝左蹲伏在基线上；两条前腿都弯曲，但右前腿略微抬起；上下颌紧闭，下面有一束浓密的颈羽；耳朵向前尖，一束鳞状顶饰覆盖到脖子后边；翅膀翘起，主羽和次羽的细节比较典型化；尾巴翘起且在后面卷曲；总体上是大比例和有活力的处理；圆点边界。

P. 327. 造币官名字“ΕΓΙΤΗΛΕΜΑΧΟ”围绕裸体和有胡须的赫拉克勒斯，大力神僵硬地向左站立在基座上，右手握着直立的多节棒，左臂弯曲处挂着弓以保持平衡；在左边背板处有一只大扇贝，右边背板处有一个向下跳跃的海豚；单个肌肉组成表现得很细致；浅印图。

a. 11.20 克，大英博物馆。　　PL. XIX

NC 1898，100，no. 5；Rollin and Feuardent；Sotheby 6. 5.

---

① Collart，112.

1895,94;C. 138/1,pl. 3. 6.

b. 10. 90 克。

MMAG xix. 352;Hirsch,xxxiv. 261;Hirsch,xxx. 441(铭文是 ΕΓΙΤΗΝ—);C. 138/2.

正面:模具的状况很好,但在 a 上基线下面的背板处有断裂的痕迹。

402. A. 281. 相同模具。

16. 328. 造币官名字"ΕΓΙΤΗΛΕΜΑΧΟ"由下而上位于有胡须的赫拉克勒斯左边,大力神在基座上向右移动;左手向前伸展握着弓,手臂被狮子皮遮盖,狮子头和爪子从正面下垂,而后面的尾巴卷曲到下面背板处;右手向上并握着棍棒,棍棒的顶部被大力神的头部遮挡;箭袋悬挂在脖子周围,其底部位于右大腿上方;在右下方背板处有一只小扇贝;无海豚标识;比例轻巧和有活力;是一件精美的作品。

a. 11. 37 克,巴黎。 PL. XIX

Babelon, *Traite*, 2. iv, pl. 337, 10; RN 1908, 334; C. 137/3.

b. 10. 55 克,慕尼黑。

C. 137/2(轻微磨损).

正面:在 a 上,基线下面背板处的裂纹更明显,且在这两枚样品上尾巴弯曲处的里面都有一个小裂纹。

403. A. 281. 相同模具。

P. 329. 与造币官名字"ΕΓΙΤΗΛΕΜΑΧΟ"的位置类似;比例较大,且图案不够均衡。

a. 11. 41 克。

Jameson,iii. 2002;Seltman^2,pl. 28. 7.

正面:尾巴弯曲处里面有裂纹,基线下面的裂纹更明显。

404. A. 281. 相同模具。

P. 330. 与造币官名字“ΕΓΙΤΗΛΕΜΑΧΟ”的位置类似。

a. 10. 10 克,柏林。 PL. XIX

Beschreibung, i. 105, no. 64; Regling, 498(背面); ZfN 1925, pl. 13. 9; Nom. iii. Pl. 2. 26(背面); C. 137/1, pl. 3. 7(背面)(正面损坏严重).

正面:像第 401 号钱币一样有断裂痕迹。

分组 113

1 德拉克马: 造币官:ΜΟΛΓΑΓΟΡΗΣ, ΜΟΛΓΑΓΟΡΕΩ(no. 417)

有记录的样品	32①	垫压模具	9	PL. XX
模具组合	15	冲压模具	10	

405. A. 282. 格里芬向左跳跃,两条前腿都抬起;动作幅度大,但整体上处理比较表面化;有长而尖的鬃毛;翅膀是低浮雕,主羽尖仅显示轮廓;尾巴抬起且在后面卷曲;无基座;有圆点边界。

P. 331. 造币官名字“ΜΟΛΓΑΓΟΡΗΣ”围绕方形框,框内是年轻的狄厄尼索斯头像,大力神戴着橡树花饰,眉毛上方是一串紧凑的浆果;头发松散地下垂到脖子后面,在耳朵前面有一束卷发;工艺熟练的作品,但属于冷酷和感官上吸引人的风格;平截线非常斜;铭文的拐角和连接处因钻孔而显得突出;背板略微凸起。

a. 2. 88 克,牛津(梅先生的遗产)。 PL. XX

---

① 包括 C. 115/3: Hess, vi. Nov. 1905, 146; C. 115/7: Sotheby 9. 5. 1904, 210; C. 115/8: Lischine, 25, 2. 40 克(所有都是面朝右,且铭文“ΜΟΛΓΑΓΟΡΗΣ”在方形框的外面); C. 116/1: 柏林, 2. 35 克; C. 116/3: Sotheby 9. 5. 1904, 212; C. 116/6, 7: Hirsch, xxix. 143, 2. 76 克和 2. 77 克(所有都是面朝左,但铭文类似); 另有 Hirsch, xxix. 411, 2. 76 克(铭文是“ΜΟΛΓΑΓΟΡΕΩ”; cf. no. 417)。

Ciani:Vinchon 6.2.1956,368.

b.2.65 克。

Ratto(卢加诺)4.4.1927,815.

406. A.282. 相同模具。

P.332. 造币官名字“ΜΟΛΓΑΓΟΡΗΣ”围绕狄厄尼索斯头像,头像较小且面朝右;平截线同样非常斜;风格比较软但更精致。

a.2.70 克,慕尼黑。 PL. XX

C.115/5,pl.2.14.

背面:框线的左下角有裂纹,可能是由于重新雕刻的缘故;也许是使用该模具的最晚记录。

407. A.282. 相同模具。

P.333. 造币官名字“ΜΟΛΓΑΓΟΡΗΣ”围绕狄厄尼索斯头像,头像较大,风格更吸引人;松散的头发垂落到面颊和颈背。

a.2.50 克,巴黎。 PL. XX

C.115/6.

背面:一条斜裂纹从嘴后面上方的头发处经过脖子最上部直到背板处。

408. A.283. 类似;处理得较弱;前爪不恰当地较短,翅膀的处理粗糙;矮和轻的基座。

P.332. 第 406 号模具。

a.2.65 克,柏林。 PL. XX

C.115/2.

409. A.284. 类似。

P.332. 相同模具。

a.2.72 克。

MB viii, March 1937, 192, pl. 8; Schlesinger 4.2.1935, 441(重 2.90 克);Hermitage.

410. A. 285. 类似。

P. 334. 与造币官名字“ΜΟΛΓΑΓΟΡΗΣ”的位置类似;风格比较粗犷;图案较大。

a. 2.83 克,大英博物馆。 PL. XX

Robinson(1939).

411. A. 286. 类似;是比较精美的作品;羽毛更紧凑且造型更优美。

P. 335. 与造币官名字“ΜΟΛΓΑΓΟΡΗΣ”的位置类似,但头像面朝左;作品的工艺较好,但风格有些粗俗。

a. 2.84 克。 PL. XX

Lockett; SNG iii. 1137; Nav. v. 1530; possibly Hirsch, xii. 150 and C. 116/4.

412. A. 287. 类似;羽毛张开得比较自然。

P. 335. 相同模具。

a. 2.89 克,哥本哈根。

SNG(Cop.), *Thrace*, 332; Seltman(1927).

413. A. 287. 可能是相同模具。

P. 336. 与造币官名字“ΜΟΛΓΑΓΟΡΗΣ”的位置类似,但头像较小且面朝右;花饰将头发聚集在头后面,并下垂到颈背;敏捷的风格。

a. 2.84 克,剑桥。 PL. XX

McClean, 4013.

b. 2.66 克,剑桥。

McClean, 4014.

c. 2.73 克,哥本哈根。

SNG(Cop.), *Thrace*, 331; C. 115/4.

d. 2.50 克,柏林。

Beschreibung, i. 113, no. 116; C. 115/1.

e. 2.89 克,纽约。

Merzbacher 15. 11. 1910,292;C. 115/9.

f. 2. 69 克,牛津(梅先生的遗产)。

Baldwin(4/48).

g. 2. 71 克。

AC xiii. 626;Nav. i. 1081.

背面:可能在所有样品上(也许不包括 b),在框线内字母“P”下方背板处有小裂纹;在 e、f 上,嘴唇旁边的背板处有原始裂纹。

414. A. 287. 相同模具。

P. 331. 第 405 号模具。

a. 2. 49 克,牛津。

Oman(1947).

415. A. 287. 相同模具。

P. 337. 与造币官名字“ΜΟΛΓΑΓΟΡΗΣ”的位置类似,但头像面朝左;粗糙的作品。

a. 2. 49 克,大英博物馆。 PL. XX

BMC *Thrace*,71,no. 42;Burgon(1814);C. 116/2.

416. A. 288. 类似;比例不太合理;为了避开圆点边界前爪转向上方;脖子的处理非常弱。

P. 337/1. 与造币官名字“ΜΟΛΓΑΓΟΡΗΣ”的位置类似,但风格不同;头发下垂到颈背。

a. 2. 59 克,纽约。 PL. XX

417. A. 289. 类似。

P. 338. 与造币官名字“ΜΟΛΓΑΓΟΡΗΣ”的位置类似,但面朝右;图案较小,且风格比较粗俗;松散的头发下垂到颈背。

a. 2. 91 克。

NFA, list vi,1473;Jameson, iii. 2007;Egger, xxxix. 138.

418. A. 290. 类似;头部的处理较弱;前腿非常僵硬。

P. 339. 与造币官名字“ΜΟΛΓΑΓΟΡΗΣ”的位置类似,但头像面朝左;形象同样粗糙;头发下垂到颈背,花饰限制了头发的散落。

a. 2. 65 克,索菲亚。 PL. XX

正面:格里芬后背曲线平行位置有小裂纹;其他地方有磨损的痕迹。

419. A. 290. 相同模具。

P. 340. 造币官名字"ΜΟΛΓΑΓΟΡΗΣ"在方形框内环绕;风格和字母雕刻都非常粗糙;平截线非常斜。

a. 2. 63 克,海牙。

Six;C. 117/2.

b. 2. 69 克,柏林。

Beschreibung, i. 113, no. 117; Nom. Iii, pl. 2. 7; C. 117/1, pl. 2. 13.

c. 2. 47 克,剑桥。

McClean, 4015.

d. 2. 67 克,哥本哈根。

SNG(Cop.), *Thrace*, 333; Vercovich(1875); C. 117/3.

正面:像第418号钱币一样有裂纹,但模具显示在嘴和鼻子上方有磨损。

分组 114

4 德拉克马、铜币:

4 德拉克马:　　造币官:ΕΓΙ ΓΕΙΘΕΣΙΛΕΩ, ΓΕΙΘΕΣΙΛΕΩΣ

有记录的样品	2	垫压模具	2	PL. XX
模具组合	2	冲压模具	2	

铜币:

有记录的样品	2	垫压模具	1	PL. XX
模具组合	2	冲压模具	2	

4 德拉克马:

420. A. 291. 城市名字缩写"ABΔ"位于格里芬的上方,格里芬向左跳离矮基座;两条前腿都抬起;比例不恰当,且对所有细节都重处理;主羽仅表现出轮廓;厚重的顶饰。

P. 341. 造币官名字"ΕΓΙ ΓΕΙΘΕΣΙΛΕΩ"从左下角起围绕森林之神萨梯;萨梯靠左膝直立,侧面朝左;右手伸展且握着一个双耳酒杯;右手放在臀部上;浓密多毛的尾巴;比例很均衡;对肌肉的处理非常有技巧;有基线;浅方形印图。

a. 10.87 克,纽约。 PL. XX

MB 10.158(背面损坏比较严重).

420/1. A. 291/1. 与城市名字缩写"ABΔ"的位置类似。

P. 341. 相同模具。

a. 11.11 克。 PL. XX

Hess(卢塞恩)5.5.1965,128.

铜币:

421. A. 292. 格里芬向左跳跃,两条前腿都抬起;厚重的顶饰;无基座;圆点边界。

P. 342. 造币官名字"ΓΕΙΘΕΣΙΛΕΩΣ"围绕一只鹰,鹰正低头撕扯爪子中的一条蛇。

a. 1.23 克,大英博物馆。 PL. XX

BMC *Thrace*,75,no. 87;C. 201,fig. 3(p. 103).

422. A. 292. 可能是相同模具。

P. 343. 与造币官名字"ΓΕΙΘΕΣΙΛΕΩΣ"的位置类似。

a. 1.40 克,柏林。

C. 200,fig. 2(p. 103).

分组115～116

分组115

1德拉克马：　　造币官：ΕΓΙ ϕΙΛΑΙΟ

标识：黄芪甲苷

有记录的样品	27①	垫压模具	4	PL. XX
模具组合	16	冲压模具	5	

分组116

1德拉克马：　　造币官：ΙΡΟΜΝΜΩΝ，ΕΓ ΙΡΟΜΝΗΜΟΝΟΣ

有记录的样品	19②	垫压模具	5	PL. XX
模具组合	8	冲压模具	5	

分组115中的垫压模具A.294(nos.425－8)随后也应用在分组116(nos.439－41)中。

分组115

423. A.293. 城市名字缩写“ΑΒΔ”由左至右在格里芬翅膀的下面，格里芬向左跳跃离开爱奥尼亚立柱圆顶；两条前腿都抬起，尾巴在两条后腿之间向前弯曲；长而尖的羽冠；脖子前面的蓬松毛发是典型化处理；尾部和背部的造型有纵深感；主羽轮廓的处理很锋利；无圆点边界。

P.344. 造币官名字“ΕΓΙ ϕΙΛΑΙΟ”由上而下，再由左至右位于赫尔墨斯神的左边，赫尔墨斯神站立在矮基座上；他头戴宽檐帽，中间的纽扣在最高处，身穿的短斗篷固定在右

① 包括C.125/13：Sotheby 9.5.1904，211；C.125/15：Hirsch，xvii.639，2.67克（可能与第434c号是同一枚钱币）；Hirsch，xxv.81，2.55克；C.125/21：Hess（法兰克福）7.10.1907，1707，2.50克。

② 包括C.112/6：莫斯科大学，Oreschnikoff，Catalogue 36，2.34克；C.112/12：Margaritis Catalogue（1874），1，pl.1.1。

肩上;左手伸展且手指张开;右手位置较低且握着一个短棒;正面的右边是黄芪甲苷;铭文字母的拐角和结尾处突出;方形印图。

a. 2. 90 克,纽约。 PL. XX

424. A. 293. 相同模具。

P. 345. 造币官名字"ΕΓΙ ϕΙΛΑΙΟ"由上而下,位置类似。

a. 2. 48 克。 PL. XX

H. Weber, 2384; Sotheby 21. 1. 1896, 218; C. 125/14(被电镀过).

425. A. 294. 与城市名字缩写"ΑΒΔ"的位置类似。

P. 344. 第 423 号模具。

a. 2. 83 克,波士顿。 PL. XX

Boston Catalogue, no. 768; Warren, 455; Sotheby 10. 7. 1884, 260; C. 125/4.

426. A. 294. 相同模具。

P. 346. 造币官名字"ΕΓΙ ϕΙΛΑΙΟ"由上而下,再由左至右,位置类似。

a. 2. 25 克,巴黎。 PL. XX

Luynes, 1753; C. 125/10(有穿孔).

背面:基座上方的右脚上有裂纹。

427. A. 294. 相同模具。

P. 347. 造币官名字"ΕΓΙ ϕΙΛΑΙΟ"由上而下,位置类似,在方形框内。

a. 2. 47 克,剑桥。 PL. XX

McClean, 4024.

b. 2. 67 克。

Egger, xii. 236.

428. A. 294. 相同模具。

P. 348. 造币官名字“EΓI ϕIΛAIO”由上而下,位置类似,但没有方形框。

a. 2. 77 克,牛津。 PL. XX

Lockett;SNG iii. 1140;Nav. vi. 843;Nav. i. 1085;Egger, xli. 237.

429. A. 294A. 相同模具。

P. 348. 第 428 号模具。

a. 2. 66 克,维也纳。 PL. XX

430. A. 295. 与城市名字缩写“ABΔ”的位置类似;是不太精致的作品。

P. 346. 第 426 号模具。

a. 2. 15 克,索菲亚。 PL. XX

b. 2. 68 克,牛津(梅先生的遗产)。

Spink(6/49);Mavrogordato.

背面:像第 426 号钱币一样有裂纹。

431. A. 295. 相同模具。

P. 347. 第 427 号模具。

a. 2. 70 克,纽约。 PL. XX

b. 2. 54 克,柏林。

Lobbecke;C. 125/3.

432. A. 295. 相同模具。

P. 348. 第 428 号和第 429 号模具。

a. 2. 63 克。 PL. XX

MB 4. 575;Nav. v. 1533.

433. A. 295. 相同模具。

P. 346. 第 426 号和第 430 号模具。

a. 2. 61 克,索菲亚。 PL. XX

b. 2. 74 克,剑桥。

McClean,4023.

背面:像第426号和第430号钱币一样有裂纹。

434. A.295. 相同模具。

P.348. 第428号、第420号和第432号模具。

a. 2.53克,慕尼黑。 PL. XX

C. 125/9.

b. 2.41克,柏林。

Beschreibung,i. 107,no. 71;C. 125/1(有磨损).

c. 2.67克。

Ratto(卢加诺)4. 4. 1927,818;Ratto(热那亚)26. 4. 1909,1489;C. 125/20.

435. A.295. 相同模具。

P.347. 第427号和第431号模具。

a. 2.77克。 PL. XX

AC xiii. 631.

436. A.296. 与城市名字缩写"ABΔ"的位置类似;风格和图案非常类似于A.295。

P.346. 第426号和第430号模具。

a. 2.54克,海牙。

C. 125/5(重2.40克)(图案几乎被抹掉;可能是这一模具).

b. 2.54克,柏林。

C. 125/2(有穿孔).

437. A.296. 相同模具。

P.347. 第427号、第431号和第435号模具。

a. 2.54克。 PL. XX

Jameson, i. 1039; Hirsch, xxi. 851; Egger, xlvi. 163; Lawson(1900).

438. A. 296. 相同模具。

P. 344. 第423号和第425号模具。

a. 2. 58 克。

Nav. i. 1086.

分组 116

439. A. 294. 分组115中第425-8号模具。

P. 349. 造币官名字"IPOMNMΩN"围绕方形框的左右和上边,框内是一只双耳酒杯;右下背板处有一片常春藤叶;方形印图。

a. 2. 86 克,剑桥。 PL. XX

McClean,4011.

b. 2. 43 克,柏林。

Beschreibung,i. 108,no. 78;C. 122/2.

c. 2. 85 克。

Ratto(卢加诺)4. 4. 1927,820.

d. 2. 82 克。

Nav. vi. 844.

正面:在分组115中第425-8号钱币上颈部前面杂乱蓬松的毛发,这里有改进,其结果是颈部显露的更充分;类似嘴、顶饰和尾巴尖的簇绒都有改进。背面:模具在双耳酒杯底部跨过方形框线有裂纹。

440. A. 294. 相同模具。

P. 350. 与造币官名字"IPOMNMΩN"的位置类似;图案较小,无常春藤叶。

a. 2. 66 克,牛津(梅先生的遗产)。

Spink(1947);Kedros(1938).

b. 2. 42 克,柏林。

C. 122/3(有磨损).

c. 2. 60 克。

Lischine,24;C. 122/11.

441. A. 294. 相同模具。

P. 351. 与造币官名字“ΕΓ ΙΡΟΜΝΗΜΟΝΟΣ”的位置类似;不太简洁。

a. 2. 83 克。

Nav. i. 1088.

442. A. 297. 与城市名字缩写“ΑΒΔ”的位置类似。

P. 350. 第 440 号模具。

a. 2. 74 克,柏林。 PL. XX

Imhoof-Blumer,*MG* 39,no. 7;C. 122/1.

443. A. 298. 与城市名字缩写“ΑΒΔ”的位置类似。

P. 350. 相同模具。

a. 2. 74 克,索菲亚。 PL. XX

C. 122/9.

b. 2. 55 克,慕尼黑。

C. 122/7.

c. 2. 84 克。

Jameson,iv. 2459;AC xiii. 624.

d. 2. 63 克。

MB 8. 191.

正面:在 a 和 b 上,顶饰底部与翅膀边缘之间有轻微裂纹。

444. A. 298. 相同模具。

P. 349. 第 439 号模具。

a. 2. 81 克,德布拉里斯。 PL. XX

正面:与第 443 号中的 a、b 钱币一样有原始裂纹。背面:第 439 号钱币上的裂纹消失。

445. A. 299. 与城市名字缩写“ΑΒΔ”的位置类似。

P. 352. 与造币官名字“ΕΓ ΙΡΟΜΝΗΜΟΝΟΣ”的位置类似;是

比较粗糙的作品。

a. 2. 80 克。

Hirsch, xxxii. 410.

背面：字母“P”上方印图边缘有裂纹。

446. A. 300. 与城市名字缩写“ABΔ”的位置类似。

P. 353. 与造币官名字“EΓ IPOMNHMONOΣ”的位置类似；图案比例较好。

a. 2. 74 克，巴黎。 PL. XX

C. 122/8.

b. 2. 21 克，海牙。

C. 122/14.

分组 117

4 德拉克马：　　造币官：EΓI IHNΩNO

标识：双耳酒杯

有记录的样品	4①	垫压模具	1	PL. XXI
模具组合	2	冲压模具	2	

447. A. 301. 城市名字缩写“ABΔ”在格里芬的上方，格里芬向左跳跃离开基座，两条前腿都抬起；双颌略微张开，舌头向外尖；细颈羽；耳朵向前尖，有鳞状羽冠；翅膀张开，且整个表面有羽毛覆盖；尾巴抬起且在后面卷曲；比例较瘦；圆点边界。

P. 354. 造币官名字“EΓI IHNΩNO”由下而上位于赫尔墨斯的左边，赫尔墨斯面朝右站立在基座上；左手伸展，而右手握着一根短棒；信使神是裸体，仅戴有中心纽扣的宽边帽和身披固定在脖子上的短斗篷，短斗篷下垂到后背；人物形象强健和比例合理，处理的技术很好；在右下背板处有

① 包括 C. 92/4：Lischine 20a，8. 55 克（有穿孔）。

一只双耳酒杯;方形印图。

a. 10. 59 克。 PL. XXI

Nav. iv. 485;H. Weber,2378;C. 92/3.

正面:在羽冠与翅膀边缘之间的背板上有轻微裂纹。

448. A. 301. 相同模具。

P. 355. 与造币官名字"ΕΓΙ ΙΗΝΩΝΟ"的位置类似。

a. 10. 65 克,巴黎。 PL. XXI

RN 1905,463,no. 10;C. 92/2.

b. 10. 29 克,柏林。

Imhoof-Blumer, *MG* 39. 6, pl. C. 3(背面); cast at Winterthur;C. 92/1.

正面:模具可能比第 447 号损坏得更严重。

分组 118

4 德拉克马: 造币官:ΕΓΙ ΚΑΛΛΙΑΝΑΚΤΟΣ

有记录的样品	5	垫压模具	1	PL. XXI
模具组合	3	冲压模具	3	

449. A. 302. 与城市名字缩写"ΑΒΔΗΡΙ"的位置类似,但基座非常轻,主羽较长,顶饰的鱼鳞状更显著。

P. 356. 造币官名字"ΕΓΙ ΚΑΛΛΙΑΝΑΚΤΟΣ"先由下而上,然后由左至右,再由上而下围绕阿波罗,太阳神面朝左站立,身体展示 3/4 部分;左腿略微弯曲且滞后;短斗篷下垂到肩膀,斗篷底边覆盖到手臂;伸展的右手握着一个浅圆盘(patera);左手有一根长月桂枝,月桂枝站立且被放在右脚跟后面的地面上;头发被扎住且长卷发下垂到肩上;身后是一头有高分叉角的雄鹿,向左移动;无基座或基线;方形印图。

a. 11. 15 克,大英博物馆。 PL. XXI

Feuardent;Nom. Iii, pl. 2. 15; Seltman[2], pl. 38. 10; C. 97/2, pl. 2. 33(洞被堵塞).

b. 10. 61 克。

Nav. i. 1090.

c. 11. 36 克。

Jameson, iii. 2003; 可能是 C. 97/1 (ex. Allatini, 11. 39 克)。

正面:在 c 上,后腿下面的边界处有裂纹;在 a 上由于有穿孔,所以这一裂纹不明显;在 b 上只有轻微显示。

450. A. 302. 相同模具。

P. 357. 与造币官名字"ΕΓΙ ΚΑΛΛΙΑΝΑΚΤΟΣ"的位置类似;图案更苗条;月桂枝在左腿后面有些向前倾斜;雄鹿较小。

a. 9. 81 克,剑桥。 PL. XXI

McClean, 4033; (有磨损); 可能是 C. 97/3。

正面:圆点边界上的裂纹比第 449b 号钱币上更长。

451. A. 302. 相同模具。

P. 358. 与造币官名字"ΕΓΙ ΚΑΛΛΙΑΝΑΚΤΟΣ"的位置类似(字母的结尾处和拐角更突出);但图案较小,且处理缺乏情感;整体上是劣等作品;整个图案在方形框内。

a. 11. 35 克。 PL. XXI

Lockett; SNG iii. 1131; AC xiii. 619.

正面:模具损坏严重;像第 450 号一样有裂纹。背面:沿印图左边缘有裂纹,直到方形框线;雄鹿后背上方有小裂纹。

分组119

1 德拉克马：　　　　　　造币官：ΑΘΗΝΗΣ，ΑΘΗΝ(no. 454)

有记录的样品	16[①]	垫压模具	3	PL. XXI
模具组合	6	冲压模具	3	

452. A. 303. 格里芬向左跳跃离开矮基座，两条前腿都抬起；尾巴在两条后腿之间向前弯曲；翅膀不再被羽毛全部覆盖，但处理得比较粗糙，像分组115~116中的情况；顶饰非常表面化；没有短铭文或边界。

P. 359. 造币官名字"ΑΘΗΝΗΣ"分两行由左至右在雄鹿的上下方，雄鹿向左站立；头和脖子向后仰；精致、苗条的比例；是工艺精湛的作品；方形印图。

a. 2.87 克，纽约。　　　　　　PL. XXI

b. 2.66 克，大英博物馆。

BMC *Thrace*，71，no. 48；C. 107/6.

c. 2.50 克，哥本哈根。

SNG (Cop.)，*Thrace*. 339；Argyropoulos (1879)；C. 107/4.

d. 2.65 克，柏林。

Beschreibung，i. 108，no. 79；C. 107/2.

e. 2.33 克，柏林。

Beschreibung，i. 108，no. 80；C. 107/3.

f. 2.33 克，牛津(梅先生的遗产)。

Spink(6/49)；Mavrogoradato(损坏).

正面：模具显然雕刻得非常轻，右前腿看上去像是来自胸部。

---

① 包括 C. 107/3a：Hess(法兰克福)12. 3. 1906，59，2. 5 克(以前属于 Imhoof-Blumer)；C. 107/5，pl. 2. 29(背面)；Sotheby 9. 5. 1904，211。

453. A. 303. 相同模具。

P. 360. 与造币官名字“ΑΘΗΝΗΣ”的位置类似，但字母较小；有基线。

a. —巴黎。　PL. XXI

b. 2.42 克，维也纳。

C. 107/7（损坏）.

c. 2.42 克，哥本哈根。

SNG（Cop.），*Thrace*. 338；Lambros（1895）；C. 107/5，pl. 2.29（背面）.

d. 2.49 克，柏林。

C. 107/1.

正面：状况像第 452 号钱币。

454. A. 303. 相同模具。

P. 361. 与造币官名字“ΑΘΗΝ”的位置类似，但图案朝右。

a. 2.46 克。

MMAG（3/48）；Jameson，i. 1041；Hirsch，xxi. 852；C. 108.

正面：状况类似第 452 号和第 453 号钱币。

455. A. 304. 较小；耳朵更尖。

P. 360. 相同模具。

a. 2.68 克，牛津。　PL. XXI

Robinson.

456. A. 305. 类似；造型更粗犷，作品比较笨拙。

P. 360. 相同模具。

a. 2.75 克。　PL. XXI

Nav. x. 477；Nav. x. 1087.

457. A. 305. 可能是相同模具。

P. 359. 第 452 号模具。

a. 2.59 克。 PL. XXI

AC xiii. 621(正面似乎局部制作错误).

分组 120

4 德拉克马： 造币官：ΓΟΛΥΚQΑΤΗΣ，ΓΟΛΥΚRΤΗΣ，ΕΓΙΓΟΛΥΚΡΑΤΕΟΣ

有记录的样品	9①	垫压模具	1	PL. XXI
模具组合	4	冲压模具	4	

458. A. 306. 城市名字缩写"ΑΒΔΗΡΙ"在格里芬上方，格里芬蹲伏在不平的基线上，右前爪抬起；颈部很长和呈弓形，颈部前面的毛发有优雅的艺术感，后面是一束细的鱼鳞状羽冠；双颌紧闭，下面有一束短而浓密的颈羽；耳朵向前尖；主羽长而弯曲，次羽的处理非常细致，覆盖了整个翅膀的表面；尾巴尖的簇绒在两条后腿之间向前卷曲；比例较大，肋骨不太突出；圆点边界。

P. 362. 造币官名字"ΓΟΛΥΚQΑΤΗΣ"由下而上在阿耳特弥斯的旁边，月亮女神缓慢向右移动；女神头戴斯特芬头盔(stephane)，头发从下面被扎在后背，然后长发下垂到肩膀，身穿长希顿古装，下摆像瀑布；左臂向前伸展并在肘关节处向上，左手同时握着弓和箭；右手指向前方并握着一束月桂枝；女神右前方站立着一头雄鹿，正抬头触碰花果；方形印图。

a. 10.41 克，大英博物馆。 PL. XXI

BMC *Thrace*, 231, no. 52β; Bank Collin.; C. 135/4.

b. 11.21 克。 PL. XXI

Lockett; SNG iii. 1133; AC xvii. 390; Nav. i. 1091; Hirsch, xiii. 518; Nom. iii, pl. 2. 27(背面); C. 135/5

---

① 包括 C. 135/3：佛罗伦萨，Eckhel, *Doctrina num. Vet.* ii. 22，10.66 克(有穿孔)。

(背面有轻微的制作错误).

c. 10. 70 克。

Jameson, iii. 2006.

正面:在a和明显在c上,模具保持较好状况;在b上,在左前腿下面的基线下有原始裂纹。

459. A. 306. 相同模具。

P. 363. 与造币官名字"ΓΟΛΥΚQΑΤΗΣ"的位置类似,但右手握着一个花饰而不是月桂枝;雄鹿的左前腿向前迈进。

a. 10. 73 克,柏林。 PL. XXI

Beschreibung, i. 105, no. 63; C. 135/2.

b. 10. 42 克。

Jameson, i. 1036a; Hirsch, xxvi. 126; C. 135/1(有穿孔).

正面:像第458号中的b一样,在左前腿下面的基线背板处有裂纹;在尾巴尖的簇绒前也有裂纹。

460. A. 306. 相同模具。

P. 364. 造币官名字"ΕΓΙΓΟΛΥΚΡΑΤΕΟΣ"由下而上,然后由左至右,再由上而下围绕阿耳特弥斯的形象,女神在基线上缓慢向前行走,左腿略微在前;头顶卡拉索斯(水果篮子),头发向下垂落到肩膀;身披长而紧身的希顿古装,用长带子固定在腰间,带子呈"之"字形褶落在右腿上;外面是一件披风覆盖在右肩和左肩下面;两只手都向前伸展,左手握着一只弓,右手拿着一个花饰;一头母鹿从女神身后走向花饰并抬起头;方形印图。

a. 11. 25 克。 PL. XXI

Jameson, iii. 2005; Nav. i. 1092.

正面:模具的状况基本类似于第459号。

461. A. 306. 相同模具。

P. 365. 造币官名字"ΕΓΙΓΟΛΥ ΚΡΑΤΕΟΣ"由下而上,再由

上而下位于阿耳特弥斯形象的左右两边;女神正面站立在高基座上,头顶拉索斯(水果篮子),卷发从下面垂落到肩膀(第 460 号模具);她身穿佩泊勒斯衫(peplos),用带子固定在腰间,下面是像护套一样(sheath-like)的衣服,中间有明显的褶,包裹着双腿并散开到基座的两边;双臂向左右伸展并在肘关节弯曲;左手握着带弦的弓,右手拿着月桂枝;女神后面向右站立着一头雄鹿,雄鹿抬起头并触碰月桂枝;方形印图。

a. 10.99 克,大英博物馆。 PL. XXI

NC 1936,73,no. 4;Benaroyan(1934).

b. 10.84 克。

C. 136,图文展示(p. 83)。

第8章　第八时期：约公元前 375/373～365/360 年

第八时期持续的时间相对较短。正如“钱币发行划分概述”所显示的，最多有不超过6位造币官的名字可以划分到该时期；而且如果我们将公元前375年作为本时期开始的最早时间（*terminus post quem*），则所覆盖的年份可能不超过10～12年。实际上，可能在阿布德拉造币厂重新开业之前，公元前375年的灾难可能已经过去几年了。目前还无法找到与这一结论相关的确切历史时间点，但第八时期的钱币与第九时期的钱币之间存在的差异，已经是钱币学家所能期望的明确区分了；第九时期的钱币情况将在本书正文的附录中介绍。虽然钱币图案继续保持不变，但在公元前365～360年的某个时间点，阿布德拉降低了其1德拉克马的重量标准：从波斯标准的1德拉克马或0.5辛格罗斯（重2.80～2.65克）降低到凯伊安/罗得斯（Chian/Rhodian）标准的4奥博尔（重2.50/2.45克）的水平；波斯标准的4德拉克马（或可以估算的凯伊安/罗得斯标准的3德拉克马）

相应降低到该重量标准的 4 倍数值。因此在第九时期我们仍然会看到在阿布德拉同时具有 4 德拉克马和 1 德拉克马,但重量标准分别等于凯伊安/罗得斯标准的 4 德拉克马(重 10.15 ~ 10.00 克)的 2/3 和 1 个凯伊安/罗得斯标准的 4 奥博尔。(见表 8 – 1)

表 8 – 1　第七时期钱币发行分类:约公元前 375/373 ~ 365/360 年

		4 德拉克马				1 德拉克马				铜币			
分组	造币官名字	有记录的样品	组合模具	垫压模具	冲压模具	有记录的样品	组合模具	垫压模具	冲压模具	有记录的样品	组合模具	垫压模具	冲压模具
121	匿名①	..	..	..	..	..	..	..	..	1	1	1	1
122	Hikesias②	1	1	1	1	..	..	..	..	....	..	..	..
123	Pausanias	36	17	6	14	30	12	7..	5	..	..	....	..
124	不确定	1	1	1	1	..	..	..	..	..	..	..	..
125	Phanes	..	..	..	..	19	10	6	5	..	..	..	..
126	Charmon	..	..	..	..	32	14	6	8	..	..	..	..
127	Archelaos	..	..	..	..	33	10	5	5	..	..	..	..

虽然时间较短,但第八时期仍然具有最重要的意义。该时期在 4 德拉克马和 1 德拉克马的背面都引入了阿波罗头像图案,标志着阿布德拉已经从公元前 375 年的事件中逐渐恢复;最重要的是引发了一起在钱币学领域具有重要意义的事件,即在阿布德拉造币厂历史上第一次记录发行了金币。萨索斯、奥林索斯、安菲波利斯、马罗尼亚和阿伊努斯都在不同时期制作了金币,一般数量较少,但直到最近阿布德拉的真正金币都未曾问世。

对阿布德拉来说,公元前 375 年事件的直接后果一定非常痛苦。很多居民被杀,国土遭到破坏;而它一直寻求帮助的城邦则被证明是靠不住的。总之,它与内陆地区的贸易通道被阻断了,而且它获取白

① 本批次制作的钱币没有造币官的名字,而是以阿布德拉城邦的名义。

② 分组 122 中包括一枚 0.5 斯塔特金币(no. 463)。

银资源的路径也暂时变得不安全了。卡布里斯(Chabrias)率领的雅典军队曾经拯救了阿布德拉，但像过去所经历的一样，他在城邦内的驻军需要维持费用，而且在当时的背景下，建立联盟金库的可能性并不大。

在这最艰难时刻，阿布德拉一定极为缺少白银。目前已知仅发行了一期数量较多并包含4德拉克马和1德拉克马的钱币(分组123)；尽管在本时期结束时，1德拉克马的制作数量保持了稳定增长，但本时期开始的形势非常不同。在阿布德拉造币厂恢复造币业务之前一定经过了几年时间。该时期第一批钱币似乎是以该城市名字制作的匿名铜币(分组121)。由造币官何克斯亚斯(Hikesias)制作的第二批钱币表明白银非常缺乏：目前只发现了一枚4德拉克马，没有1德拉克马。就在这一时刻金币出现了，而且就是以这位造币官的名义制作的。金币的图案、风格、重量和造币官的名字，都可以确认这批金币属于该造币厂这一历史上的特殊阶段，这时阿布德拉可能很自然地认识到了黄金作为货币的必要性。

很显然，金币制作持续的时间并不长。只有造币官何克斯亚斯制作的单独一期0.5斯塔特保存下来。但金币似乎发挥了作用。造币官博森亚斯(Pausanias)制作的分组123，可以被合理地认定为下一个批次的钱币，该组钱币表明银币制作很大程度上得到了恢复：4德拉克马制作的数量较大，而且1德拉克马的制作数量也相当可观。但就4德拉克马而言，这一势头没有得以持续。分组124中只有单独一枚样品；而在分组115～117中，尽管1德拉克马的产出数量很多，但也没有一枚大面额钱币样品。到第八时期结束时，该造币厂依然远远算不上活跃；而在第九时期小面额钱币继续保持了产出较多的势头，同时4德拉克马也再次变得比较充裕了。

阿布德拉造币厂能够恢复运行的实际情况充分说明了阿布德拉的金融实力和其居民的活力。本时期对色雷斯沿岸城邦来说不是一个好时期。如果说雅典的舰队在北爱琴海海域保持优势和能够保持其盟友之间商业往来通道安全的话,则其军事领袖们面临的局面一定是缺乏持续的资源;解决这一难题的方法是这些盟友以货物或货币的形式支付贡赋。萨索斯和阿伊努斯都在公元前375年加入了联盟。萨索斯仍在稳步地重建其经济和恢复此前在内陆地区的影响力。[①] 阿伊努斯这时正在经历一个时期的相对衰退,其钱币制作中反映了这种情况。[②] 阿伊努斯面临的局面是,克提斯(Kotys)的势力在东色雷斯地区的壮大和主要在克什尼兹半岛(Chersonese)问题的敌对关系,造成了公元前364年它与雅典之间的冲突;这些都是阿伊努斯的经济繁荣的不利因素。阿布德拉这时当然处于我们第八时期的早期,还不用担心来自克提斯的威胁;但它有很多需要改进的落后之处,而且商业竞争对手的机会主义意图,如马罗尼亚在公元前375年已经表现出的,很可能不会放弃利用其当时所处困境的机会。另外,正如我们已经看到的,雅典的驻军对其经济造成了进一步的伤害。

我们目前并不知道雅典军队在阿布德拉驻扎了多久。公元前375年"国王的和平条约"(the King's Peace)条款的达成可能导致了雅典军队的撤出,但目前对阿布德拉当时是否具备让雅典军队离开的实力仍然有疑问。无论是出于什么原因,但几乎可以确定的是,立即就出现了进一步的敌对冲突,包括雅典人在北部地区新的远征;这次远征是在迪莫索斯(Timotheos)的领导下,其结果是将阿布德拉的邻国那不勒斯纳入联盟。[③] 雅典军队撤离阿布德拉的一个更可能的时机是在公元前371年的协议中对各城邦自主权的再次确认和规定外国驻军的撤出。[④]

---

① Pouilloux,212 ff.

② Ainos,188.

③ 对那不勒斯加入联盟的日期有一些疑问。Accame(op. cit. p. 240,n. 2,*supra*)认为那不勒斯是在公元前375年与赛利姆布利亚(Selymbria)和艾拉奥斯(Elaious)一起加入的;Marshall(69)则认为这些城邦是在公元前373年的春季或夏季由迪莫索斯带入的。Collart(130)倾向的日期是在公元前375年的秋季与公元前374年的夏季之间。

④ Marshall,72 f.

第八时期保留了在第七时期使用的重量标准和面值。但这一时期的钱币制作有非常不同的方面,充分反映了公元前 375 年灾难性事件和阿布德拉所面临的困难形势。[1]

造币厂重新开业时,很可能制作了一小批铜币,而且是匿名,仅出现了城市的名字(分组 121)。唯一一枚保存下来的钱币的正面是传统风格的格里芬,该图案此前在第七时期结束时被造币官森农、卡里安纳斯和阿森内斯使用过(分组 117 - 119;A. 307;no. 462;pl. XXII)。背面图案(P. 366)是阿波罗的小头像,位于一个常规圆形印图之中,背板是平的;在尺寸和细节方面都很精简;这一图案显然与后面一个批次何克斯亚斯(Hikesias)制作的独特 4 德拉克马上的图案有联系。[2]

这批铜币之后是造币官何克斯亚斯制作的分组 122,这是一批具有最高意义和重要性的钱币,包括明显非常稀少的 4 德拉克马和金币 1 斯塔特,两者都只有单独一枚样品保存下来。再下一个批次是产量较大和由造币官博森亚斯制作的分组 123,该组中 4 德拉克马和 1 德拉克马的制作数量都比较多。分组 123 标志着阿布德拉命运的部分恢复,但在第八时期剩余 4 个批次的钱币中,只有 1 枚 4 德拉克马被保存下来,这枚无与伦比的钱币有阿波罗的正面头像,由分组 124 中一名身份不明的造币官制作(no. 494)。其他 3 个批次分别由造币官费内斯(Phanes)、查蒙(Charmon)和阿克拉奥斯(Archelaos)制作的钱币仅限于 1 德拉克马,似乎流通数量比较大(分组 125 ~ 127)。

第八时期新的钱币制作突破了一个时期以来的传统,该传统在整个第五、第六和第七时期都得以维持。背面设计不再是一系列单个图案,且随每一位造币官的变化而变化。相反,我们看到的是一个统一图案,在连续几期造币官的发行钱币中都没有变化,无论是 4 德拉克马还是 1 德拉克马。这一图案就是戴桂冠的阿波罗头像,面朝左或朝

---

① 见 pp. 241 f. , *supra*。

② A. 309 - P. 368; no. 464; pl. XIX.

右。只是在分组124中的4德拉克马正面头像和分组122中的0.5斯塔特金币上,我们才看到这一规则的例外;这种情况仅仅是由于阿波罗头像转移到了正面,而格里芬则转到了背面;从这两种钱币的独特性质讲,这一做法完全可以理解。

突然脱离超过60年的实践,再加上极为不寻常地制作了金币,所以一定是因为阿布德拉历史上发生了某个重要事件。正如我已经指出的,背面图案转变为阿波罗头像标志着阿布德拉造币厂的重新开业;这是在公元前375年该城邦遭受破坏和被卡布里斯及时解救之后,①而金币出现在新系列的早期,可以被解释为该城邦认识到了黄金作为货币的必要性。仔细分析第八时期前两位造币官发行的钱币,即何克斯亚斯和博森亚斯的分组122和分组123,完全支持这一观点。这里阿波罗头像的性质具有最重要的意义,但我们需要先考虑格里芬图案,因为正是格里芬图案确定了第七时期结束与第八时期开始之间图案的先后顺序,并提供了何克斯亚斯和博森亚斯制作的钱币在当前位置中正确定位的自身证明。

第七时期最后一批钱币,即造币官波利克拉特斯制作的分组120中杰出的格里芬图案(A. 306;nos. 458-61;pl. XXI),是如下钱币图案的直接原型:造币官何克斯亚斯制作的金币模具P. 367(no. 463;pl. XXII)、其银币模具A. 309(no. 464;pl. XXII),以及造币官博森亚斯制作的4德拉克马模具A. 310-15(nos. 465-81;pl. XXII)。该图案也是造币官博森亚斯制作的1德拉克马正面图案(A. 316-22;nos. 482-93)和分组124中的4德拉克马的背面图案P. 388(no. 494),前者有时较为粗糙,后者有独特的正面头像。

金币模具P. 367忠实地模仿了A. 306的图案,前者的图案和风格都最完美地适应了较小的尺寸,尽管不可避免地省略了原型翅膀上对次羽高度精细的处理,但这一特点在造币官博森亚斯制作的4德拉克

① 见p. 242,*supra*。

马背面图案上完全得到了恢复。在这些钱币上,图案不仅精致,而且充满力量;造型极为大胆,而且尽管尺寸略有增加,但比例没有受到任何不利影响。在造币官何克斯亚斯制作的 4 德拉克马模具 A. 309 上,格里芬稍微显得不够威严,而且对翅膀的处理体现出更多个性,但整体上看图案很自然是与造币官博森亚斯制作的当期金币和银币属于同一类型。

阿波罗的头像在阿布德拉造币厂并非一个新图案,但从其作为城邦的庇护人和保卫者角色的角度讲,该图案一直极为罕见。实际情况是,在第七时期以及在第六时期结束时,我们确实已经看到在分组 118 和分组 106 的钱币背面打制了太阳神的全身形象(分别由造币官卡里安纳斯和阿波拉斯制作)。但短发阿波罗头像作为早期的一种平行图案,我们只在下列情况中看到过:第五时期造币官黑格萨格罗斯(Hegesagores)制作的 4 德拉克马图案(分组 85),但身份识别仍未确定;第六时期造币官普罗特斯(Protes)制作的第二批次 4 奥博尔上的小头像(分组 102);以及某种程度上同一时期刚开始时造币官奥卡莫斯(Orchamos)制作的铜币图案(分组 89)。[①]

在第八时期,短发阿波罗的图案和样式(尽管不是风格)的确立可能是出现在造币官何克斯亚斯制作的 0.5 斯塔特金币正面图案 A. 308(no. 463;pl. XXII)上。在何克斯亚斯当期制作的银币中,只有一种阿波罗图案,也仅有一枚钱币保存下来;尽管这是一件精美的作品,但第八时期最为熟悉的阿波罗图案是 P. 368(no. 464;pl. XXII),即造币官博森亚斯在分组 123 中设计的 4 德拉克马图案。在深入分析金币之前,我们将首先讨论 4 德拉克马,因为这种钱币是这一较短时期早期最有特点的作品。

博森亚斯制作的 4 德拉克马数量相对较多。有记录的背面模具

---

① cf. Group LXXXV; P. 193 -6; nos. 228 -32; pl. XIV; Group CII; P. 277 -9; nos. 324 -9; pl. XVII; Group LXXXIX; P. 223 -6; nos. 265 -7; pl. XV.

有 14 个,即模具 P. 369 – 82(nos. 465 – 81;pl. XXII);其中一些不仅比例完美和造型大胆,而且充满情感表达(P. 369,370);而另外一些如果说阿波罗表现的缺乏吸引力的话,但也仍然精致,从纯粹工艺效果看一定属于高水平(P. 375,377)。这些图案,尤其是模具 P. 369、P. 370 的风格,为我们确定相对日期提供了一些依据。模具 P. 369 是最完美的,可以与联盟造币官里德斯(Leades)制作的查尔基德克造币厂的阿波罗图案进行恰当比较。[①] 从其优雅和略有些高傲的表情,以及细节部分工艺非常精致的角度讲,这些钱币具有相同之处;而且它们都有斜平截线和头都略微向前倾,这也是阿布德拉金币的一个特征。里德斯制作的钱币被划分到公元前 373 ~ 370 年。[②]博森亚斯制作的钱币很可能属于同一时期,而且在公元前 370 年前后不久的某个日期不太可能有误。

为了在阿布德拉与查尔基德克系列之间划分一条平行线,必须确定某些标准。在奥林索斯,持续追求效果和美感的艺术家们用高浮雕将造型变得更丰满,而且充分利用了它们所具有的较大尺寸。他们的理念通常是一位长发阿波罗,一缕缕松散的头发垂落到脖子后面或具有现实感地下垂到颈背。[③] 在阿布德拉,目标没有这么高。阿布德拉的钱币尺寸较小,图案变化也较少。这里的阿波罗头像是短发,呈现的是紧密而不是松散的卷发。但博森亚斯制作的模具 P. 369、P. 370,也许我们还可以加上何克斯亚斯制作的模具 P. 368,都是非常杰出的作品:图案所产生的效果是由于艺术家们的分寸感、成功保持了浮雕与尺寸之间的平衡,以及嘴和眼睛的敏锐造型,这些都使该图案具有

---

① *Olynthus*, ix,62 ff. ,Group P(Leades). 62 –63,nos. 94 –96,pl. xiii.

② *Olynthus*, ix,ibid. 一条明显的平截斜线曾出现在 Protes 的 4 奥博尔上(分组 102)和 Molpagores 的年轻狄厄尼索斯酒神图案上(分组 113)。

③ 在查尔基德克造币厂的早期,情况并非如此,当时的长发阿波罗更像是一种例外而不是惯例。但在本世纪结束时,长发阿波罗图案(或松散的头发垂落到脖子的图案)是流行的,尽管该图案也不时被其他图案所替代——比较著名的是 Leades 的分组 13(Olynthus, ix,62 ff.)和 Straton 的分组 O(376 –373),ibid. ,58 ff. ,no. 93,pl. xiii。

了情感。在博森亚斯设计的其他几个背面图案中，则缺乏这种细致的情感：主要是模具 P. 371 ~ 374(nos. 467 – 70；pl. XXII)，以及缺乏吸引力的 P. 375 和 P. 377(我们已经有过介绍)。在这些图案中，一直注重的都是技术能力和对细节的处理。

将博森亚斯制作的钱币确定在约公元前 370 年之后，我们现在就可以回到分组 122 中考虑何克斯亚斯制作的 0.5 斯塔特金币了。相应地这批次金币应当是在公元前 375 ~ 370 年制作的，当时阿布德拉造币厂发现在公元前 375 年事件之后自己在经济上处于悲惨的境地，而且需要支持卡布里斯统帅的驻扎在本城邦的雅典军队。① 在阿布德拉造币厂临时关闭之后制作的第一枚钱币是匿名铜币，以该城市的名字制作。② 何克斯亚斯发行的是第一批次有造币官名字的钱币：他制作的银币非常稀少，而金币可能成为必要的货币。③ 何克斯亚斯制作的 4 德拉克马钱币上的阿波罗与博森亚斯制作的最佳图案很接近。金币的图案更具有独特性。

除了其历史重要性和稀缺性外，这批金币还有很多值得关注的地方。阿波罗头像和城邦名字(后者从花冠到平截线围绕头像的后背)被转移到了正面(A. 308；pl. XXII)；而属于这些年中最好的银币图案，即精致雕刻的微型版格里芬，这时却与造币官的名字一起被放在了背面，位于浅圆形印图之中(P. 367)。将格里芬从通常的正面位置移到背面，图案的这一改变可以说非常惊人，尽管在此具体案例中不难找到原因解释。阿布德拉的这一批次金币最不同寻常，可以充分表明造币厂脱离了常规实践。我们确实也将看到在此后几年之内出现了一次相同的转移，即在分组 124 中非常规的 4 德拉克马上，正面的阿波罗头像又出现在背面(A. 323；no. 494；pl. XXIII)。

我们金币上的阿波罗像，比例完美，浮雕恰当，有明显的平截线和

---

① cf. p. 242, *supra*.

② Group CXXI, no. 462.

③ cf. p. 265, *supra*.

短而浓密的头发,头发聚在一起卷曲的方式是这一系列图案的特征。工艺属于高水平。风格具有独特性,但似乎最初是源于奥林索斯的第一枚金币,后者属于联盟钱币制作中的分组 L,而且同一系列中完美的 4 德拉克马正面模具 A.46 进行了比较严格的复制。① 这种风格再次出现在分组 M 中的 A.50 模具(公元前 383 ~ 379 年)和造币官阿斯雷皮多罗斯(Asclepiodoros)制作的分组 N 中的模具 A55(公元前 379 ~ 376 年)上;在这两个图案中发尖都被紧紧压在一起,就像阿布德拉金币上的阿波罗头像。② 在时间上晚很多的查尔基德克系列中,我们仍然可以在造币官奥里米克奥斯(Olimichos)制作的分组 T(公元前 361 ~ 358 年)中 1 斯塔特金币上看到基本相同的风格,但图案要粗糙很多,无法令人愉悦。③

从这些查尔基德克的阿波罗头像的侧面,以及最佳阿布德拉作品的整体设计和技术看,何克斯亚斯制作的 0.5 斯塔特金币的正面图案应当制作于公元前 375 ~ 370 年,同时其他一些分析也会使我们如此认为。背面图案中的格里芬甚至更明显属于这一时期。

属于第八时期初期的分组 122 和分组 123 是何克斯亚斯和博森亚斯制作的钱币,这些钱币一直以来被划分的时间区间早至公元前 400 ~ 390 年这 10 年。④ 但这一估计缺乏依据,不仅从正面和背面图案的风格讲没有依据,而且也与已知是属于第六和第七时期造币官钱币发行的重要资料和批次数量不吻合。就第七时期本身而言,其结束时间一定是在公元前 390 年之后超过 15 年以上。

同样缺乏说服力的一种近期观点是,在阿布德拉,阿波罗头像系列钱币应当划分到更晚时间;开始日期不会早于腓力大帝(Philip)时

---

① *Olynthus*, ix, 44 ff., Group L, no. 1 and nos. 66 –71.

② Ibid., pp. 51 ff., Group M(383 –379 B. C.), (no. 78); 56 f., Group N(nos. 87, 88).

③ Ibid., pp. 71 ff., Group T(no. 111).

④ *Die ant Munz. N-griech.* 11. 1(1). 40 and 8a ff.

代,而且很可能是在他登基之后的很长一段时间。[①] 对我们已经分析过的钱币来说,该时间太晚了,因此是不可能的。腓力大帝第一枚金币的发行时间不太可能在公元前 356 年他占领克雷尼达斯(Krenides)之后,因为要考虑“腓力比”(克雷尼达斯当时被重新确定的名字)金币样品;在最初确定之后,这些钱币继续使用有铭文“ΘΑΣΙΟΝ ΗΓΕΙΡΟ”的图案。[②]公元前 356 年的奥林匹克竞技大会被认为是腓力大帝为了纪念其成功而举行的二轮战车竞赛的最早可能场合,腓力将双轮战车的图案印刻在了 1 斯塔特金币上;另外,至少被认为是非常可能的情况是,这些图案可能与公元前 348 年的竞技大会有关,因此就是在当年腓力大帝成功征服奥林索斯之后不久。[③] 准确的日期是否是公元前 352 年之后不久,还是公元前 348 年之后的几年之内,是一个很难回答的问题。政治因素似乎倾向于后一个选项。另一方面,令人惊奇的是,在占领克雷尼达斯的金矿之后,腓力大帝会在几乎 10 年之后才开始制作以自己名字命名的金币;从纯粹的钱币学角度考虑,稀少的腓力比金币,正如目前保存下来的样品所显示的,似乎不足以覆盖如此长的时期。

无论是哪种情况,腓力大帝的 1 斯塔特金币上第一个阿波罗头像一定是在阿布德拉系列中第一批次钱币至少 20 年之后。腓力大帝金币上的阿波罗头像表现出太阳神出众的理念,比马罗尼亚的图案更加完美和高贵,超越了在许多后来图案中可以看到的表面吸引力,同时又没有其他图案具有的冷酷特征。我们必须在阿布德拉系列的后期钱币中才能找到可以与腓力大帝金币上的头像进行真正对比的图案,而这些钱币是属于第九时期(见正文附录)。另外,我们将会看到这些钱币以后的发展和衰败到了一种程度,使得它们远远偏离了公元前

---

① Kleiner, *JNG* 1950/1, 16 f.

② Collart, 135, n. 4 and 162 f., pls. xxiii. 1 – 3, 4, 5, 7 – 11. cf. Pouilloux, 218 f., *Die ant Munz. N-griech.* 111(2). 101 f.

③ West, NC 1923, 177.

375 ~ 370 年其原型的理想模式。

另一种观点主张将这些第八时期早期的钱币划分到公元前 375 ~ 370 年,其依据是分组 124(no. 494;pl. XXII)中 4 德拉克马具有的独特性和极为不同寻常之处。这里我们有一个正面模具 A. 323,风格上明显是安菲波利斯式(Amphipolitan)的,而且图案几乎不可能晚于公元前 370 年。这是我们能够在阿布德拉记录到的唯一阿波罗正面头像作为钱币图案的场合。这一创新是没有预测到的,而且可能有一种情况可以将该模具视为第八时期第一批次的银币。但无论其在系列中的准确位置如何,该实验不久就被放弃了,而正面和背面图案的转移仅同时出现在金币上。遗憾的是,这枚金币的磨损非常严重,以至于几乎完全消除了保留在正面背板上的本城邦缩写字母,而且抹掉了背面图案中格里芬下面造币官名字的痕迹,所以完全无法识别了。正面模具的工艺显然是高水平的;浮雕很大胆,头部明显向前倾斜但完美地保持了平衡,风格具有表现力且具有情感。与分组 123 中 4 德拉克马的图案(nos. 465 - 81)相比,背面模具 P. 388 不够宏伟,某些细节不够精致,但仍然是一个充满活力的图案,而且明显属于这一阶段。它显然代表着造币官博森亚斯制作的 4 德拉克马中较好的格里芬图案。

在我们尚未介绍的四个批次 1 德拉克马中,博森亚斯制作的钱币(分组 123)是最早的批次,而且从整体上看也是最好的作品。在格里芬图案(目前已知有 7 个模具)中,模具 A. 316 - 22(nos. 482 - 93;pls. XXII - XXIII)遵循的风格和样式都是当期发行量较大的 4 德拉克马确定的:图案被忠实和成功地复制,尽管在较小尺寸上造型不够大胆和对细节的处理不够精确。模具 P. 383 - 7 上的阿波罗头像(nos. 482 - 93;pls. XXII - XXIII)遵循的则是由 4 德拉克马背面图案所确定的理念。但只有造型平滑和工艺优秀的模具 P. 384(nos. 484,485,488)才几乎实现了该理念。该图案中阿波罗的造型就是 4 德拉克马中完美的模具 P. 369、P. 370(nos. 463 - 6;pl. XXII)。其余图案也都是出色的作品,但由于框线内的图案组合或是由于整体上的处理,形成了一种冷酷的表情,以至于几乎变得有些僵硬。

在分组 125 ~ 127 中,格里芬摆脱了近期一直流行的图案。但变化并没有导致更好。造币官费内斯在分组 125 中使用的 6 个正面模具 A. 324 – 9(nos. 495 – 504;pl. XXIII)展示的是一头粗壮和笨重的野兽,向上跳跃离开矮基座;整个图案的处理都不精细,尤其是在格里芬跳跃时向前伸展的前腿十分僵硬。铭文被雕刻在腹部的上边和下边。在由造币官查蒙制作的分组 126 中,有记录的正面模具也有 6 个,即 A. 330 – 5(nos. 505 – 18;pl. XXIII),这些图案比较轻巧,也不太僵硬,但除了模具 A. 332(no. 512)外,其他图案也都非常表面化。除 A. 334(nos. 516,517)之外,铭文的位置都是围绕图案。在造币官阿克拉奥斯(Archelaos)制作的分组 127 中,正面模具 A. 336 – 40(nos. 519 – 28;pl. XXIII)的工艺更加用心,很多细节也更加精致。图案的动作幅度较大,而且被一个圆圈围绕,似乎回到了第七时期至第六时期的后半期,尽管该图案没有再现那段时期中最佳模具所具有的活力或比例。

这三个批次钱币的背面图案是最有意思的,而且在风格和工艺上都有所不同。造币官费内斯制作的模具 P. 389 – 93(分组 125;nos. 495 – 504;pl. XXIII)很自然地遵循了博森亚斯在其 1 德拉克马上所使用的图案。风格和比例都非常相似,总体上同样给人冷酷或几近僵硬的印象,这也是我们在该系列的多数背面图案中所看到的。模具 P. 390(nos. 496,499 – 501)和 P. 392(no. 498)的尺寸较小,从比例上讲属于高浮雕,很像此前在本时期开始时匿名铜币上的头像(P. 366;no. 462;pl. XXII),以及何克斯亚斯制作的 4 德拉克马上的优美阿波罗头像(P. 368;no. 464;pl. XXII)。

在分组 126 中,造币官查蒙制作的最佳冲压模具上同样的影响也非常明显。这里阿波罗头像的尺寸也比较小(P. 394 – 401;nos. 505 – 18;pl. XXIII),只有一个例外是面朝左而不是右。工艺水平差异很大,但最佳图案即模具 P. 395、P. 398 和 P. 399(nos. 506,512;510;513)每一个都是高水平作品,而且没有影响多数继任者作品质量的那种僵硬感。平截线非常斜,使人想起了金币上的阿波罗头像(A. 308)。如果说与 0.5 斯塔特上的头像相比不够精致和形象更粗糙的话,但仍然肯定模具 P. 395 从前者学习到了很多。模具 P. 398 的造型非常大胆,看上去很像此前的杰出作品 P. 277(no. 324;pl. XVII),后者是普罗特斯的第二批次钱币,属于第六时期的分组 102。

在分组 117 中,造币官阿克拉奥斯的钱币图案即模具 P. 402 –6(nos. 519 –28;pl. XXIII)显然是第八时期最晚的。在此批次中,阿波罗以正常方式面朝右,但明显的平截斜线没有了;另外在两个背面模具 P. 403 和 P. 405(nos. 520,524,527;523,526)中,脖子几乎靠在了框线上,显得不舒适。作品的浮雕相对较低,缺少情感,而且显然是出自二流工匠之手,明显低于第八时期此前所使用的模具水平。风格上的整体粗糙和处理上的简陋将我们带到了第九时期(正文附录)的钱币制作,同时也表明我们显然已经进入了公元前 370 ~360 年这 10 年的后半期。

分组 121

铜币:　　　　　　　　　　　　　　　　　造币官:—

有记录的样品	1	垫压模具	1	PL. XXII
模具组合	1	冲压模具	1	

462. A. 307. 格里芬向左跳跃;动作幅度大,两条前腿都抬起;翅膀展开;尾巴翘起且在后面卷曲。

P. 366. 城市名字"ABΔHPITEΩN"围绕阿波罗头像,太阳神头戴花冠,面朝右;像模具 A. 308 的风格一样,短发紧紧卷在一起;图案较小,但浮雕相对较高;圆形印图,背板几乎是平的。

a. 3. 70 克,大英博物馆。　　　　　　　　　　PL. XXII

BMG *Thrace*,74,no. 79;Payne Knight;C. 180.

分组 122

0.5 斯塔特、4 德拉克马：

0.5 斯塔特：　　造币官：ΕΓΙ ΙΚΕΣΙΟΥ

有记录的样品	1	垫压模具	1	PL. XXII
模具组合	1	冲压模具	1	

4 德拉克马：

有记录的样品	1	垫压模具	1	PL. XXII
模具组合	1	冲压模具	1	

0.5 斯塔特：

463. A. 308. 城市名字“ΑΒΔΗΡΙΤΕΩΝ”字母排列的不规则；戴花冠的阿波罗头像面朝右，短发且密集卷曲。

P. 367. 造币官名字“ΕΓΙ ΙΚΕΣΙΟΥ”由左至右分两行位于格里芬的上边和下边，格里芬面朝左在基线上蹲伏；右前腿抬起，两条后腿在腹部下面向前伸展；尾巴翘起且在后面卷曲成一个小环；耳朵向前尖。

a. 6.42 克，牛津（梅先生的遗产）。　　PL. XXII

4 德拉克马：

464. A. 309. 造币官名字“ΕΓΙ ΙΚΕΣΙΟΥ”以大胆方式由左至右分两行位于格里芬的上边和下边，格里芬面朝左在基线上蹲伏；右前腿抬起，两条后腿在腹部下面向前伸展；尾巴翘起且在后面卷曲成一个小环；耳朵向前尖，一束鳞状的羽冠垂落在脖子后面；脖子前面的长毛是精心刻画的；脖子较细且呈弓形；主羽较长，次羽用轮廓线表示，次羽与翅膀边缘之间的空间是典型设计；图案非常均衡，且处理得极为精致。

P. 368. 城市名字“ΑΒΔΗΡΙ ΤΕΩΝ”由下而上，再由上而下位于阿波罗头像的右边和左边,太阳神戴花冠,面朝右;短发,头发在前额处向上卷,从花冠下一缕缕垂落,发尖卷曲;图案相对较小,高浮雕;圆点花饰;平截线略微倾斜;风格优雅,是高水平的作品;浅印图,可能是圆形。

a. 11.40 克,大英博物馆。 PL. XXII

BMC *Thrace*, 72, no. 54; *CG* pl. 21. 4; *Guide to the Principle Coins of the Greeks*, pl. 21. 4; C. 140.

分组 123

4 德拉克马、1 德拉克马:

4 德拉克马: 造币官:ΕΓΙ ΓΑΥΣΑΝΙΩ

有记录的样品	36①	垫压模具	6	PL. XXII
模具组合	17	冲压模具	14	

1 德拉克马:

有记录的样品	30②	垫压模具	7	PL. XXII
模具组合	12	冲压模具	5	

4 德拉克马:

465. A. 310. 造币官名字"ΕΓΙ ΓΑΥΣΑΝΙΩ"以大胆方式由左至右分两行刻画在格里芬的上边和下边,格里芬面朝左在基线上蹲伏;右

① 包括 C. 139/1:雅典,11.01 克;C. 139/8:慕尼黑,10.40 克;C. 139/13:赫米塔吉(Hermitage),10.38 克(有穿孔);C. 139/15:都灵,9.00 克;C. 139/19:Dumersan, *Allier de Hauteroche*(1829),21;C. 139/19:Hirsch, xxi. 854,10.00 克;C. 139/25:Merzbacher 2.11.1909,2677,10.71 克;C. 139/26、27:Rollin and Feuardent(1912),其中 1 枚可能是第 476 号 *infra*;C. 139/28:Sotheby 10.7.1884,262。

② 包括 C. 141/4:Hess(法兰克福)12.3.1906,62;*Beschreibung*, i. 112, no. 110,2.44 克;C. 141/7:柏林(复制品),2.65 克;C. 141/8:格拉斯哥,Hunter, i. 384, no. 7,2.25 克;C. 141/12:慕尼黑(1912),2.79 克和 2.63 克;C. 141/14:维也纳,2.62 克;C. 141/16:*d'Ennery Catalogue*(1788)64, no. 55;C. 141/17 –19:Lischine,29 –31,2.47 克、2.67 克、2.41 克;C. 141/21:Molthein,804,2.38 克;C. 141/23:Egger 7.1.1908,284,2.75 克。

前腿抬起,尾巴在两条后腿之间卷曲,占据了腹部与基线之间的背板;耳朵向前尖,一束鳞状的羽冠垂落在脖子后面;脖子前面的长毛呈长卷状;嘴非常有力且弯曲;翅膀整个被羽毛覆盖,次羽很长且有羽毛,浓密和整齐的次羽处理得非常精细;强健和均衡的比例;整体上是完美的作品;圆点边界。

P. 369. 城市名字"ABΔHPI TEΩN"由下而上,再由上而下位于阿波罗头像的左边和右边,太阳神戴花冠,面朝右;浓密的短发,且在前额处向上卷曲;头发从花冠下面垂落且在发尖处向上卷曲;相对高的浮雕,造型非常平滑;圆点花饰;是细节非常好的作品;浅方形印图。

a. 11.21 克。 PL. XXII

Glend. 18.4.1955,319.

b. 10.57 克,剑桥。

SNG iv. 1642;Sotheby 15.6.1896,568;C. 139/21(有穿孔).

c. 13.20 克,普罗夫迪夫。

(略有磨损)。

d. 10.97 克。

Hirsch,xiii. 524;C. 139/23(有穿孔).

e. 10.91 克。

Rosenberg,72,no. 248;Cabn,66,no. 151(二次打制).

背面:在所有样品上,在前额上方的背板处有一条水平的细微裂纹。

466. A. 310. 相同模具。

P. 370. 与城市名字"ABΔHPI TEΩN"的位置类似。

a. 11.04 克,斯德哥尔摩。

Smith,114.

467. A. 310. 相同模具。

P. 371. 与城市名字“ABΔHPI TEΩN”的位置类似,但尺寸略小,且风格偏弱。

a. 11. 29 克,柏林。 PL. XXII

Imboof-Blumer;cast at Winterthur;C. 139/2.

b. 10. 56 克。

Nav. iv. 487;H. Weber,2388;Ready(1885);C. 139/16.

背面:从字母“H”的左下角处到背板有细微裂纹。

468. A. 310. 相同模具。

P. 372. 与城市名字“ABΔHPI TEΩN”的位置类似。

a. 11. 13 克,牛津。 PL. XXII

Keble;Spink(1889);C. 139/10(背面有严重的打制错误,但该模具显然不同于其他任何有记录的模具).

469. A. 311. 造币官名字“EΓI ΓAYΣANIΩ”由左至右分两行位于格里芬的上边和下边(字母较小);图案较小,颈部更细,且腹部下面的尾巴曲线上凸。

16. 373. 与城市名字“ABΔHPI TEΩN”的位置类似;更强有力的风格,但图案不太精致。

a. 11. 17 克,布鲁塞尔。 PL. XXII(正面)

C. 139/6.

b. 巴黎。

C. 139/10 or 12(10. 51 克,11. 30 克[1]).

c. 11. 15 克,柏林。 PL. XXII(背面)

C. 139/3.

470. A. 311. 相同模具。

P. 374. 与城市名字“ABΔHPI TEΩN”的位置类似;与模具 P. 370(no. 466)的风格相同。

---

① cf. nos. 472, *infra*.

a. 10. 85 克，剑桥。　　PL. XXII（正面）

McClean, 4028.

b. 11. 30 克，维也纳。　　PL. XXII（背面）

C. 139/17.

471. A. 311. 相同模具。

P. 375. 与城市名字“ABΔHPI TEΩN”的位置类似；比例较大；头发比较浓密，且处理得更细致。

a. 10. 87 克，纽约。　　PL. XXII

Sotheby 19. 1. 1914, 158; Sotheby 6. 12. 1907, 67; Sotheby 7. 7. 1898, 68; C. 139/20.

472. A. 311. 相同模具。

P. 376. 与城市名字“ABΔHPI TEΩN”的位置类似；图案较小；风格比较冷酷。

a. 巴黎。　　PL. XXII

C. 139/11 or 12(10. 51 克，11. 30 克). ①

b. 11. 27 克。

AC xiii. 635, pl. 120.

473. A. 312. 造币官名字“EΓI ΓAYΣANIΩ”由左至右分两行（字母较大），位置类似；脖子更粗；尾巴在基线上正常卷曲。

P. 377. 与城市名字“ABΔHPI TEΩN”的位置类似；技术熟练的作品；像模具 P. 375(no. 471)一样风格比较冷酷。

a. 11. 29 克，柏林。　　PL. XXII

Beschreibung, i. 110, no. 90; Regling, 703; Nom. Iii. pl. 2. 29; C. 139/4.

正面：从前爪上边到钱币边缘的背板处有明显裂纹。背面：在平截线下面的印图底边处有明显裂纹。

---

① cf. nos. 469, *supra*.

474. A. 312. 相同模具。

P. 378. 与城市名字“ABΔHPI TEΩN”的位置类似。

a. 11. 22 克。

Egger, xxxix, 1. 1912, 137, pl. 4.

正面:像第473号钱币一样,有裂纹痕迹,尽管主要位于钱币边缘。

475. A. 313. 造币官名字“EΓI ΓAYΣANIΩ”由左至右分两行(字母较大),位置类似;脖子更长;基线不平。

P. 379. 与城市名字“ABΔHPI TEΩN”的位置类似;风格像模具 P. 378(no. 474)。

a. 10. 50 克。

Hirsch, xxxii. 561; Hirsch, xii. 153; C. 139/22.

476. A. 314. 造币官名字“EΓI ΓAYΣANIΩ”由左至右分两行,位置类似;基线在尾巴下面升高;模具 A. 310(nos. 465－8)的风格。

P. 380. 与城市名字“ABΔHPI TEΩN”的位置类似;风格完美,但略显冷酷。

a. 11. 11 克。

Jameson, i. 1045; Feuardent 9. 6. 1913, 142; Sotheby 9. 5. 1904, 204; C. 139/18.

477. A. 314. 相同模具。

P. 371. 第467号模具。

a. —

Schulman 19. 12. 1910, 82(有穿孔).

478. A. 314. 相同模具。

P. 374. 第470号模具。

a. 11. 23 克,普罗夫迪夫。

(两面均损坏严重)。

479. A. 314. 相同模具。

P.381. 与城市名字"ABΔHPITEΩN"的位置类似;风格和图案像模具 P.370(no.466)。

a.11.30 克,牛津。　　PL. XXII

Godwyn.

480. A.314. 相同模具。

P.375. 第 471 号模具。

a. —

Boudin,4.1910,62.

481. A.315. 与造币官名字"EΓI ΓAYΣANIΩ"的位置类似。

P.382. 与城市名字"ABΔHPI TEΩN"的位置类似;图案较小。

a.11.04 克,大英博物馆。　　PL. XXII

BMC *Thrace*, 72,no.53;C.139/7.

1 德拉克马:

482. A.316. 造币官名字"EΓI ΓAYΣANIΩ"由左至右分两行位于格里芬的上边和下边,格里芬向左跳跃离开基线;图案和风格像模具 A.310－15(nos.465－81),但造型不够大胆,嘴、顶饰和羽毛的一些细节不够清晰;尾巴翘起且在后面卷曲。

P.383. 城市名字"ABΔHPI TEΩN"围绕方形框,框内是阿波罗头像,太阳神戴花冠,面朝右;短发,且从头上的花冠处平滑下落;姿势向上,平截线两端均衡地位于框线上面;平背板,浅印图;整体上是较好的作品。

a.2.45 克,牛津(梅先生的遗产)。　　PL. XXII

Glend.18.4.1955,318.

正面:模具在基线上方的背板至后爪的前面有原始裂纹;从字母"A"的定点至字母"Σ"的上横线之间有水平方向的小裂纹;尾巴可能雕刻得较浅或受到磨损。

483. A.316. 相同模具。

P. 384. 城市名字“ABΔHPI TEΩN”围绕方形框,较高浮雕,风格更饱满;类似 P. 369 – 70(nos. 465,466);顶饰穿过了方形框;正面平截线较深。

a. 2.70 克,柏林。 PL. XXII

Beschreibung, i. 112, no. 108; NZ 1872, 191, no. 31; C. 141/2.

正面:模具的状况基本类似于第 482 号。

484. A. 317. 造币官名字“ΓΙ ΓΑΥΣΑΝΙΩ”由左至右分两行(字母较小),位置类似;主羽更粗,且张开不大。

P. 383. 第 482 号模具。

a. 2.59 克,剑桥。

SNG iv. 1645; Leake; C. 141/22.

b. 2.76 克,大英博物馆。 PL. XXII

BMC *Thrace*, 74, no. 57; C. 141/11(背面有轻微的打制错误).

c. 2.80 克,哥本哈根。

SNG(*Cop.*) *Thrace*, 349; C. 141/10.

背面:模具在鼻子附近有损坏痕迹。

485. A. 317. 相同模具。

P. 384. 第 483 号模具。

a. 2.77 克,牛津(梅先生的遗产)。 PL. XXII

Baldwin(1948); Grantley.

486. A. 317. 相同模具。

P. 385. 与城市名字“ABΔHPI TEΩN”的位置类似,但浮雕较低,风格比较冷酷;平截线较平;头上花冠碰到了框线。

a. 2.63 克。 PL. XXII

H. Weber, 2389; Corinth(1891); C. 141/14a.

b. 2.4 克。

Helbing 24. 10. 1927,2743(背面模具明显磨损).

487. A. 317. 相同模具。

P. 386. 与城市名字"ABΔHPI TEΩN"的位置类似。

a. 2. 77 克,大英博物馆。 PL. XXIII

Payne Knight(有穿孔).

488. A. 318. 与造币官名字"ΓΙ ΓΑΥΣΑΝΙΩ"的位置类似;线性圆形边界。

P. 384. 第483号和第485号模具。

a. 2. 49 克,柏林。 PL. XXIII

Beschreibung, i. 112, no. 107; C. 141/1.

b. 2. 53 克,牛津(梅先生的遗产)。

489. A. 319. 与造币官名字"ΓΙ ΓΑΥΣΑΝΙΩ"的位置类似(基线下面的字母较大);较高浮雕;顶饰更精细;两条后腿在腹部下面向前伸展。

P. 384. 相同模具。

a. 2. 63 克,柏林。 PL. XXIII

Beschreibung, i. 112, no. 109; C. 141/3.

b. 2. 75 克,牛津(梅先生的遗产)。

Spink(1947); Sotheby 9. 5. 1904, 212; C. 141/15(背面有轻微的二次冲压).

正面:在翅膀边缘的上方有小裂纹,尤其是a。

490. A. 319. 相同模具。

P. 383. 第482号和第484号模具。

a. 2. 83 克,柏林。 PL. XXIII

Nom. iii, pl. 2. 31(背面); C. 141/6.

正面:与第489a号相比,模具磨损的状况更严重。

491. A. 320. 与造币官名字"ΓΙ ΓΑΥΣΑΝΙΩ"的位置类似;无线性圆环边界。

P. 387. 与城市名字“ABΔHPI TEΩN”的位置类似;风格更冷酷。

a. 2. 59 克,柏林。 PL. XXIII

Mionnet, i. 367, no. 29 (cast 在大英博物馆); C. 141/5, 20.

b. 维也纳。

(背面有打制错误)。

492. A. 321. 与造币官名字“ΓΙ ΓΑΥΣΑΝΙΩ”的位置类似。

P. 385. 第 486 号模具。

a. 2. 30 克,克拉根福。 PL. XXIII

C. 141/9(背面磨损).

493. A. 322. 与造币官名字“ΓΙ ΓΑΥΣΑΝΙΩ”的位置类似。

P. 387. 第 491 号模具。

a. 2. 40 克,牛津。 PL. XXIII

切斯特。

分组 124

4 德拉克马: 造币官:EΓI － － － － － －

有记录的样品	1	垫压模具	1	PL. XXIII
模具组合	1	冲压模具	1	

494. A. 323. 城市名字“ABΔ HP ITEΩN”由下而上,再由上而下位于阿波罗头像的两边,太阳神戴花冠;头朝正面但脖子略微向右倾;风格具有表现力,整个造型都是高浮雕;眼睛深陷,额头比较饱满,下面是浓密的卷发,卷发向后到眉毛处;是有才华的作品。

P. 388. 造币官名字“EΓI [－ － － －”及字母痕迹一起由左至右,位于基线下面,基线上面是面朝左蹲伏的格里芬,右前腿抬起;高浮雕,但比例不够雄伟;尾巴在两条后腿之间向前卷曲；是较好和有活力的作品，但与分组 123 的图案(nos. 465 - 81)相比，翅膀的处理不够精细；圆形印图；背板略微下凹。

a. 9.64 克，纽约。 PL. XXIII

AC xiii, 634; Sotheby 9.5.1904, 203; C. 140 *（有穿孔；两面，尤其是正面都有磨损）.

背面：在后面的背板处，模具有明显的裂纹，像一头朝左的雄鹿头像(C. 140 *)。

分组 125

1 德拉克马： 造币官：ΕΓΙ ΦΑΝΕΩ

有记录的样品	19[①]	垫压模具	6	PL. XXIII
模具组合	10	冲压模具	5	

495. A. 324. 造币官名字"ΕΓΙ ΦΑΝΕΩ"分两行位于格里芬的上边和下边，格里芬向左跳跃离开矮基座；具有不同风格；跳跃较高，但前腿比较僵硬和笨重；脖子前面的毛发非常经典。

P. 389. 城市名字"ΑΒΔ ΗΡ ΙΤΕΩΝ"（字母非常小）环绕方形框，框内是阿波罗头像，戴花冠，面朝左；浮雕较高，是工艺较好的作品；像模具 P. 383(nos. 482, 484, 490)一样的风格；浅印图，背板几乎是平的。

a. 2.66 克，大英博物馆。 PL. XXIII

BMC *Thrace*, 72, no. 55; Nom. Iii, pl. 3.1; C. 143/9, pl. 3.11.

b. 2.50 克，维也纳。

---

① 包括 C. 143/1：雅典，2.59 克；C. 143/6：法兰克福(1912)，2.57 克；C. 143/7：格拉斯哥，Hunter, i. 383, no. 6；C. 143/10：慕尼黑，2.60 克；C. 143/13：普罗夫迪夫(1912)，2.72 克；C. 143/16：Sotheby 9.5.1904, 212；C. 143/17：Ratto（热那亚）26.4.1909, 1497，2.40 克。

C. 143/15.

496. A. 324. 相同模具。

P. 390. 与城市名字"ABΔ HP ITEΩN"(字母较大)的位置类似;图案较小,浮雕较高。

a. 2. 43 克,柏林。 PL. XXIII

NZ 1872 - 3,191,no. 31;C. 143/2.

497. A. 325. 与造币官名字"EΓI ϕANEΩ"的位置类似;风格较冷酷。

P. 391. 与城市名字"ABΔ HP ITEΩN"的位置类似;图案较大,造型比较丰满;整体风格比较温柔。

a. 2. 48 克,纽约。 PL. XXIII

498. A. 325. 相同模具。

P. 392. 与城市名字"ABΔ HP ITEΩN"的位置类似;图案较小,浮雕相对较高;比例像模具 P. 390(no. 496),但表情比较冷酷。

a. 2. 43 克,克拉根福。 PL. XXIII

C. 143/8(有穿孔).

499. A. 326. 与造币官名字"EΓI ϕANEΩ"的位置类似;浮雕较高,造型较丰满。

P. 390. 第 496 号模具。

a. 2. 80 克,索菲亚。 PL. XXIII

C. 143/14.

500. A. 327. 与造币官名字"EΓI ϕANEΩ"的位置类似;图案和比例非常接近于模具 A. 326(no. 499)。

P. 390. 相同模具。

a. 2. 60 克,柏林。 PL. XXIII

C. 143/4.

501. A. 328. 造币官名字"EΓI ϕANEΩ"的位置类似;浮雕相对较

低,较粗糙的作品。

P. 390. 相同模具。

a. 2.50 克,剑桥。 PL. XXIII

SNG iv. 1646;C. 143/5.

502. A. 328. 相同模具。

P. 393. 与城市名字“ABΔ HP ITEΩN”的位置类似;图案较大。

a. 2.61 克。

H. Weber,2300;Macridi Pasha;C. 143/14a.

b. 2.67 克,柏林。 PL. XXIII

C. 143/3.

503. A. 329. 与造币官名字“ΕΓΙ ϕΑΝΕΩ”的位置类似;浮雕相对较低,作品较粗糙。

P. 393. 相同模具。

a. 2.51 克,巴黎。

C. 143/12(有穿孔).

504. A. 329. 相同模具。

P. 390. 第 496 号和第 499 ~ 501 号模具。

a. 2.61 克,巴黎。 PL. XXIII

正面:模具显示有很多磨损迹象。

分组126

1 德拉克马:　　　　造币官:ΕΓΙ ΧΑΡΜΟ

有记录的样品	32①	垫压模具	6	PL. XXIII
模具组合	14	冲压模具	8	

505. A. 330. 造币官名字"ΕΓΙ ΧΑΡΜΟ"围绕格里芬,格里芬向左跳跃离开基座;低浮雕的类似处理,但脖子更弯,前腿不太僵硬;脖子前面的毛发是非典型处理。

P. 394. 城市名字"ΑΒΔ ΗΡ ΙΤΕΩΝ"围绕阿波罗的头像,太阳神戴花冠,面朝左;风格比较冷酷。

a. 2. 68 克。

Vogel,178.

正面:在翅膀边缘与顶饰尖部之间有裂纹。

506. A. 330. 相同模具。

P. 395. 与城市名字"ΑΒΔ ΗΡΙ ΤΕΩΝ"的位置类似,但平截线是斜的,且头向前倾;技术优秀的作品。

a. 2. 57 克,大英博物馆。　　PL. XXIII

BMC *Thrace*,72,no. 58;C. 144/8.

正面:像第505号钱币一样有裂纹,但更严重。

507. A. 330. 相同模具。

P. 396. 与城市名字"ΑΒΔ ΗΡΙ ΤΕΩΝ"的位置类似;图案较大;平截线同样是斜的。

---

① 包括C. 144/4:柏林(复制品);Lobbecke,2. 55 克;C. 144/6:Klagenfurt(1912),2. 68 克;C. 144/9:米兰(Brera),2. 72 克;C. 144/10:莫斯科大学,Oreschnikoff, *Catalogue*,34,2. 30 克;C. 144/11:慕尼黑,2. 54 克;C. 144/14:赫米塔吉,2. 60 克;C. 144/16,17:Sotheby 9. 5. 1904,212,213;C. 144/17a:Hirsch,xxv. 86,2. 53 克;C. 144/18:Lischine,32,2. 35 克;C. 144/19:Rollin and Feuardent(1912),2. 59 克;C. 144/20:Mionnet Suppl. ii. 207,no. 9。

a. 2. 48 克,哥本哈根。

SNG(*Cop.*) *Thrace*,351;Clauswitz(1826);C. 144/7.

正面:像第 505 号、第 506 号钱币一样有裂纹。背面:横跨字母"P"有斜裂纹。

508. A. 330. 相同模具。

P. 397. 与城市名字"ABΔ HPI TEΩN"的位置类似;图案略小,平截线不太斜;技术熟练的作品。

a. 2. 60 克,巴黎。

Luynes,1756;C. 144/13.

正面:像第 505 - 7 号钱币一样,模具有很大裂纹。背面:脖子后面有原始裂纹,从平截线后面到背板水平方向上有断裂。

509. A. 331. 与造币官名字"EΓI XAPMO"的位置类似。

P. 396. 第 507 号模具。

a. 2. 69 克,柏林。　PL. XXIII

Beschreibung, i. 112, no. 106; NZ 1872 - 3, 191, no. 30; C. 144/1.

背面:像第 507 号一样,横跨 P 有裂纹。

510. A. 331. 相同模具。

P. 398. 与城市名字"ABΔ HPI TEΩN"的位置类似,但图案较小;浮雕较高,造型大胆;是技术熟练的作品。

a. 2. 79 克,柏林。　PL. XXIII

C. 144/3.

b. 2. 24 克,牛津。

Evans(损坏,而且正面有轻微二次打制).

511. A. 331. 相同模具。

P. 397. 第 508 号模具。

a. 2. 80 克,纽约。　PL. XXIII

b. 2. 65 克。

Mionnet, i. 367, no. 30; C. 144/12(有穿孔).

c. 2.51 克,大英博物馆。

Woodhouse(1866)(有穿孔).

正面:在 b 和 c 上,模具有损坏痕迹。背面:横截面底座有裂纹;像第 508 号钱币一样,脖子后背有裂纹,尽管前者在 b 和 c 上更严重。

512. A. 332. 与造币官名字"EΓI XAPMO"的位置类似;翅膀略有差异,否则非常接近于模具 A. 331(no. 509 - 11)。

P. 395. 第 506 号模具。

a. 2.84 克,牛津(梅先生的遗产)。 PL. XXIII

MMAG(9/60).

513. A. 333. 与造币官名字"EΓI XAPMO"的位置类似。

P. 399. 与城市名字"ABΔ HPI TEΩN"的位置类似,但头像面朝右;浮雕相对较高;花冠非常突出,但头发的处理比较简单。

a. 2.80 克,索菲亚。 PL. XXIII

b. 2.44 克,剑桥。

McClean, 4037.

514. A. 333. 相同模具。

P. 397. 第 508 号和第 511 号模具。

a. 2.60 克,杜宾根。

C. 144/15.

正面:模具在尾巴尖毛附近有裂纹。背面:模具状况类似于第 511 号钱币的 b 和 c。

515. A. 333. 相同模具。

P. 400. 与城市名字"ABΔ HPI TEΩN"的位置类似,但太阳神面朝左;图案较小,整体处理得比较僵硬。

a. 2.44 克,柏林。 PL. XXIII

Beschreibung, i. 112, no. 105; C. 144/2.

正面:模具在尾巴尖附近有裂纹。

516. A. 334. 造币官名字“ΕΓΙ ΧΑΡΜΟ”由上而下,再由左而右位于腹部下边和基座下面;图案类似;风格较弱。

P. 397. 第508号、第511号和第514号模具。

a. 2.46克,索菲亚。

Oman(1947).

b. 2.46克,牛津(梅先生的遗产)。

(有穿孔和磨损)。

c. 2.75克,剑桥。　PL. XXIII

McClean,4035.

517. A. 334. 相同模具。

P. 396. 第507号和第509号模具。

a. 2.83克,牛津(梅先生的遗产)。

Spink(1948).

背面:模具像第507号和第509号一样有裂纹。

518. A. 335. 与造币官名字“ΕΓΙ ΧΑΡΜΟ”的位置类似;是造型更丰满和更精致的作品;风格像模具A. 333(nos. 513-15)。

P. 401. 与城市名字“ΑΒΔ ΗΡΙ ΤΕΩΝ”的位置类似,但图案较小,平截线不太斜;风格比较冷酷。

a. 2.65克,海牙。　PL. XXIII

C. 144/5.

分组127

1 德拉克马： 造币官:ΕΓ ΑΡΧΕΛΑΟΥ

有记录的样品	33①	垫压模具	5	PL. XXIII
模具组合	10	冲压模具	5	

519. A. 336. 造币官名字“ΕΓ ΑΡΧΕΛΑΟΥ”由左至右，再由右至左位于格里芬的上方和下方，格里芬向左跳跃；无基座或基线；跳跃动作较高；翅膀上的羽毛稀疏，但处理较重；脖子前面的毛发比较经典；有线型圆环边界。

P. 402. 城市名字“ΑΒΔ ΗΡΙ ΤΕΩΝ”围绕方形框，框内是阿波罗头像，太阳神戴花冠，面朝右；风格较粗糙，形象比较敏捷；浅印图。

a. 2. 71 克，大英博物馆。 PL. XXIII

BMC *Thrace*, 72, no. 56; Graves; C. 142/8.

520. A. 336. 相同模具。

P. 403. 与城市名字“ΑΒΔ ΗΡΙ ΤΕΩΝ”的位置类似；太阳神形象不清晰；平截线几乎是直的。

a. 2. 52 克。 PL. XXIII

Nav. V. 1536; Ratto(卢加诺)8. 11. 1928, 340.

b. 2. 85 克，索菲亚。

C. 142/18 或 19。

521. A. 336. 相同模具。

---

① 包括 C. 142/1 –3：雅典，2. 62 克(1)；C. 142/5：布加勒斯特(1912)，2. 58 克；C. 142/7：Leipzig 大学(1912)；C. 142/9：莫斯科大学，Orechnikoff，*Catalogue*，35，2. 64 克；C. 142/10：Neudeck(1912)；C. 142/13，14：赫米塔吉，2. 45 克、2. 42 克；C. 142/15，16：普罗夫迪夫(1912)，2. 83 克和 2. 42 克；C. 142/17：Six(1912)，2. 30 克；C. 142/21，22：都灵，2. 69 克和 2. 47 克；C. 142/24：Dumersan，*Allier de Hauterochie*(1829)，21；C. 142/25 –27：Lischine，26，27，28，2. 64 克、2. 60 克和 2. 65 克；C. 142/28：Hirsch，xxi. 855，1. 80 克；C. 142/29：Hirsch，xxv. 85，2. 59 克。

P. 404. 与城市名字“ABΔ HPI TEΩN”的位置类似。

a. 2. 73 克，哥本哈根。

SNG(*Cop.*) *Thrace*，350；Lambros(1894)；C. 142/6.

522. A. 337. 造币官名字“EΓ APXEΛAOY”由左至右，再由右至左，位置类似；是整体较好的作品；主羽的边缘突起。

P. 402. 第 519 号模具。

a. 2. 72 克，巴黎。　PL. XXIII

Mionnet，i. 367，no. 25；C. 142/12(有穿孔).

背面：模具的状况类似于第 519 号。

523. A. 338. 造币官名字“EΓ APXEΛAOY”由左至右，再由右至左，位置类似。

P. 405. 与城市名字“ABΔ HPI TEΩN”的位置类似。

a. 2. 49 克，索菲亚。　PL. XXIII

RN 1895，10，no. 5；可能是 C. 142/20(重 2. 56 克)。

b. 2. 49 克，温特图尔。

C. 142/23(有磨损).

背面：像下面的第 526 号钱币一样，在 b 上平截线底座有明显的裂纹。

524. A. 339. 造币官名字“EΓ APXEΛAOY”由左至右，再由右至左，位置类似。

P. 403. 第 520 号模具。

a. 2. 82 克，索菲亚。　PL. XXIII

C. 142/18 或 19。

b. 2. 53 克，柏林。

C. 142/4.

525. A. 340. 造币官名字“EΓ APXEΛAOY”由左至右，再由右至左，位置类似；风格像模具 A. 336(no. 519)。

P. 406. 与城市名字“ABΔ HPI TEΩN”的位置类似。

a. 2.54 克,剑桥。

McClean,4034.

526. A. 340. 相同模具。

P. 405. 第 523 号模具。

a. 2.65 克,巴黎。 PL. XXIII

C. 142/11.

b. 2.62 克,牛津(梅先生的遗产)。

Baldwin(9/51).

背面:横截线底座有裂纹,一直到方形框;如第 523 号钱币。

527. A. 340. 相同模具。

P. 403. 第 520 号和第 524 号模具。

a. —

Ratto 4.4.1927,822.

528. A. 340. 相同模具。

P. 402. 第 519 号和第 522 号模具。

a. 2.32 克,牛津(梅先生的遗产)。

Baldwin(1/61)(有穿孔和磨损).

现代仿制品

造币官森农制作的 4 德拉克马,分组 117(pp. 259 f. ,*supra*)。

1. —. 格里芬向左跳跃。

P. —. 造币官名字"ΕΓΙΤ ΗΝΩΝΟ"由下而上位于赫尔墨斯的左边,赫尔墨斯面朝右站立;右边是单把手的水壶。

a. 12.16 克。

Nav. i. 1078; Hirsch, xiii. 521; Nom. iii, pl. ii. 14(背面); C. 93/1.

b. 12.40 克,剑桥。 PL. XXIV

McClean,4006; Hirsch, xvi. 335.

第9章　第九时期:约公元前 365/360～350/345年(正文附录)

本附录所研究的钱币列入我们的第九时期,这一时期覆盖的时间超出了本书最初所考虑的范围。作者的意图一直是不超过公元前375年,这一年由于特里巴洛人的入侵阿布德拉遭受了一场灾难,同时卡布里斯领导的第二次雅典联盟对其及时进行了救助。这些事件终止了单个造币官发行长系列钱币的做法,并由此导致阿布德拉造币厂关闭了几年。因此这一年可以作为我们所研究的最晚钱币制作的一个自然终结点。但是,近期发现了属于公元前375年之后不久的一枚1斯塔特金币,再加上这枚金币对此前系钱币列度量衡的影响,所以需要延长研究的时间下限,以便包括第一批背面图案是阿波罗头像的钱币;这些钱币的制作是基于此前第七时期的相同标准,而且具有单个造币官名字的图案。

第一批划分到第八时期的阿波罗头像系

列钱币,显然不同于第九时期的钱币,因为后者的图案更出色,而且在第九时期开始时其重量也明显降低了。重量降低的结果是,重量在10.15~10.00克的阿布德拉的4德拉克马变得相当于凯伊安/罗得斯标准的4德拉克马的2/3;1德拉克马的重量在2.50~2.45克,相当于相同标准的4奥博尔。这时似乎也是一个适合结束研究的节点,如果不存在如下事实的话:从第八时期到第九时期转变的时间区间没有发生任何重要历史事件,因此只能将公元前365~360年作为合适的时间范围。相应地,除了研究阿波罗头像图案主系列可以得出的结论外,也几乎没有其他选择,该系列的制作是基于降低的重量标准。大量现有资料,包括有多达13个批次不同的钱币,可以将我们从公元前360年之前的10年结束时带到公元前350~340年的前半期。在整个这一段时期,阿布德拉造币厂似乎非常活跃;另外我们没有理由相信该系列持续时间很长,或在很短和有规律的间隔期单个发行批次之间不相互模仿。如果情况就是如此,则在我们必须在公元前350~345年中的某个日期寻找阿波罗头像系列结束的时间;而且很难避免的结论是,这一时间一定与马其顿的腓力大帝在东色雷斯地区的征服有关,具体时间是在他于公元前348年的夏季晚期占领奥林索斯之后不久。因此,钱币制作的情况佐证了普遍存在的观点,即阿布德拉当时已经受到腓力大帝的控制,也许是在公元前347年,而不是在其早期公元前353/352~352/351年的征服过程中。

依据我们在第一至第八时期确定的相同尺度和相同基础,如果对属于第九时期的所有钱币系列进行划分,则一定会极大地增加工作量。现存钱币的数量是巨大的;尽管大量现有可获得的资料足以表明这一时期钱币制作本身的特点以及所依据的制作标准,但如果要以相同的具体方法将其列入我们的划分则仍不充分。因此,这些批次的钱币是按照单个造币官名字的字母顺序排列的。

这一时期的历史背景是发生了很多重要事件。该时期开始时是色雷斯人于公元前360年对克雷尼达斯(Krenides)的殖民式管理,克雷尼达斯位于潘格恩(Pangaion)东面的金属矿藏丰富的地区,在古代该地区可以大致被称作达顿(Daton)。① 此后出现了马其顿的突然崛起和在斯特瑞木河以东地区建立了马其顿王朝的霸权;最先是公元前357年在安菲波利斯(Amphipolis),然后是次年在克雷尼达斯,后者目前的名字叫腓力比(Philippi)。②

这两个事件对随后局面发展的影响非常大:安菲波利斯和腓力比,前者具有战略重要性,而后者是重要的收入来源,其提供给腓力大帝的财富远大于该地此前承诺的数额;这两个地区使腓力大帝可以控制色雷斯西部地区并为向东部地区的进一步发展铺平了道路。③ 雅典试图在色雷斯王子之间建立一个反对腓力大帝联盟的努力很快就失败了,而且在事实上一定使腓力大帝扩展了其控制的范围,最远到达了内斯特斯河流域。④公元前353年腓力大帝向东已经到达马罗尼亚,但已经无力进一步向前了;部分是由于阿曼德科斯二世[Amadokos(Ⅱ)]的敌视态度,在克提斯(Kotys)死后,阿德里西亚王国的中央部分一直由其统治;部分(我们猜测)是由于马罗尼亚后

① 关于克雷尼达斯与被称为达顿(Daton)或达托斯(Datos)地区之间联系的讨论,见Collart,39－48,以及古代和当代当地政府的文献。

② Collart,138 f.

③ 有关腓力在克雷尼达斯开采金属矿的影响,见Diodoros,xvi.8.6－7。

④ 在*IG* ii^2(127)中部分保留了雅典于公元前356/355年为了抗击腓力大帝的战争而与如下三人签订的联盟条约条款:Ketriporis,他作为Berisades的儿子和色雷斯王子当时控制着内斯特斯河西部地区;帕奥尼亚(Paeonian)的Lykkeios;埃利亚(Illyria)的Grabos。有关该联盟很快失败的讨论,见Diodoros,xvi.22.3。Ketriports尽管君主们没有被废黜,但其城邦显然已经不再是独立的(Collart,158,n.2)。Lykkeios的投降显然并没有妨碍其以自己的名字制作钱币的权利(Gaebler,ZfN 1927,224)。有关Ketriporis与其他阿德里西亚(Odrysian)王子的关系,见p.288,n.1,*infra*。

面的大山阻挡。① 但在接下来的一年里在色雷斯出现了第二次战争,而这一次由于阿曼德科斯二世立场的转变,腓力大帝得以前进到了波罗庞迪斯河(Propontis)岸边。② 雅典在克什尼兹半岛(Chersonese)的地位受到直接威胁;很可能的情况是,也就是在此刻,腓力大帝首次与拜占庭和培里索斯(Perinthos)建立了联系。但他的征服之旅并没有完成,他在前线被疾病击垮,这导致其被迫撤退。

腓力大帝重新开始征服之旅是在几年之后。在公元前349年他转而进攻奥林索斯,尽管雅典人努力救助该城邦,但在公元前348年奥林索斯还是落入腓力大帝之手。在随后的两年里,腓力大帝至少进行了一次,可能是两次跨过内斯特斯河的征服之旅;在此次征服中他的部队再次到达波罗庞迪斯地区,并且极大地提高了其在东色雷斯地区的地位,同时也削弱了雅典和克索布雷特斯(Kersobleptes)的影响力。当然他似乎控制了色何恩海角(Cape Serrheion)与何布罗斯河之间的广大地区,而且这时他一定也实际控制了这条河与斯特瑞木河之间的整个沿岸地带。

---

① 在Kotys于公元前360年死后,阿德里西亚王国就落入了三位王子之手。Kersobleptes是Kotys的长子,但一直无法在其父亲的整个领地内建立统治,只控制着克什尼兹半岛(Chersonese)的北部地区,领域至少从波罗庞迪斯(Propontis)向西直到何布罗斯河(Hebros)。在何布罗斯河与马罗尼亚后面的大山之间的地区由Amadokos(Ⅱ)统治,他可能是该姓氏一名早期王子的儿子(Harpocration, s. v. Amadokos; also p. 188, *supra*)。马罗尼亚后面的大山障碍可能在353年阻止了腓力大帝的征服步伐(*ATL* 1. 517, n. 4);Amadokos向西的统治地域有多远现在还不确定,因为下一个自然边界是内斯特斯河。内斯特斯河西岸和名义最远至斯特瑞木河地区由Berisades王子统治,他父母的身份也不确定,尽管Strabo认为他属于阿德里西亚皇室(vii. 331, frag. 48)。在公元前365年他的儿子Ketriporis已经继承了王位。

② 在公元前383/382年,Amadokos是反对腓力大帝的(Demosthenes, *Aristokrates*, 183)。当时他的确是雅典反对腓力大帝和Kersobleptes的天然盟友(cf. Jacger, *Demosthenes*, Cambridge, 1938, 106 f.)。但在同一年,Kersobleptes由于受到腓力日益增加的威胁,转而与雅典结盟,而雅典的首要目标是保证克什尼兹半岛的安全。这种关系的改变使得Amadokos变得孤立了,当腓力大帝在第二年重新开始其向东推进的战略时,他盟友遇到Amadokos的进一步反对。腓力还得以深入到Kersobleptes的国土,并围攻赫拉恩(Heraion)的Teichos(Beloch, *GG* 490 f.)。雅典无法提供任何有效的援助,正是这场战争极大地削弱了雅典的地位,也影响到其他仍然忠于雅典的沿岸城邦国家。

在这一系列成功的征服之战中，具体是哪一场使得阿布德拉落入腓力大帝之手，对此历史学家有不同观点。从确定日期的目标讲，波利亚若斯（Polyainos）的观点是不十分确定，尽管随后的事件显示那不勒斯仍由雅典人控制，而且查雷斯（Chares）还掌控着一只有 20 艘战船（trireme）的舰队。① 大量观点则倾向于另一个更早期的日期，在公元前 353/352 ~ 352/351 年。②另一个同样有影响力的观点认为，更可能的时间是公元前 348/347 年的战争，是在腓力大帝控制了奥林索斯之后。③

从纯粹历史研究的角度对这两种观点做出判断不是本章的主要目的；如果不考虑钱币制作的话，作者倾向于公元前 348/347 年这一较晚日期，这不仅是因为如果腓力大帝已经占领了阿布德拉，则在反对雅典贵族（Aristokrates）的演讲（可能是在公元前 352 年）中所表达的许多论点就是不现实的；④而且也因为波利亚若斯（Polyainos）提出腓力大帝的舰队可能投入使用的时间是公元前 348/347 年而不是公元前 353/352 年的观点。⑤我们的目标必须限于钱币制作本身对所涉及历史问题的反映。这里我们已经看到，现有大量钱币制作的研究可

---

① Strategemata，iv. 2. 22.

② Pickard-Cambridge（CAH vi. 217）和 Marshall（116）都认为腓力占领阿布德拉和马罗尼亚的具体时间是公元前 354 年；Hock（Hermes，1891，107）则认为该事件发生在公元前 353 年；Strack（Die ant，Milinz，N-griech，11. 1）认为可能是在公元前 352 年；更近期的是 Collart（131），他也倾向于认为是公元前 352 年。

③ Beloch，*GG* 500.

④ 见 Demosthenes，xxiii，103 – 83，passim。这里演讲人说的都是关于 Kersobleptes 及其得力助手 Charidemos 已经对阿布德拉在东色雷斯地区和克什尼兹半岛利益的伤害，而几乎没有提到腓力大帝；另见 Jaeger，Demosthenes，106 f. 。

⑤ 截至公元前 353/352 年，腓力大帝已经获得了两个优质港口，即安菲波利斯和皮纳（Pydna）。Beloch（*GG* 407）认为，建立一支强大舰队的机会直到公元前 348 年占领奥林索斯之后。West（NC 1923，n. 83）提出，腓力大帝在公元前 352 年就已经计划建立一支海军舰队。安菲波利斯和皮纳都已经落入腓力大帝之手几年了，但马其顿从来不是一个海军强国，甚至不是一个商船队强国；虽然腓力大帝可能已经获得了足够的建设材料，但建造技术人员和海军士兵仍然是不足的。另外，在相对比较早期的公元前 352 年，腓力大帝可能还不想挑战雅典，当时雅典在这一方面可能仍然更胜一筹。雅典人的舰队可能仍可以安全停靠萨索斯或那不勒斯，更不用说阿布德拉本身了。

以将我们带到超越这些日期中的早期日期,并可能将时间确定为公元前 348/347 年。[①]假定阿布德拉造币厂钱币制作数量的减少与马其顿人的行动有联系,但不再制作 4 德拉克马系列则一定与这些年中色雷斯人的战争或此后的和平有关。我认为这是阿布德拉钱币制作问题的正确答案,尽管可能需要考虑其他两个因素做某种程度的补充。这两个其他因素是腓力大帝对待这些受其控制的城邦制作钱币权利的态度和以他名字制作的第一枚金币的时间。

腓力大帝对待受其控制城邦或地区制作钱币的政策绝对不是统一的,明显受到每个具体情况中政治或实践因素的左右。公元前 356 年打败联盟和摧毁奥林索斯导致查尔基德克造币厂的关闭。公元前 356 年占领安菲波利斯和实际上将其重组成一个马其顿城邦,其标志是终止自主发行 4 德拉克马系列。[②] 出现这两种情况都不令人感到意外。腓力大帝一直以来的意图就是摧毁奥林索斯,现在已经摧毁了奥林索斯的特殊造币权,可以将此权利交给马其顿人。作为一个具有非常重要商业和战略意义的城邦,安菲波利斯的重要性使其无法继续制作自己的钱币。

另外,在提萨利(Thessaly),腓力大帝的一次入侵是在公元前 353 年;开始时钱币制作几乎没有变化,但在公元前 344/342 年将该城邦重组后导致其不再依据埃伊内提克标准自主制作银币;在其境内出现的则是由专门选定造币厂制作的皇家货币。[③]公元前 356 年帕奥尼亚国王吕克艾奥斯(Lykkeion)的投降并没有改变在其整个统治期间以自己的名字制作钱币的权力,尽管事实是早在公元前 359/358 年腓力大帝就发现有必要更早对帕奥尼亚进行远征。[④]

---

① 见 p. 286, *supra*。

② Collart, 151 f.; Hampl, *Der Konig der Makedonen*, 22 – 28.

③ West, NC 1927, p. 176; Collart, 164; Rogers, *The Coinage of Thessaly*, 9 f.; BMC *Thessaly-Aetolia*, pp. xxiv. ff.

④ Gaebler, ZfN 1927, 224; May, *Damastion*, Oxford, 1939, 108 f. 这是政治权宜之计的一个明显例子。为了腓力大帝的目标,让一个不同国家的居民愿意结盟,或至少是保持沉默状态,要远好于将其变为长时期的对抗性投降状态。

最后还有在公元前 356 年从色雷斯殖民主义手中夺取的克雷尼达斯(Krenides),此后以国王自己的名字重新命名该城邦。在这里,自主制作钱币被允许持续了几年,而且除了铭文之外图案没有变化。但腓力比的情况则完全不同:腓力大帝对待该城邦几乎就像一个殖民地,其钱币制作实际上成为宣传他自己的一种最有用的方法。[①]另外,正如狄厄多罗斯(Diodoros)所指出的,本地采矿业还需要进一步的发展。[②] 当时机成熟和黄金变得非常充裕时,腓力大帝就毫不犹豫地用自己的金币替代了当地制作的钱币。

再回到阿布德拉,我们发现如果腓力大帝确实在公元前 353/352 ~ 352/351 年其早期的远征中就占领了阿布德拉,则他可能没有改变阿布德拉的钱币制作状况。另外,由于阿布德拉是雅典联盟的一个成员方,而且是色雷斯沿岸最重要的城邦国家之一,所以腓力大帝可能充分考虑到有必要采取严厉措施和废止 4 德拉克马系列,就像他在安菲波利斯所做的一样。但这种情况并没有发生,而且我们第九时期的钱币制作显然一直持续到公元前 348/347 年,也许是公元前 346 年,即签订费罗克拉特斯和平条约(Peace of Philokrates)的一年。后面的日期很可能就是终止 4 德拉克马发行的时期。腓力大帝此时处于实力不断上升的状态,所以不太可能对一家长期以来具有重要性的造币厂继续网开一面;而且这家造币厂过去一直深度参与白银的出口,且钱币制作并非依据色雷科—马其顿标准。一旦阿布德拉完全被腓力大帝所控制,我们就非常怀疑腓力大帝是否还会觉得在公元前 346 年以后有必要继续允许造币厂制作 4 德拉克马系列;另外,在和平条约谈判期间他能够针对克索布雷特斯(Kersobleptes)采取进一步有效措施使得这一点非常不可能了。因此就是在这一日期,由阿布德拉造币厂制作的持续时间很长、我们非常熟悉,且一直都引发兴趣的 4 德拉克

① Collart, 155 f.;有关 Krenides-Philipi 钱币制作的更早期文献,见 p. 287, n. 1, *supra*。

② 见 loc. Cit. On p. 287, n. 3, *supra*。

马系列终于结束了,几乎是在其第一次发行 200 年之后。

以下内容为第九时期的钱币发行(PL. XXIV)(按字母顺序排列)。

梅先生收集了这一时期的很多钱币,但没有进行编目。由于在他的资料中我们没有发现有两位造币官使用同一个正面模具,所以对我们来说,对这一时期按照模具进行更细致的研究可能不会带来更多信息。因此我们简单按照字母顺序排列发行的钱币,只对一些钱币引述具体信息,这些具体信息是在《专集》(*Corpus*)发表后才出现的;但很可能的情况是,我们这些额外钱币已经是《专集》中列举的样品,但还没有具体说明(编者按)。

正面:造币官名字位于格里芬左边或右边;上方或下方是城市名字“ΑΒΔΗΡΙΤΕΩΝ”。

背面:阿波罗头像,戴花冠,面朝右;周围是造币官的名字。

分组 128

529. 造币官名字“ΕΓΙ ΑΙΓΑΛΕΩΣ”位于格里芬左边。4 德拉克马。C. 146.

a. C. De Brialles,10.19 克。 PL. XXIV

b. 钱币博物馆(纽约)30.10.1954,1356。

530. 像第 529 号钱币。1 德拉克马。C. 160.

a. ANS. 2.47 克。 PL. XXIV

分组 129

531. 造币官名字“ΕΓΙ ΑΝΑΞΙΓΟΛΙΟΣ”位于格里芬左边。4 德拉克马。C. 145.

a. McClean,4029.10.31 克。

b. McClean,4030.10.47 克。

c. SNG iii. 1147;Nav. i. 1093.10.19 克。 PL. XXIV

d. 普罗夫迪夫。12.60 克。

e. Kricheldorf 15. 10. 1955，208，10. 26 克。

f. ANS.

532. 像第 531 号钱币。1 德拉克马。C. 161.

a. 索菲亚。 PL. XXIV

532a. 像第 532 号钱币，但阿波罗头像面朝左。

a. 索菲亚。 PL. XXIV

分组 130

533. 造币官名字"ΕΓΙ ΔΗΜΗΤΡΙΟΥ"位于格里芬左边。4 德拉克马。C. 147.

a. 巴黎。 PL. XXIV

534. 像第 533 号钱币，但造币官名字位于格里芬右边。4 德拉克马。C. 148.

a. ANS.

b. 索菲亚，10. 11 克。

c. McClean，4031. 9. 58 克。 PL. XXIV

d. 普罗夫迪夫。9. 18 克。

e. Seaby，*Bulletin*，471，AG 643.

分组 131

535. 造币官名字"ΕΓΙ ΔΙΟΝΥΣΑΔΟΣ"位于格里芬左边。4 德拉克马。C. 149.

a. ANS，9. 91 克。 PL. XXIV

b. 历史博物馆，巴塞尔。9. 86 克。

c. 索菲亚。10. 04 克。

d. Lundgaard. 10. 00 克。

536. 像第 535 号钱币。1 德拉克马。C. 162.

a. 维也纳。 PL. XXIV

537. 像第 535 号钱币,但造币官名字位于格里芬右边。C. 150.

a. SNG iii. 1146;Nav. i. 1094. 10. 05 克。 PL. XXIV

b. MMAG(1951),10. 25 克。

c. Gans. 9. 72 克。

d. McClean,4032. 9. 69 克。

e. 索菲亚。10. 25 克。

f. 索菲亚。10. 10 克。

g. 索菲亚,10. 11 克。

538. 像第 537 号钱币。1 德拉克马。C. 163.

a. 维也纳。 PL. XXIV

分组 132

539. 造币官名字“ΕΓΙ ΔΙΟφΑΝΤΟΥ”位于格里芬右边。4 德拉克马。C. 151.

a. 普罗夫迪夫。10. 00 克。

b. 索菲亚。9. 90 克。 PL. XXIV

c. Kricheldorf 15. 10. 1955,209,10. 05 克。

分组 133

540. 与造币官名字“ΕΓΙ ΕΚΑΤΩΝΥΜΟ”的位置类似,1 德拉克马。C. 164.

a. ANS. 2. 48 克。 PL. XXIV

分组 134

541. 造币官名字“ΕΓΙ ΕΥΡΗΣΙΓΓΟΥ”位于格里芬左边。4 德拉克马。C. 152.

a. 索菲亚。10. 16 克。

b. ANS;Egger,xli. 238. 10. 14 克。

c. Dewing.

d. MMAG vi. 581. 9. 85 克。 PL. XXIV

e. 熔铸币在历史博物馆，巴塞尔。

542. 像第 541 号钱币。1 德拉克马。C. 165.

a. ANS. 2. 46 克。 PL. XXIV

分组 135

543. 造币官名字"ΕΓΙ ΙΓΓΩΝΑΚΤΟΣ"位于格里芬左边；背面有一个贝壳标识。4 德拉克马。C. 153.

a. 历史博物馆，巴塞尔。9. 97 克。

b. 普罗夫迪夫。10. 00 克。

c. 索菲亚。10. 53 克。 PL. XXIV

d. 索菲亚。10. 44 克。

e. 普罗夫迪夫。10. 40 克。

f. 大英博物馆。10. 10 克。

g. 大英博物馆。10. 47 克。

544. 像第 543 号钱币。1 德拉克马。C. 166.

a. SNG iii. 1146. 2. 595 克。 PL. XXIV

b. 维也纳。 PL. XXIV

分组 136

545. 造币官名字"ΕΓΙ ΟΜΗΡΟΥ"位于格里芬左边。4 德拉克马。C. 154.

a. 普罗夫迪夫。10. 70 克。

b. 索菲亚。10. 46 克。 PL. XXIV

c. Hunter. 10. 16 克。

546. 像第 545 号钱币。1 德拉克马。C. 167.

a. 索菲亚。 PL. XXIV

分组 137

547. 造币官名字“EΓI ΓOΛYϕANTOY”位于格里芬左边。4 德拉克马。C. 155.

548. 像第 547 号钱币。4 德拉克马。C. 156.

a. 索菲亚。 PL. XXIV

分组 138

549. 造币官名字“EΓI ΓYΘEΩ”位于格里芬左边。4 德拉克马。C. 156.

a. 索菲亚。10. 14 克。 PL. XXIV

分组 139

550. 造币官名字“EΓI ΓYΘOKΛEOΣ”位于格里芬左边。1 德拉克马。C. 169.

a. 索菲亚。 PL. XXIV

分组 140

551. 造币官名字“EΓI ΓYΘOΔΩPOY”位于格里芬左边。4 德拉克马。C. 157.

552. 造币官名字“EΓI ΓYΘOΔΩPO”位于格里芬左边。4 德拉克马。C. —.

a. 索菲亚。10. 52 克。 PL. XXIV

b. Schulman 14. 2. 1955,1225,10. 30 克。

c. MMAG,1952. 10. 30 克。

553. 像第 552 号钱币。1 德拉克马。C. 172.

a. 索菲亚。 PL. XXIV

附录 1:钱币样品图示

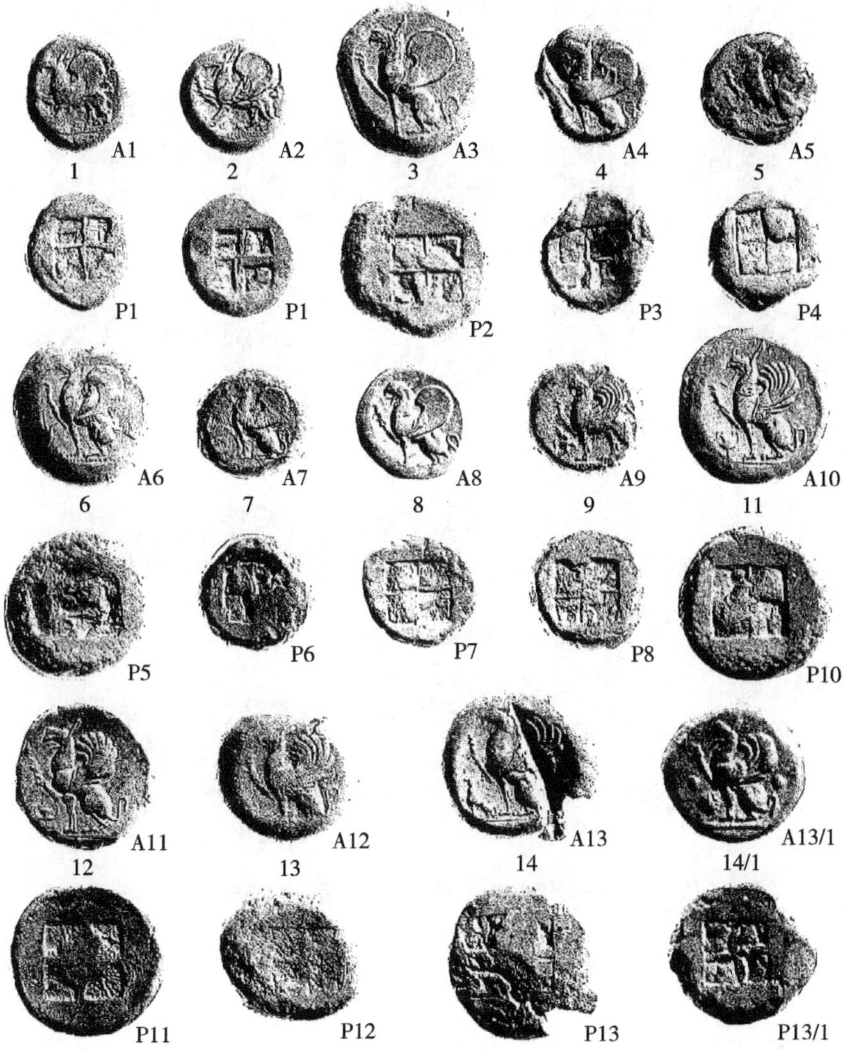

第一时期

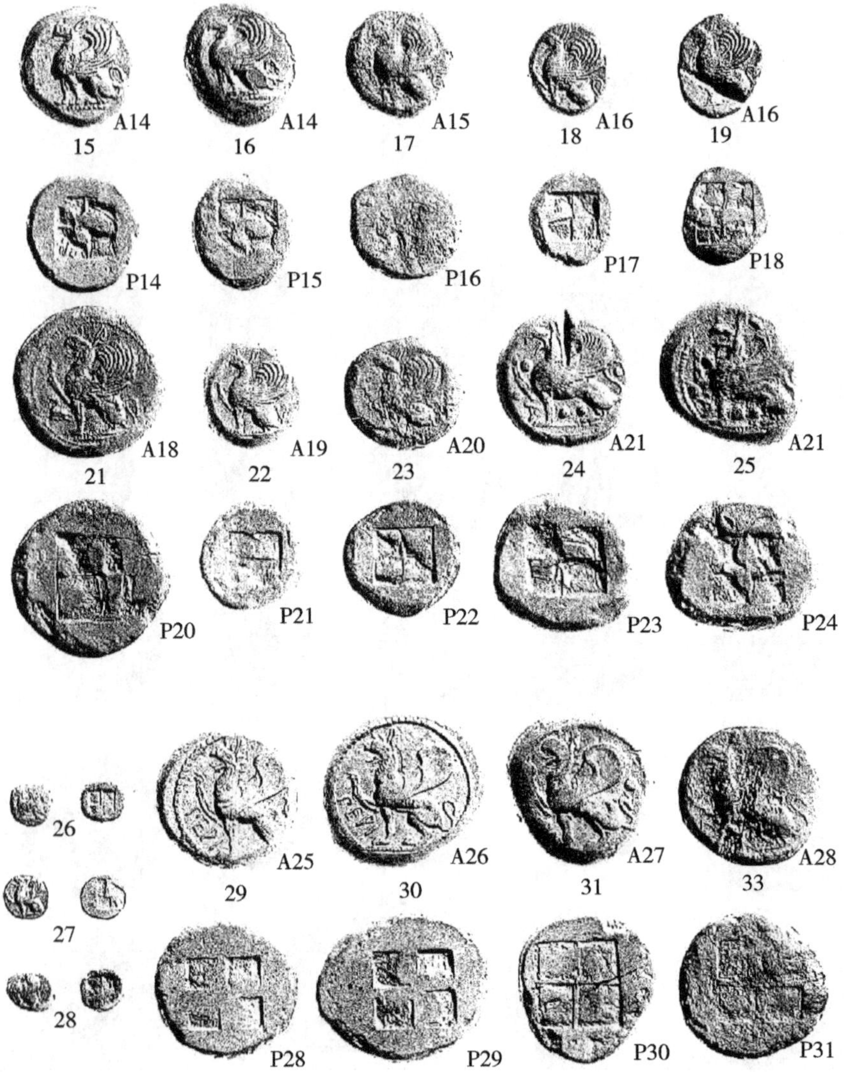

第一时期(15 ~ 28),第二时期(29 ~ 33)

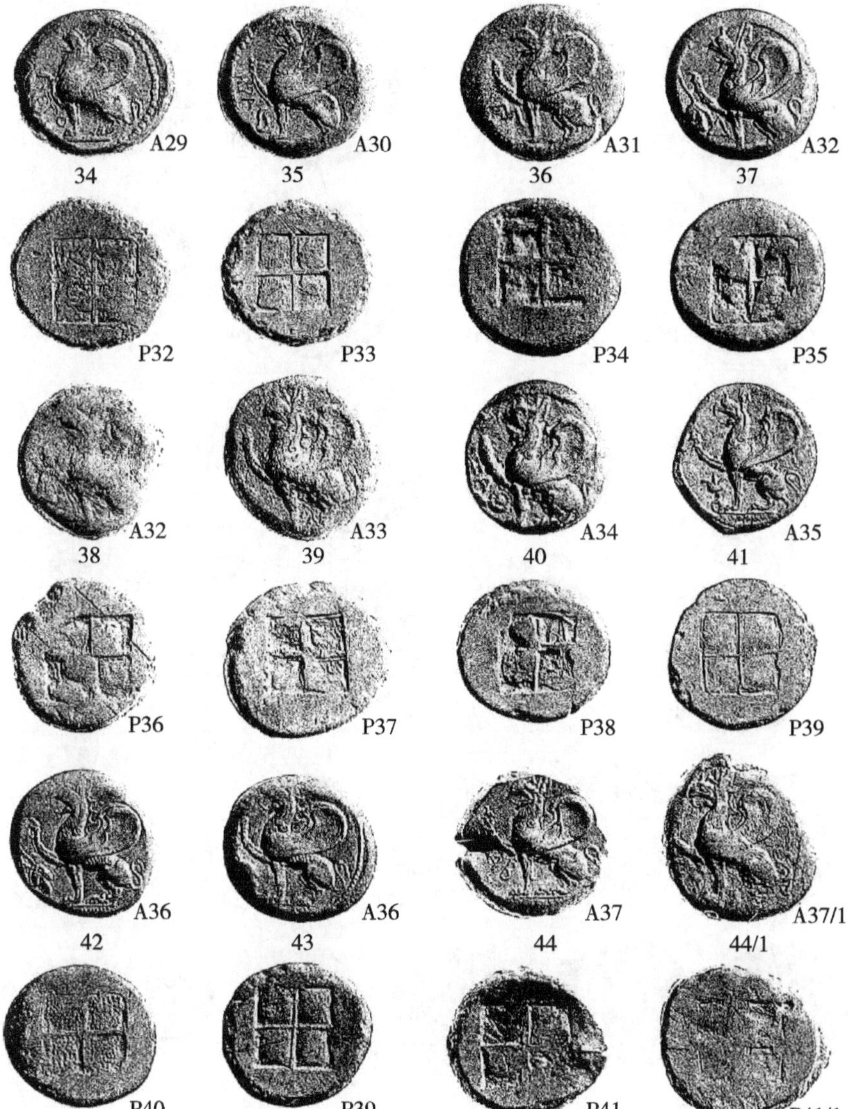
A29
A30
A31
A32
34
35
36
37
P32
P33
P34
P35
A32
A33
A34
A35
38
39
40
41
P36
P37
P38
P39
A36
A36
A37
A37/1
42
43
44
44/1
P40
P39
P41
P41/1

第二时期

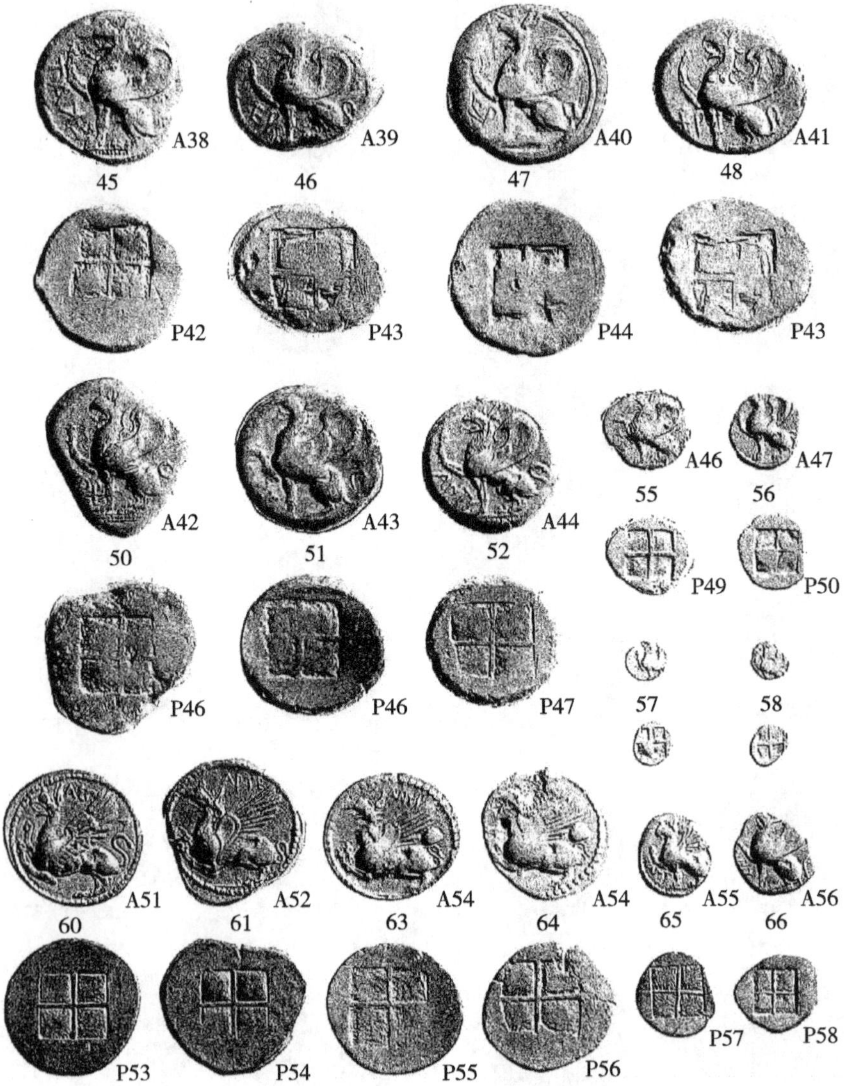

第二时期(45 ~ 58),第三时期(60 ~ 66)

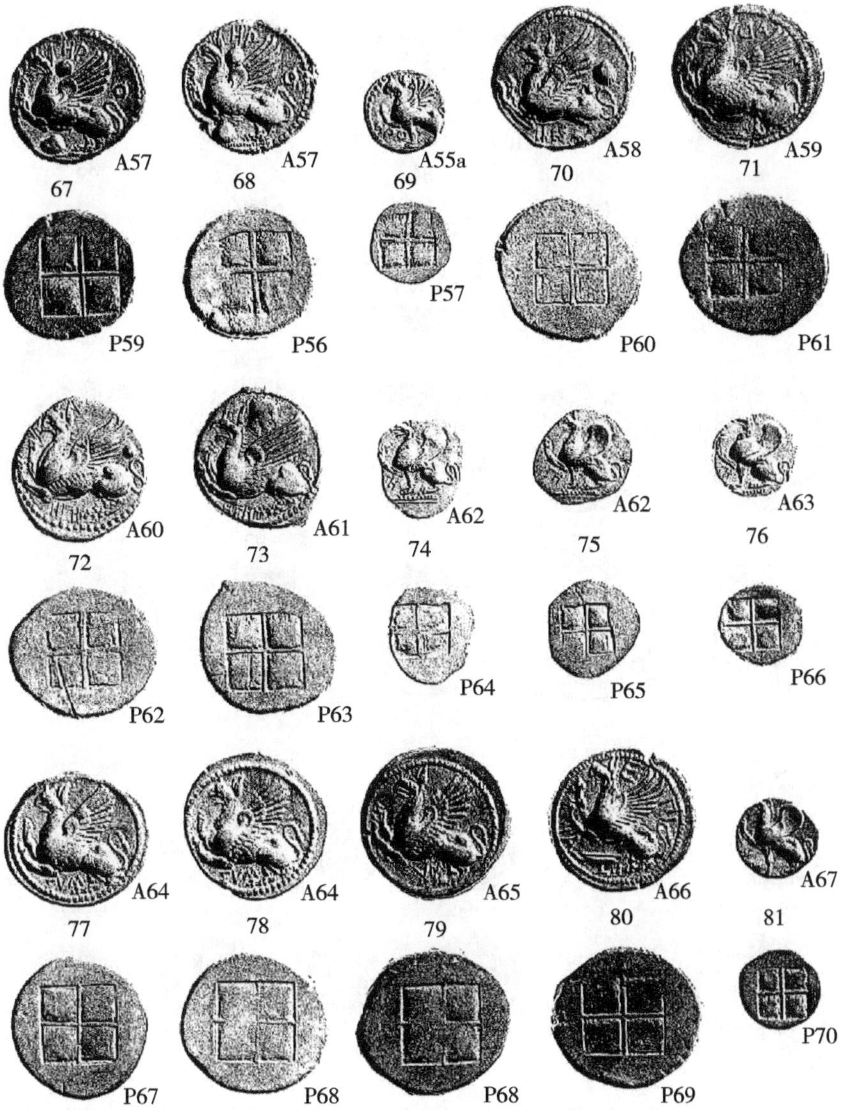
A57
67
A57
68
A55a
69
A58
70
A59
71
P59
P56
P57
P60
P61
A60
72
A61
73
A62
74
A62
75
A63
76
P62
P63
P64
P65
P66
A64
77
A64
78
A65
79
A66
80
A67
81
P67
P68
P68
P69
P70

第三时期

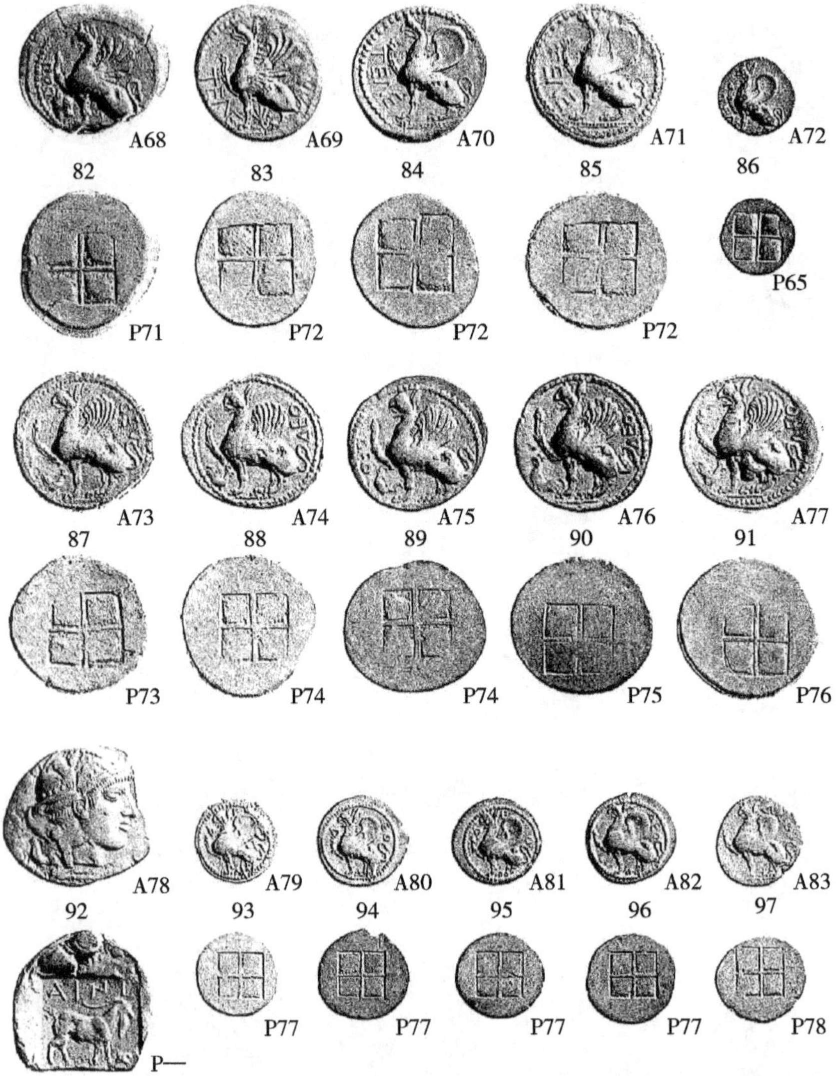
A68 A69 A70 A71 A72
82 83 84 85 86
P71 P72 P72 P72 P65
A73 A74 A75 A76 A77
87 88 89 90 91
P73 P74 P74 P75 P76
A78 A79 A80 A81 A82 A83
92 93 94 95 96 97
P— P77 P77 P77 P77 P78

第三时期

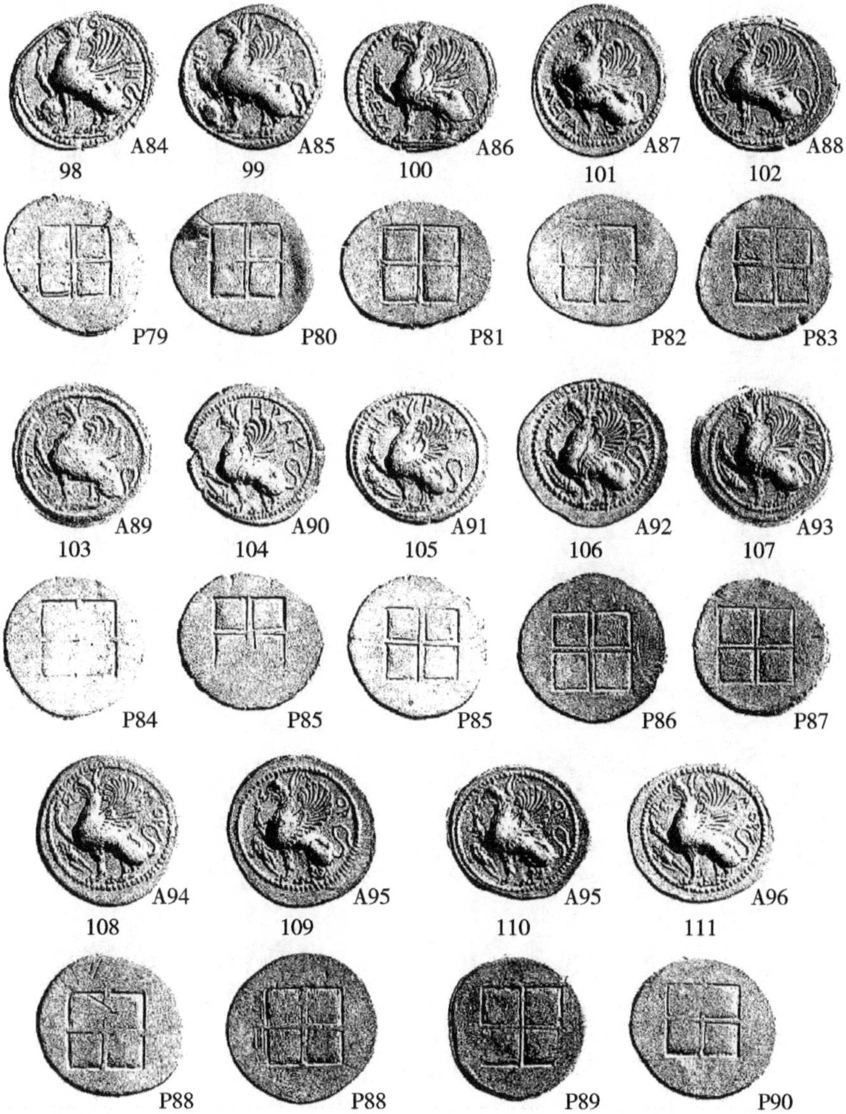
A84
A85
A86
A87
A88
98
99
100
101
102
P79
P80
P81
P82
P83
A89
A90
A91
A92
A93
103
104
105
106
107
P84
P85
P85
P86
P87
A94
A95
A95
A96
108
109
110
111
P88
P88
P89
P90

第三时期

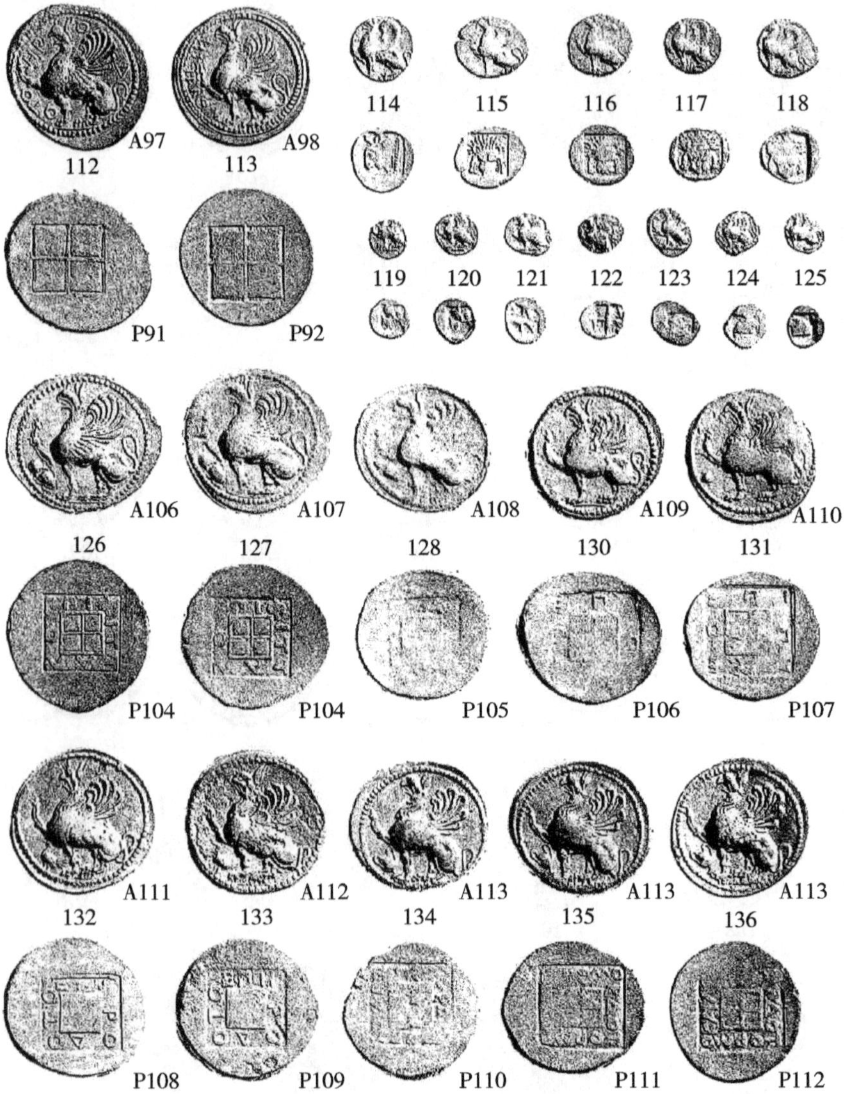

第三时期(112 ~ 125),第四时期(126 ~ 136)

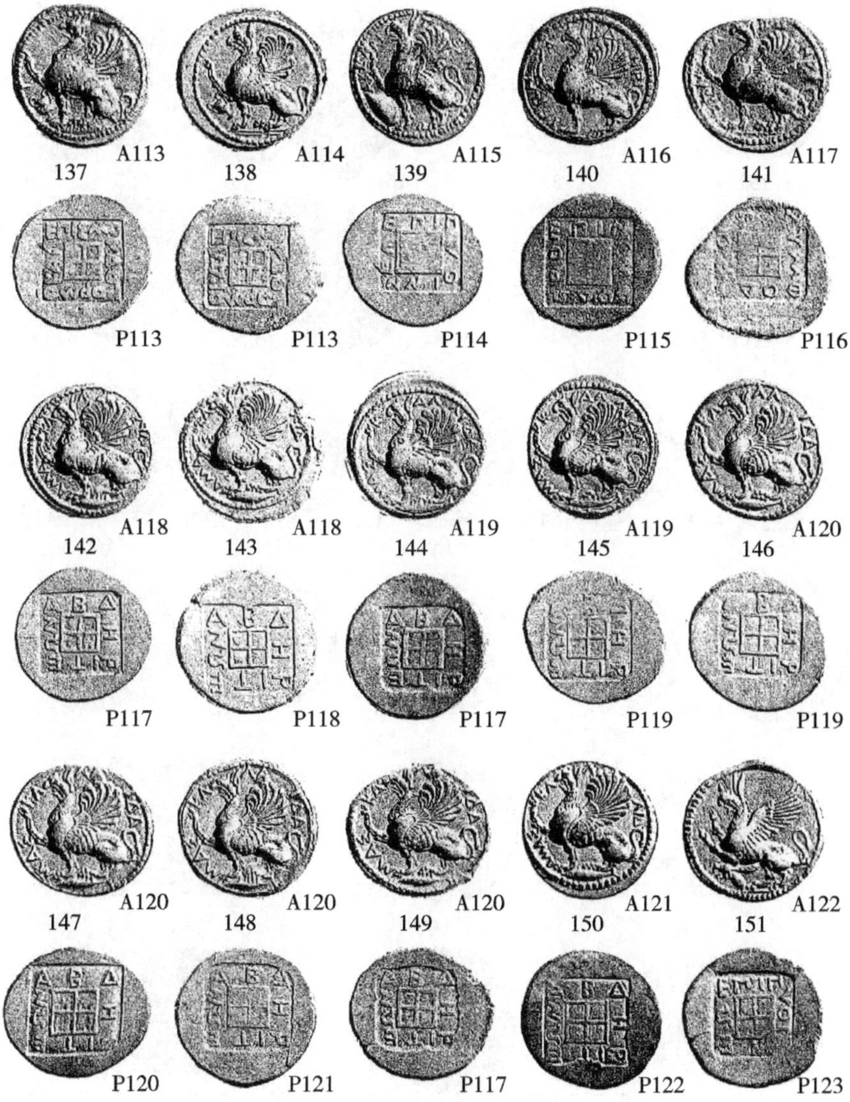
A113 137
A114 138
A115 139
A116 140
A117 141
P113
P113
P114
P115
P116
A118 142
A118 143
A119 144
A119 145
A120 146
P117
P118
P117
P119
P119
A120 147
A120 148
A120 149
A121 150
A122 151
P120
P121
P117
P122
P123

第四时期

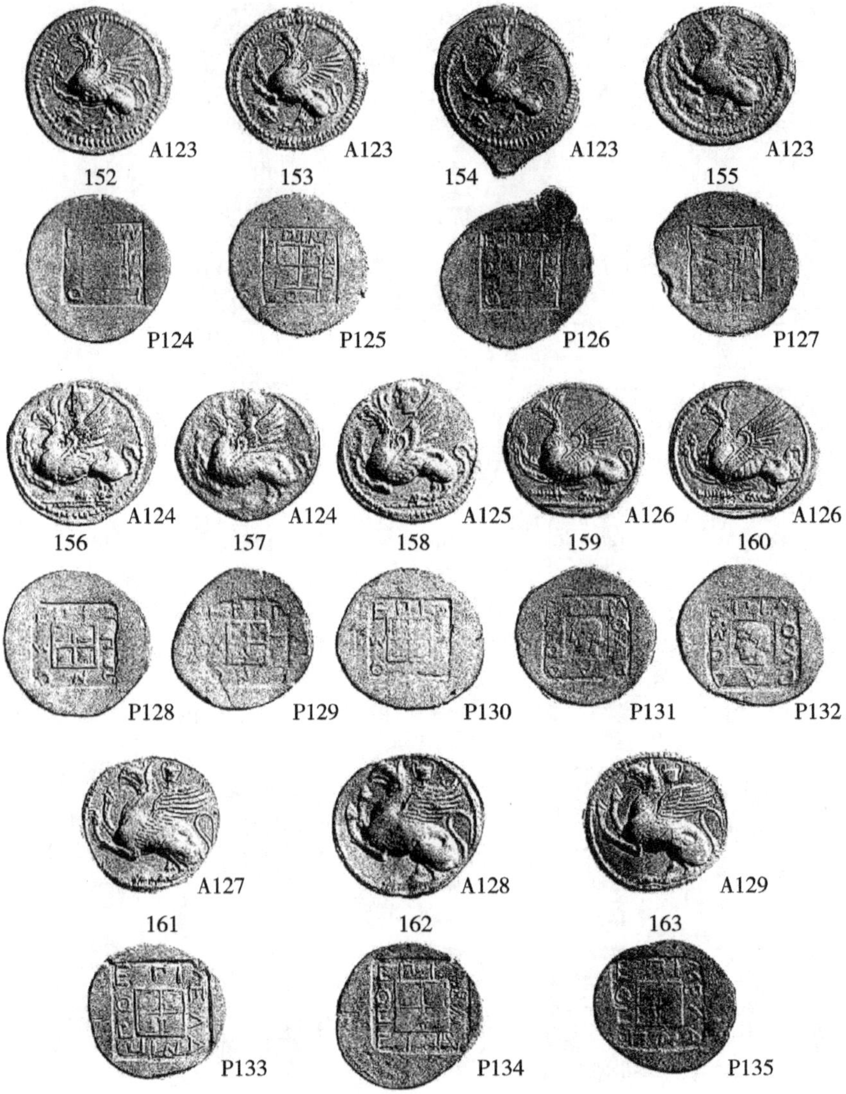
A123 A123 A123 A123
152 153 154 155
P124 P125 P126 P127
A124 A124 A125 A126 A126
156 157 158 159 160
P128 P129 P130 P131 P132
A127 A128 A129
161 162 163
P133 P134 P135

第四时期

164 A130　165 A131　167 A133　168 A134　169 A135

P136　P136　P137　P138　P139

171 A136　172 A137　173 A138　174 A139

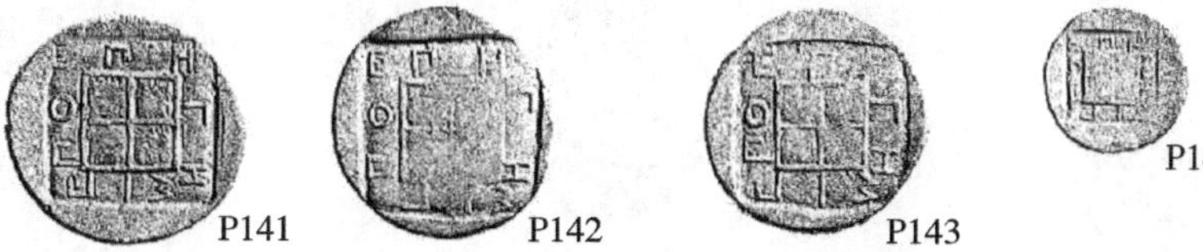

P141　P142　P143　P144

175 A140　176 A141　177 A142　178 A143　179 A144

P145　P146　P147　P148　P149

第四时期

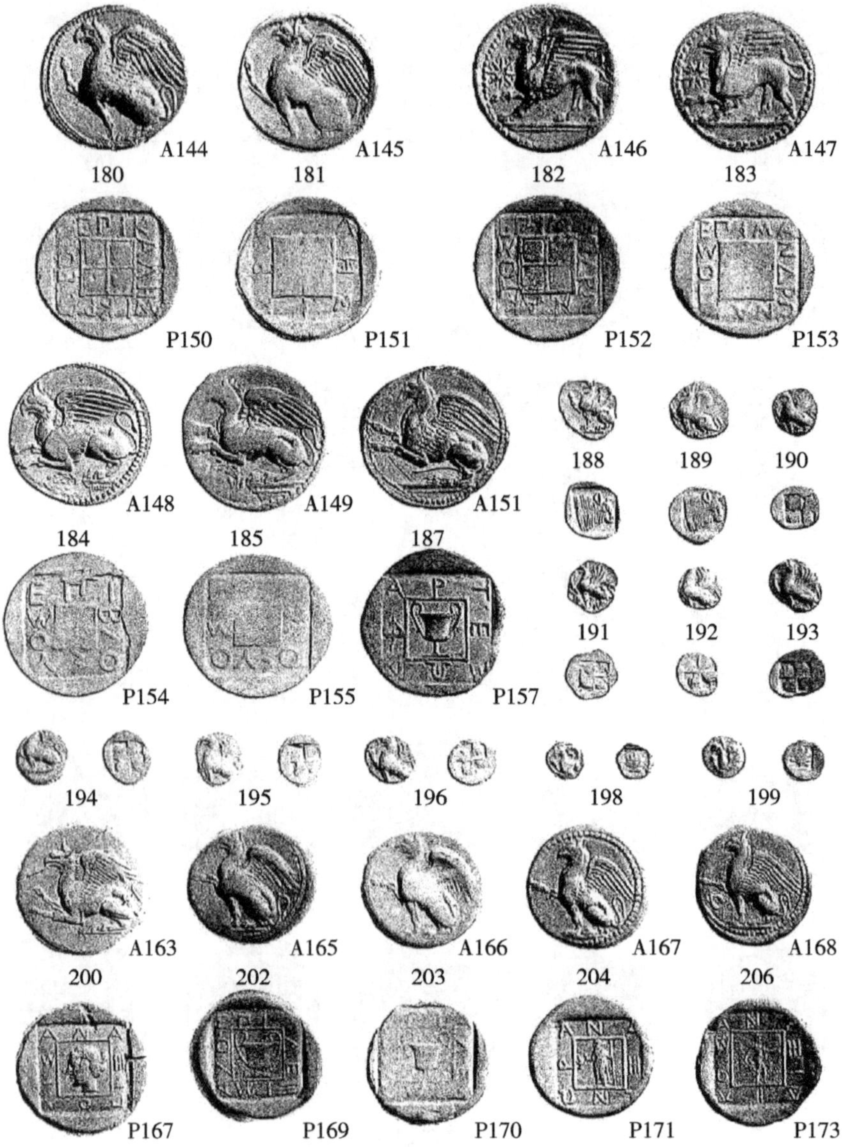

第四时期(180~199),第五时期(200~206)

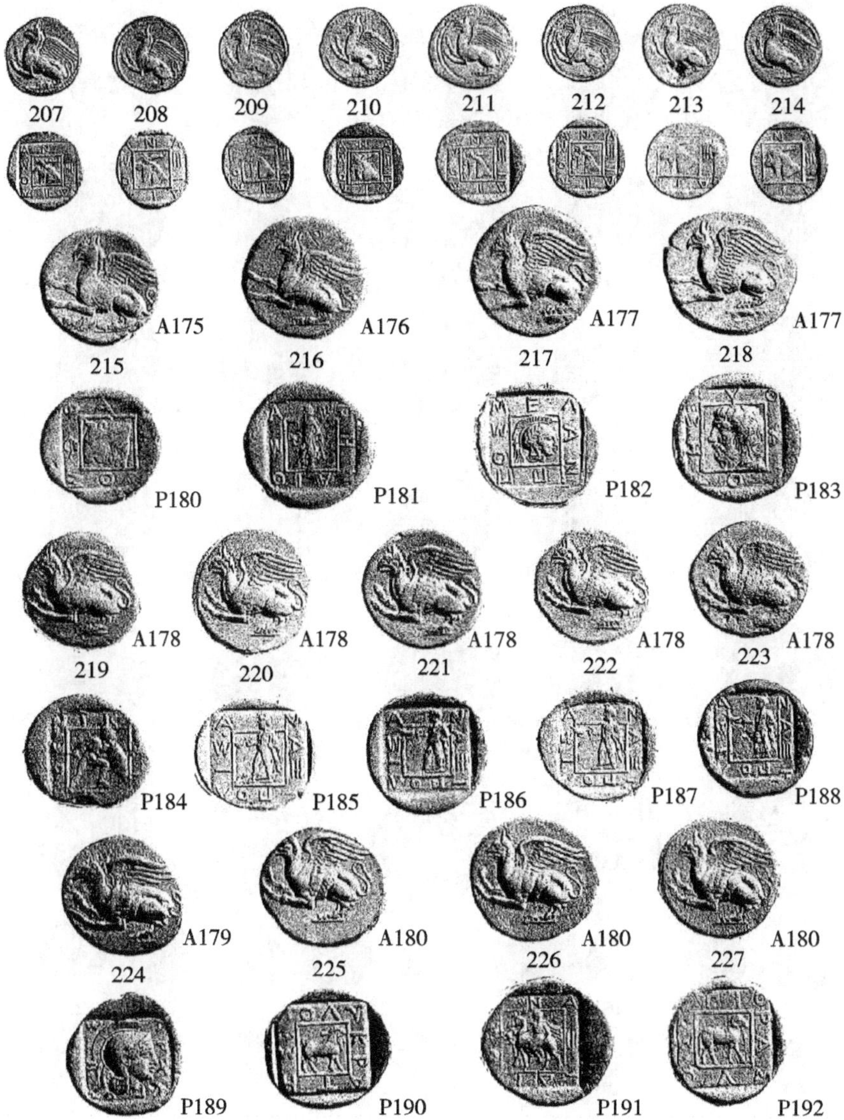
207 208 209 210 211 212 213 214
A175 A176 A177 A177
215 216 217 218
P180 P181 P182 P183
A178 A178 A178 A178 A178
219 220 221 222 223
P184 P185 P186 P187 P188
A179 A180 A180 A180
224 225 226 227
P189 P190 P191 P192

第五时期

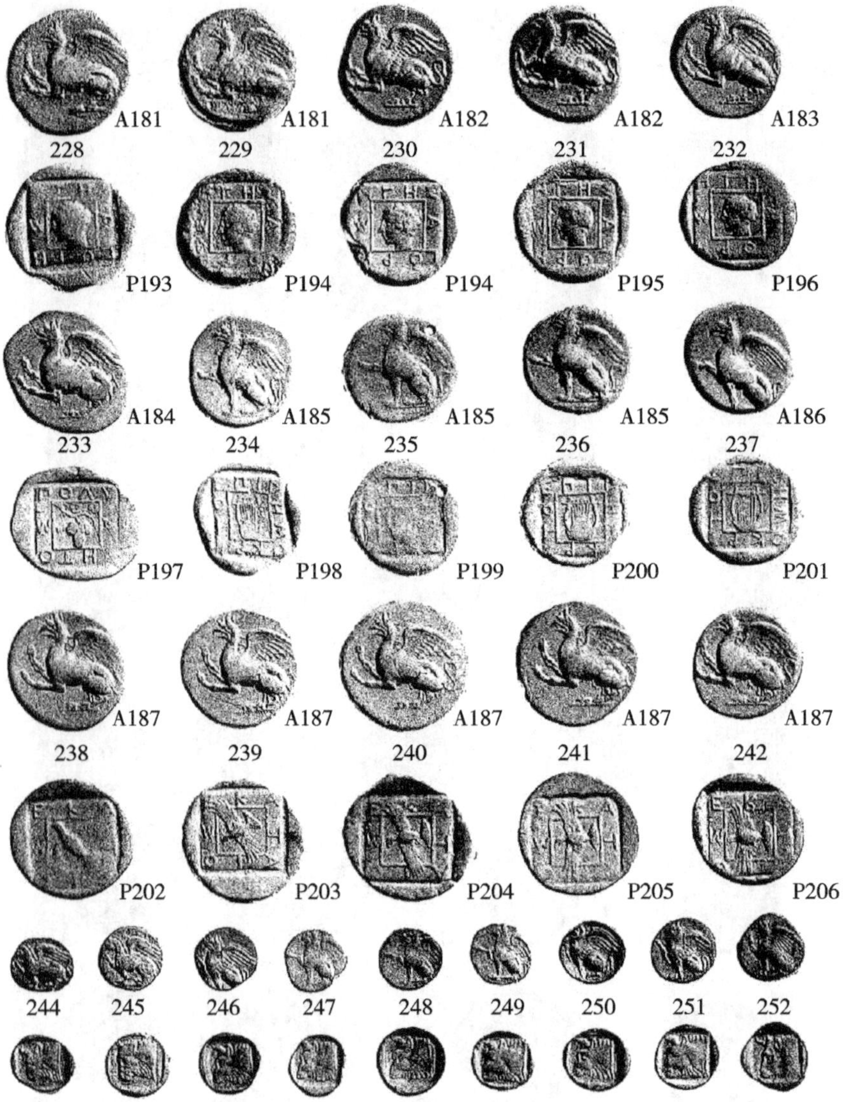
A181 A181 A182 A182 A183
228 229 230 231 232
P193 P194 P194 P195 P196
A184 A185 A185 A185 A186
233 234 235 236 237
P197 P198 P199 P200 P201
A187 A187 A187 A187 A187
238 239 240 241 242
P202 P203 P204 P205 P206
244 245 246 247 248 249 250 251 252

第五时期

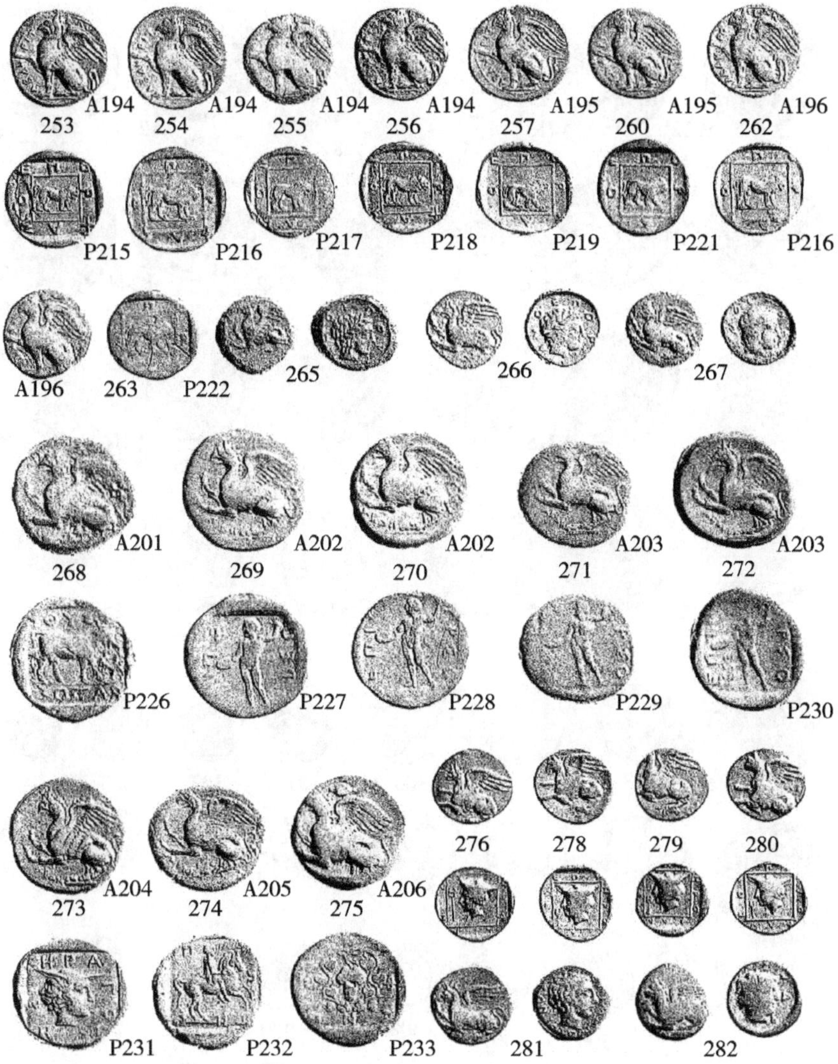
A194 253
A194 254
A194 255
A194 256
A195 257
A195 260
A196 262
P215
P216
P217
P218
P219
P221
P216
A196
263
P222
265
266
267
A201 268
A202 269
A202 270
A203 271
A203 272
P226
P227
P228
P229
P230
276
278
279
280
A204 273
A205 274
A206 275
P231
P232
P233
281
282

第六时期

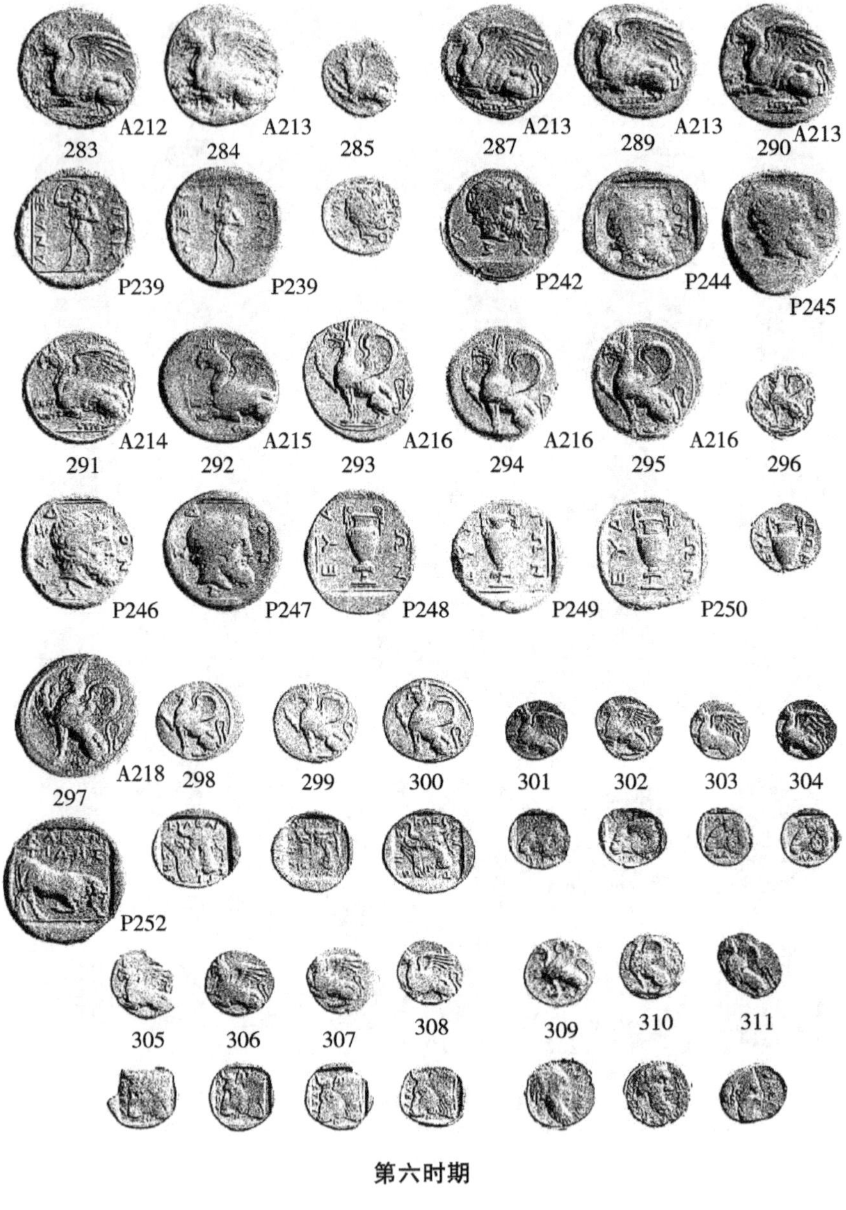
A212 A213 A213 A213 A213
283 284 285 287 289 290
P239 P239 P242 P244 P245
A214 A215 A216 A216 A216
291 292 293 294 295 296
P246 P247 P248 P249 P250
A218
297 298 299 300 301 302 303 304
P252
305 306 307 308 309 310 311

第六时期

A228 313 A228 314 A229 315 A230 316

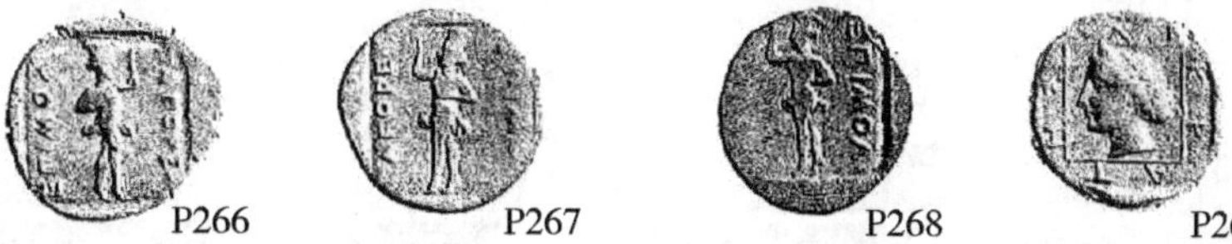

P266 P267 P268 P269

318 320 321 322 323 324 325

326 327 328 329 330 331 332 333

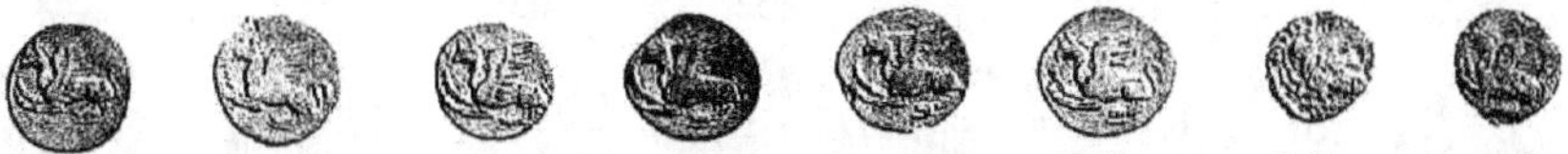

334 335 336 337 338 340 341 342

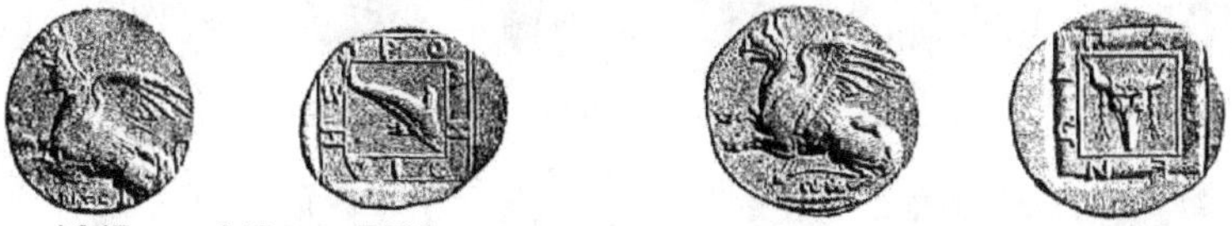

A247 343 P289 A248 344 P290

第六时期

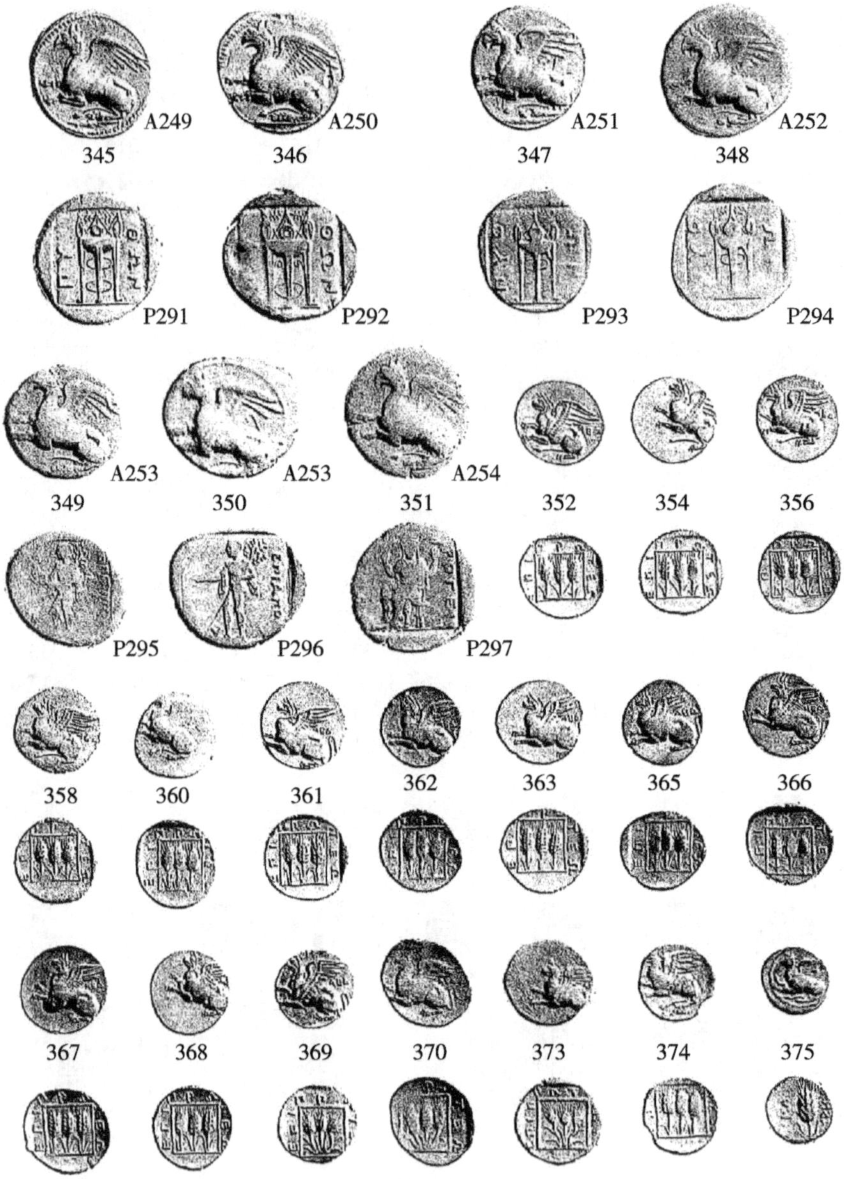
A249 A250 A251 A252
345 346 347 348
P291 P292 P293 P294
A253 A253 A254
349 350 351 352 354 356
P295 P296 P297
358 360 361 362 363 365 366
367 368 369 370 373 374 375

第六时期

第六时期(376～400),第七时期(401～404)

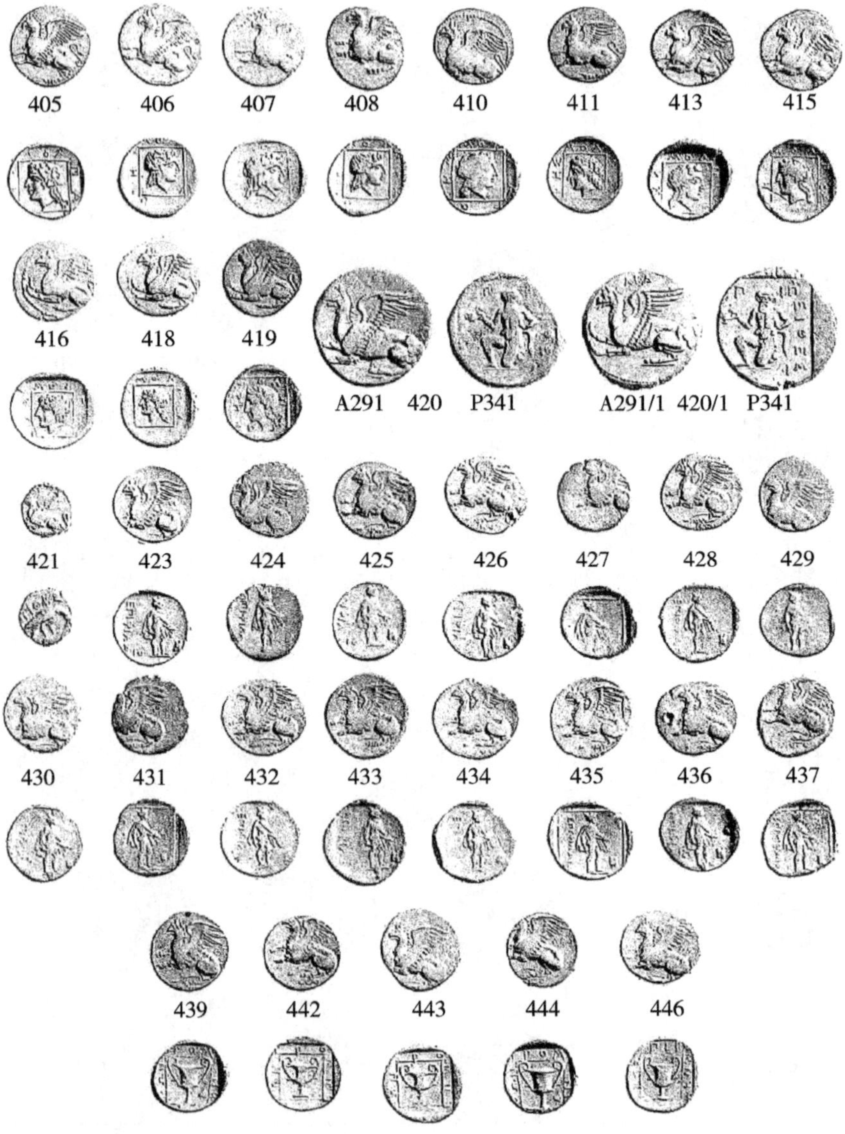

405 406 407 408 410 411 413 415

416 418 419

A291 420 P341 A291/1 420/1 P341

421 423 424 425 426 427 428 429

430 431 432 433 434 435 436 437

439 442 443 444 446

第七时期

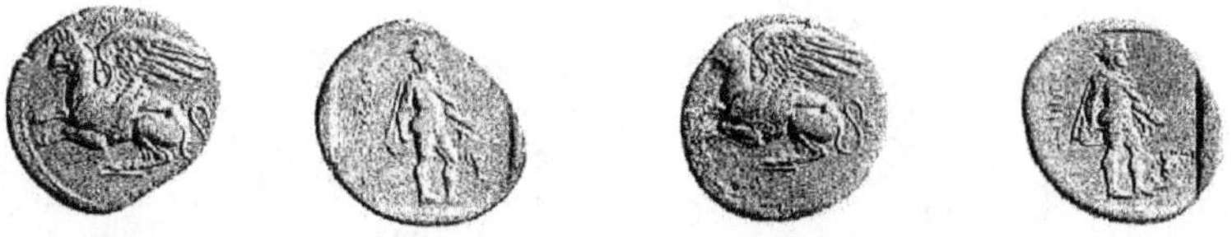

A301 447 P354 A301 448 P335

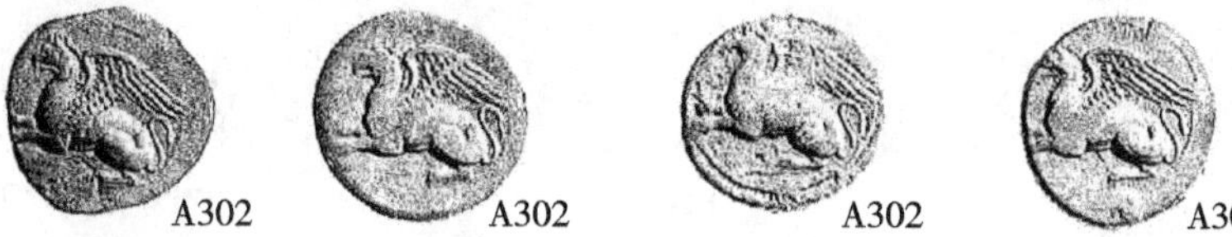

A302 A302 A302 A302

449a 449b 450 451

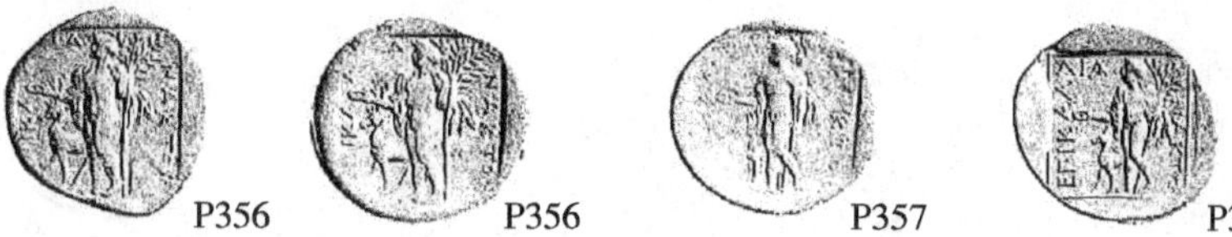

P356 P356 P357 P358

452 453 454 455 456 457

A306 A306 A306 A306 A306

458a 458b 459 460 461

P362 P362 P363 P364 P365

第七时期

A308 A309 A310 A310 A310

462 463 464 465 467 468

P367 P368 P369 P371 P372

A311 A311 A311 A311 A312

469 470 471 472 473

P373 P374 P375 P376 P377

A314 A315

479 481 482 483 484 485 486

P381 P382

第八时期

487 488 489 490 491 492 493

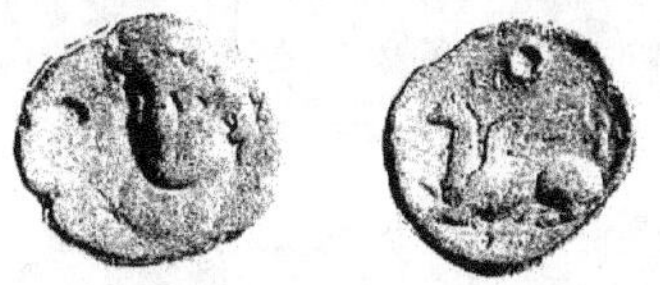

495 496 497 498

A323 494 P388

499 500 501 502 503 504 506 508

509 510 511 512 513 515 516 517

518 519 520 522 523 524 525 526

第八时期

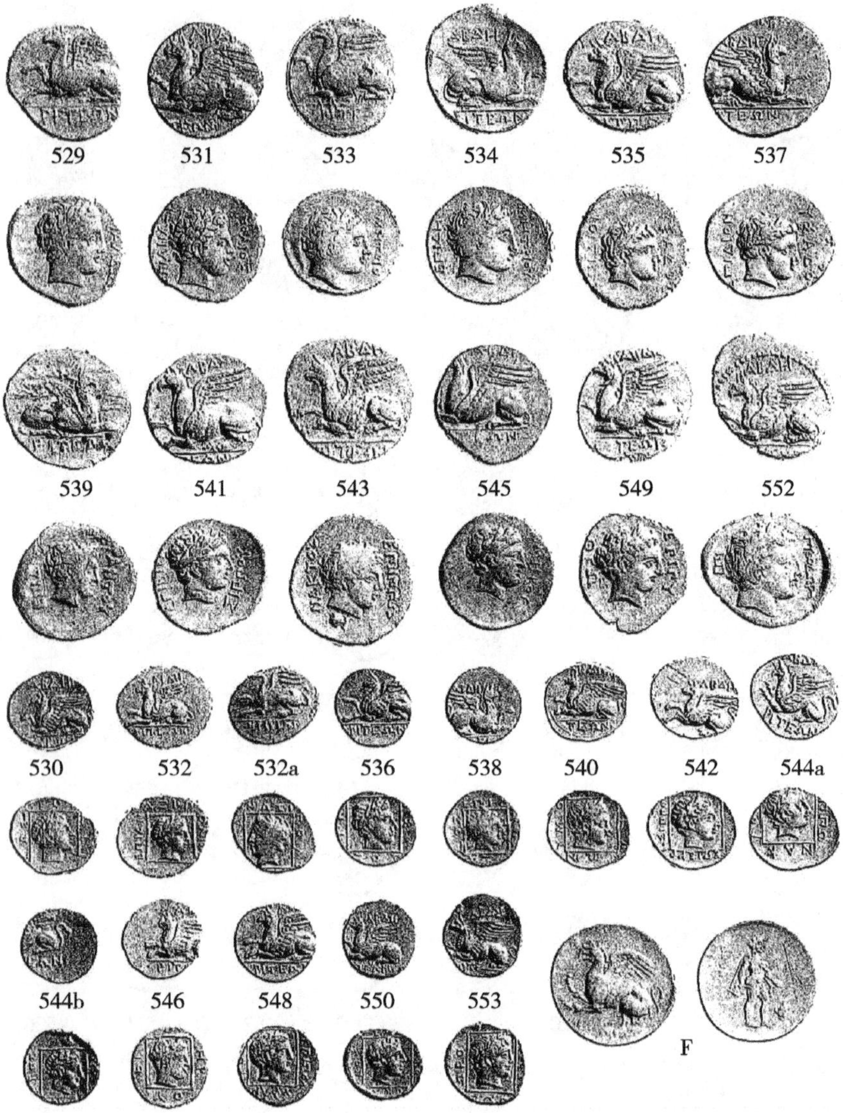
529 531 533 534 535 537
539 541 543 545 549 552
530 532 532a 536 538 540 542 544a
544b 546 548 550 553
F

第九时期

附录 2:大事记(约公元前 700 ~ 197 年)

时间	事件
公元前 700 ~ 500/480 年	希腊古风时代,古希腊各城邦逐渐形成
约公元前 544 年	特雷斯人开始在阿布德拉定居
约公元前 540 年	阿布德拉开始制作本地钱币,其标志性钱币是 8 德拉克马和 4 德拉克马银币
约公元前 512 年	波斯人占领阿布德拉地区
约公元前 500/480 ~ 323/300 年	希腊古典时代
公元前 492 年	波斯王大流士向古希腊宣战,第一次希波战争,希腊取得最终胜利
约公元前 449/448 年	《雅典铸币令》颁布实施;阿布德拉造币厂暂停造币业务
公元前 441/439 年	雅典与阿德里西亚王国之间发生了萨摩安战争(Samian War)
约公元前 439/437 年	阿布德拉造币厂重新开业
约公元前 432 ~ 420 年	查尔基德克联盟建立并发行统一钱币
约公元前 431 ~ 404 年	发生伯罗奔尼撒战争(Peloponnesian War),以雅典为首的提洛同盟与以斯巴达为首的伯罗奔尼撒联盟之间的一场战争,斯巴达取得最终胜利

续表

时间	事件
约公元前421年	雅典与斯巴达之间签订尼卡斯和平条约(Peace of Nikias)
约公元前411~407年	色雷斯地区各城邦展开独立运动
约公元前409~407年	阿布德拉发生反抗雅典的起义
约公元前405~404年	斯巴达战胜雅典海军,雅典投降
约公元前387年	雅典与一些城邦之间签订安塔吉达斯和平条约(Peace of Antalkidas),希腊各城邦获得一定自主权
约公元前375年	阿布德拉遭受其他城邦的入侵,许多居民被杀,经济受到严重冲击,造币厂再次短暂停止造币业务;后经雅典军队的帮助恢复了秩序,造币厂重新开业。阿布德拉造币厂第一次发行金币
约公元前365~350年	马其顿王国崛起,在斯特瑞木河以东地区建立了马其顿王朝的霸权。包括阿布德拉在内的许多城邦被纳入马其顿的统治
约公元前348/347年	阿布德拉停止发行标志性的4德拉克马银币
公元前346年	雅典与马其顿签订费罗克拉特斯和平条约(Peace of Philokrates)
约公元前337年	马其顿开始统治古希腊
约公元前336年	亚历山大继位
约公元前334~333年	亚历山大远征波斯并击败大流士三世
约公元前331年	亚历山大灭亡波斯帝国
公元前323年	亚历山大去世,其帝国随之瓦解;希腊化时代开始

续表

时间	事件
约公元前 215 ~ 204 年	第一次马其顿战争,指罗马帝国与马其顿之间的第一次战争,基本打成平手
约公元前 200 ~ 197 年	第二次马其顿战争,指罗马帝国与马其顿之间的第二次战争,罗马取得最终胜利,希腊各城邦落入罗马帝国之手

附录3:阿布德拉造币官名字对照

中文	英文全称或缩写	对应的希腊字母	所属时期
A			
阿贝	Ab-	AB	第二时期
艾格里斯	Aigaleus	ΕΓΙ ΑΙΓΑΛΕΩΣ	第九时期
阿莱克西马科斯	Aleximachos	ΕΓΑΛΕΞΙΜΑΧΩ	第五、六时期
安纳克西恩	Anaxenor	ΑΝΑΞΗΝΩΡ	第五时期
安纳西迪克斯(Ⅰ)	Anaxidikos(Ⅰ)	ΑΝΑΞΙΔΙΚΟΣ	第五时期
安纳西迪克斯(Ⅱ)	Anaxidikos(Ⅱ)	ΑΝΑΞΙΔΙΚΟΣ	第五、六、九时期
安纳西波利斯(Ⅰ)	Anaxipolis(Ⅰ)	ΑΝΑΞΙΓΟΛΙΣ	第五时期
安纳西波利斯(Ⅱ)	Anaxipolis(Ⅱ)	ΑΝΑΞΙΓΟΛΙΣ	第五、六时期
安泰	Anti-	ANTI,ANT	第二、三时期
安泰达斯	Antiadas		阿伊努斯的造币官
阿波拉斯	Apollas	ΕΓΙΟΛΛΑΔΟΣ	第六时期
阿奇	Arch-	APX	第二时期

续表

中文	英文全称或缩写	对应的希腊字母	所属时期
阿卡格罗斯	Archagores	ΑΡΧΑΓΟΡΗΣ	第五时期
阿克拉奥斯	Archelaos	ΕΓ ΑΡΧΕΛΑΟΥ	第六、八时期
阿克姆波罗特斯	Archembrotos		第五时期
阿瑞斯塔格雷斯	Aristagores	ΕΓΑΡΙΣΤΑΓΟΡΕΩ	第六时期
阿特	Arte-	ΑΡΤΕ	第三时期
阿特蒙	Artemon	ΑΡΤΕΜΩΝ	第四时期
阿斯雷皮多罗斯	Asclepiodoros		第八时期
阿斯格	Asga-	ΑΣΓΑ	第三时期
阿森纳奥斯	Athenaios	ΑΘΗΝΑΙΟΣ	第五时期
阿森内斯	Athenes	ΑΘΗΝΗΣ	第七时期
		B	
布罗西斯	Blosys	ΕΓΙΒΡΛΟΣΥΟΣ	第四时期
		C	
查蒙	Charmon	ΕΓΙ ΧΑΡΜΟ	第八时期
卡拉	Chra-	ΧΡΑ	第二时期
		D	
德	D-	Δ	第二时期
达姆	Dam-	ΔΑΜ	第三时期
迪梅特里奥斯	Demetrios	ΕΓΙ ΔΗΜΗΤΡΙΟΥ	第九时期
迪莫克瑞托斯	Demokritos	ΕΓΙΔΗΜΟΚΡΙΤΟ	第五时期
迪恩斯	Deonys	ΕΓΟΝΥΔΟΣ	第四时期
迪恩萨斯	Deonysas	ΔΕΟΝΥΣΑΣ	第四时期
德奥	Deo-	ΔΕΟ	第三时期
迪奥萨斯	Dionysas	ΔΙΟΝΥΣΑΣ	第六、九时期
迪奥费托斯	Diophantos	ΕΓΙ ΔΙΟφΑΝΤΟΥ	第九时期

续表

中文	英文全称或缩写	对应的希腊字母	所属时期
		E	
艾克拉特斯	Echekrates	ΕΧΕΚΡΑΤΗΣ	第六时期
艾尔	Er-	ΕΡ	第二时期
尤根	Euagon	ΕΥΑΓΩΝ	第六时期
尤雷斯伯斯	Euresippos	ΕΓΙ ΕΚΑΤΩΝΥΜΟ	第九时期
		H	
黑格	Hege-	ΗΓΗ	第三时期
黑格萨格罗斯	Hegesagores	ΗΓΗΣΑΓΟΡΗΣ	第五时期
黑格斯珀斯	Hegesippos	ΕΓΗΓΗΣΙΓΓΟ	第四时期
何卡特	Hekat-	ΕΚΑΤ	第二时期
何卡塔奥斯	Hekataios	ΕΚΑΤΑΙΟΣ	第五时期
何卡托尼莫斯	Hekatonymos	ΕΓΙ ΕΥΡΗΣΙΓΓΟΥ	第九时期
何拉	Hera-	ΗΡΑ	第二时期
赫拉格雷斯	Heragores	ΕΓΗΡΑΓΟΡΩ	第五、六时期
赫拉克	Herak-	ΗΡΑΚ	第三时期
贺莫克拉德斯	Hermokratides	ΕΓΕΡΜΟΚΡΑΤΙΔΕΩ	第四时期
赫罗	Hero-	ΗΡΟ	第三时期
贺罗多斯	Herodotos	ΕΓΗΡΟΔΟΤΟ	第三、四时期
赫罗格敦	Herogeiton	ΗΡΟΓΕΙΤΟΝΟΣ	第六时期
赫洛克	Herok-	ΗΡΟΚ	第三时期
赫洛费内斯	Herophanes	ΗΡΟΦΑΝΗΣ	第六时期
何克斯	Hikes-	ΙΚΕΣ	第三时期
何克斯亚斯	Hikesias	ΕΓΙ ΙΚΕΣΙΟΥ	第八时期
何波	Hippo-	ΙΓΓΟ	第二时期
何庞	Hippon	ΕΓΙΓΓΩΝΟΣ	第四时期
何庞纳克斯	Hipponax	ΕΓΙ ΙΓΓΩΝΑΚΤΟΣ	第九时期

续表

中文	英文全称或缩写	对应的希腊字母	所属时期
何罗姆门农	Hiromnemon	IPOMNMΩN	第七时期
霍莫罗斯	Homeros	EΓI OMHPOY	第九时期
		I	
伊阿	Ia-	EΓI IA	第三时期
伊瑟斯拉托斯	Ithystratos	IΘYΣTPATOΣ	第六时期
		K	
卡莱斯科拉特斯	Kalesikrates	EΓIKAΛΣIKPATEOΣ	第四时期
卡里安纳斯	Kallianax	EΓI KAΛΛIANAKTOΣ	第七时期
卡里达马斯	Kallidamas	KAΛΛIΔAMAΣ	第四时期
克里提德斯	Kleantides	KΛEANTIΔHΣ	第六时期
吉兹科内	Kyzikene		第六时期
		L	
里德斯	Leades		第八时期
		M	
梅	M-	M	第二时期
曼德罗恩	Mandron	MANΔPΩN	第六时期
曼德罗纳斯	Mandronax	EΓIMANΔPΩNAKTOΣ	第四时期
梅格	Mega-	MEΓA	第三时期
梅迪	Meidi-	MEIΔI	第三时期
梅兰尼珀斯	Melanippos	EΓIMEΛANIΓΓO	第四、五时期
米特罗多特斯	Metrodotos		马罗尼亚造币官
莫尔帕斯	Molpas	EΓIMOΛΓAΔOΣ	第四时期
莫尔帕格雷斯	Molpagores	EΓIMOΛΓAΓOPEΩ	第六、七时期
米索斯	Myrsos	EΓIMYPΣO	第六时期

续表

中文	英文全称或缩写	对应的希腊字母	所属时期
N			
内斯提斯	Nestis	ΕΓΙΓΙΝΕΣΤΙΟΣ	第四时期
尼克斯特拉斯	Nikostraos	ΝΙΚΟΣΤΡΑΤΟΣ	第五时期
尼姆哈格雷斯	Nymphagores	ΝΥΜΦΑΓΟΡΗΣ	第六、七时期
尼姆赫多罗斯	Nymphodoros	ΕΓΙΝVΜϕΟΔΩΡΟ	第四时期
O			
奥里米克奥斯	Olimichos		第八时期
奥卡莫斯	Orchamos	ΕΓΟΡΧΑΜΟ	第六时期
P			
帕格	Pag-	ΓΑΤ	第三时期
帕门恩	Parmenon	ΓΑΡΜΗΝΩΝ	第六时期
帕特洛克雷斯	Patrokles		马罗尼亚造币官
博森亚斯	Pausanias	ΕΓΙ ΓΑΥΣΑΝΙΩ	第八时期
佩索斯雷斯	Peithesiles	ΕΓΙ ΓΕΙΘΕΣΙΛΕΩ	第七时期
佩里	Peri-	ΓΕΡΙ	第二时期
费纳奥斯	Phanaos	ΦΑΝΑΟΣ	第五时期
费内斯	Phanes	ΕΓΙ ΦΑΝΕΩ	第八时期
费拉奥斯	Philaios	ΕΓΙϕΙΛΑΙΟ	第七时期
费拉斯	Philas	ΕΓΙΦΙΛΑΡΔΟΣ	第六时期
费塔罗斯	Phittalos	ΕΓΙΦΙΤΤΑΛΟ	第三、四时期
波利雷托斯	Polyaretos	ΓΟΛΥΑΡΗΤΟΣ	第五时期
波利汉托斯	Polyhantos	ΕΓΙ ΓΟΛΥϕΑΝΤΟΥ	第九时期
波利克雷托斯	Polykleitos	ΓΟΛΥΚQΑΤΗΣ	第七时期
波利克拉特斯	Polykrates	ΓΟΛΥΚΡΑΤΗΣ	第五、七时期
普拉希特雷斯	Praxiteles	ΕΓΙΓΟΛΥΚΡΑΤΕΟΣ	第七时期

续表

中文	英文全称或缩写	对应的希腊字母	所属时期
普罗	Pro-	ΓΡΩ	第三时期
普罗米赛德斯	Promethides	ΓΡΟΜΗΘΙΔΗΣ	第六时期
普罗特斯(Ⅰ)	Protes(Ⅰ)	ΓΡΩΤΗΣ	第五、六时期
普罗特斯(Ⅱ)	Protes(Ⅱ)	ΓΡΩΤΗΣ	第六时期
普罗特斯(Ⅲ)	Protes(Ⅲ)	ΓΡΩΤΗΣ	第六时期
皮德纳	Pydna		第七时期
皮萨格雷斯	Pythagores	ΑΝΑΓΞΙΔΙΚΟΣ	第五时期
皮索斯	Pythes	ΕΓΙΓVΘΕΟ	第四时期
皮索斯	Pythes	ΕΓΙ ΓΥΘΕΩ	第九时期
皮斯内斯	Pythinnes	ΕΓΙΓΘΙΝΝΕΩ	第三、四时期
皮索多罗斯	Pythodoros	ΕΓΙ ΓΥΘΟΚΛΕΟΣ	第九时期
皮索科雷斯	Pythokles	ΕΓΙ ΓΥΘΟΔΩΡΟΥ	第九时期
皮斯恩	Python	ΓΥΘΩΝ	第六时期
		S	
赛	Si-	ΣΙ	第二时期
斯摩	Smor-	ΣΜΟΡ	第三时期
斯摩多托莫斯/卡里	Smordotormos/Kal-	ΕΓΙΣΜΟΡΔΟΤΟΡΜΟ ΚΑΛ	第四时期
斯梅	Sym-	ΣVΜ	第三时期
		T	
特雷	Tele-	ΤΕΛΕ	第三时期
特雷马克斯	Telemachos	ΕΓΙΤΗΛΕΜΑΧΟ	第七时期
藤	Ten	ΤΗΝ	第三时期
索拉斯	Thrasys	ΕΓΙΘΡΑΣΥΟΣ	第五时期
		Z	
扎	Za-	ΖΑ	第二时期
森农	Zenon	ΕΓΙ ΙΗΝΩΝΟ	第七时期

附录4:中外文翻译对照

中文	外文	说明
A		
阿布德拉	Abdera	古希腊的一个城邦
阿布德拉的(人)	Abderite	形容词
阿布德拉	ABΔHPITEΩN	希腊语的阿布德拉名字
阿布德拉	ABΔ,ABΔH ABΔHPI	希腊语的阿布德拉缩写
亚伯丁	Aberdeen	英国苏格兰一郡
阿比多斯	Abydos	古希腊的一个城邦
阿克梅	Accame	钱币学家
阿克罗波利斯	Acropolis	古希腊都城的卫城
爱格艾	Aegae	古马其顿的首都
爱琴海	Aegean	地中海的一部分,在希腊和土耳其之间
埃伊纳岛	Aegina	希腊东南沿海岛屿
埃伊内提克标准	Aeginetic standard	古希腊的一种钱币重量标准
阿古斯波塔米战役	Aegospotamoi Battle	伯罗奔尼萨战争中最后一场重要战役,斯巴达战胜雅典
埃尼阿斯·塔提克斯	Aeneas Tacticus	古希腊著名作家

续表

中文	外文	说明
阿格萨德里德斯	Agesandridas	古希腊色雷斯城邦的将领
阿格斯拉丝	Agesilaos	古希腊斯巴达城邦的国王
艾格斯波塔莫	Aigospotamoi	古希腊的地名
艾尼亚	Aineia	古希腊的一个城邦
阿伊努斯，阿伊努斯人	Ainos	古希腊的一个城邦
阿肯索斯	Akanthos	古希腊的一个城邦
山墙顶饰	akroterion	古希腊建筑中侧面墙顶部的花饰
阿曼德科斯	Amadokos	古希腊色雷斯国王
安菲波利斯	Amphipolis	古希腊的一个城邦
双耳罐	amphora	钱币上的标识
阿明塔斯三世	Amyntas Ⅲ	马其顿国王(约公元前393～370/369年)
安得罗斯	Andros	爱琴海中的一个岛屿
安塔克达斯	Antalkidas	人名，斯巴达外交家，促成斯巴达与雅典之间和平条约的签订
安提萨拉	Antisara	古希腊的一个城邦
垫压模具	Anvil-die	铸币时下面的模具，也是正面图案模具
阿波罗	Apollo	太阳神；美男子
T. G. 阿皮尔格林	T. G. Appelgren	钱币学家
阿卡迪亚联盟	Arcadian League	古希腊城邦的联盟
阿格罗斯河	Argilos	希腊河流的名字
雅典贵族(院)	Aristokrates	
阿耳特弥斯	Artemis	月亮与狩猎的女神

续表

中文	外文	说明
阿什莫尔博物馆	Ashmolean Museum	位于牛津,是世界博物馆史上第一个集收藏、陈列、研究为一体的近代博物馆
小亚细亚	Asia Minor	小亚细亚地区是指亚洲西南部,目前主要是土耳其的领土
黄芪甲苷	astragalos	一种植物,古希腊钱币的一种标识
雅典娜	Athena	希腊神话中的智慧与技艺女神
阿托斯山	Athos	希腊境内的一座山
阿提克	Attic	古希腊的一个城邦
	B	
E. 巴贝龙	E. Babelon	钱币学家
A. 伯德温 · 布雷特	A. Baldwin Brett	钱币学家
阿古斯波塔米战役	Battle of Aegospotami	是伯罗奔尼萨战争中最重要的战役之一,雅典海军被击败
基座	base	格里芬图案下面的底座
基座(造型)	base(moulded)	
基座(简单)	base(plain)	
鸟嘴、鹰钩鼻	beak	格里芬的嘴
K. J. 贝勒赫	K. J. Beloch	德国历史学家
本迪斯	Bendis	色雷斯的月亮和狩猎女神
本哈	Benha	埃及古钱币学家
伯格	Berge	古希腊的城邦
伯瑞斯萨德斯	Berisades	色雷斯国王
J. 宾根	J. Bingen	钱币学家
毕萨泰人	Bisaltai	色雷科—马其顿的一个部落

续表

中文	外文	说明
维奥蒂亚	Boeotia	古希腊的一个城邦
博斯普鲁斯海峡	Bosporus(Bosporos)	连接地中海与黑海的海峡
布拉斯达司	Brasidas	古希腊军事领袖
牛头骨状饰	bucranium	
拜占庭	Byzantion	古希腊的一个城邦，今属于伊斯坦布尔
C		
墨丘利的节杖(医学的标志)	caduceus	使者杖
卡勒珀斯	Calepsos	古希腊的一个城邦
色何恩海角	Cape Serrheion	希腊地名
卡里亚	Caria	古希腊的一个城邦，位于爱琴海边
熔铸币	cast	区别于冲压打制的一种铸币
卡克威尔	Cawkwell	历史和钱币学家
卡布里斯	Chabrias	雅典军事领袖
查雷斯	Chales	古希腊色雷斯军事将领
查尔克顿	Chalkedon	古希腊一个城邦，位于小亚细亚半岛西部
查尔基德克	Chalkidike/Chalkidic	古希腊的一个城邦
花冠	chaplet	钱币上的一种标识
查雷斯	Chares	古希腊将领
查理德莫斯	Charidemos	色雷斯政治家
二轮战车	chariot	
克什尼兹半岛	Chersonese	希腊地名
凯伊安，凯伊安人	Chian	凯伊奥斯岛的居民

续表

中文	外文	说明
希俄斯岛	Chios	希腊位于爱琴海中的岛屿,古希腊时的一个城邦
希顿古装	chiton	古希腊人贴身穿的宽大长袍
短斗篷	chlamys	古希腊人穿的一种短外套
蝉	cicada	钱币上的一种标识
P. A. 克莱门特	P. A. Clment	钱币学家
披风、斗篷	cloak	尤指古代的服饰
P. 克拉特	P. Collart	历史和钱币学家
班科·科林	Bank Colln	钱币学家
羽冠	comb	指格里芬头上的羽毛
C. 科莫贝	Combe C.	历史学家
克里森人	Corinthian	古希腊的一个民族
P. 科斯特-梅塞里尔	Coste-Messeliere P.	历史和钱币学家
克罗森	Croesean	地名,在今克罗地亚境内
	D	
达希亚	Dacia	古希腊的一个城邦
达玛斯申	Damastion	古代巴尔干中部的一个城邦
大流克	daric	波斯帝国金币,自大流士帝王时代开始制作
达顿	Daton	古希腊地名
达托斯	Datos	达顿的别名
德布拉里斯	De Briailes	法国地名
10德拉克马	dekadrachm	希腊银币单位
迪连联盟	Delian League	公元前478~447年古希腊一些城邦为抵抗波斯入侵而建立的联盟

续表

中文	外文	说明
德尔菲斯	Delphes	古希腊的一个城邦
德尔菲	Delphi	钱币学家
德菲克三脚架	Delphic tripod	希腊神话中的一种神器
迪马赫	Demanhur	埃及钱币学家
德纳特乌尔	De Nanteuil	法国境内的地名
便士	denarii	古罗马钱币
德森纽斯	Desneux	古钱币学家
王冠	diadem	
2 德拉克马	didrachm	希腊银币单位
迪特菲斯	Diitrephes	古希腊城邦的将领
迪卡亚	Dikaia	紧邻阿布德拉的古希腊城市
狄厄多罗斯	Diodoros	古希腊哲学家
狄厄尼索斯	Dionysos	希腊神话中的酒神
掷铁饼者	discobolus	钱币上的一种标识
掷铁饼者	Discus-thrower	钱币上的一种标识
W. 迪特伯格	W. Dittenberger	钱币学家
多里斯克斯	Doriskes	古希腊的一个城邦
1 德拉克马	drachm	古希腊银币单位，古希腊的重量单位；现代希腊的货币单位
德拉马	Drama	希腊地名
德赛尔	Dressel	钱币学家
戴索隆	Dysoron	希腊地名
E		
玉米穗	ear of corn	钱币上的一种标识
艾科拉特斯	Echekrates	古希腊的一个城邦
爱多尼亚	Edonian	东欧地名

续表

中文	外文	说明
艾格	Egger	钱币收藏家
艾恩	Eion	希腊地名
艾拉奥斯	Elaious	古希腊的城邦
琥珀金	electrum	黄金和白银的合金
爱菲索斯	Ephesos	古希腊城邦的名字,现在属于土耳其
艾特尼克斯	Eteonikos	古希腊斯巴达的军事统治者
尤甘	Euagon	古希腊的一个城邦
尤博亚	Euboea	爱琴海中的一座岛屿
	F	
法内尔	Farnell	钱币学家
W. S. 弗格森	W. S. Ferguson	钱币学家
菲茨威廉博物馆	Fitzwilliam Museum	位于英国剑桥市
L. 弗雷尔	L. Forrer	钱币收藏家
弗莱堡	Freiburg	德国城市
	G	
加比	Gabii	钱币学家
爱德华兹·冈兹	Gans Edward	钱币学家
P. 加德纳	P. Gardner	钱币学家
格拉	Gela	地名,位于地中海西西里岛南岸
吉梅	Gemme	钱币学家
热那亚	Genoa	意大利西北部城市
格塔斯	Getas	爱多尼亚的君主
格兰德	Glend	钱币学家
A. W. 苟梅	A. W. Gomme	历史学家

续表

中文	外文	说明
格拉博斯	Grabos	埃利亚的君主
格拉保	Grabow	钱币学家
格里芬	griffin	希腊神话中半狮半鹫的怪兽,古希腊钱币上的图案
S. W. 古洛斯	S. W. Grose	钱币学家
梅拉斯湾	Gulf of Melas	希腊地名
H		
军事统治者	harmost	专指古希腊的斯巴达城邦统治者
B. V. 赫德	B. V. Head	钱币学家
何布罗斯河	Hebros	希腊河流的名称
赫布里泽米斯	Hebryzelmis	古希腊阿德里西亚王国王子
赫克特	hecte	古希腊钱币单位,等于1/6斯塔特
古希腊的,希腊人的	Hellenic	
古希腊时代	Hellenic world	指公元前507~323年,即民主第一次在雅典出现至亚历山大大帝去世
达达尼尔海峡	Hellespont	连接爱琴海与马尔马拉的海峡
赫拉	Hera	主神宙斯之妻
赫拉恩	Heraion	希腊地名
赫拉克勒斯	Herakles	希腊神话中的大力士
赫尔墨斯	Hermes	希腊神话中的一个神,有翅膀的传令官和报信者;信使神
赫米塔吉	Hermitage	希腊地名
赫斯	Hess	钱币学家

续表

中文	外文	说明
圣婚	Hieros Gamos	指神灵之间的婚礼
希尔	Hill	钱币学家
宽松长衫	himation	古希腊人的服装
J. 西里奇	J. Hirsch	钱币学家
哈斯提亚斯	Histiaios	古希腊人名
浩科特	Hock	钱币学家
亨特	Hunter	钱币学家
提水罐	hydria	古希腊一种大身细嘴、有两个小提环及一个大手柄的水罐；钱币上的一种标识
	I	
艾阿索斯	Iasos	地名，希腊南部，古希腊第一个城邦
埃利亚	Illyria	地名，古希腊北部，位于巴尔干半岛的西北部
埃利亚人	Illyrian	
F. 胡富－布鲁梅尔	F. Imhoof-Blumer	钱币学家
压印图案，印图	incuse	指铸币上上凸或下凹的压印图案
爱奥尼亚	Ionia	地名，现在属于土耳其，曾被希腊统治
爱奥尼亚式立柱	Ionic column	古希腊风格的建筑，有涡卷饰
常春藤叶	ivy leaf	钱币上的一种标识
	J	
F. 加克比	F. Jacoby	历史学家
R. 詹姆逊	R. Jameson	钱币学家
U. 詹特森	U. Jantzen	钱币学家

续表

中文	外文	说明
詹森	Jason	希腊神话中的英雄
G. K. 詹金斯	G. K. Jenkins	钱币学家
	K	
卡拉索斯(水果篮子)	kalathos	古希腊用于装物品的篮子
卡利克拉提达斯	Kallikratidas	古希腊将领
康塔罗斯酒杯(双耳酒杯)	kantharos	古希腊的一种酒杯,钱币上的一种标识
康罗尼亚	Kaulonia	古希腊的一个城邦,在今意大利境内
卡瓦拉	Kavalla	地名,在今土耳其境内
克索布雷特斯	Kersobleptes	古希腊色雷斯国王
克特里珀瑞斯	Ketriporis	古希腊色雷斯王子
吉蒙	Kimon	古希腊的军事将领
克拉根福	Klagenfurt	奥地利城市
克拉祖门尼亚	Klazomenai	古希腊的一个城邦
克拉祖门尼亚人	Klazomenian	
克里提达斯	Kleantides	古希腊的一个城邦
克雷恩	Kleon	古希腊将领
克尼多斯	Knidos	古希腊的一个城邦
凸起物,球形突出物	knob	指格里芬鼻子上面的凸起物
科罗芬	Kolophon	希腊地名
库农	Konon	人名,雅典军事将领
贞女	korai	希腊雕塑中的女孩或青年女性人体像
科莱	Kore	希腊神话中的女神

续表

中文	外文	说明
克提斯	Kotys	古希腊色雷斯国王
科雷	C. M. Kraay	古钱币学家
克雷尼达斯	Krenides	古希腊的一个城邦
克瑞提奥斯	Kritios	古代雅典的雕塑家
基诺森马	Kynossema	希腊地名
吉塞拉	Kypsela	古希腊的一个城邦
吉兹克内	Kyzikene	古希腊的一个城邦
吉兹克斯	Kyzikos	古希腊的一个城邦
	L	
拉斯达摩尼亚	Lacedaemonian	古希腊地名
拉克罗西	Lacroix	钱币学家
拉德	Lade	古希腊的地名
兰普萨克斯	Lampsakos	古希腊的一个城邦
拉塔卡亚	Latakayia	地名,目前位于叙利亚境内
月桂树	laurel	钱币上的一种标识
月桂枝	laurel-spray	钱币上的一种标识
C. N. 里斯齐纳	C. N. Lischine	钱币学家
卢塞恩	Lucerne	瑞士的一座城市
卢加诺	Lugano	瑞士南部的一座城市
吕迪亚	Lydia	小亚细亚西部古国
吕克艾奥斯	Lykkeios	帕奥尼亚国王
七弦竖琴	lyre	古希腊的一种乐器
里桑德	Lysander	古希腊军事将领,在伯罗奔尼萨战争最后战役中战胜了雅典
	M	
梅肯	Macon	美国佐治亚州中部城市

续表

中文	外文	说明
G. 麦克唐纳	G. Macdonald	钱币学家
女祭司	Maenad	希腊神话中酒神巴克斯的女祭司
马多尼奥斯	Mardonios	波斯将军，曾率军队占领阿布德拉
马尔马拉海	Marmara	希腊的一个内海
马罗尼亚	Maroneia	古希腊的一个城邦
F. H. 马歇尔	F. H. Marshall	钱币学家
马洛格罗达托	Mavrogordato	钱币学家
安娜·梅	May Anne	人名
约翰·梅	J. M. F. May	本书作者
N. St. B. 梅	N. St. B. May	人名
P. M. 梅	P. M. May	人名
M. F. 麦克格雷	M. F. McGregor	历史和钱币学家
梅多克斯	Medokos	古希腊阿德里西亚王国的王子
巨人克瑞翁	Megakreon	古希腊神话中的人物
门德	Mende	古希腊地名
B. D. 梅里特	B. D. Meritt	钱币学家
梅森布里亚	Mesembria	古希腊的一个城邦
美索布达米亚	Mesopotamia	地名，位于亚洲西南部
梅瑟斯	Messers	钱币收藏家
梅西纳	Methymna	古希腊的一个城邦
磨坊蓬帆	mill-sail	
迈纳	mina	古希腊货币单位
米奥内特	Mionnet	地名

续表

中文	外文	说明
T. E. 米奥内特	T. E. Mionnet	钱币学家
莫帕格罗斯	Molpagores	古希腊的一个城邦
莫塞斯	Mosses	地名,在今以色列境内
贻贝	mussel	钱币上的一种标识
米提里内	Mytilene	古希腊的一个城邦
	N	
H. 南特尤	H. Nanteuil	钱币学家
P. 纳斯特	P. Naster	钱币学家
诺克雷蒂斯	Naukratis	古希腊地名,希腊与埃及间的贸易中心
纳克索斯岛	Naxos	希腊岛屿
那不勒斯	Neapolis	古希腊的一个城邦,在今意大利境内
内斯奥特斯	Nesiotes	古希腊雕塑家
内斯特斯河	Nestos	流经希腊西部的河流
胜利女神	Nike	钱币上的一种标识
S. P. 尼尔	S. P. Noe	钱币学家
鼻孔	nostril	指格里芬的鼻孔
宁芙	Nymph	希腊神话中居住在山林水泽中的仙女
	O	
奥博尔	obol	古希腊钱币,1 奥博尔 = 1/6 德拉克马
8 德拉克马	octadrachm	古希腊银币单位
奥德萨市	Odessa	美国得克萨斯州的城市

续表

中文	外文	说明
阿德里西亚王国	Odrysian kingdom	古希腊的城邦国家
奥伊斯梅	Oisyme	古希腊的一个城邦
奥林索斯	Olynthus	古希腊的一个城邦
奥卡莫斯	orchamos	古希腊货币单位，等于 0.5 个斯塔特
欧马斯拉	ouvmaxla	古希腊西部许多城邦短暂使用的一种钱币
猫头鹰	owl	钱币上的一种标识
奥克斯河	Oxus	跨越亚欧的一条河流
	P	
帕奥尼亚	Paeonia	古希腊北部的地名
帕奥尼亚人	Paeonian	
棕榈叶	palmette	钱币上的饰物
潘神	Pan	古希腊神话中的牧羊、狩猎神
潘纳加利斯特	Panagjurishte	地名，在今保加利亚境内
泛雅典娜节的	Panathenanic	古希腊的节日
潘格恩	Pangaion	古希腊的一个城邦
帕雷恩人	Parians	古希腊的一个民族
巴黎；帕里斯	Paris	法国首都；古希腊城邦特洛伊的王子
帕台农神殿	Parthenon	希腊用以祭祀雅典娜女神的神庙
处女	Parthenos	附于几位希腊女神尤其是雅典娜名后的表述词语
浅圆盘	patera	古希腊用来倒酒的一种器皿
帕台丝女神	Pathenos	圣经中的女神

续表

中文	外文	说明
尼卡斯和平条约	Peace of Nikias	公元前421年雅典与斯巴达之间签订的条约
费罗克拉特斯和平条约	Peace of Philokrates	公元前346年雅典与马其顿签订,费罗克拉特斯是雅典政治家
佩格索斯图案	Pegasos type	古希腊钱币上有翅膀马的图案
小球	pellet	钱币上的一种标识
伯罗奔尼萨半岛,伯罗奔尼萨人	Peloponnesian	希腊南部的半岛
伯罗奔尼萨战争	Peloponnesian war	指公元前431~404年雅典与斯巴达两个城邦之间的战争
潘塔德拉克马	pentadrachmia	古希腊的一种金币
佩泊勒斯衫	peplos	古希腊的女式长外衣
佩拉	Peraea	地名,现在属于以色列
培德卡斯	Perdikkas	马其顿将军
佩格	Perga	古希腊地名,今属土耳其
培里索斯	Perinthos	古希腊的一个城邦
赫尔墨斯·培斐拉艾斯	Perpheraios Hermes	古希腊神话中的人物
波斯波利斯	Persepolis	古波斯帝国的都城之一
宽边帽	petasos	古希腊人的一种帽子,也称赫尔墨斯帽
法纳巴科斯	Pharnabazos	公元前5世纪末和公元前4世纪初波斯著名军事家和政治家
法萨罗人	Pharsalian	古希腊的一个民族

续表

中文	外文	说明
法萨罗	Pharsalus	古希腊的一个城邦
浅底碗	phiale	古希腊的一种器皿
腓力大帝	Philip	马其顿国王，亚历山大大帝的父亲
腓力比	Philippi	古希腊马其顿地区的古城
腓尼基的，腓尼基人	Phoenician	古老民族，生活在黎巴嫩和叙利亚沿海一带
波卡依亚	Phokaia	古希腊的一个城邦
会员费，保护费	phoros	指古希腊时期其他城邦向雅典支付的会员费和抵御波斯入侵的保护费
普罗夫迪夫	Plovdiv	保加利亚的第二大城市
波利亚若斯	Polyainos	钱币学家
波利克雷坦	Polycleitan	指波利克雷托斯雕塑的年轻运动员类型
波利克雷托斯	Polykleitos	希腊著名雕塑家
波提达雅	Potidaea	希腊地名
波鲁克斯	Pouilloux	钱币学家
波罗庞迪斯	Propontis	希腊地名
普罗斯科乌斯基	Proschowsky	地名
托勒密王朝	Ptolemies	古埃及的一个王朝
冲压模具	Punch-die	铸币时上面的模具，被击打的模具，也是背面图案模具
皮纳	Pydna	古希腊的一个城邦
毕达哥拉斯	Pythagoras	古希腊哲学家，数学家
	R	
拉斯·沙穆拉	Ras Shamra	地名，在今叙利亚境内

续表

中文	外文	说明
D. 雷蒙德	D. Raymond	钱币学家
K. 雷格林	K. Regling	钱币学家
雷根	Rhegion	意大利南部的城市
罗得斯岛的(人)	Rhodian	希腊岛屿,古希腊的一个城邦
罗多普	Rhodope	山脉名称,在今保加利亚境内
D. M. 罗宾逊	D. M. Robinson	钱币学家
E. S. G. 罗宾逊	E. S. G. Robinson	钱币学家
玫瑰花饰	rosette	钱币图案中的一种装饰物
罗斯托克	Rostock	德国城市
S		
萨卡	Sakha	埃及古钱币学家
萨摩安人	Samian	萨摩斯岛上的居民
萨摩安战争	Samian War	古希腊时期雅典与萨摩安人之间的一场战争
萨摩斯岛	Samos	希腊爱琴海中的一个岛屿
萨莫斯拉斯岛	Samothrace	希腊岛屿
萨莫斯拉卡亚地区	Samothrakian peraia	希腊地名
萨蒂格斯	Sartiges	钱币收藏家
萨梯	satyr	希腊神话中的森林之神,钱币上的标识
扇贝	scallop	钱币上的一种标识
圣甲虫	Scarab	钱币上的一种标识
D. 施鲁伯格	D. Schlumberger	钱币学家
J. 施奥兹	J. Schoiz	钱币学家
蝎子	scorpion	钱币上的一种标识
M. C. 斯克特	M. C. Scott	人名

续表

中文	外文	说明
阴囊	scrotum	钱币上的一种标识
塞利纳斯	Selinus	古希腊的一个城邦，在西西里岛南部沿海
查尔斯·赛特曼	Seltman Charles	钱币学家
赛利姆布利亚	Selymbria	古希腊的一个城邦
色赫恩	Serrheion	希腊地名
西索特斯	Sestos	古希腊萨索斯的一个城邦
斯休思一世	Seuthes Ⅰ	古希腊的阿德里西亚王国国王，斯塔克斯的继任者
斯休思二世	Seuthes Ⅱ	古希腊的阿德里西亚王国的王子
斯维里纳	Severeanu	钱币收藏家
护套	sheath	女子紧身服装
谢克尔	shekel	古希伯来钱币
辛格罗斯	siglos	古波斯银币，20 个辛格罗斯 =1 个大流克
西勒诺斯	Silenos	希腊神话中的森林之神
斯塔克斯	Sitalkes	古希腊的阿德里西亚王国国王
司格罗	sogloi	古代波斯的一种银币，等于 1/20 个大流克
索斯贝	Sotheby	钱币学家
索特祖	Soutzo	钱币收藏家
斯波克斯	Spokes	钱币学家
1 斯塔特	stater	古希腊的金币或银币
斯特芬头盔	stephane	古希腊一种带金属的头饰

续表

中文	外文	说明
斯特拉伯	Strabo	历史和钱币学家
M. L. 斯特拉克	M. L. Strack	钱币学家
斯特拉特吉玛塔	Strategemata	钱币学家
斯特瑞木河	Strymon	欧洲河流的名字,河神
J. N. 斯福洛斯	J. N. Svoronos	钱币学家
万字符,卍字饰	swastika	古印度的吉祥标识
西布丽塔	Sybrita	古希腊的一个城邦
	T	
塔兰特	talent	古希腊和古罗马曾经使用过的一种重量和货币单位
塔兰托	Taranto	地名,在今意大利境内
特雷斯人	Teian	来自特雷斯的古希腊人
特尼多斯岛	Tenedos	希腊岛屿
特雷斯	Teos	古希腊的一个城邦
4 德拉克马	tetradrachm	古希腊的银币单位
4 奥博尔	tetrobol	古希腊钱币
萨索斯	Thasos	古希腊的一个城邦
瑟拉门内斯	Theramenes	古希腊的将领和政治家
塞尔迈湾	Thermaic Gulf	希腊东北部地名,爱琴海的一个海湾
提修斯	Thesecus	古希腊神话中的英雄
提萨利	Thessaly	古希腊的一个城邦
色雷斯	Thrace	巴尔干半岛的东南部地区,古希腊的一个城邦
色雷西波洛斯	Thrasyboulos	古希腊军事家
修昔底德斯	Thucydides	古希腊的历史学家

续表

中文	外文	说明
修瑞母	Thurium	古罗马的一个城邦
酒神杖	thyrsos	酒神持有的带有装饰物的权杖
迪莫索斯	Timotheos	古雅典将领
M. N. 托德	M. N. Tod	历史学家
托雷	Torone	希腊地名
乌龟	tortoise	钱币上的一种标识
特里巴洛人	Triballoi	古希腊的一个部落
1/3 奥博尔	trihemiobol	古希腊钱币单位
3 奥博尔	triobol	古希腊钱币
战船	trireme	古希腊有三列桨座的战船
特瑞特	trite	古希腊货币单位，等于 1/3 斯塔特
杜宾根	Tubingen	德国城市
平底酒杯	tumbler	钱币上的一种标识
金枪鱼	tunny	钱币上的一种标识
都灵	Turin	意大利城市
U		
上马其顿	Upper Macedonia	古希腊的一部分，现位于北马其顿共和国的北部
V		
帽舌，面罩	visor	头盔前面的遮挡
冯·弗里兹	von Fritze	钱币学家
W		
威丁顿	Waddington	钱币学家
H. T. 韦德 – 格雷	H. T. Wade-Gery	钱币学家

续表

中文	外文	说明
约翰·沃德	Ward John	钱币收藏家
韦伯	Weber H.	钱币学家
A. B. 韦斯特	West A. B.	钱币学家
温迪施－格拉兹	Windisch-Grätz	钱币收藏家
温特图尔	Winterthur	瑞士东北部城市,是苏黎世州的第二大城市
X		
森诺蓬	Xenopbon	古希腊历史学家和哲学家
赛瑟斯	Xerxes	大流士一世的儿子和继任者
Z		
宙斯	Zeus	希腊神话中的主神

图书在版编目(CIP)数据

阿布德拉货币史：公元前540~345年/(英)约翰·M. F. 梅著；康以同译. -- 北京：法律出版社，2022
(外国货币史译丛)
书名原文：The Coinage of Abdera(540—345 B. C.)
ISBN 978-7-5197-5903-2

Ⅰ. ①阿… Ⅱ. ①约… ②康… Ⅲ. ①货币史-古希腊-前540-345 Ⅳ. ①F825.459

中国版本图书馆CIP数据核字(2021)第180439号

阿布德拉货币史
(公元前540~345年)
ABUDELA HUOBISHI
(GONGYUANQIAN 540~345 NIAN)

[英]约翰·M. F. 梅 著
康以同 译

策划编辑 似 玉
责任编辑 似 玉 李 军
装帧设计 李 瞻

出版发行 法律出版社
编辑统筹 法律应用出版分社
责任校对 朱海波
责任印制 刘晓伟
经　　销 新华书店

开本 710毫米×1000毫米 1/16
印张 32.5 **字数** 430千
版本 2022年5月第1版
印次 2022年5月第1次印刷
印刷 北京虎彩文化传播有限公司

地址：北京市丰台区莲花池西里7号(100073)
网址：www.lawpress.com.cn
投稿邮箱：info@lawpress.com.cn
举报盗版邮箱：jbwq@lawpress.com.cn
销售电话：010-83938349
客服电话：010-83938350
咨询电话：010-63939796

书号：ISBN 978-7-5197-5903-2
定价：148.00元

凡购买本社图书，如有印装错误，我社负责退换。电话：010-83938349